이동준 철학문고

삶의
실천윤리적
물음들

변순용 지음

울력

ⓒ 변순용, 2014

삶의 실천윤리적 물음들

지은이 | 변순용
펴낸이 | 강동호
펴낸곳 | 도서출판 울력
1판 1쇄 | 2014년 4월 1일
등록번호 | 제10-1949호(2000. 4. 10)
주소 | 서울시 구로구 고척로4길 15-67 (오류동)
전화 | 02-2614-4054
팩스 | 02-2614-4055
E-mail | ulyuck@hanmail.net
가격 | 18,000원

ISBN | 979-11-85136-07-3 93190

이 도서의 국립중앙도서관 출판시도서목록(CIP)은
서지정보유통지원시스템 홈페이지(http://seoji.nl.go.kr)와
국가자료공동목록시스템(http://www.nl.go.kr/kolisnet)에서 이용하실 수 있습니다.
(CIP제어번호: 2014009410)

서문

　인간은 삶의 구체적인 상황 속에서 문제를 인식하고, 판단하고, 행위를 결정하여 실행하는 과정에서 많은 갈등과 고민을 하게 된다. 상황마다, 사람마다 고민해야 할 것들이 매우 다양하겠지만 적어도 한 가지 방향성에 있어서는 모두 동일할 것이다. 그것은 바로 좋은 삶을 위한 방향성일 것이다. 실제로 좋은 삶이라는 삶의 목표는 우리의 사고와 선택과 행위 속에 늘 잠재되어 있다. 여기서 좋은 삶이 도덕적이지 않은 삶일 리 없겠지만, 그렇다 하더라도 도덕적인 삶이 쉽게 주어지는 것도 아니다. 그래서 우리는 끊임없이 숙고하고 반성하면서 신중하게 살아가고 있는 것이다. 더구나 과학기술의 발달이나 급속한 사회의 변화로 인해 늘 새로운 문제들이 생겨나고, 이에 대한 '좋은' 판단을 미처 내리기도 전에 세상은 너무나 빨리 변해 버린다. 이 책에 실린 다양한 문제들은 우리에게 새롭게 다가오며, 어떻게 판단하고 무엇을 행해야 할지를 물어온다. 수학의 원리를 파악해서 다양한 수학 문제를 풀 수 있는 것처럼, 윤리의 문제들도 그런 원리를 파악하여 여러 변용된 문제들을 풀 수 있다면 좋을 텐데, 현실의 윤리적인 문제들은 그렇게 원리를 적용하여 풀 수 있는 경우들이 거의 없다. 현실에서의 구체적인 윤리적 문제들은 그리 간단하게 그리고 명확하게 결정하기 어렵다. 부분적으로는 타당한 경쟁적인 주장과 논거들이 서로 상충하고 있으므로, 이러한 주장들을 균형 잡힌 시각에서 살펴보고, 검토하고, 판단하고, 행위해야 한다.

윤리는 온갖 사람이 모여드는 시장에서 생겨난다. 대학에서 가르쳐지고 논의되는 이론 중심의 강단 윤리도 중요하겠지만, 그 못지않게 시장에서, 저잣거리에서 사람들 사이의 싸움과 논쟁에서 제기되는 윤리적인 문제와 해법도 중요하다. 더구나 급변하는 사회 속에서 늘 새로운 문제들이 생겨나고, 우리는 이러한 문제들에 대해 숙고해야 할 필요성을 느끼면서도 제대로 숙고해 볼 시간과 여유를 갖지 못한다. 그러다보니 이러한 변화의 속도가 너무 빨라서 심지어 윤리적인 공백 상태마저 느낄 정도이다. 그리고 실제로 윤리의 바깥에서 윤리에 대한 요청들이 제기되는 경우가 많아지고 있다. 예컨대 기후변화 윤리(ethics of climate change), 공학 윤리(engineering ethics), 로봇 윤리(roboethics) 등이 이러한 경우의 예라고 할 수 있을 것이다.

윤리학의 이론적인 영역에 대한 관심 못지않게 중요한 것이 바로 구체적이고 실천적인 문제들에 대한 도덕적인 숙고, 판단, 그리고 실천이다. 윤리학이 인간의 행위, 즉 실천에 대한 학문임에도 불구하고 윤리학 안에는 이론 영역이 있고, 또한 실제적인 문제들을 다루는 윤리학의 영역도 있는데, 이전에는 이것을 주로 응용 윤리(applied ethics)의 영역이라고 했다. 그런데 이러한 응용 윤리가 그저 윤리 이론의 응용에 불과하지 않고, 생태 윤리학이나 생명 윤리학처럼 고유의 연구 대상과 방법, 연구자 그룹을 형성하기에 이르렀다. 그래서 응용 윤리라는 용어로 포함할 수 없다는 주장들이 나오고, 그러면서 실천윤리(practical ethics)라는 용어를 사용하는 경우들이 늘어나고 있다.

이 책은 지난 몇 년 동안 실천윤리와 관련해 썼던 글들을 한 권의 책으로 묶으면서 부분적으로 재구성하고 보완하였다. 이 책에는 개인적인 관심사에서 시작해 연구한 글들, 그리고 여러 프로젝트를 통해 산출된 연구 성과들이 들어 있으며, 지난 몇 년간 전체적인 기획 없이 쓴 글들이어서 한 권의 책으로 묶는 데에는 많은 고민이 있었다. 그렇지만 이 글들을 실천윤리학이라는 범주에 모을 수 있다는 생각에 이렇게 출판하려는 용기를 내게 되었다. 우선 이 책에 수록된 글들의 출처를 밝히면 아래와 같다.

- 「현대사회의 도덕적 책임에 관한 연구」, 『윤리연구』, 65호, 75-97쪽, 2007.
- 「공동체의 도덕적 책임에 대한 연구」, 『윤리연구』, 67호, 1-20쪽, 2007.
- 「생명의 생태학적 의미에 대한 연구 – 니체와 쉬바이처를 중심으로」, 『범한철학』, 56, 235-55쪽, 2010
- 「생태적 지속가능성의 생태윤리적 의미에 대한 연구」, 『윤리연구』, 85호, 167-86쪽, 2012.
- 「기후변화에 대응하는 과학기술의 책임과 기후변화윤리 – 책임을 중심으로」, 『한국철학논집』, 28호, 7-34쪽, 2010.
- 「식물의 도덕적 지위에 관한 연구 – 성장과 스트레스개념을 중심으로」, 『환경철학』, 12호, 35-64쪽.
- 「삶의 중심으로서의 집과 그 철학적 의미에 대한 연구」, 『윤리연구』, 77호, 191-215쪽, 2010.
- 「현대 주거 공간으로서의 아파트의 인간학적 의미에 대한 연구」, 『환경철학』, 11호, 113-31쪽, 2011.
- 「먹을거리의 인간학적, 윤리적 의미에 대한 연구」, 『범한철학』, 53/2호, 339-61쪽, 2009.
- 「다문화 사회 및 글로벌 시대에 요구되는 도덕교육의 핵심덕목으로서의 관용에 대한 연구」, 『도덕윤리과교육』, 31호, 133-52쪽, 2010.
- 「다문화 통합교육의 내용체계 구성에 대한 기초연구」, 『윤리연구』, 86호, 321-

47쪽, 2012(이 연구는 손경원 박사와 공동으로 저술한 것임).

- 「도덕교육의 서양윤리학적 접근」, 『도덕윤리과교육』, 37, 99-116쪽, 2012.
- 「독일의 도덕과 관련교과의 내용구성에 대한 실태연구」, 『초등도덕교육』, 38, 267-86쪽, 2012.
- 「대학 교양교육으로서의 철학적 멘토링의 의미」, 『교양교육연구』, 8권 1호, 173-191, 2014.

이 글들을 전체적인 흐름에 맞추어 부분적으로 수정 보완하였고, 책임 윤리, 생태 윤리, 생명 윤리, 음식 및 집의 윤리, 다문화 윤리 그리고 윤리학과 도덕교육의 관계라는 주제로 글을 묶어 내었다. 우선 책임 윤리는 다양한 실천윤리 영역의 이론적인 핵심이 될 것이고, 그 구체적인 내용으로 생태, 생명, 문화 및 다문화 윤리의 영역의 순으로 구성하였고, 끝으로 윤리학과 도덕교육의 관계를 다루는 글을 이 책의 말미에 실었다. 교육은 윤리학의 매개수단이자 실천의 중요한 통로라고 생각되었기 때문이다.

끝으로 출판사의 바쁜 일정에도 불구하고 흔쾌히 출판해 준 울력의 강동호 사장과, 이 글을 꼼꼼히 읽으면서 교정을 도와준 박순덕 선생에게 깊은 감사의 말을 전한다.

2014년 2월 26일
사향골에서

차례

제4부 | 다문화의 윤리

제1부

도덕적 책임

제1장

도덕적 책임을 어떻게 정당화할까?

이 장에서는 책임 윤리, 존재론적 책임, 미래 세대에 대한 미래 책임, 담론적인 공동 책임, 타자에 대한 책임을 분석하였다. 우선 베버는 책임 윤리와 의향 윤리를 구분하였다. 베버적인 책임 윤리의 핵심은 행위자가 의향 윤리적인 기준 외에도 무엇보다 자기 행위의 결과와 성공 가능성을 평가하여 행위의 결정에 관련시켜야 한다는 것이다. 베버적인 책임 개념이 전통적인 책임 개념과 다른 점은 책임 개념의 미래지향적인 성격을 제시한다는 것이다. 요나스적인 책임 개념의 기본 구조는 우선 A라는 사람이 다치거나 위험에 처해 있지만 가치가 있는 x를 보게 되고, A가 x를 보호할 수 있는 힘이 있다면, x의 가치와 A의 힘은 x에 대한 책임을 발생시키는 조건이 된다는 것이다. 비른바허는 도덕적인 의무가 제3자에 의해 그 실현이 요청될 수 있음을 밝히고 이것이 현재에 도덕적인 권리를 가질 수 없는 미래 세대의 도덕적인 권리를 정당화함을 밝히고 있다. 아펠은 모든 인간이 집단적인 행위의 결과에 대해 담론 공동체의 구성 및 의사 결정에 대하여 책임져야 한다고 주장한다. 레비나스는 이성적으로 인식될 수 없고 느낌에 의한 수용을 통해 이뤄지는 타자와의 만남에서부터 발생하는 책임의 개념을 주장하였다.

1. 들어가는 말

현대사회에서 논의되는 책임의 종류는 매우 다양하며, 책임이 언급되는 사회적인 맥락 또한 새로워지고 있다. "책임 개념은 현대사회의 실제적인 삶의 이해를 위해서 매우 중요한 기능을 수행한다. 책임 개념은 우리 시대의 윤리적인 논의의 중심에 놓여 있으며, 여기서 새로운 미래지향적인 윤리의 지도 개념으로 규정될 수 있다"(Rendtorff, 1982: p. 117). 한국 사회에서도 이러한 예는 쉽게 찾아볼 수 있다. 수십억이 들어가는 공사 과정에서 특정한 생명체의 종을 유지해야 하는 책임, 배아 줄기세포 연구에 제공된 난자의 수집 과정에서 제기되는 생명 윤리적 책임, 인터넷의 게시판에 올린 댓글에 대한 책임은 그 본질이야 과거의 책임과 다름이 있건 없건 간에 현대인에게 분명히 새로운 책임들이다. 뿐만 아니라 책임 개념의 본질에 있어서도 자기 행위의 결과에 대한 소급적이며 과거지향적인 성격을 가진 전통적인 의미의 책임 외에도 이제는 앞으로 행해야 할 것에 대한 미래지향적인 책임 개념이 제시되고, 이러한 책임의 확장을 인간이 떠맡아야 하는 상황에까지 이르렀다.

이 글은 현대 윤리학자들 중 책임의 윤리를 강조한 철학자들의 책임 모델들을 살펴보고자 한다. 처음으로 책임 윤리라는 용어를 사용하여 의향 윤리와 구분한 베버에서부터, 절대적이며 비상호적인 그리고 자유로부터 '자유로운' 책임 개념을 주장하고 있는 요나스와 아펠 그리고 레비나스, 또한 공리주의적 관점을 취하면서 미래 세대에 대한 미래 윤리로서의 책임 윤리를 제시한 비른바허의 책임 모델들을 분석할 것이다. 물론 이들의 이론이 책임의 대상, 내용, 심급 등으로 제시하고 있는 바가 각기 다르지만, 그 상이함에도 불구하고 여기서 공통적인 부분을 추출하는 작업이 필요하다. 이 장은 이러한 작업의 토대를 마련하는 것으로서, 이 분석을 통해 현대 실천윤리 분야에서 강조되고 있는 책임의 윤리를 정립할 수 있을 것이다.

2. 베버의 책임 윤리적인 행위 결정 모델

베버는 뮌헨의 작은 서점에서 행한 강연인 『직업으로서의 정치(*Politik als Beruf*)』[1]에서 처음으로 책임 윤리라는 용어를 사용하였으며, 여기에서 의향 윤리(Gesinnungsethik)[2]와 책임 윤리(Verantwortungsethik)를 비교하면서 제시하였다. "무책임한 의향 윤리와 의향이 없는 책임 윤리가 같은 것은 아니다. 이에 대해서는 더 말할 필요가 없다. 그러나 사람이 의향 윤리라는 준칙 하에 행위 — 종교적으로 말하면 가령 그리스도를 믿는 자는 선을 행하며 결과를 신에게 맡긴다는 방식으로 — 하는지 아니면 (예견 가능한) '결과'에 대한 책임을 져야 한다는 책임 윤리의 준칙에 따라 행위하는지에 대해서는 근본적으로 깊은 대립이 있다"(Weber, 1919: p. 57f.). 그의 구분에 따르면, 책임 윤리는 무엇보다도 정치가에게 그리고 사적이지 않은 공적인 도덕적 결정에 수반되어야 한다.

그가 제시한 책임 윤리의 핵심은 행위자가 윤리적인 기준 외에도 자기 행위의 결과나 행위가 의도한 목표의 성취 여부에 대한 전망을 고려하여 행위를 결정해야 한다는 것이다. 이런 의미에서 본다면 쾨르트너의 분석처럼 의

---

1. 1919년 1월 말경에 행해진 것으로 알려짐.
2. 일반적으로 '심정 윤리'로 번역되어 사용되고 있으나, 필자는 'Gesinnung'이라는 단어가 심정과 의도의 중간 정도에 위치한다고 생각하여 의향이라는 단어를 선택하여 '의향 윤리'라고 번역하였다.

	의향 윤리	책임 윤리
대상	성인(聖人)을 위한 윤리	일반인을 위한 윤리
행위의 목적과 결과의 관계	절대적인 요청을 제기하며 결과에 대해서는 묻지 않음	행위의 목적을 그것의 예측 가능한 결과에 의해 조정함
예	"악에 대항하지 말라."	"악에 강하게 맞서라. 그렇지 않으면 너는 악의 창궐에 책임을 져야 한다."
행위의 목적	의향의 가치	성공의 가치
태도	흑백논리적 태도를 지향	흑백논리적 태도를 지양
작용	죄에 대하여 과거지향적인 도덕적 판단	미래에 대한 책임
결과와 의도의 관계	행위의 결과에 대한 책임을 제기하지 않음	행위의 결과에 비해 의도의 비중이 낮음
의미 영역	사적인 영역	정치 영역

〈표 1〉 베버의 책임 윤리와 의향 윤리의 비교

향 윤리는 의무론의 성격을 갖는 반면에, 책임 윤리는 결과론의 성격과 더불어 목적론의 성격도 가진다(Körtner, 1992: p. 97 참조). 그렇지만 보다 중요한 것은 이 두 가지 유형의 윤리적인 기준이 대립적이면서도 상보적인 성격을 갖는다는 것이다. 그는 책임 윤리에 따라 행동하는 성숙한 인간에게는 의향 윤리와 책임 윤리가 절대적으로 대립하는 것이 아니라 상보적인 작용으로 인해 '정치라는 직업'을 가질 수 있는 진정한 인간을 만들어 낸다고 주장한다(Weber, 1919: p. 66 참조).

뮐러는 베버의 책임 윤리와 의향 윤리를 〈표 1〉과 같이 비교하고 있다(Müller, 1992: p. 113 참조).

비록 베버의 논의가 정치적으로 혼란된 상황에서 요구되는 정치가의 윤리에 대해 언급하면서 책임 윤리라는 개념을 제시하였지만, 그의 논의가 책임 개념이 가진 미래지향적인 성격을 드러낸다는 점에서 현대의 책임 윤리에서 매우 중요한 의미를 갖는다.

3. 요나스의 존재론적 책임 모델

요나스는 비록 체계적인 분류는 아니지만 책임을 여러 관점에서 분류하고 있다(변순용, 2003: p. 431-4 참조). 우선 인과적 책임과 당위적 책임이다. 인과적 책임은 행위자가 "자기의 행위에 대해 답변해야 한다: 그는 자기 행위의 결과에 대해 책임져야 하며, 특정한 경우에 보상해야"(Jonas, 1979: p. 172) 하는 책임이다. 당위적 책임에 의하면, "나는 내 행동과 그 결과뿐만 아니라 내 행위를 요구하는 것에 대해서도 책임을 느낀다"(위의 책, p. 174). 두 번째 분류는 자연적 책임과 계약적 책임인데, 전자는 "자연에 의해 만들어진, 즉 자연적으로 존재하는 책임"(위의 책, p. 177)이며, 후자는 계약에 의해 발생한다. 전자는 부모의 책임이, 후자는 정치가의 책임이 대표적인 예이다. 세 번째 분류는 상호적 책임과 비상호적 책임의 구분이다. 이것은 책임과 의무의 상호성을 염두에 둔 것으로서 책임의 당사자들이 서로에게 책임을 가지고 있는 경우와 일방적인 책임의 관계로 생각해 볼 수 있다.

그러나 이러한 책임의 분류보다 중요한 것은 요나스가 책임의 원형(Prototyp)으로서 예를 들었던 자녀에 대한 부모의 책임(위의 책, pp. 189, 234 참조)과 그의 책임 개념의 핵심인 존재론적 책임이다. 그는 절대적인 책임 내지 책임의 절대적인 근거를 바로 자녀에 대한 부모의 책임에서 찾는다. 그에게 있어서 아이는 존재와 가치(혹은 당위)의 결합이라는 존재적인 패러다임(ontisches Paradigma)의 예로서 등장한다. 자녀에 대한 책임은 비상호성과 절대성을 특징으로 한다. 회슬레(V. Hösle)는 부모의 책임이 동감(Sympathie)을 통해 시, 공간적으로 확장될 수 있음을 요나스가 전제하고 있다고 주장한다. 아마도 요나스는 이러한 책임을 미래 세대에 대한 책임으로 확장하여, 인간의 존재론적 책임은 결국 인간존재의 지속이라는 근본적인 전제에 대한 책임으로 해석된다. 그의 존재론적 책임의 근거는 우선 비존재(das

Nicht-Sein)에 대한 존재(das Sein)의 우선성을 들 수 있다(위의 책, p. 97 참조).
그는 "이 우선성을 인간 일반의 존재론적인 이념에 대한 의무로 설명한다"
(변순용, 2003: p. 418). 그래서 '인류는 존재한다'(Jonas, 앞의 책, p. 91)라는 존
재적 사실로부터 '인류는 존재해야 한다'라는 당위적 요청으로 나아간다.
결국 이러한 존재론적 책임은 존재로부터 목적을 거쳐 가치로 이어지는 논
의 속에서 가치 그 자체(der Wert an sich) 내지 선 그 자체에 의해 그 당위성
이 입증된다고 그는 주장한다(변순용, 2004: pp. 15-6 참조). 마치 가치 그 자
체 혹은 당위는 그 안에 실현의 요청을 내포하고 있는 것처럼, 존재 당위
(das Seinsollen) 역시 행위 당위(das Tunsollen)를 내포한다: "책임 개념은 당
위의 개념을 내포하는데, 우선 어떤 것의 존재 당위이고, 그러고 나서 그런
존재 당위에 대한 반응으로 누군가의 행위 당위를 내포한다"(Jonas, 앞의 책:
p. 234).

요나스가 제시한 미래 윤리[3]는 책임 원칙에 근거하고 있다(Jonas, 1979: pp.
172-242; 1992: p. 128 참조). 쿨만은 요나스가 제시한 책임 원칙을 다음과 같
은 세 가지 과정으로 분석한다(Kuhlmann, 1994: p. 280 참조): 첫째, A가 손상
되어 위험에 처해 있으면서도 살아 있는 그리고 그 때문에 가치가 있는 x를
보는데, 여기서 x는 모든 가능한 위협들로부터 무방비한 상태로 있다. 둘째,
A는 x를 보호하고 유지할 수 있는 힘을 가지고 있다. 셋째, x의 가치와 A가
가진 힘으로부터 A에게는 x를 보호해야 할 의무, 즉 x의 유지와 보호를 떠
맡아야 할 책임이 생겨난다.

이 책임 모델은 x의 가치와 위기, x에 대한 A의 힘이라는 두 전제에서 x
에 대한 A의 책임이 정초된다고 보는 것이다. 여기서 쿨만은 A와 x의 관계
를 일면적으로 해석하고 있다. A가 x를 보호 내지 유지할 수 있는 힘은 위
기와 관련해서는 부정적인 측면에서, 즉 A가 x의 존재를 해치거나 파멸시

---

3. 여기서 미래 윤리라 함은 "미래를 고려하는 현재의 윤리"(Jonas, 1992: p. 128)이다.

킬 수 있는 가능성 쪽에서 강조되어야 한다. 그가 공포의 방법(Heuristik der Furcht)을 채택한 이유도 선에 대한 기대 내지 인식보다는 악에 대한 두려움에 대한 인식이 우선한다고 본 점을 고려해 볼 필요가 있다.

이러한 책임 모델로부터 다음과 같은 형식적인 특징을 도출해 볼 수 있다(위의 논문, pp. 280-1 참조).[4] 첫째, 윤리적인 관계는 동등한 힘을 가진, 동등한 권리를 지닌 주체들의 관계에만 존재하는 것은 아니다. 둘째, 도덕적인 요청과 의무의 발생은 위기에 처해 있는 가치로운 것, 위험에 빠져 있는 것, 살아 있는 것을 보호할 힘을 가지고 있다면, 그것을 보는 것만으로도 충분하다. 셋째, 윤리적 행위의 본질적 과제는 잘 정의된 선의 실현이나 더 나은 상태가 아니라 위험으로부터 방어하거나 나쁜 것을 방지하는 데 있다. 넷째, 행위자의 주관적인 상태, 의향, 선의지가 아니라 선의 실현이 중요하다.

쿨만의 이러한 분석에도 불구하고 책임의 정당화와 관련하여 여전히 문제가 되는 것은 위험에 빠진 어떤 것의 존재와 그 위험을 제거할 수 있는 힘을 가지고 있는 인간의 의식으로부터 인간에게 무조건적인 실천을 요청하는 당위가 발생하는지 여부이다. 존재와 당위의 결합과 관련된 자연주의적 오류는 요나스가 많은 비판을 받는 아킬레스건이기도 하다. 그는 한편으로는 목적을 설정하고 또 목적 지향적인 인간이 자연에 속한다는 주장 그리고 인간을 생명체들의 연속성 하에서 이해한다는 자연철학적-형이상학적 주장을 내세우고 있다. 다른 한편으로는 "독자적인 선은 목적이 될 것을 요청

---

4. 쿨만은 이러한 특징과 관련하여 요나스 윤리학의 내용적인 특징을 다음과 같이 제시하고 있다(Kuhlmann, 1994: p. 281 참조): 첫째, 인류는 자살할 권리가 없다. 인간이 존재해야 한다는 것이(Jonas, 1979: pp. 80, 86, 90 참조) 정언명법이다. 둘째, 인간의 본질은 도박에 걸 수 없다. 요나스는 인간의 본질을 인간의 윤리, 의무 내지 책임질 수 있는 능력에서 찾는다(위의 책, p. 89 참조). 셋째, 자연은 인간의 생존을 위한 필수적인 조건으로서뿐만 아니라 그 자체로도 인간의 보호를 요청한다(위의 책, p. 245 이하 참조). 넷째, 인간의 행위, 특히 집단적인 행위의 의미, 결과 및 부작용에 대한 앎을 얻기 위해 노력해야 한다(위의 책, p. 64 이하 참조). 끝으로, 인간의 일상적인 행위, 특히 행위의 장기적인 부작용에 대하여 교육해야 할 의무가 존재한다(위의 책, p. 65 이하 참조).

한다. 그것은 자유로운 의지로 하여금 선을 인간의 목적으로 삼고자 강요하는 것이 아니라, 이것을 자신의 의무라고 승인하도록 강요할 수는 있다"(Jonas, 1979: p. 161). 그에 따르면, 이것은 직관을 통해서 인식될 수 있다. 그가 책임의 원형으로 예를 들었던 아이에 대한 책임에서도 이러한 직관적인 정당화의 방법을 찾아볼 수 있다. 가치 그 자체(Der Wert an sich)는 직관을 통해 인식되며, 특히 그것이 위험에 처해 있을 때 인식된다는 것이다.

4. 상호성에 근거한 비른바허의 미래 세대에 대한 책임 모델

비른바허(D. Birnbacher)에 의하면, 미래 세대에 대한 책임은 윤리학의 지속적인 주제였지만 명시적이지 못하였는데, 현대사회에 들어와서 인류의 존재 자체가 제거될 가능성이 제기되고, 기술 발달로 인한 그 힘의 증가, 그리고 그것의 장기적인 위험의 존재 및 그 위험에 대한 다양한 대안의 존재 등과 같은 현대사회적 배경으로 인해 윤리적인 담론의 전면에 등장하게 되었다(Birnbacher, 1988: pp. 12-4 참조).[5] 그는 미래 책임(Zukunftsverantwortung)을 미래 세대에 대한 현재 세대의 책임이라고 규정하면서, 이것은 미래 존재에 대한 긍정적 평가를 전제로 한다고 주장한다(위의 책, p. 28 참조).

"세대라는 개념은 일상적인 언어에서뿐만 아니라 학문적인 용어로서도 애매모호하다. 우선 시간적 의미로서 사용되어 동시대에 살고 있는 일단의 인구라는 의미로 사용된다… 또한 세대라는 말은 가족관계에서 상대적인 위치의 표시로서 사용되기도 한다: 아버지는 아들과는 다른 세대에 속한다… 세 번째 의미의 세대는 특정한 기간 동안에 태어난 모든 사람을 의

---

5. Birnbacher, D.(1988, Zit. N. Aufl. 1995): *Verantwortung für zukünftige Generationen*, Stuttgart.

미하는데, 이 기간의 길이는 평균적인 기간에 있어서 동일하다"(위의 책, pp. 23-4). 비른바허는 이 중 세 번째 의미의 세대 개념을 취한다. 미래 세대에 대한 책임에서 중요한 것은, 권리와 의무의 상호성을 인정한다는 전제 하에서, 미래 세대가 지금의 현재 세대에게 도덕적인 권리를 가지느냐이다. 그는 "Y가 X에 대하여 의무를 가질 때에만, X는 Y에 대하여 권리를 가진다" (Birnbacher, 1980: p. 125)[6]는 권리-의무 간의 상관관계를 미래 세대와 자연에서의 경우에도 유지하고자 한다. A가 B에 대하여 도덕적인 권리를 가지려면, 다음과 같은 4가지 조건들이 필수적이다:

1) A가 존재한다.
2) A가 이해관계를 갖는다.
3) B가 A에 대하여 도덕적 의무를 지닌다.
4) A는 B에게 도덕적인 의무의 실행을 요구할 수 있고, 다른 사람들도 B에게 A의 이름으로 도덕적인 의무의 실행을 요구할 수 있다(Birnbacher, 1988: pp. 99-100 참조).

도덕적 권리 발생의 4가지 형식 요건을 모두 적용한다면 자연과 미래 세대가 도덕적 권리의 주체가 될 수 없음은 명백하다. 그러나 비른바허는 논리적-메타윤리적 근거로는 불가능하지만, 4번째 조건이 미래 세대의 경우에 적용이 되는가, 즉 현재 세대가 미래 세대에 대한 의무를 갖느냐가 아니라 그것을 넘어서 사람들이 이런 의무를 수행하도록 요청할 의무가 있는지에 따라, 즉 규범-윤리적 방법으로는 정당화될 수 있다고 본다(위의 책, p. 101). 그는 도덕적 규범을 정당화하는 데 목적론적 방법과 의무론적 방법을 제시한다. 하나의 규범이 그 규범으로 인해 실현되는 도덕 외적인 것을 통

---

6. Birnbacher, D.(Hrsg.)(1980, Zit. N. Aufl. 1986): *Ökologie und Ethik*, Stuttgart.

해 정당화되는 것이 목적론적 방법이다. 하나의 규범이 실현되거나 그 실현을 막는 것들과 상관없이 규범 준수라는 독립적인 도덕적 가치를 통해 정당화된다면 그것은 의무론적 방법이다. 그는 때로는 목적론적으로(예컨대 공리주의적으로), 혹은 의무론적으로(칸트의 정언명법과 같은) 정초되는 규범들은 내용적으로 보아서는 차이가 없다는 것이다. 목적론자와 의무론자에 의해 주장되는 도덕원칙의 내용은 많은 부분이 동일하며, 단지 그 증명 방식이 상이하다는 것이다(위의 책, pp. 114-5 참조). 비른바허는 미래 세대에게 권리를 부여하는 것을 규범-윤리적으로 정당화하기 위해서는 위의 4번째 조건이 충족되어야 한다고 본다. 즉, "현재 세대가 미래 세대에 대하여 의무를 가질 뿐만 아니라, 그것을 넘어서 이 의무를 실행하도록 다른 사람들을 지지해 줘야 한다"(위의 책, p. 101).

비른바허는 미래 책임의 현상을 세 구성 요인으로 구분한다: 미래 의식(Zukunftsbewußtsein), 미래 평가(Zukunftsbewertung) 그리고 행위에서의 미래지향성(Zukunftsorientierung im Handeln). 이것은 미래와 관련된 지적, 정서적, 의지적 요인으로 구분된 것이다. "미래에 일어날 사건들은 인지적으로 파악(생각 또는 상상)될 수 있을 뿐만 아니라 동시에 인간의 정서적인 본질의 관여로 가치 평가를 받는다. 특정한 정서적 관련이 미래에 대한 사고로부터 출발하지 않는다면, 미래에 대한 사고는 현재에 아무런 영향을 미치지 못한다. 미래에 대한 평가가 그에 상응하는 행동 영역으로 전환되기 위해서는 제3의 계기, 즉 의지가 있어야 한다. 인지적 미래 의식과 정서적 미래 관련성만으로는 상응하는 행위를 하게끔 하는 데 충분하지 않다"(위의 책, p. 174). 그래서 행위의 미래지향성이 중요해진다.

비른바허는 행위의 미래지향성을 위하여 미래 책임의 실천 규칙을 아래와 같이 제시한다(위의 책, pp. 202-40 참조):

1. 인간과 고등동물의 종의 보존: 집단적 자기 보존

2. 미래의 인간다운 실존 보장
3. 더 이상 돌이킬 수 없는 위험의 금지: 경계
4. 발견된 자연 자원과 문화 자원의 유지 및 개선
5. 미래지향적 목표 추구의 지원: 보조성
6. 실천 규범의 의미에서 미래 세대들의 교육

이러한 실천 규칙들은 공리주의적 전제와 관련이 있다. 비른바허는 보편적이고 이상적인 도덕규범에 대하여 심리적으로 충분한 동기로서 이익과 손해의 고려를 중요하게 생각한다. "이상적 규범이 개별적으로 어떻게 정해지느냐에 상관없이, 그리고 이상적 규범이 공리주의적으로 결정되었는지에 상관없이, 가치의 이익은 그때그때 이상적 규범의 요구를 얼마나 실현시킬 수 있느냐에 따라서 계산되고, 가치의 비용은 가치의 승인이 이상적 규범의 요구를 어느 정도나 실패하느냐에 따라서 계산된다"(위의 책, p. 201). 미래 세대에 대한 책임은 불가피한 의무이며, 이것을 정초하는 데에는 새로운 윤리학이 필요한 것이 아니라 오늘날까지 인정되고 있는 보편 도덕적인 원칙들이 실현되면 충분하다는 것이 그의 기본 생각이다(위의 책, p. 269 참조).

5. 아펠의 선험 화용론적 담론 윤리에 기초한 공동 책임의 모델

아펠은 전 지구적인 거시 윤리(Makroethik)를 정초하기 위해서 전 지구적인, 미래와 관련된 책임 윤리의 새로운 요청이 요나스의 책『책임 원칙(*Das Prinzip Verantwortung*)』을 통해 잘 표현되고 있다고 지적하고 있다(Apel, 2000: p. 21 참조). 그리고 더 나아가서 아펠은 자신의 이론인 선험 화용론적인 담론 윤리를 책임 윤리와 결합하고 있다. 따라서 여기서는 우선 아펠의 선험적 화용론을 살펴보고 나서 그것이 책임 윤리와 어떻게 연결되는지를 살펴보는 것이 그의 주장을 이해하는 데 유용할 것이다. 객관적으로 타당한 규범의 정초가 가능한가라는 물음에 대한 답은 두 가지 단계를 통해 이뤄진다(Kuhlmann, 1994: pp. 284-5 참조). 첫 번째 단계는 우리가 진지하게 받아들이는 문제 상황에서 투입하거나 요청할 수밖에 없는 것, 달리 표현하면 이성은 처음부터 사회적인 차원을 가진다는 것을 증명하는 것이다. 이 증명은 의사소통 공동체(Kommunikationsgemeinschaft)와 결합된다. 두 번째 단계는 항상 이성적인 존재가 더불어 살기 위해서 필요한 규칙들 중에서 우리가 승인할 수밖에 없는 것들을 발견하는 것이다. 이러한 발견들 중에서 가장 중요한 것은 올바른 문제 해결, 즉 누구도 정당하게 반대하지 않고 찬성할 수밖에 없는 해결책을 찾으려는 의지이다. 그리고 이 해결책은 대화에서의 협동이라는 형태를 통해서만 도달 가능하다.

아펠의 담론 윤리의 근본 원칙은 갈등을 이성적인 합의를 통해 해결해야 한다는 것이며, 이것이 바로 하버마스가 제시한 보편화 가능성의 원칙(das Prinzip der Universalisierbarkeit)이며 정의 원칙(Gerechtigkeitsprinzip)이다. 담론 윤리학은 정언명법을 의사소통 이론의 입장에서 새롭게 해석한 것이다. 여기서 의사소통에 참여하는 주체는 동등하게 대우받으며, 이해 갈등의 상황에서 이성적 존재로서의 이해 관심 및 배려의 동등성 그리고 상호성(Reziprozität) 등을 전제로 하고 있다.

아펠은 역사적인 공동 책임의 윤리(die geschichtsbezogene Ethik der Mit-Verantwortung)로서의 담론 윤리가 한편으로는 체계적인(혹은 제도적인) 외적 강요라는 조건하에서 도덕을 수행하는 문제를 진지하게 받아들이며, 다른 한편으로는 이러한 강요들의 도전에 대하여 윤리적으로 진정한 해답을 찾아볼 수 있는 개념적 자원임을 주장하고 있다(Apel & Burckhart, 2001: p. 69 참조). 그는 공동 책임(Mitverantwortung) 개념을 통해 의사소통 공동체의 "모든 구성원이 져야 하는 숙고적인 책임의 유형, 즉 미래지향적이지만 특정인에게 돌려질 수 없으며, 개개인의 역할 책임과는 근본적으로 다른 도덕적 책임"(Werner, 2001: p. 127)을 주장하고 있다. 이 책임은 우선 도덕적으로 중요한 문제 자체를 공동체 안에서 논의의 주제로 삼기 위해서, 그리고 그때그때 주제가 된 문제들의 해결을 위한 책임을 효과적으로 제도화하기 위해서 필요한 전제 조건이 된다. 그는 하버마스가 제시한 보편화 가능성 원칙, 즉 "개개인의 이해 관심을 충족시키기 위해 논란이 되는 규범을 일반적으로 준수할 때 생길 수 있는 결과와 부작용을 모든 구성원들이 강요가 없는 상태에서 받아들일 수 있는 경우에만"(Habermas, 1983: p. 103)[7] 그 규범은 타당하다는 원칙을 '도덕적-전략적으로' 보완한다. 이 보완은 두 가지 하위 원칙, 즉 유지 원칙(Bewahrungsprinzip)과 해방 내지 변경 원칙(Emanzipations- od. Veränderungsprinzip)인데, 전자는 현실적인 의사소통 공동체의 생물적이며 사회문화적인 기초의 유지에 협력할 의무와 관련되고, 후자는 이상적인 의사소통 공동체의 조건에 다가간다는 의미에서 현실적인 의사소통 공동체의 사회문화적인 조건을 개선하는 데 협력할 의무와 관련된다(Apel, 1988: pp. 142, 145ff., 465ff. 참조).[8]

아펠의 선험 화용론적 담론 윤리에서 제기되는 책임의 유형은 따라서 다음과 같이 세 유형으로 정리될 수 있다. 우선 그가 제시한 첫 번째 보완 원칙인 유지 원칙은 요나스가 칸트의 정언명법의 형식을 빌어 주장한 요나스적 정언명법(Jonas, 1979: p. 36 참조)의 연장선상에서 이해될 수 있다. 요나스에게 있어서 인간의 존재라는 존재론적 이념에 근거한 존재론적 책임이 아펠에게서는 이상적인 의사소통 공동체가 실현될 가능성의 전제가 되는 의사소통 공동체 자체의 지속이라는 것에 대한 책임의 의미를 갖는다. 따라

---

7. 하버마스는 그동안 보편화 가능성의 원칙을 약간 수정하였는데, 이에 대해서는 "Die Einbeziehung des Anderen"(1996) 참조.
8. 물론 하버마스는 아펠의 이러한 보완이 가진 목적론적 성격(telelogischer Charakter) 그리고 이 원칙의 자기 관련성(Selbstbezüglichkeit)을 들어 비판한다(Habermas, 1999: p. 61 참조).

서 아펠에게서 이것은 실제적인 의사소통 공동체의 유지 존속에 대한 정언
명법적인 책임으로 등장한다. 그래서 이것을 선험적 제일의 공동 책임(die
transzendental-primordialen Mitverantwortung)이라고 할 수 있을 것이다. 둘
째, 앞에서 언급한 바와 같이 그가 미래 책임으로서 제시한 공동 책임은 집
단 행위의 결과에 대한 연대책임 내지 집단 책임이다. 이것은 담론과 관련
된 공동 책임 I(die dialogbezogene Mitverantwortung I: 이하 dMV I로 표기)이라
고 할 수 있다. 이러한 책임은 결국 의사소통 과정이 이뤄지기 위한 전제 조
건으로 작용하며, 개개인에게 환원될 수 없는 책임이다. 따라서 아펠은 이
것을 선험적 책임이라고 성격 규정하고 있으며, 이 책임은 현실에서 구체적
으로 밝혀질 수 없을 뿐만 아니라 보편적인 개념이다. 특정한 개인이나 역
할, 과제와 관련되는 것이 아니라, 모든 것과 모든 사람에 대한 책임이다
(Apel & Burckhart, 2001: pp. 103-4 참조). 하버마스 역시 개인주의적 관점보
다는 의사소통 공동체라는 조직 내지 제도의 관점을 취한다. "도덕에 대한
의사소통 이론적 해석이나 도덕원칙에 대한 담론 윤리적 이해는 주관 철학
적인 전제들을 감추고 있는 개인주의를 피하고자 한다"(Habermas, 1991: p.
166). 모든 대화 참여자는 동등한 권리를 가짐과 동시에 동등한 책임을 가
진다. 따라서 첫 번째 유형의 책임이 비상호성에 근거한다면, 이 책임은 상
호성(Reziprozität)에 근거한 책임이라는 점에서 차이가 난다. 셋째는 현실적
인 의사소통 공동체를 이상적인 의사소통 공동체에로 향하게 하는 비판과
변경의 책임을 들 수 있다. 그리고 이 책임은 의사소통 공동체 구성원 사이
에서 발생하는 책임이다. 담론 윤리의 핵심은 "이성적인 합의를 도출해야
할 의무, 즉 실제적인 문제에 있어서 합의를 이루는 해결책을 추구해야 할
의무"(Kuhlmann, 1994: p. 286)이다. 따라서 의사소통 공동체의 참여자는 이
러한 의무를 실현하기 위해서 담론의 과정 전체에 대한 책임을 진다. 그래
서 세부적인 다양한 하위 책임들이 이러한 전제 하에서 산출된다. 이 책임을
담론과 관련된 공동 책임 II(die dialogbezogene Mitverantwortung II: 이하 dMV

II)라고 부를 수 있으며, 이것의 dMV I과의 차이점은 개개인에게 소급 가능하며, 대화 참여자의 대화에 대한 책임이라는 점이다.

6. 레비나스의 타자에 대한 책임 모델: 타자에 대한 책임으로서의 휴머니즘

레비나스는 휴머니즘의 위기의 원인을 점점 커져만 가는 인간의 힘에서 역설적으로 나오게 되는 현대인의 무력함에서 찾는다(HAH, p. 67 참조). 인간의 무력함은 인간의 기술적 힘과 관련이 있다. 기술의 힘이 커질수록 인간은 기술의 힘이 인간에게 허용해 주는 가능성들로 인해 더 많은 두려움을 갖게 된다. 독립적이고 자율적이고 자유로운 존재로서 인간을 규정하는 근대적인 휴머니즘은 현대사회의 비인간성에 직면하게 되면서 인간을 회의 속에 빠뜨린다. 자기규정과 자아실현의 의지는 그 자체가 다른 사람의 의지에 대한 폭력의 원인이 되어 버린다. 그래서 레비나스는 모든 인간적인 것을 인간 외적인 것에서 찾으며 타자의 휴머니즘을 주장한다. 타자의 휴머니즘의 구체적인 형태가 바로 책임인 것이다.

레비나스의 책임은 우선 타자에 대한 책임이다. 이 책임의 가장 큰 특징 중의 하나가 바로 가장 수동적인 수동성이다. "타자에 대한 책임은 모든 수동성보다 수동적인 수동성이다"(AQ, p. 18). 이 책임은 타자의 표정을 받아들임으로써 발생하는 것이지 자발적인 어떤 의지와 행위로부터 발생하는 것이 아니다. 이런 의미에서 레비나스의 책임론은 일반적인 책임론과 구분된다. 책임은 이전에 어떤 관련이 없어도 발생하는 것이다(위의 책, p. 195 참조). 내가 아무 행위를 하지 않아도, 나는 타자에 대한 책임을 져야 한다. 비상호적이고 일방적인 형태의 책임에 대해서는 요나스도 언급하고 있지만,

요나스에게서는 책임이 존재의 이편에서, 즉 존재의 합목적성에서 발생하는 반면에, 레비나스에게서는 책임이 존재의 저편에 머물러 있으면서도 존재의 이편에 등장하는 타자의 요청으로부터 생겨난다. 타자에 대한 책임은 '대체 (substitution)'이며, 이것은 바로 "타자의 위치에 서는 것"(위의 책, p. 147)을 말한다. 대체를 통해서 나는 타자에게 다가가며, 비로소 진정한 주체가 된다. 그래서 레비나스는 "형이상학, 초월, 동일자에 의한 타자의 수용, 나를 통한 타인의 수용은 구체적으로 타자를 통한 동일자의 구체적인 문제 제기, 즉 윤리학으로서 발생한다"(TI, p. 13). '나'의 의미는 "나를 봐, 여기에 내가 타자를 위해 있어"(AQ, p. 233), 즉 주격으로서의 '내'가 목적격으로서의 '내'가 되는 것이다.

레비나스는 자신의 책임론을 도스토예프스키의 『까라마조프가의 형제들』의 한 구절을 들어 설명한다: "우리 모두가 모든 것에 대해 모든 것에 잘못이 있지만, 나는 다른 모든 사람보다 더 잘못이 있다."[9] 타자에 대한 책임은 그 자체로 너무 추상적이고 무한한 책임이기에 실제 생활에서 그것을 어떻게 적용할 수 있는가라는 물음이 생긴다. 레비나스적 책임은 타자를 위해 모든 것을 해야 한다고 주장하지만, 결국 그것의 구체적인 형태는 타자를 위해 모든 것을 할 준비의 책임일 것이다. 무한한 책임에 대한 인간적인 준비가 유한한 인간존재에게 가능하고 또 현실적일 것이다. 여기서 이런 준비의 책임과 이타주의를 구분해야 할 것이다. 이타주의가 타자에 대한 태도라기보다는 타자를 또 다른 나의 관점에서 보는 것이라면, 레비나스적 책임론의 준비성과 이타주의는 본질적으로 상이한 것이 된다. 그렇다면 이런 준비의 책임을 어떻게 행할 수 있는가? 그 대답으로 제시되는 것이 앞에서 언급된 대체이다. 이 대체는 상호적인 대체가 아니다. '내'가 타자의 위치를 대신할 수 있지만, 결코 타자는 '나'의 위치에 오지 않는다. 그래서 대체의 과

---

9. 예를 들어 AQ, p. 186이나 DVI, p. 135 참조.

정에서 '나'는 늘 타자를 위해 존재한다고 레비나스는 주장한다. 이런 비상
호적인 대체는 일상생활에서 설득력 있는 상호적인 대체보다 더 강력하다.
상호적인 대체에서 자기의 역할을 하지 않는다면, 그 상대자 역시 상호적인
대체에 더 이상 참여하고자 하지 않을 것이다. 상호적인 대체는 이미 대체를
하겠다는 쌍방 간의 합의를 암묵적인 전제로 깔고 있는 것이며, 레비나스는
'나'와 타자 간의 상호적인 대체에 깔려 있는 동등성을 받아들이고 싶지 않
은 것이다.

레비나스적 책임은 '나'의 의지나 자유와 상관없이 발생한다. "나는 아
무것도 하지 않았다 하더라도 항상 관련되어 있다"(위의 책, p. 145). 렝
크(H. Lenk)는 실제로 일어났던 두 가지 사건을 예로 들어, 즉 제노비스
(K. Genovese) 사건과 뮌헨의 올림피아 공원에서 일어났던 소년들의 익
사 사건(vgl. Lenk, 1998: pp. 18-9, 220-1, 265 참조)의 경우에서 레비나스
적 책임을 관련성 책임(Betroffenheitsverantwortlichkeit) 내지 만남의 책임
(Begegnungsverantwortlichkeit)으로 이해한다. 렝크는 "책임으로서의 무관심
할 수 없음(Nicht-Indifferenz als Verantwortung)"을 들어 이 두 사건의 구경
꾼들에게 책임을 묻고 있다. 레비나스적 책임은 과거지향적인 책임 개념(ex
post Verantwortung)을 넘어서는 것이다. "나의 자유에 근거하지 않는 책임
은 타자의 자유를 위한 책임이다. 내가 구경꾼으로 머물러 있을 수 있다 하
더라도 나는 책임이 있는 것이다"(HAH, p. 79).

책임의 실현 방식에 대해서 레비나스는 뚜렷한 설명을 하지 않지만, 책
임에 대한 그의 설명 속에서 그것을 도출해 낼 수 있다. 특히 리투르기
(Liturgie)와 손해(Defizit) 개념을 통해 책임의 실현 방식을 추측해 볼 수 있
다. 리투르기의 원래 의미는 관직의 행사인데, 무보수일 뿐만 아니라 그것
의 행사에 들어가는 비용조차 자기가 지불해야 한다(DEHH, p. 192 참조). 이
런 의미에서 리투르기는 자기희생이며, 그 때문에 레비나스적 책임은 '나'에
게 있어서는 손해(defizitär)이다(위의 책, p. 500 참조). 심지어 타자가 '나'에게

손해나 부당한 것을 가한다 하더라도 그에 대한 책임을 떠맡아야 한다고까지 주장한다. "나는 타자에게 모든 것을 빚지고 있다. '나'는 그를 위해 존재한다. 그리고 이것은 타자가 '나'에게 행하는 악(惡)에도 유효하다"(DVI, p. 134). 이외에도 일(Werk)이라는 개념 역시 위의 두 개념과 동일한 의미를 가져온다. 이 개념(Werk)은 '내'가 타자에게 다가가는 방향만을 의미하지, 그 역을 의미하지는 않는다. 따라서 타자로부터의 보상 내지 감사라는 것은 없게 된다.

그렇다면 이런 유형의 책임, 즉 타자에 대한 전면적이고 무한한 책임을 어떻게 실현해야 하는가라는 물음이 제기된다. 레비나스의 책임론에서 타자는 규칙 제정적(normgebende), 실현적(verwirklichende), 판단적(beurteilende) 심급(Instanz)으로서 기능한다. 이것은 타자가 책임을 주고, 그 책임이 실현되는 것을 받으며, 책임 실현 과정을 감독하는 역할을 하게 된다. 심급으로서 타자는 누구인가? 타자는 '너'나 '제3자' 혹은 '이웃'인가? 레비나스는 부버(M. Buber)적인 나-너의 관계에서 동등성과 상호성을 분석해 낸다: "부버에게서 '나'를 부르는 '너'는 이런 부름 속에서 이미 '나'에게 '너'라고 말하는 또 다른 '나'로 이해된다. '나'를 통해 '너'라고 하는 것은 아마도 '나'에게 있어서 상호관계 내지 동등성, 정의(正義)의 성립일지도 모른다"(HS, p. 64).[10] 그래서 레비나스는 윤리적인 비동등성, '나'의 타자에 대한 종속, 주격으로서가 아니라 목적격으로서의 '나'에 대해 언급한다(HS, p. 65 참조).[11] 레비나스에게 있어서 '나'-'너' 관계는 나와 너의 대등한 관계가 아니라 '너'를 위한 '나,' 달리 표현하면, 타자를 위한 '나'의 관계이다. 만약 '너'가 낯선 자, 과부나 고아의 모습으로 '나'에게 나타난다면, 이런 '너'는 타자이다(Strasser, p. 1978: 522 참조).

'나'와 '타자' 외에도 항상 제3자가 존재한다. 제3자는 다른 이웃일 수도

10. TI, pp. 40-1 참조
11. Levinas, E.(1987): *Hors sujet*, Paris. 이하 HS로 표기함.

있고, 타자의 이웃일 수도 있다. 그러나 제3자와 이웃의 차이는 다음과 같은 말에서 드러난다: "비록 '내'가 — 개개의 질문에 대하여 — 내 이웃에 대해 책임 있다 할지라도 타자는 '내'가 완전히 책임질 수 없는 제3자와의 관계 속에 놓이게 된다"(AQ, p. 200). 제3자의 등장은 적어도 레비나스에게는 "의식의 사실(Faktum des Bewußtseins)"(위의 책, p. 201 참조)이며 동시에 정의가 의식의 기초로서 시작이 된다.[12] 정의는 "제3자에 대한 타자의 예외적인 참여"(위의 책, p. 205)로부터 발생하며, 그때그때의 요구들에 대한 판단의 척도로 주체에게 기여한다. 정의 안에서 어떤 급변화가 일어난다: "주체는 더 이상 타자에 대한 절대적인 수동성 속에 있지 않게 되며, 특정한 결정 공간을 가진 결정의 심급이 된다. …(중략)… 타자가 표정이면서 동시에 현상인 것처럼, '나' 역시 피고인이면서 심판관이다"(Krewani, 1992: p. 242). 책임의 무한성의 의미가 이런 변화 속의 '나'에 대한 중요한 힌트를 제공한다: "책임의 무한성이 책임의 실제적인 무한함(Unermeßlichkeit)이 아니라, 책임이 받아들여지는 정도만큼의 책임의 증가이다"(TI, p. 222). 이 책임을 떠맡는 자는 궁극적으로 '나'이다. 결국, 책임의 무한성은 '내'가 책임을 인수하는 정도만큼 증가한다는 것이다. 레비나스적 책임은 이미 행해진 어떤 행위에서부터 생겨나는 것이 아니라 내가 무언가를 하기 전에, 그리고 특정한 행위 책임이 일어나기 전에 발생하는 책임이다. 그 때문에 그 책임은 모든 일상적이고 구체적인 책임의 근원적 전제가 되는 것이다.

---

12. "의식은 '얼굴 대 얼굴'의 친밀함 속으로 제3자가 등장하는 것이다"(AQ, p. 204).

7. 나오는 말

지금까지 현대 책임 윤리학에서 제시되어 온 여러 책임 모델들을 분석해 보았다. 이 장에서 분석된 모델들은 책임의 주체와 대상, 심급이라는 측면에서 차이가 나지만, 현대 윤리학에서 주장되는 책임 개념은 우선, 자유에 근거한 책임의 범위를 넘어서고 있다는 것, 둘째, 상호성(Reziprozität)에서 비상호적인 책임, 즉 절대적이며 일방적인 책임의 존재를 주장하고 있다는 것, 셋째, 과거지향적인 책임으로부터 미래지향적인 책임으로 확장되고 있다는 것, 끝으로 계약적이며 자기 행위에 근거를 둔 책임으로부터 절대적인 책임의 존재를 강조한다는 것을 주요 특징으로 한다는 데 공통점이 있다. 특히 미래 윤리(Zukunftsethik)로서의 책임 윤리를 주장하고, 절대적인 책임의 존재를 주장하고 있다는 점 역시 이들 모델의 공통점이라고 할 수 있다.

베버의 책임 윤리적인 행위 결정 모델, 요나스의 존재론적 책임 모델, 비른바허의 미래 세대에 대한 책임 모델, 아펠의 선험 화용론적 담론 윤리에 기초한 공동 책임 모델, 레비나스의 타자에 대한 책임 모델은 현대 실천윤리 분야에서 제기되는 다양한 종류의 책임을 분석하는 데 유용할 것이다. 예를 들면, 생명 윤리 분야에서 인간 배아에 대한 책임을 책임 관련자 내지 책임 주체의 측면에서 여러 가지 형태로 분석해 볼 수 있다. 인간 배아를 실험 대상으로 삼고자 하는 연구자들이 져야 할 책임, 그 인간 배아의 생물학적 부모가 져야 할 책임, (그리고 우리가 인정할 수 있다면) 미래적 형태의 잠재성을 가진 존재, 즉 배아 그 자체가 져야 할 미래적 책임 등일 것이다. 인간 배아를 실험 대상으로 삼는 연구자들의 책임 문제는 우선 일반적으로 과학 기술의 책임 문제와 유사한 수준에서 논의될 것이며, 더 나아가 그 대상이 인간 배아라는 특수성으로 인해 책임의 대상, 관련자, 범위, 준거, 책임 실현의 영역이라는 측면에서 새로운 분석이 가능해질 것이다. 또한 '충분한 정보에 의한 동의(informed consent)'에 의해 이뤄지는 인간 배아의 실험에 대해서도 역시 그 배아의 생물학적 부모에게 그 배아의 존재에 대한 책임이 제기된다. 실험 대상으로 제공하기로 동의된 배아, 착상 시도를 준비하는 단계에서 생물학적인 비교 준거에 의해 제외된 배아, 착상에 실패한 배아를 동일하게 보아서는 안 될 것이다. 배아의 인격적, 도덕적 지위에 대한 논증을 바탕으로 한 걸음 더 나아가 배아 존재의 존재론적 책임을 논할 수 있을 것이다. 이외에도 여기에서 드러난 세 가지 책임 형태 간의 상호작용의 책임, 즉 메타적인 책임도 발생할 수 있다. 이러한 예에서 알 수 있는 것처럼, 책임의 모델을 실천윤리적 문제들에 적용해 봄으로써 책임의 구체화 및 그 실현 방법의 모색이 보다 용이할 것이다. 이와 더불어 윤리적인 문제 상황에서 발생하는 책임을 분석하고 책임의 규명과 실현의 방식에 대한 논의가 필요할 것이다.

참고 문헌

이재성(2002): 「아펠과 하버마스의 담론 윤리의 의미」, 『철학논총』 제30집 4권, pp. 1-21.

변순용(2003): 「요나스의 존재론적 윤리학」, 이석호 외 공저: 『서양 근현대 윤리학』, 인간사랑, pp. 411-40.

변순용(2004): 「생명에 대한 책임」, 『범한철학』 32집, pp. 5-28.

Apel, K.-O.(1973): *Transformation der Philosophie* Bd. II, Frankfurt a.M.,

Apel, K.-O.(1986): Verantwortung heute, in: Meyer, T. & Miller, S.(Hrsg.): *Zukunftsethik und Industriegesellschaft*, München, pp. 15-40.

Apel, K.-O(1988): *Diskurs und Verantwortung*, Frankfurt a.M.

Apel, K.-O(1993): Das Problem einer universalistischen Makroethik der

Mitverantwortung, *Deutsche Zeitschrift für Philosophie* 41, pp. 201-15.

Apel, K.-O.(2000): First Things First, in: Kettner, M.(Hrsg.): *Angewandte Ethik als Politikum*, Frankfurt a.M., pp. 21-50.

Apel, K.-O. & Burckhart, H.(Hrsg.)(2001): *Prinzip Mitverantwortung — Grundlage für Ethik und Pädagogik*, Würzburg.

Habermas, J.(1983): *Moralbewusstsein und kommunikatives Handeln*, Frankfurt a.M.

Haberman, J.(1991): *Erläuterungen zur Diskursethik*, Frankfurt a.M.

Habermas, J.(1999): *Wahrheit und Rechtfertigung*, Frankfurt a.M.

Jonas, Hans(1973): *Organismus und Freiheit Ansätze zu einer philosophischen Biologie*. Götingen; zuerst (1966): *The Phenomenon of Life Toward a Philosophical Biologie*. New York.

Jonas, Hans(1979, zit. N. Aufl. 1984): *Das Prinzip Verantwortung Versuch einer Ethik für die technologische Zivilisation*. Frankfurt a. M.

Jonas, Hans(1981): *Macht oder Ohnmacht der Subjektivität? — das Leib-Seele-Problem im Vorfeld des Prinzips Verantwortung*. Frankfurt. a. M.

Jonas, Hans(1984): Warum wir heute eine Ethik der Selbstbeschränkung brauchen, in: Ströker, E. (Hrsg.): *Ethik der Wissenschaften? Philosophische Fragen*. München. pp. 75-86.

Jonas, Hans(1985, zit. N. Aufl. 1987): *Technik, Medizin und Ethik — Praxis des Prinzips Verantwortung*. Frankfurt. a. M.

Jonas, Hans(1987): *Wissenschaft als persönliches Erlebnis*. Götingen.

Jonas, Hans(1988): *Materie, Geist und Schöpfung*. Frankfurt a. M.

Jonas, Hans(1991): Wissenschaft und Forschungsfreiheit — Ist erlaubt, was machbar ist?, in: Lenk, Hans (Hrsg.): *Wissenschaft und Ethik*. Stuttgart. pp. 193-214.

Jonas, Hans(1992): *Philosophische Untersuchungen und metaphysische Vermutungen*. Nördlingen.

Jonas, Hans(1993A): *Dem bösen Ende näher — Gespräche über das Verhältnis des Menschen zur Natur*. Frankfurt a. M.

Jonas, Hans(1993B): *Rückschau und Vorschau am Ende des Jahrhunderts*. Frankfurt a. M.

Jonas, Hans(1994/97): *Das Prinzip Leben*. Frankfurt a. M./Leipzig.

Körtner, U.H.J.(1992): Verantwortung, Glaube und Lernen. Zeitschrift für theologische Urteilsbildung, 7. Jg., Nr. 2, pp. 97-104.

Krewani, W.N.(1992): *Emmanuel Levinas — Denker des Anderen*, Freiburg/ München.

Kuhlmann, Wolfgang(1994): Prinzip Verantwortung versus Diskursethik, in: Böhler, D.: *Ethik für die Zukunft — Im Diskurs mit Hans Jonas*, München, pp. 277- 302.

Lenk, H.(1998): Kokrete Humanität, Frankfurt a. M.

Levians, E.(1949, 1982): *En découvrant l'existence avec Husserl et Heidegger*, Paris(DEHH로 표기함).

Levinas, E(1961, 1980): *Totalité et infini*, Den Haag(TI로 표기함).

Levinas, E.(1972): *Humanisme de l'autre homme*, Montpellier(HAH로 표기함).

Levinas, E.(1974): *Autrement qu'etre ou au-delà de l'essence*, Den Haag(AQ로 표기함).

Müller, C.(1992): "Verantwortungsethik," in: Pieper, A.(Hrsg.): *Geschichte der neueren Ethik 2*, Tübingen, pp. 103-31.

Rendtorff, T.(1982): "Vom ethischen Sinn der Verantwortung," in: Hertz, A.(Hrsg.): *Handbuch der Christlichen Ethik*, Bd. 3, Freiburg i. Br., pp. 117-29.

Strasser, S.(1978): "Buber und Levinas — philosophische Besinnung auf einen Gegensatz," in: *Revue internationale de philosophie*, 32, pp. 512-25.

Weber, M(1919): "Politik als Beruf," in: ders., Gesammelte politische Schriften, hrsg. v. J. Winckelmann, 3, pp. 505-60.

Werner, M.H.(2001): Die Verantwortungsethik Karl-Otto Apels, in: Apel, K.-O. (Hrsg.): *Prinzip Mitverantwortung — Grundlage für Ethik und Pädagogik*, Würzburg, pp. 123-44.

제2장

개인이 아닌 공동체의 책임은 어떻게?*

이 장은 현대 책임 윤리에서 공동체의 책임 문제가 중시되는 이유를 살펴보고, 도덕적 행위의 주체를 자율적인 의지를 가진 인간에게 한정하는 기존의 전통적인 윤리학의 입장을 벗어나 공동체의 도덕적 책임의 문제를 분석함으로써, 공동체를 도덕적 행위자로 규정하고자 한다. 그러기 위해서 우선 공동체를 결합체와 집합체로 구분하여 각각에서 제기되는 책임의 유형과 문제를 고찰하여 구성원에게 분배될 수 있는 도덕적 책임과는 다른 공동체 자체의 도덕적 책임이 있음을 규명하였고, 집합체와 결합체의 성격에 따라 공동체의 행위에 제기되는 도덕적인 책임 문제의 성격도 다르게 제기되어야 함을 강조한다. 그리고 공동체 내에서 분배될 수 있는 책임에 대한 디자인이 필요하며, 구성원들에게 분배될 수 없는 책임은 구성원 전체에 의해 공유되는 책임으로 간주되어야 함을 주장한다.

* "이 장은 2006년 정부의 재원으로 한국학술진흥재단의 지원을 받아 수행된 연구임" (KRF-2006-332-A00101).

1. 현대 책임 윤리의 특징은 무엇인가?

1911년에 비어스(Ambrose Bierce)가 출판한 『악마의 사전』에 보면, 책임이란 "신, 운명, 행운, 우연 혹은 이웃에게, 그리고 점성술의 시대에는 별에게 쉽게 떠넘겨질 수 있는 짐"(Bierce, 1996: p. 117)이다. 책임은 우리의 일상생활에서 자주 사용되는 개념 중의 하나이지만 책임에 대하여 이론적으로 본격적인 관심을 보인 것은 그리 오래 되지 않은 일이다. 책임이나 책임성에 대한 본격적인 연구는 서구 문화에서는 19세기에서부터 시작되었다. 물론 책임의 개념을 고대나 중세에서도 찾아볼 수 있겠지만, 이 기간 동안에는 책임이 중요한 역할을 했다기보다는 단지 부차적인 의미를 가졌었다. 책임 개념은 현대 윤리 담론들 속에서, 특히 베버(Max Weber), 바이셰델(Wilhelm Weischedel), 요나스(Hans Jonas), 레비나스(Emmanuel Lévinas) 그리고 렝크(Hans Lenk) 등에 의해 중심적인 이론적 대상이 되었다(변순용, 2007: pp. 17-24 참조).

책임 개념이 현대사회에서 부각되는 것은 현대사회의 두 가지 특징에서 그 이유를 찾아볼 수 있다. 우선, 현대사회의 구조들이 점점 복잡해짐에 따라 행위의 복잡한 인과관계 속에서 행위의 원인을 찾거나 또는 책임을 규정하는 것이 점점 더 어려워지고 있다. 현대사회의 복잡한 행위 구조가 가지는 확실성과 불확실성의 중첩이 가져오는 결과를 살펴보면 다음과 같다(Heidbrink, 2003: pp. 30-5 참조). 첫째, 행위의 구체적 내용도 중요하지만, 행위의 맥락의 중요성이 보다 중요해지고 있으므로, 행위가 일어나게 되는 조건과 배경에 대한 이해 속에서 행위의 의미를 파악해야 한다. 둘째, 행위의 대안들 자체보다 개별 대안들이 가져올 각각의 결과가 현대사회에서 보다 중요하게 나타난다. 또한 행위의 결과뿐만 아니라 부작용이나 장기적인 결과의 중요성이 강조된다. 셋째, 행위의 영역 간의 구분이 점차 사라지고 있다. 복잡하게 얽혀 있는 구조 속에서 특정 행위를 특정 영역에 한정시키는 것이 점차 무의미해지게 된다. 넷째, 이와 관련해서 행위에 대한 책임의 소급 범위가 점차 확장되어 가고 있다. 따라서 책임이 전통적인 의미의 의무 개념을 대체하면서 행위의 정당성을 주장하는 중요한 근거가 된다. 전통적인 기준에 의하면 누구에게도 소급될 수 없는 책임의 사태가 발생하고 있으며, 개별적인 책임 주체를 규정할 수 없다는 것이 책임의 부재를 의미하지는 않는 경우들이 현대사회의 복잡한 구조 속에서 나타나게 된다.

둘째로, 기술을 통해 증대되는 인간의 힘은, 이미 역사 속에서 드러난 바와 같이, 한편으로는 꿈의 실현이라는 의미를 갖지만, 다른 한편으로는 늘어나는 위험을 의미하기도 한다. 근대 계몽주의 시대에 인간의 이성과 그의 산물인 기술에 대한 신뢰가 보편적이었다면, 이러한 믿음은 양차 세계대전, 원자폭탄의 사용, 생태계의 위기 등을 통해 약화되었다고 할 수 있을 것이다. 이 모든 것이 인간의 자기 성찰의 계기가 되었으며, 이성에 대한 회의와 기술에 대한 불신은 힘의 사용에 대한 책임 개념의 강조를 가져왔다.

책임 개념이 복잡한 사회구조와 연결되면, 책임져야 할 사람이나 책임의 대상을 구체적인 상황에서 규정하기가 더 어려워진다. 뿐만 아니라 기업의 책임이나 환경에 대한 책임과 같이 우리는 항상 책임의 새로운 유형에 직면하게 된다. "어떻게 그리고 어느 정도나 인간이 현대사회에서 책임질 수 있는가?"라는 물음과 관련해서 특히 제도적 내지 집단적 책임에 대한 논의가 윤리학의 중요한 주제가 된다. 하딘(G. Hardin)의 "공유의 비극(the tragedy of commons)"에서 제시된 예와 같이, 공동 책임 내지 집단 책임은 복잡하고 익명적인 사회 안에서 너무나 수월하게 무책임이 될 수 있다. 또한 현대사회에서 인간은 교체 가능한 하나의 부품처럼 여겨지고, 그래서 체계의 책임(Systemverantwortung) 내지 제도의 책임(Institutionsverantwortung)이 주장되

현대 책임 개념의 등장 배경	책임 개념의 강조
사회구조의 복잡성 새로운 행위 주체의 등장 --- 인간 이성에 대한 회의 과학·기술의 힘에 대한 불신	M. Weber: 책임 윤리와 의향 윤리 W. Weischedel: 자기 책임론 H. Jonas: 존재 책임론 E. Levinas: 타자 책임론 H. Lenk: 인간성 책임론 P. French: 집단 책임론 새로운 유형의 책임 등장

[그림 1] 책임 윤리의 등장 배경

기도 한다. 이런 책임 유형에서 개개인은 어떠한 책임도 질 수 없다. 왜냐하면 헤프너가 주장한 것처럼 이런 책임은 이제 시스템 속에 포함되어 있기 때문이다(Haefner, 1984: p. 89 참조). 이런 입장에서 본다면, 책임이라는 개념은 "일관성 있는 것처럼 보이는 하나의 보편적인 개념이지만, 그 이면에는 매우 상이한 의미, 해석 내지 관점을 숨기고 있는 개념이다"(Lenk, 1987: p. 572).

책임의 윤리학은 "전통적인" 윤리학과는 달라야 한다. 요나스는 그의 저작인 『책임 원칙(*Das Prinzip Verantwortung*)』(1979)에서 전통적인 윤리학에 대해 강도 높은 비판을 가한다. 그에 따르면, 기존의 어떤 윤리학도 인간 삶의 전 지구적 조건과 먼 미래, 즉 인류의 존속이라는 것을 고려에 포함시키지 않았다(Jonas, 1979: p. 28 참조). 그는 증가하는 인간의 기술적 능력과 상대적으로 줄어만 가는 지식 사이에서 발생하는 "윤리적 공백"에 대해 언급한다. 그의 주장을 받아들인다면 현대의 기술 문명은 새로운 윤리학을 필요로 하게 된다. 추상적이고 보편적인 윤리적 요청보다는 구체적이고 개별적인 윤리적 요청들이 제시되어야 한다는 것이다.

책임 윤리는 학제적 성격을 갖는다. 책임에 대해 논의하기 위해서는 다양한 학문적 인식이 필요하다. 이것은 환경오염의 예에서 명확해질 것이다. 환경 파괴의 현상과 원인을 규명하기 위해서는 그에 상응하는 자연과학과 기술에 대한 지식이 필요할 것이고, 파괴되고 손상된 환경을 복구해야 한다는 요청을 근거 지우기 위해서, 그리고 깨끗하고 더 살기 좋은 환경을 유지해야 한다는 요청을 제기하기 위해서는 인문·사회과학적 인식이 필요할 것이다. 현대 윤리학에서 책임 윤리는 철학과 다른 학문들이 만나는 계기가 될 것이다.

책임 윤리는 결과윤리, 즉 행위를 그것의 결과가 갖는 가치에 따라 판단하려는 입장과 원칙 윤리, 즉 행위의 가치를 윤리-도덕적 원칙에 의해 판단하려는 입장의 혼합 형태를 가진다. 책임 개념의 확장 경향은 책임 개념에서의 원칙 윤리적 요인이 결과윤리적 입장과 결합되는 것을 의미한다. 현대사회 안에서 행위의 축적적이고 종합적인 장기 효과를 고려해 본다면, 행위의 결과를 중시하는 결과윤리적 책임 윤리는 어려움에 처하게 된다. 왜냐하면 현대사회에서 행위의 결과를 판단하는 것이 점점 더 어려워지고 있기 때문이다. 프레온 가스의 사용이 오존층에 문제를 초래한다는 것을, 또 동물 사료가 광우병을 초래한다는 것을 전에는 알 수 없었다. 누가 프레온 가스나 동물 사료의 사용으로부터 야기되는 장기적인 부작용에 대한 책임을 져야 하는가? 이 물음 속에 결과윤리적인 책임 윤리의 한계가 드러나며, 책임 윤리는 결과윤리적 입장과 원칙 윤리적 입장의 상호 조율 속에서 논의되어야 할 것이다.

책임 윤리는 이론과 실제를 결합하는 기능을 수행한다. 책임 윤리에서 제시하는 책임의 개념 그 자체는 사실 아무런 구체적인 행위 지침에 대한 내용을 갖고 있지는 않다. 책임의 원칙 역시 책임져야 한다는 원칙적인 수준에서의 논의만으로는 구체적인 지침을 제공해 주는 데 있어서 한계를 드러낸다. "책임 개념의 핵심적 기능은 규범과 상황을 연결하며, 이러한 연결에 깔려 있는 해석학적인 과제들을 알려주는 것이다"(Rendtorff, 1982: p. 118). 이론적인 면에서뿐만 아니라 실천적인 행위 지침력을 갖기 위해서 책임 윤리는 단순한 적용(Application)의 수준에서가 아니라 상세화(Specification)의 과정을 통해 구체화되어야 한다.

2. 공동체의 책임에 대한 논의의 의미는?

이 장은 도덕적 행위의 주체를 자율적인 의지를 가진 인간에게 한정하는 기존의 전통 윤리학의 입장을 벗어나서, 공동체에게도 도덕적 지위가 부여될 수 있는가를 공동체의 책임 문제를 통해 살펴보는 것을 목적으로 삼고 있다. 지금까지 공동체의 책임 문제는 행정학이나 경영학, 교육학이나 신학에서 조직론을 중심으로 다뤄지긴 했지만, 윤리학의 시각에서 공동체의 도덕적 책임에 대한 논의가 한국에서는 거의 없었다. 따라서 이 장은 공동체의 도덕적 책임의 근거와 유형, 그 실현 방법을 모색해 보고자 한다는 점에서 공동체의 행위에 대한 새로운 이해를 제공하는 계기가 될 것이다.

공동체의 도덕적 책임에 대해 논의하기에 앞서 공동체의 도덕적 책임의 존재를 반대하는 입장을 살펴볼 필요가 있다. 이러한 입장을 그레이엄(Keith Graham)은 크게 세 가지로 정리하고 있다(van den Beld, 2000: pp. 53-61 참조). 첫 번째 입장은 공동체는 실제로 존재하지 않기 때문에 공동체에게 책임을 부과해야 한다는 것은 환상에 불과하다는 것이고, 두 번째 입장은 비록 공동체가 존재한다 하더라도 공동체는 행위자인 개인과 본질적으로 상이하므로 공동체에 대한 도덕적 논의 자체가 불가능하다고 주장한다. 세 번째 입장은 앞의 두 입장보다 유연함을 보이지만 공동체의 도덕적 책임 논의가 가지는 본질적인 한계를 주장하고 있다. 공동체가 도덕적 수동자(moral patient)보다는 도덕적 능동자(moral agent)로서의 중요한 특징을 갖는다 하더라도 그것은 단지 2차적이고 간접적인 방식으로 행위를 하는 것이므로, 공동체에게 도덕적 책임을 부과하는 것에 대한 물음은 인간 행위자에게 묻는 것과는 달라야 한다는 것이다. 여기서 첫 번째와 두 번째 입장은 존재론적으로 가능한 논의이지만, 현실적인 필연성의 측면에서 거부될 수밖에 없다. 결국, 세 번째 입장에서 공동체의 행위와 개인의 행위의 구분에서, 실제로 개인들이 현실에서 수행하는 다양한 행위들 역시 공동체의 구성원으로서 수행하는 행위들을 포함하고 있으므로 개인의 행위 능력과 유사한 공동체의 행위 능력을 통해 도덕적 책임을 물을 수 있는 가능성을 찾아야 한다.

특히 현재 한국 사회에서 사회 내의 각 공동체들의 이익이 서로 상충될 경우 조직적인 힘의 대결 양상으로 전개되고 있는 실정이다. 현대사회에서 개개인보다는 조직이나 공동체가 막강한 영향력을 행사하고 있음을 고려해 볼 때, 공동체의 도덕적 책임에 대한 논의의 필연성을 더 유보하기 어려운 상황이다. 법 영역에서는 공동체의 책임이 부분적으로 인정되고 있지만, 도덕적 책임이 공동체 그 자체에게 부여되기에는 여러 정당화 노력이 필요하다. 특히 이러한 정당화의 전략은 공동체의 종류와 성격에 따라 상이할 수밖에 없다.

니버의 책 제목인 "Moral Man and Immoral Society(도덕적 인간과 비도덕적 사회)"가 시사하는 바와 같이 도덕적 인간으로 구성된 공동체이더라도 그 공동체의 행위가 비도덕적일 수 있는 공동체 고유의 특성이 존재한다. 사회 안에는 여러 수준의 공동체들이 있으며, 더구나 현대사회에서 이러한 공동체들이 이익집단화 되면서 자기의 권리를 주장하게 된다. 그러나 공동체의 이익과 권리에 대한 주장과 함께 책임이 강조되어야 함에도 불구하고 공동체의 책임에 대한 논의가 미약하거나 지나치게 추상적인 수준에서 거론되는 경우가 적지 않다.

개인의 도덕적 책임뿐만 아니라, 현대사회에서 새롭게 제기되고 있는 환경문제나 생명 문제에서 사회적 책임에 대한 철학적 논의가 활발히 논의되고 있다. 전통적인 관점에서 보면 도덕 행위의 주체는 항상 개별적인 인간존재였다. 공동체의 도덕적 책임을 개인주의적 시각에서 보려는, 즉 공동체의 도덕적 책임을 그 공동체 구성원에게 귀속시켜야 한다고 보는 방법론적 개체주의(Methodological Individualism)[1] 내지 윤리적 환원주의의 주장도 있지만, 공동체 그 자체의 속성상 그 구성원 각자에게 도덕적 책임이 귀속될 수 없는 경우가 분명히 발생한다. 예컨대, 도덕적 책임을 발생시킨 조직이나 집단에서 그 소속 구성원이 알지도 못하면서 자기의 직무와 역할을 성실히 수행한 경우에 우리는 공동체의 도덕적 책임을 구성원 개개인에게 묻기가 어렵게 된다. 그래서 "나는 단지 내 일만 했을 뿐이야"라거나 "상부의 명령이야"라는 변명이 정당화되는 경우에는 공동체가 책임 있다고 해서 그 구성원의 책임이 정당화되지 않는 경우도 발생하게 된다. 그러나 이런 경우에는 '조직화된 무책임'의 현상이 발생하기도 한다.

사회가 발전하면서 다양한 형태의 공동체들이 생겨날 뿐만 아니라, 여러 수준으로 세분화되어 가고 있으며, 이 공동체들은 이미 법의 영역에서는 책임의 주체로서 인정되고 있다. 가장 핵심적인 문제는 다음과 같다: 공동체가 도덕적 책임을 질 수 있는가? 개별적인 공동체 구성원의 도덕적 책임과는 다른 공동체 자체의 도덕적 책임이 존재하는가? 공동체는 도덕적 책임을 어떻게 이행하는가?

3. 공동체의 유형과 그로부터 제기되는 책임의 문제들은 무엇인가?

물론 공동체라는 개념 자체가 다양하게 세분화될 수 있겠지만, 여기서는

---

1. 왓킨스(W. N. Watkins)는 "사회과정과 사건들은 그것들에 참여하는 개인들의 행위를 지배하는 원칙들과 그 개인들의 상황에 대한 서술로부터 연역하여 설명될 수 있다"(1953: pp. 729-30)는 방법론적인 원칙을 주장하였으며, 포퍼(K. Popper)는 전체주의 국가에 대한 비판에서 이것을 이용하였다.

1. **집합체(aggregate collectivity)**: 구성원이 변하면 공동체의 정체성도 변함.
   1) 무작위 집합체(random collective)
      (1) 구성원들이 일정한 시공간적 지속성을 지님
      (2) 집단행동을 결정하는 과정이 없음
      (3) 유대감이 결여됨
      (4) 예: 군중, 버스 정류장의 사람들
   2) 비난받거나 책임있다고 여겨지는 공통된 특성을 가진 공동체
      예) 인종차별주의자.

2. **결합체(conglomerate collectivity)**:
   (1) 공동체의 정체성이 조직에 속한 개인의 정체성과의 결합에 의해 없어지지 않음.
   (2) 세 가지 특징:
      ① 내부 조직 내지 의사 결정 과정의 존재
      ② 규칙화된 구성원의 행위의 기준
      ③ 정해진 구성원의 역할 및 지위
   (3) 예: 정당, 의회, 군대, 적십자, 기업 등.

[그림 2] 공동체의 구분

그 공동체의 수준을 몇 가지로 구분하고자 한다. 위에서 제시된 문제들에 답하기 위해서는 먼저 공동체의 종류(human collectives, groups, organizations and institution)를 구분해야 한다. 그래서 우선 서구 사회에서 공동체의 도덕적 책임에 대한 논의에서 가장 많이 논의되는 프렌치(P. French)의 구분과 행위의 측면에서 논의한 마링(M. Maring)의 구분을 대표적으로 살펴보겠다.

우선 프렌치는 집합체와 결합체, 통계적인 의미의 집단으로 구분하고, 특히 집합체를 두 가지로 구분한다. 헬드(Virginia Held)나 쿠퍼(David Cooper)가 본 것처럼, 구성원들이 시공간적 지속성을 가진 집단과 집합체에 속하면서도 비교적 도덕적 비난을 받거나 책임이 있다고 여겨지는 공통된 특성을 지닌 집단을 구분하고 있다. 여기서는 프렌치의 공동체에 대한 구분을 근거로 하여 공동체를 [그림 2]에서와 같이 크게 두 가지로 구분하고자 한다 (French, 1972: pp. 37-49 참조).

마링은 행위의 관점에서 개별적인 행위와 집단 행위를 구분하고 있다 (Maring, 2001: p. 109 참조). 개별적인 행위는 개개인이 대표자나 대리인이 아니라 자신의 이름으로 자신의 생각과 책임 하에 수행하는 행위를 의미하며, 모든 도덕적인 판단에서 1차적인 행위(Primaeres Handeln)이다. 다수의 사람들의 행위를 의미하는 집단 행위는 다시 좁은 의미의 집단 행위(Kollektives Handeln im engeren Sinne)와 조직 행위(Korporatives Handeln)로 구분한다. 좁은 의미의 집단 행위는 "군중들의 행위, 동일한 목표를 가진 다수의 행위, 전략적이면서도 경쟁적인 조건하에서이거나 아니면 서로 독자적인 다수의 조정되지 않은 행위"(위의 책, p. 110)이다. 조직 행위는 "과제 지향적, 목표지향적, 구조화된, 분업적인 사회적 형성물"(위의 책, p. 110)의 행위이다.[2] 그는 조직 행위와 관련된 책임을 내적인 책임과 외적인 책임으로 구분한다. 내적인 책임은 조직 내에서 발생하는 책임이며, 외적인 책임은 제삼자, 사회, 세계 등에 대해 발생하는 책임이다. 여기서 외적인 책임은 다시 조직 자체로서의 조직의 책임, 구성원의 일부 내지 전체가 져야 하는 책임, 일부나 전체의 구성원들과 조직이 공동으로 부담해야 하는 책임으로 구분된다. 또한 그는 좁은 의미의 집단 행위와 조직 행위 모두에서 구성원들에게 책임이 소급될 수 있는 경우와 소급될 수 없는 경우를 인정하고 있다. 이러한 구분에 프렌치의 구분을 적용해 보면, 전자는 집합체의 수준에서, 후자는 결합체의 수준에서 발생하는 행위를 의미한다.

그렇다면 집합체에게 도덕적 책임을 물을 수 있는가? 책임을 물을 수 있고 또 물어야 한다면, 도덕적 책임이 집합체의 구성원 개개인에게 분할되느냐 혹은 공유되느냐의 문제가 또 제기된다. 결합체와는 달리 특별한 의사결정 구조나 내부 조직, 정해진 규칙 등이 없는 집합체에게 도덕적 책임을 어떻게 물을 수 있겠는가? 이 물음에 답하기 전에 도덕적 책임 발생의 유형

---

2. 여기서 마링은 조직을 "역할로 구조화되어 분업적인 권력 구조를 가진 목표 지향적인 체계"로 규정하고 있다(Maring, 2001: pp. 112, 140 참조).

을 두 가지 경우로 구분하여 생각해 볼 수 있다: 집합체 자체가 문제가 되는 사태의 직접적인 원인을 제공하는 경우와 직접적인 관여나 참여를 하지 않았지만 무관심이나 방관, 혹은 침묵, 묵인 등을 통해 문제가 되는 사태의 발생에 간접적인 요인이 되는 경우. 이 두 경우에 책임의 실현과 관련하여 중요한 문제는 도덕적 책임이 구성원 개개인에게 분할될 수 있느냐의 문제이다. 이것은 책임의 분할 내지 분배의 개념으로 봐야 할지 아니면 공유의 개념으로 봐야 할지의 문제이다. 법적 책임이 분할되는 경우는 있지만, 도덕적 책임은, 직관적으로, 나누어질 수 있는 파이가 아니기 때문이다.

한편, 결합체의 도덕적 책임에 관한 가장 중요한 문제는 (1) 구성원 개개인에게 돌려질 수 있는 책임과 그렇지 않은 책임을 구분하는 문제, 그리고 (2) 구성원 각자에게 귀속될 수 없는 공동체 자체의 도덕적 책임이 존재하느냐의 문제, 또 그런 책임이 존재한다면 (3) 공동체가 그런 책임을 어떻게 실현하느냐의 문제일 것이다. 첫 번째 문제에서의 책임은 집합체의 도덕적 책임과 비교 검토되어야 할 것이다. 두 번째와 세 번째 문제에서는 공동체 행위에 대한 다양한 분석 모델에 따라 공동체 전체의 책임이 어떻게 발생하며 또 어떻게 실현되는가를 살필 것이다.

4. 구성원의 도덕적 책임과는 상이한 공동체 자체의 도덕적 책임이 존재하는가?

요나스는 현대사회의 두드러진 특징으로 거대 주체(das Supersubjekt)의 등장을 들고 있다(Jonas, 1987: pp. 274-5, 296-7 참조). 전통적인 입장에서, 아니 현대사회에서조차도, 행위의 주체는 분명히 개인이다. 그럼에도 불구하고 사회 내 여러 수준의 집단, 조직, 기업 등의 책임에 대한 논의가 지속적으로 제기되는 것은 현대사회에서 개개인이 가지는 행위의 힘에 비해 여러 유형의 공동체의 행위가 가지는 힘이 점차 증가되어 가고 있기 때문이다. 공동체의 책임이 그 공동체 구성원 각자에게 소급되어 부과될 수 있다면, 공동체의 책임 문제는 쉽게 개인의 책임 문제로 전이될 수 있을 것이다. 이를테면, 루이스(H.D. Lewis)는 "가치는 개인에게 속하므로 도덕적 책임자는 오직 개인"(May & Hoffman, 1991: p. 4)이며, 따라서 "도덕적 책임은 오직 개인에게만 부과될 수 있다"(French, 1972: p. 8)는 전통적인 견해를 대변하고 있다. 이러한 견해에도 불구하고 현대사회에서 제시되는 책임의 사례들은 집단 주체들의 행위에 도덕적 책임을 물을 수밖에 없는 필연성을 보여 주고 있다(Van den Beld, 2000: p. 61 참조).[3] 이에 대한 가장 대표적인 예로서 기업의 사회적 책임(CSR: Corporate Social Responsibility)에 대한 논의를 들 수 있다.[4] CSR을 통해서 알 수 있는 것처럼, 기업에게 도덕적 행위자로서의 역할을 요구해야 한다는 현대사회의 필요적인 요청을 확인해 볼 수 있을 것이다.

그러나 구성원들에게 소급될 수 없는 공동체 고유의 도덕적 책임에 대한 논의는 딜레마에 빠지게 된다. 우선 구성원들에게로 소급될 수 없는 고유한 책임의 존재를 인정하게 되면, 그 책임을 져야 하는 주체가 구성원이 아

---

3. L. May(1992): *Sharing Responsiblity*, Chicago Univ. Press, Chicago, pp. 53, 161-2; S. Scheffler(1995): "Individual Responsibility in a Global Age," *Social Philosophy and Policy*, 12, p. 232 참조.

4. "1990년대 초반 이후 CSR의 중요성은 눈에 띄게 커졌다. 최근 구글 검색 사이트에서 '기업의 사회적 책임'이라는 키워드로 검색하면 3만 개 이상의 사이트를 찾을 수 있다. 인터넷에서는 기업 웹사이트에 있는 10만 개의 페이지를 포함하여 약 1,500만 웹페이지들이 CSR 분야를 다루고 있다. 아마존에서는 이 주제에 대해 600권 이상의 도서가 검색된다. 1천 개 이상의 기업들이 사회, 환경, 인권 분야에서의 실천을 관리하기 위한 행위규범을 개발했거나 그에 참여하고 있으며, 현재 2천 개 이상의 기업이 CSR 활동에 대한 보고서를 발행하고 있다. 1980년대 중반 미국에서는 사회적 뮤추얼 펀드들이 별로 없었다. 그러나 2005년에는 1995년에 비해 펀드 수가 10배 이상 증가하였고, 이후로 200개가 넘는 사회적 펀드가 넘쳐나고 있다"(김민주 외 역, 2006: pp. 30-1).

니라 공동체여야 한다는 것이다. 구성원들에게 분배될 수 없는 책임은 결국 조직화된 무책임(die organizierte Unverantwortlichkeit)이 될 수 있기 때문이다. 그렇다고 해서 공동체의 고유한 책임이 구성원들에게 분배될 수 있다고 하면, 그것은 방법론적 개체주의를 인정하는 것이 되고, 결국 공동체의 고유한 책임이라는 전제로부터 벗어나게 된다. 결국 공동체의 도덕적 책임의 문제에서 구성원들에게 소급될 수 없는 공동체 고유의 책임의 정당화 및 실현 방법이 중요한 문제가 된다.

프렌치는 집단의 도덕적 책임이 인정된다고 해서 그것이 바로 그 구성원들의 책임까지 입증해 주는 것은 아니라고 주장한다. 그는 "A라는 공동체가 n이라는 사건에 대해 책임이 있고, A는 x, y, z라는 개인들로 구성되어 있다는 것으로부터 각각의 x, y, z가 n에 대해 책임 있다는 것이 연역되지는 않는다"(French, 1972: p. 25)고 주장한다. 예를 들면, "많은 사람들이 베트남전에서 사용된 대인용 폭탄에 의한 피해에 대해 그 폭탄을 제조 판매한 허니웰 사(the Honeywell corporation)에게 책임이 있다고 말하면서도, 그러한 피해에 대해 그 회사의 구성원들에게 책임을 묻는 것은 정당하지 않다고 생각한다"(위의 책 p. 25)는 것이다. 그는 공동체의 도덕적 책임의 문제에서 중요한 세 가지 물음을 던지고 있다(위의 책, pp. 25-6 참조). 첫째는 공동체가 그 구성원들의 행위들로 간단하게 환원할 수 없는 방식으로 행위할 수 있는가? 둘째는 공동체가 실제로 행한 것과는 다른 것을 했어야만 했다는 것이 의미 있는 말인가(혹은 공동체의 행위 기준이 존재하는가)? 셋째는 공동체가 실제로 취한 행위와는 다른 행위를 할 능력이 있는가? 이 물음들이 긍정되어야 공동체의 도덕적 책임 문제를 논할 수 있을 것이다.

행위 주체로서의 공동체를 인정하는 데 있어서 공동체의 행위 능력을 어떻게 보느냐의 문제는 도덕적 책임을 질 수 있는 주체의 행위 능력의 문제와 연관되어 있다. 분명히 인간의 행위 능력과 공동체의 행위 능력을 같다고 볼 수는 없다. 그렇다면 공동체의 행위 능력을 어떤 측면에서 보느냐에 따라서 책임의 주체가 될 수 있는 능력, 즉 책임 능력을 인정해야 하느냐의 문제로 귀결된다. 프렌치는 기업의 책임 문제에 있어서 기업의 내적 결정 구조(Corporation's Internal Decision Structure: CID-Structure)와 의도(Intention), 이성(reason)을 강조한다(May & Hoffman, 1991: pp. 141-4 참조).[5] 렝크(H. Lenk)는 공동체의 행위 능력이 비록 숙고의 구조와 자기 목적성이 결여되어 있다는 점에서 개별적 인간의 행위 능력과 구분되지만, 그럼에도 불구하고 내적 결정 구조와 행위 능력(달리 행할 수 있는 능력)을 가지고 있으므로 이것에 기초하여 공동체의 자율성을 확보할 수 있다고 본다(Wieland, 2001: p. 134 주 86 참조). 이런 맥락에서 베어하네(P. Werhane)는 1차적(직접적, Primäres) 행위와 2차적(간접적, Sekundäres) 행위를 구분한다. 여기서 "2차적 행위는 1차적 행위에 근거하며, 행위와 그 행위의 결과를 공동체나 공동체의 목적에 의해 해석하며, 구성원들의 1차적 행위에 의존하고 있는 행위이지만, 간단하게 1차적 행위로 소급될 수 없는 행위이다"(위의 책, p. 117). 게저(H. Geser)는 조직과 기업의 도덕 능력에 대해 논의하면서 공동체는 초개인적 행위자(überindividuelle Akteure)라고 주장한다(Geser, 1989: p. 28 참조). 결국 도덕적인 집단 행위 주체(der moralische kollektive Akteur)의 문제는 도덕적인 개별 행위 주체의 특징들, 이를테면 양심, 동정, 의지 등을 가지고 있지 못하기 때문에 행위의 주체로 인정될 수 없다는 주장에 의해 비판받는다. 이것은 집단 행위 주체와 개별 행위 주체의 동일성에 대한 물음의 답이라고 생각된다. 그러나 현대사회에서 나타나는 집단 행위 주체가 사회에 미치는 영향력과 행위의 다양성으로 인해 집단 행위 주체가 져야 하는 도덕적인 책임에 대한 요청은 거부되기 어렵다. 그래서 빌란트는 집단 행위 주체의 덕목을 가능화의 기능과 안전화의 기능으로 나누어 설명하기도 한다(Wieland, 앞의 책, pp. 32-8 참조). 하이드브링크는 현대적인 책임 개념을 인과성(Kausalität), 의도

---

5. P.A. French(1979): "The Corporation as a Moral Person," *American Philosophical Quarterly*, Vol. 16, no. 3. 참조.

성(Intentionalität), 관계성(Relationalität)의 기본 요소로 구성된다고 주장한다. "인과성은 행위의 원인과 결과의 관계와 관련되는 객관적인 기본 조건이며, 의도성은 행위자의 의도, 인식과 자발성을 포함하는 주관적인 행위의 조건이고, 관계성은 규범적인 조건으로서 특정한 가치, 규범이나 법체계와의 관계이며, 이를 통해 행위자는 자신의 행위에 대해 책임을 져야 하는 것이다" (Heidbrink, 2003: p. 190). 결합체의 성격을 가진 공동체의 행위는 이 세 가지 책임의 요소를 충족시킬 수 있을 것이다. 이러한 다양한 노력들은 모두 공동체의 (개인들에 비해 상대적으로) 독자적인 행위 능력을 인정함으로써 공동체의 고유한 책임을 정당화하려는 시도이다.

이러한 결합체의 책임 능력의 조건을 규정하는 구체적인 시도로는 파인버그(J. Feinberg)[6]와 콜렛(J. A. Corlett)의 연구를 들 수 있다. 파인버그는 개인의 도덕적 책임의 요건으로 첫째, 행위자가 문제되는 행위를 직접 행해야 하며(적어도 인과적으로 기여했어야 하며), 둘째, 그 인과적인 기여가 잘못이어야 하고, 셋째, 행위의 잘못된 측면과 결과가 직접적인 관계가 있어야 한다고 주장하는데(French, 1972: p. 51 참조), 콜렛은 파인버그의 조건에 다음과 같이 의도성, 자발성, 인지 가능성을 덧붙인다.

어떤 결과나 일의 상태와 관련하여,

첫째, 결합체가 문제가 되는 행위를 실제로 했거나(did), 아니면 적어도 결합체의 행위, 부작위 내지 그러한 행위를 하려는 시도가 문제 상황에 대하여 기여적 과실(causal contribution)이 있는 정도(즉, 인과적인 의미에서 해로운 결과에 대한 책임이 있는 정도)에 따라,

둘째, 결합체가 그러한 결과와 관련된 의도적인(intentional) 행위자인 정도, 즉 결합체의 행위, 작위 내지 시도가 결합체의 요구와 신념에 의해 야기된 정도에 따라,

---

6. J. Feinberg(1970): *Doing and Deserving*, Princeton Univ. Press, Princeton, p. 223 참조.

셋째, 결합체가 그러한 결과와 관련하여 자발적인(voluntary) 행위자인 정도에 따라,

넷째, 결합체가 그러한 결과에 대하여 충분히 알고서(epistemic) 행위한 정도에 따라,

다섯째, 인과적인 기여 행위가 잘못된(faulty) 정도(즉, 해로운 결과에 대해 비난의 의미에서 책임 있다고 여겨지는 정도)에 따라,

여섯째, 해로운 결과가 결합체의 과실에 의한 것이라면, 결합체의 행위가 가진 잘못된 측면과 그 행위의 결과 사이에 인과적 관계(causal connection)가 성립되는 정도에 따라,

책임은 결합체에게 부과되어야 한다(Corlett, 2006: p. 148).

콜렛은 위의 여섯 가지 기준이 충족되면 결합체에게 도덕적 책임을 부과할 수 있다고 주장한다. 그래서 결합체의 규칙 체계가 그 결합체의 공식적인 대표자나 대의 조직에 의해 결정되고, 이러한 결정이 결합체의 필요와 표방하는 목표 체계에 의해 이뤄진다면, 결합체는 비록 간접적인 의미의 행위자일지라도 의도적으로 행위했다는 것이 입증되는 것이다(위의 책, p. 154 참조). 이런 맥락에서 투멜라도 집단의 의도를 '우리-의도(we-intention)'라고 주장한다(Toumela, 1991: pp. 249-77 참조). 의도성은 법철학의 논의에서 제시되는 정신적 조건(mens rea)에 해당이 되는 것이며, 자발성은 행위적 조건(actus reus)에 해당이 된다. 이런 의미에서 볼 때, 의도성이 결합체의 도덕적인 책임을 묻는 데 있어서 필요조건은 되지만 충분조건은 아닌 것이 된다. 그는 파인버그가 제시한 세 가지 조건 이외에도 의도성, 자발성, 인지 가능성이 충족되어야 비로소 결합체가 도덕적 책임의 담지자가 될 수 있다고 본다. 그러나 그의 논의에서 의도성과 자발성이 어떻게 명확히 구분되는지, 결합체의 의도성과 자발성이 결합체 구성원의 일부, 즉 내적 결정 구조에서 힘을 행사하는 일부 구성원들의 의도성, 자발성과 어떻게 구분되는지에 대해

서는 명확하게 제시하지 못하고 있다. 결국 결합체의 행위가 규칙에 근거하는, 목표 지향적인 내적 결정 메커니즘의 존재를 통해 이 세 가지 조건은 논리적으로 구분되긴 하지만, 현실적으로는 결합체의 구체적인 행위로 나타나게 된다.

　내적 결정 구조를 가지는 결합체의 경우에 행위 능력과 책임능력이 인정된다면, 그러한 것들이 결여되어 있는 집합체의 경우는 어떻게 정당화될 수 있는지에 대해 살펴봐야 할 것이다. 집합체의 도덕적 책임에 대해서는 쿠퍼(D. Cooper)와 헬드(V. Held)의 상반된 주장을 통해 논의될 수 있다. 우선, 쿠퍼는 집합체의 경우에는 도덕적 책임을 물을 수 없다고 하면서 결합체의 책임을 주장하는데, 이것은 분배될 수 있는 책임과 분배될 수 없는 책임으로 나뉘지며, 후자가 체계(System)의 책임이라고 주장한다(French, 앞의 책 p. 136 참조).[7] 그러나 헬드는 특정 조건하에서는 집합체에게도 도덕적 책임을 물을 수 있다고 주장한다. 그녀는 집합체와 결합체를 의사 결정 과정의 유무에서 찾으며, 집합체에게는 분배될 수 있는 책임을, 결합체에게는 분배될 수 없는 책임을 물어야 한다고 본다. 그녀는 집합체(random collection)의 행위 중에

---

7. 그는 집단의 분배될 수 있는(collective and distributive) 책임과 분배될 수 없는(collective and non-distributive) 책임을 구분하면서, 집단의 분배 불가능한 책임의 예를 다음과 같은 가상적인 상황으로 설명하고 있다: "19세기의 미국 서부의 변방에 있는 작은 마을을 상상해 보자. 법과 질서의 유지를 위해 시민들은 자경단을 구성하였지만, 처음부터 자경단은 그 마을의 정의를 실현하기 위해서가 아니라 이방인이나 다른 마을로부터 마을 주민들의 이익을 보호하는 것이 주된 목적이었다. 언제부터인가 마을 주민들의 권리를 보호하고 이방인을 추방하는 것이 당연한 관례처럼 여겨지게 되었다. 이러한 관례가 오랫동안 지속되다가 어느 날 그 마을에 들른 낯선 카우보이에게 부당한 결정이 내려지고, 그는 마을에서 추방당하게 되었다. 그 지역의 어느 신문에 다음과 같은 기사가 나왔다: 폭력적인 자경단이 카우보이에게 부당한 행위를 한 것에 대해 책임을 져야 한다(French, 1972: p. 137). 그는 집단의 분배될 수 없는 책임이 개인의 책임과 관련될 수 있는 세 가지 경우를 제시한다. "우선 어떤 구성원도 책임이 없는 경우, 둘째는 가장 일반적인 경우인데, 일부의 구성원들이 책임이 있지만, 그럼에도 불구하고 집단의 책임이 존재하는 경우이며, 세 번째는 구성원 각자가 개별적으로 모두 책임 있다고 생각되면서도 집단의 책임이 이 구성원들이 짊어질 책임의 합보다 더 중요하다고 생각하는 경우이다"(위의 책, p. 136).

서 특히 부작위의 문제를 예로 들면서, 집합체가 주어진 상황에서 요청되는 행위를 하지 않았을 경우에 책임의 문제가 발생한다고 설명한다(위의 책, p. 158 참조). 그리고 그 예를 다음과 같이 설명하고 있다:

지하철에 정상적으로 보이는 7명의 사람들이 있다고 가정해 보자. 이들은 서로 전혀 모르며, 각기 따로 앉아 있다. 이들 중 두 번째로 키가 작은 사람이 일어나서 가장 키가 작은 사람을 통로로 밀어놓고 다른 사람들이 다 보는 곳에서 때리고 나서 목을 졸랐다. 만약 남은 다섯 명의 사람들이 아무런 조치도 취하지 않은 동안에 결국 그가 죽고 말았다면, 우리는 "그들이 가해자를 진압했어야만 했다"는 판단을 할 수 있는가? 남은 다섯 명 중 어느 누구도 혼자서 그를 진압할 수 없었다는 것도 가능하다. 그렇지만 적어도 둘 이상의 사람들이라면 자신들이 피해를 입지 않으면서도 가해자를 진압할 수 있었을 가능성이 매우 높다. 그 자리에 있던 사람들이 많은 것도 아니어서 혼란이 일어나지는 않았을 것이다. 이러한 경우에 우리는 집합체(random collection)에게 결합체(group)로서 행위를 하지 못한 것에 대해 도덕적으로 책임이 있다고 말할 수 있을 것이다(위의 책, p. 158 참조).

그녀는 집합체와 결합체의 책임을 비교하면서, "집합체 R이 m, n, o로 구성된 집합체이고, R이 도덕적으로 책임이 있다면, m, n, o가 도덕적으로 책임 있다"(위의 책, p. 161)고 주장한다. 그러나 "동일한 구성원으로 이루어진 결합체라면 R의 책임은 m, n, o의 책임과 동등하게 나타나지 않는다. 왜냐하면 결합체는 구성원들이 집단으로 행위하는 의사 결정의 방법을 포함하고 있으며, 이러한 결합에 대한 도덕적 책임의 분배는 개연성이 없어 보인다(위의 책, pp. 161-2). 그녀의 주장을 받아들이면, 결국 집합체는 주어진 상황에서 이성적으로 요청되는 행위를 결정하고 실현하지 못한 것에 대해 도덕적인 책임을 져야 한다(위의 책, p. 161 참조). 위의 예에서 남은 다섯 명의 구성원들이 집단 행위를 결정하지 못한 것에 대해 도덕 책임을 물을 수 있다.

쿠퍼는 구성원들에게 분배될 수 없는 책임을 체계의 책임이라고 부르고 있고, 헬드는 분배될 수 있는 것은 집합체의 책임 문제이고, 분배될 수 없는 것은 결합체의 책임 문제라고 보고 있다. 그러나 우선 집합체의 경우 분배될 수 있는 것과 공유되는 것은 분명한 차이가 있다. 헬드가 제시한 앞의 예에서 한 명의 죽음에 대해 다른 다섯 명에게 묻는 책임은 분배된 책임이 아니라 공유되는 책임이라고 생각된다. 만약에 이것이 분배될 수 있는 책임이라면 그 다섯 명의 방관자들은 한 사람의 죽음에 대해 각각 1/5의 책임을 진다는 것인데, 법적인 영역에서는 몰라도 도덕적인 영역에서는 그 구성원들 각자가 한 사람의 죽음에 대해 책임이 있는 것이다. 쿠퍼의 체계 책임도 결국 사회 관습이나 제도에 의해 일어나는 일에 대한 책임의 성격을 규명했다는 점에서는 의미가 있지만, 그러한 책임을 어떻게 실현하느냐의 물음은 결국 더 어려워지는 문제를 드러낸다. 예컨대 그러한 관습이나 제도의 수정, 즉 체계의 소멸이 책임 실현이라고 보기는 어렵기 때문이다.

5. 공동체의 책임에 대한 논의의 성격은 무엇인가?

프렌치는 도덕적으로 책임을 진다는 것, 즉 도덕적인 행위자가 된다는 것은 무엇보다도 의도적인 행위자를 전제로 한다고 본다(French, 1984: p. 38). 그는 도덕적 인격이 생물학적인 실체에만 국한될 필요는 없으며, 권리와 책임이 부과될 수 있는 존재면 된다고 주장한다. 공동체의 책임을 주장하는 대부분의 논의들은 우선 공동체의 의도의 존재를 인정하고(mens rea의 전제), 둘째, 공동체의 행위는 구성원의 개별적인 행위로 환원될 수 없다는 것(actus reus의 전제)을 기본적인 전제로 가지고 있다. 그러나 첫 번째 전제는 공동체의 내적 결정 구조를 통해 해결될 수 있다고 보지만, 두 번째 전제는 문제가 있다. 우선 공동체의 행위는 물리적으로 보더라도 결국 그 공동체 구성원들의 행위로 환원될 수밖에 없다. 그래서 **공동체의 책임에 대한 논의에서 중요한 것은 결국 공동체의 행위가 개인의 개별적인 행위를 통해 이뤄진다는 것이 부정되어서는 안 되지만, 그렇다고 해서 공동체 자체의 책임이 개별적인 행위자에게로 환원될 수 있는 것이 아님을 강조하는 것이다.** 공동체의 행위는 분명히 개별적인 구성원들의 행위를 통해서 실현된다. 그렇다고 해서 공동체의 행위의 결과에 대한 책임이 개별적인 구성원들에게 배분될 수 없는 부분들이 존재한다. 그러한 부분들이 존재하는 이유는 공동체의 의도 혹은 집단의지(der Gruppenwille)가 존재하기 때문이다. 그래서 공동체의 책임 문제는 결국 공동체 구성원이 자신이 하지 않은 행위에 대해서도 책임져야 하는 상황을 야기하기도 한다. 자기가 하지 않은 행위에 대한 책임의 근거는 책임 사태를 불러일으킨 공동체의 구성원이라는 사실로부터 나온다.

결합체의 성격을 갖는 공동체는 "개체적인 인간보다 상위의 사회적, 상징적 의미로 구조화되고 해석되는 수준에서 의도를 가진, 목표 지향적이지만 개개인에게로 소급될 수 없는 2차적인 의미에서의 행위를 할 수 있다" (Maring, 2001: p. 133). 결합체의 성격을 갖는 공동체는 결국 행위의 체계이다. 모든 행위의 체계는 행위의 결과에 대해 도덕적인 책임이 부여되어야 한다. 따라서 **결합체의 성격을 갖는 공동체의 행위에도 도덕적인 책임이 부여되어야 한다**(위의 논문 p. 133 참조).

공동체 자체의 책임이 광범위하게 적용되는 것을 피해야 하며, 개인의 책임과도 분명히 차별화되어야 한다. 그래서 공동체의 책임은 적용에 있어서 엄격한 제한이 가해져야 한다. 왜냐하면 구성원들의 책임과 구별되는 공동체의 책임을 인정하는 것이 조직화된 무책임 현상을 초래할 수 있기 때문이다. 그래서 공동체 내에서 분배될 수 있는 책임에 대한 디자인이 요청된다. 구성원들에게 분배될 수 없는 책임은 구성원 전체에 의해 공유되는 책임으로 간주되어야 할 것이다. 공유되는 책임이 결국 무책임으로 변한다면(조직화된 무책임의

현상), 그러한 공동체는 지속성을 보장받지 못할 것이다. 이럴 경우 공동체
의 존재의 의미가 심각하게 위협받거나 상실되는 경우가 발생하게 된다.

참고 문헌

김민주, 김선희 역, D. Vogel(2006):『기업은 왜 사회적 책임에 주목하는가』, 거름.
변순용(2007):『책임의 윤리학』, 철학과현실사.

Bierce, A., Haefs uebersetzt.(1996): *Des Teufels Woerterbuch*, Zuerich.

Corlett, J.A.(³2006): *Responsibility and Punishment*, Springer, Dordrecht.

Feinberg, J.(1970): *Doing and Deserving*, Princeton Univ. Press, Princeton,

French, P.A.(ed.)(1972: Cit. 2nd1998): *Individual and Collective Responsibility*,
    Schenkman Books, Vermont.

French, P.A.(1984): *Collective and Corporate Responsibility*, Columbia Univ. Press,
    N.Y.

Geser, H.(1989): "Organisationen als moralische Akteure," *Arbeitsblätter fuer
    ethische Forschung*, H. 1, pp. 28-37.

Haefner, K.(1984): *Mensch und Computer im Jahre 2000*, Basel.

Heidbrink, L.(2003): *Kritik der Verantwortung*, Goettingen.

Jonas, H.(1979, Cit. 1984): *Das Prinzip Verantwortung*, Frankfurt a. M.

Jonas, H.(1987): *Technik, Medizin und Ethik*, Frankfurt am Main.

Lenk, H.(1987): "Gewissen und Verantwortung als Interpretationskonstrukte,"
    Zeitschrift fuer philosophische Forschung 41, pp. 571-91.

Maring, M.(2001): "Verantwortung von Korporationen," in: Wieland, J.(Hrsg.): *Die
    moralische Verantwortung kollektiver Akteure*, Konstanz, pp. 103-45.

May, L.(1992): *Sharing Responsiblity*, Chicago Univ. Press, Chicago.

May, L. & Hoffman, S.(1991): *Collective Responsibility*, Rowman & Littlefield

Publishers, Maryland.

Rendtorff, T.(1982): "Vom ethischen Sinn der Verantwortung," in: Hertz, A. (Hrsg.): *Handbuch der Christlichen Ethik*, Bd. 3, Freiburg i. Br., pp. 117-29.

Scheffler, S.(1995): "Individual Responsibility in a Global Age," *Social Philosophy and Policy*, 12.

Toumela, R.(1991): "We Will Do It: An Analysis of Group-intentions," *Philosophy and Phenomenological Research*, 60, pp. 249-77.

Watkins, J.W.N(1953): "Ideal Types and Historical Explanation," in: Feigal, H. & Broadbeck, M. (ed.): *Readings in the Philosophy of Science*, Appleton-Century-Corfts, N.Y.

Wieland, J. (Hrsg.)(2001): *Die moralische Verantwortung kollektiver Akteure*, Konstanz.

Van den Beld, T.(ed.)(2000): *Moral Responsibility and Ontology*, Kluwer Academic Pub., Dordrecht.

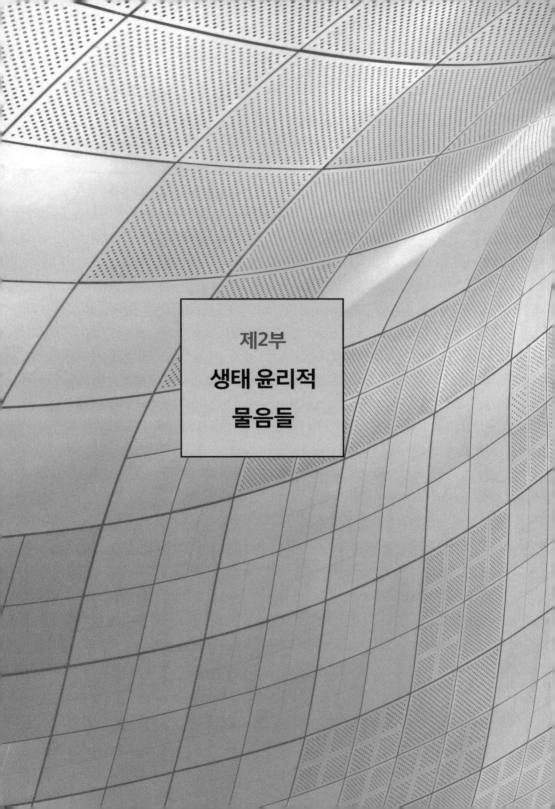

제2부

생태 윤리적
물음들

제3장

생명의 생태학적 의미는 무엇인가?
니체와 슈바이처를 중심으로

생명 문제에 대한 최근의 논쟁들을 통해 생명에 대한 이해가 근본적으로 문제가 되고 있기에, 이 장은 생명에 대한 이해를 서로 상반되었다고 여겨져 왔던 슈바이처와 니체의 생명 개념을 중심으로 살펴보았다. 슈바이처가 생명 개념을 연대성 내지 결합성, 혹은 다른 생명과의 조화를 향한 노력으로 정의한 데 비해, 니체는 생명현상의 핵심으로 착취 성격을 강조한다. 그러나 니체가 생명 의지를 힘의 의지로 보느냐 힘의 축적의 의지로 보느냐의 문제가 남는다. 물론 힘의 축적의 의지도 넓게 보면 힘의 의지에 포함되겠지만, 만약 이 두 의지가 구분된다면, 즉 생명 의지가 '살려는 힘의 의지 그 자체(Kraft als Kraft)'와 '힘을 (가급적 많이) 축적하려는 의지(Akkumulation von Kraft)'로 구분된다면, 슈바이처는 생명 의지를 전자 쪽에, 니체는 후자 쪽에 관심을 둔 것으로 보인다. 왜냐하면 생존을 위한 최소한 내지 적어도 상태 유지라는 의미에서의 생명 의지와 여러 종(種)간, 종 내의 투쟁에서 우위를 차지하기 위한 힘의 축적을 지향하는 생명 의지는 다를 수 있기 때문이다. 슈바이처에게 있어 생명 부정은 단순하게 생명을 부정하는 것이 아니라 생명 긍정을 향한 노력, 생명 개선, 생명의 상승 작용이 숨겨져 있는 것이다. 결국 슈바이처와 니체는 생명 긍정과 생명 부정의 긴장 관계에 대하여 힘으로서의 생명 의지라는 동일한 토대에서 출발하였지만, 각각 다른 길을 통해 결국 최종 목표인 생명 긍정을 통한 세계 긍정이라는 곳에 다다른 것으로 보인다.

1. 들어가는 말

생명에 대한 최근의 논쟁은 다양하게 나타나고 있다. 예컨대, 1972년 루이스 브라운이라는 시험관 아기의 출생 그리고 유전공학 분야에서 나타난 새로운 기술, 70년대 서구에서 활발히 논의되었던 낙태 논쟁, 의료 과학기술의 발전으로 생겨난 다양한 보조 생식술의 도입, 배아 세포의 다양한 활용 가능성의 현실화, 존엄사에 대한 법적, 사회적 인정의 문제, 난자의 기증 및 사용에 대한 법제화의 필요성 대두 등과 같은 생명 윤리 분야의 문제와 천성산 도롱뇽 문제를 둘러싼 개발과 보존의 사회적 갈등, 동물실험에 대한 문제, 생물 다양성 보존 등과 같은 생태 윤리 분야의 문제들을 들 수 있다. 이러한 이슈들에 대한 논쟁은 근본적으로 보면 바로 생명에 대한 이해와 개념 정의를 둘러싼 논쟁이다. 생명을 어떻게 보아야 하는지의 문제가 이런 다양한 문제들의 근간이 되고 있다.

이러한 문제들을 통해 현대사회에서 생명에 대한 이해가 근본적으로 문제가 되고 있음을 알 수 있다. 생명에 대한 이해는 생명 윤리와 생태 윤리 분야에서 제기되는 여러 다양한 문제들의 해결에 중요한 열쇠가 된다. 그러나 문제는 생명 현상에 대해 잘 알고 있음에도 불구하고 정작 생명이 무엇인가라는 물음에 대한 답이 궁색하다는 것이다. 직관적인 이해의 수준을 이성적인 사유의 방법으로 풀어내는 작업이 그리 간단치는 않다. 예컨대 "베르그송이 광물은 생명이 아주 잠든 상태요, 식물은 생명이 반쯤 잠든 상태요, 동물은 생명이 잠을 깬 상태라고 말한 것"(진교훈, 2002: p. 119)을 들으면, 과연 생명이 무엇인지에 대한 답을 찾는 것이 막막하게 느껴지기까지 한다.

생명의 개념적 정의의 어려움에도 불구하고 생명에 대한 여러 개념적 작업이 있었다(위의 책, pp. 104-6 참조). 특히 자연과학적 방법에 의거해서, 생명이 가지고 있는 생리작용을 지닌 대상을 생명체로 규정하는 생리적 정의는 생명의 본질적 특성을 보여 주지 못하고, 신진대사를 생명의 가장 기본적인 특징으로 간주하는 대사적 정의 역시 상당 기간 대사 작용 없이도 살아 있는 종이 있다는 점에서 충분치 않다. 한 개체가 자신과 닮은 개체를 만들어 내는 특성을 가진 것, 즉 생식 작용에 의해 생명을 규정하는 유전적 정의 역시 일벌이나 노새와 같이 예외적인 경우가 있으며, 유전적 정보를 갖고 있는 핵산 분자(예: DNA)로 생명을 규정하는 생화학적 정의 역시 스크라피 병원균의 경우 숙주의 핵산 분자를 활용해 번식하는 예외적인 종들이 있기 때문에 생명에 대한 정의로 적절하지 못하다. 생명을 자유 에너지의 출입이 가능한 하나의 열린 체계로 보고 특정한 물리적 조건의 형성에 의하여 낮은 엔트로피, 즉 높은 질서를 지속적으로 유지해 나가는 특성을 지닌 존재로 규정하는 열역학적 정의가 있지만, 이 또한 높은 질서 유지 기능을 가지고 있다고 해서 그것을 다 생명체라고 단언하기는 어려울 것이다. 문제가 있는 이러한 과학적 정의를 극복한다 하더라도, 이러한 정의는 예컨대 물을 H_2O라고 설명할 수는 있어도, 이러한 설명으로 인간에 대한 물의 의미를 충분히 이해하지는 못할 것이다. 그래서 진교훈은 인식의 대상이 될 수 있는 측면, 즉 생명의 외적인 물리적 사태는 설명할 수 있지만, 인식의 대상이 될 수 없는 생명의 내적인 측면은 이해되는 부분이면서 형이상학적 전이해(前理解, Vorverständnis)를 필요로 한다고 주장한다(위의 책, pp. 107-8 참조). "생명 해석을 위해서는 이러한 자연과학적 지식을 넘어서는 선험적 이해와 해석학적 결단이 요구된다"(신승환, 2000: p. 32). 철학에 대한 정의가, 칸트가 말한 것처럼, 시대 이념에 따라 규정되듯이, **생명에 대한 이해 역시 시대적인 이념에 따라 규정되고 해석되어야** 한다.

니체의 철학사적 의미를 여기서 다시 말할 필요는 없겠지만, 슈바이처의 철학은 국내에 제대로 소개되지 않고 있는 실정이다. 그의 철학을 분석하다

보면, 니체와 극명하게 대비되면서도 매우 유사한 점들이 보인다. 이 글에서는 두 철학가들의 사유를 생명과 책임의 개념에 중점을 두면서 분석해 보고자 한다. 니체의 생명 개념에 대해서는 이미 국내에서도 연구가 되어 왔지만,[1] 한편으로는 이를 슈바이처의 생명 개념과 비교 분석을 할 때 그 의미가 보다 분명해지리라 생각되며, 다른 한편으로는 니체가 통렬하게 비판했던 기독교 윤리의 성격을 가진 슈바이처의 생명 개념이 니체의 생명 개념과 어떻게 차이 나는지를 살펴보는 것도 매우 흥미로운 일이다. 이를 통해 생명에 대한 이해의 폭을 넓힐 수 있을 것이며, **생명에 대한 생태학적 의미를 규정**하는 데 중요한 기초 작업이 될 것이다.

2. 니체에 대한 슈바이처의 평가

슈바이처는 니체를 쇼펜하우어와 함께 19세기 후반의 중요한 윤리 사상가로 보고 있다(KE, p. 262 참조). 슈바이처는 니체가 보다 상위의 생명 긍정의 세계관을 세우려고 하였고, 그의 노력이 반(反)쇼펜하우어적, 반그리스도교적, 반공리주의적이라고 평가한다. 니체에 대한 그의 평가는 상당히 호의적이다. 특히 슈바이처는 선악에 대한 문제 제기와 겸손과 자기희생을 강조하는 전통적인 윤리에 대한 비판에서 "니체의 자리는 인류 역사상 윤리학자의 맨 앞줄에 있다"(위의 책, p. 263)고 말하고 있다.

그러나 이러한 평가에도 불구하고 그가 니체의 생명 개념에 대해 비판한

---

1. 니체의 생명 사상에 대한 국내 논문으로는 김정현(2000): 「니체의 생명사상」, 우리사상연구소: 『생명과 더불어 철학하기』, 철학과 현실사, pp. 41-72; 홍일희(2003): 「니체철학에서 생명의 자연성과 인위성」, 『범한철학』, 30집, pp. 129-52; 권의섭(2007): 「니체의 생명사상과 생명공학」, 『니체연구』, 12집, pp. 201-28 등을 들 수 있다.

것은 크게 세 가지로 요약할 수 있다. 우선, "니체는 보다 고양된 생명 긍정을 생명 의지의 발전 내지 보다 고양된 정신(Geistigkeit)으로 파악할 수 있다고 믿는다. 그러나 이러한 생각은 실제로 다른 모습을 가지게 되었다. 보다 고양된 정신은 자연적인 충동과 삶의 욕구들로 물러나게 되고 그래서 결국 생명 부정과 관련되게 된다. …(중략)… 자연적인 것과 정신적인 것의 투쟁을 니체는 지양할 수 없다. 그가 자연적인 것을 강조하는 그만큼 정신적인 것은 후퇴한다"(위의 책, p. 265). 니체는 근대성에 토대를 둔 인위적 생명 이해를 피하고 생명의 자연성을 강조하면서 "힘에의 의지라는 자연 생명력에 근거한 도덕"(홍일희, 2003: p. 131 참조)을 추구한다. 그러나 생명의 자연성과 인간의 정신성이 동시에 고양되지 못하고, 니체는 전자를 더 강조하였다고 슈바이처는 비판한 것이다.

둘째, "니체는 생명 긍정을 세계 긍정 안에 놓고, 그래서 생명 긍정을 보다 고양된 그리고 윤리적인 생명 긍정으로 발전시키는 것을 본능적으로 거부한다. 세계 긍정 안에 있는 생명 긍정은 세계에 대한 희생을 의미한다. 따라서 생명 긍정 안에는 어떤 형태로든 생명 부정이 등장한다는 것을 의미한다"(KE, p. 266). 그가 보기에 니체는 생명 긍정 안에 깃든 생명 부정을 인정하지 못한다. 니체가 그렇게 비판했던 겸손과 희생의 윤리에 대해 슈바이처는 어떤 목적을 위해 자신의 생명을 희생하는 현상이 생명 부정이 아니라 세계 긍정이라는 의미에서 심오한 생명 긍정이라고 보고 있다. "생명 부정에는 단순히 생명의 부정이 아니라 생명 긍정, 생명 개선, 생명 촉진에 대한 노력이 숨겨져 있을 수도 있다"(Meurer, 2004: p. 61).

셋째, "생명 긍정 속에 있는 윤리적인 것에 유혹되어 니체는 생명 긍정 그 자체를 윤리로 본다. 그래서 그는 무조건적인 생명 긍정의 모순에 빠지게 된다… 생명 긍정과 생명 부정은 모두 윤리적인 것과는 거리가 멀다"(KE, p. 267). 슈바이처는 생명 긍정과 생명 부정 그 자체는 윤리적인 것과는 거리가 있으며, 오히려 그 자체는 윤리적인 것이 아니라고 주장한다. 그에게 있어서 윤리적인 것은 생명 부정에만 혹은 생명 긍정에만 있는 것이 아니라 오히려 생명 긍정과 생명 부정이 수수께끼처럼 연결된 것이다(위의 책, p. 268 참조).

특히 슈바이처는 니체가 생명 의지를 힘에로의 의지(Der Wille zur Macht)와 동일시하는 것을 비판하고 있다. 니체는 이것을 인간뿐만 아니라 모든 존재에게도 보편적인 본질이라고 주장하는데, 적어도 슈바이처에게 "권력 의지는 자연적인 것이 아니라 숙고된 것이다"(Dok-KP 4, p.150). 왜냐하면 권력에의 의지가 모든 존재에게 동일한 것이 아니며, 자연에서는 찾아볼 수가 없기에 자연은 권력에로의 의지를 알지 못한다는 것이다. 여기서 생명 의지를 힘(Kraft)으로 보느냐 권력(Macht)으로 보느냐의 의미 차이가 중요해진다. 슈바이처는 니체가 생명 의지를 힘으로 보는 것에서 더 나아가 권력으로 보고 있다고 비판한다.

3. 슈바이처의 생명의 의미

3.1. 생명과 생명 의지[2]

슈바이처의 생명 개념은 '살려는 의지(der Wille zum Leben)'에 초점이 맞추어져 있다. 이 의지라는 용어의 성격상 인간에게 국한되는 것처럼 보이기도 하며, 그로 인해 비판받기도 한다. 그러나 슈바이처의 생명 개념은 보다 폭넓게 이해되어야 한다. 알트너에 의하면, 슈바이처의 생명 개념은 인간과 다른 생물들 간의 삶의 관계(Lebenszusammenhang)로, 그리고 삶의 수수께끼(Rätsel des Lebens)로 이해된다(Altner, 1991: p. 50).

---

2. 이 부분은 졸고인 「생명에 대한 책임」(2004: pp. 7-9)을 인용하였음.

어떤 것이 생겨나서 존재하다 사라진다는 것은 대체 무엇인가? 끊임없이 다른 존재들 안에서 새로워지고, 다시 사라지고, 다시 생겨나는 것인가? 우리는 모든 것을 할 수 있지만 또 어느 것도 할 수 없다. 왜냐하면 우리의 모든 지식에도 불구하고 우리는 살아 있는 것을 만들 수 없고, 우리가 만들어 내는 것은 죽은 것이다! 생명이란 힘이며, 근원으로부터 생겨나서 그 안에서 다시 나타나는 의지이며, 또한 생명이란 느끼고 지각하고, 고통 받는 것이다(Schweitzer, 1971: Bd. V, pp. 123-4).

여기서 생명은 한편으로는 힘, 근원으로부터 생겨나는 의지이고, 다른 한편으로는 무언가를 느끼고, 지각하고, 고통 받는 것이다. 뿐만 아니라 "존재하는 모든 것은 생명의 의지이다"(KE, p. 329)와 "존재하는 모든 것은 힘, 즉 이것은 생명의 의지라고 불리는 것이다"(위의 책, p. 356)에서 알 수 있는 것처럼, 생명의 의지라는 측면에서 의지를 인간의 관점에서만 볼 수는 없을 것이다. 즉, 인간의 관점에서 볼 때 의지로 표현되지만, 모든 생명을 가진 존재는 그 자신의 생명을 보존, 유지하려는 본질적인 힘을 가지고 있다. 비록 그힘이 환경이나 다른 생명체의 힘에 비해 약하거나 무력할 경우도 있겠지만, 모든 유기체의 자기 보존 본능을 생각한다면 생명의 의지는 그야말로 '살아 있는 모든 것'으로 확대될 수밖에 없다. 그래서 슈바이처가 "본능적인 생명 외경"(위의 책, p. 299)을 언급하고 있는 것이다.

슈바이처에게 있어서 존재는 궁극적으로 생명이며, 이 존재 개념에는 생명의 긍정(Lebensbejahung)과 생명의 의지(der Wille zum Leben)가 본질적으로 전제되어 있다. 생명 긍정에 반대되는 생명 부정(Lebensverneiung)은 자연에게는 허용되지 않는다. 즉, 자연에는 맹목적인 생명의 긍정만이 부여된다(KE, p. 310 참조).[3] 생명 부정은 세계 긍정(Weltbejahung)이라는 근거 하에서만 다른 생명의 긍정을 실현할 수단으로서 여겨질 수 있다. 즉, 생명 부정

---

3. 자살은 인간에게만 허용되는 특징이다. 자의적인 생명 부정은 자연의 세계에서는 발생하지 않는다.

그 자체가 세계 긍정에 기여하거나 세계 긍정이라는 범위 안에서 합목적성에 근거한 생명 부정만이 윤리적이다(위의 책, p. 311 참조).

수많은 방식으로 나의 존재는 다른 생명들과 갈등에 빠진다. 생명을 죽이고 해칠 수밖에 없음이 내게 강요된다. 내가 외딴 오솔길을 걸을 때, 내 발이 그 길에 살고 있는 작은 생명체를 죽이거나 고통을 준다. 나의 존재를 유지하기 위해서 나는 내 존재를 해치는 존재들로부터 나를 지킬 수밖에 없다. 나는 내 집에 살고자 하는 곤충들에게는 살인자가 되며, 내 삶을 위협하는 박테리아에게는 대량 살상자가 된다. 나는 동물과 식물을 죽임으로써 나의 영양을 섭취한다(위의 책, p. 339).

그러나 이런 생명 부정이 필연적인 것이라 할지라도 근본적으로 생명 긍정과 생명 부정 사이에 보편적으로 타당한 타협이란 있을 수 없다. 그래서 여기에 슈바이처는 희생이라는 개념을 강조하고 있다. 물론 여기서 희생의 필연성과 자기 보존의 요구 사이에 딜레마가 발생하지만(위의 책, p. 338 참조), 이 필연적인 딜레마 역시 생명의 본질에 속한다.

끝으로, 슈바이처에게 있어서 생명의 신성함은 인간의 차원에서 생명 일반의 차원으로 확대된다. "생명은 인간에게 있어서 신성한 것이다"(위의 책, p. 331). 위에서 언급된 딜레마와 관련되면 생명의 서열 문제가 발생하게 된다. 즉, 내 생명의 신성함과 다른 생명의 신성함 사이의 긴장이 발생하게 된다. 생명의 다양성과 생명의 우열은 결국 생명들 간의 연대성과 같이 고려되어야 한다. 슈바이처 역시 인간을 "살려고 하는 생명들 가운데서 살려고 하는 생명"(위의 책, p. 330)이라고 규정하고 있다. 생명들 간의 연대성이 바로 희생의 기초가 된다. 개체적인 입장에서 본다면 자발적인 희생은 아니지만, 종 전체의 입장에서 본다면 희생의 의미가 부여될 수 있다.

3.2. 생명과 연대성

슈바이처는 인간을 "살려고 하는 생명들 가운데서 살려고 하는 생명"(위의 책, p. 330)이라고 규정한다. 이처럼 슈바이처의 생명에 대한 규정에서 전제되고 있는 가장 중요한 것은 바로 다른 생명과의 연대성 내지 결합성이다. "비록 그가 항상 자연에서 관찰되는 생명 의지의 '자기 이분화(Selbstentzweiung)'에 대해 만족하지 못했음에도 불구하고, 즉 다른 생명과의 비연대, 비결합에 대해 잘 알고 있었음에도 불구하고, 그에게 연대성이라는 의미 요소는 의심할 여지 없이 보다 중요하고 근본적인 요소이다"(Meurer, 2004: p. 70). 그리고 연대성 내지 다른 생명과의 결합성은 그의 전체 논증에서 가장 기본이 되는 전제라고 할 수 있다.

슈바이처 윤리의 가장 핵심적인 목적은 '존재와 하나되기(Eins-Werden mit dem Sein)' 내지 '세계 전체와 조화 이루기(In-Harmonie-Sein mit dem Weltganzen)'이다. "이것은 그가 '진정한 생명' 내지 '우리 생명의 최고의 실현'이 무엇인지를 밝힐 때 분명해진다"(위의 책, p. 71). 그는 자신의 유고집에서 "진정한 생명은 인간이 자신의 존재를 세계의 무한한 존재 속에서 체험한다는 것에 놓여 있다"(KP 1, p. 75). 또 그는 '우리 생명의 최고의 실현'을 "우리가 다른 생명과 가능한 한 최고의 조화 속에서 체험하게 된다"(Dok-KP 2, p. 274)고 주장한다.

슈바이처에게 특징적인 것은 연대성 내지 다른 생명과의 결합, 조화가 결코 인간 생명의 범위로 제한되는 것은 아니라는 것이다. 모든 식물뿐만 아니라 동물들도 그에게 있어서는 인간이 조화롭게 살기 위해 노력해야 하는 부분들이다. 그래서 이러한 그의 주장은 그를 새로운 윤리학, 즉 생명 윤리학 내지 생태 윤리학의 선구로 자리매김하게 한다(변순용, 2003: p. 44 참조). 인간의 책임 영역을 "슈바이처가 이미 동물이나 식물의 영역에서 더 나아가 심지어 무생물까지 포함시키려 했다는 추측은 그의 글에서 매우 다양하게 나타난다"(Meurer, 2004: p. 71). 어쨌든 그에게서 생명 개념은 "존재"의 개념을 포괄한다(변순용, 2003: p. 45 참조). 존재하는 모든 것은 생명, 생명에의 의지 내지는 "생명에의 의지가 드러난 것"(LD, 170)이라고 설명하고 있다. 그는 이러한 입장을 그의 유고에서 "이러한 인식에 의하면 죽어 있는 물질은 없으며, 모든 존재는 어떻게든 존재의 통일로 체험된다"(KP 4, p. 232)고 주장한다. 또한 유고의 다른 곳에서는 "모든 존재는 어떻게든 생명이며, 내 안에서 생명인 것처럼 존재와의 가까운 유추 내지 먼 유추에 해당된다"(KP 3, p. 384)고 주장한다. 이에 대한 보다 상세한 설명을 다음과 같이 하고 있다:

> 인식이 인식되는 것만을 알려준다면, 인식은 의지에게 한 가지 앎을, 즉 모든 현상의 배후와 내부에 생명 의지가 있다는 것을 알게 해준다. 점점 더 깊어지고 확장되어 가는 인식이 할 수 있는 일은 우리를 점차 더 깊고 광범위한 수수께끼, 즉 존재하는 모든 것은 생명 의지라는 수수께끼로 인도하는 것뿐이다. 과학의 진보는 여러 가지 형태의 생명이 살아가는 현상을 보다 더 자세하게 설명하고, 우리가 예전에 알지 못했던 생명을 발견하게 하고, 또 자연 속의 생명 의지를 이런저런 방법으로 유용할 수 있도록 하는 데 있다. 그러나 어떠한 과학도 생명이 무엇인지를 말해 줄 수는 없다(KE, p. 329).

이러한 논의에서 알 수 있는 것처럼, 슈바이처는 생명의 개념을 일상적인 의미에서 많이 벗어나는 방식으로 정의 내리고 있다. 그는 '생명'이라는 개념을 일상적인 의미에서 '살아 있는 자연'이라고 부르는 것뿐만 아니라, 우리에게 아직 '살아 있다'고 인식되지 않고 있지만 생명의 남은 형식을 포함하는 것까지를 포괄한다. 이런 사유에 근거해서 보면, 생명의 개념은 실제로 포괄적인 '존재'의 개념과 같은 것이다.

여기서 슈바이처의 신비적인 세계 이해, 즉 연대성 내지 다른 생명과의 결합, 조화를 강조하고, 모든 존재의 통일에 중점을 두는 그의 세계 이해가 다시 입증된다. 이것은 모든 근본적인 구별 내지 절대성의 요청과 같이 등장하는 다양한 존재 영역의 구분을 거부한다. 세계는 우리에게 매우 다양하게, 예컨대 돌로, 식물로, 동물로, 혹은 인간으로 드러나며, 그의 관점에서 궁극적으로 단지 동일한 존재의 다양한 드러남의 방식, 즉 서로 연관이 있는, 그래서 서로 결합되어 있는 것으로 인식되어야 한다는 것이다(Meurer, 2004: pp. 72-3 참조).

4. 니체의 생명 이해

슈바이처가 생명 개념을 우선적으로 연대성 내지 결합성, 혹은 다른 생명과의 조화를 향한 노력으로 정의한 데 비해, 니체는 "생명"이라는 개념에 전혀 반대되는 것을 내세운다. 그는 우월, 정복, 다른 생명을 착취하기 위한 노력을 내세운다. 이것은 그가 진지하게 생명현상을 파악하고, 생명현상의 핵심이 되는 본질적인 특징으로 추출한 것이다. 니체는 생명의 "착취 성격(Ausbeutungs-Charakter)"에 대한 자신의 주장으로써, 생명의 이러한 측면이 인간 외적인 자연, 혹은 원시적이거나 불완전한 사회에서 일어난다고 보는 전통적인 도덕철학으로부터 벗어나려 한다. 이에 대해 그는 다음과 같이 지적한다:

착취란 부패한 사회나 불완전한 원시사회에 속하는 것이 아니다: 이것은 유기체의 근본 기능으로서 살아 있는 것의 본질에 속한다. 이것은 생명 의지이기도 한 본래의 힘에의 의지의 결과이다. 이것이 이론으로는 혁신이라 할지라도, 현실로는 모든 역사의 근원적인 사실(Urfaktum)이다: 이것을 인정할 정도로 우리는 자신에게 정직해야 할 것이다(JGB. Bd. IV, p. 729).[4]

니체는 이러한 계기가 생명의 본질적인 것이라고 보았다: "생명 그 자체는 본질적으로 이질적인 것과 보다 약한 것을 자신의 것으로 만들며, 침해하고 제압하고 억압하며 냉혹한 것이고, 자기 자신의 형식을 강요하며 동화시키는 것이고, 아무리 부드럽게 말한다 해도 그것은 착취이다"(JGB, Bd. IV, p. 729). 마찬가지로 니체는 『도덕의 계보』에서 "생명은 본질적으로, 즉 자신의 근본 기능에 있어서 해치고, 정복하고, 착취하고 없애는 기능을 하며, 이러한 성격 없이는 생각될 수 없다"(GM, Bd. IV, p. 817)고 강조한다. 결론적으로, 니체는 자신의 유고 노트에서 "인간은 자신을 다른 존재들의 희생으로 촉진한다; 생명은 항상 다른 생명의 희생으로 살아간다 — 이것을 파악하지 못하는 사람은 첫걸음에서부터 정직하지 못한 것이다"(NL, Bd. VI, p. 478)라고 주장한다.

그러나 니체가 이러한 부정적인 계기만을 주장한 것은 아니다. 니체는 "성장," "힘(Kraft)," "권력(Macht)"이라는 개념을 가지고 보다 중립적인 방식으로 생명의 핵심 성격을 파악하고자 한다: "갖고 싶어 하고 더 많이 갖고자 하는 것, 한마디로 성장, 이것이 바로 생명 그 자체이다"(AC, Bd. IV, p. 1168). 그에게 있어서 생명 그 자체는 성장, 지속, 힘의 축적, 권력을 향한 본능이다. 그리고 유고에서는 생명이 "특히 힘의 축적을 향한 의지; 생명의 모든 과정이 여기서는 그런 의지의 수단이다; 모든 것이 합쳐지고 축적되는 것 이외의 것이 아니다"(NL, Bd. VI, p. 776)라고 했다. 그래서 김정현은 생명과 힘의 관계에 대해 다음과 같이 잘 요약해 놓고 있다: "니체의 힘에의 의지란 힘을 향한 의지, 즉 성장하고 생장하고자 하는 생명의 원리를 의미한다. 생명이란 근원적으로 힘에의 의지이며, 힘의 성장 형식의 표현이다. 살아 있는 생명체가 발견되는 곳에서는 동시에 힘에의 의지가 발견되며, 인간이든 살아 있는 유기체의 가장 작은 부분이든 힘의 증가를, 즉 성장하고 생

---

4. 이 부분은 김정현 역(2002): 『선악의 저편 · 도덕의 계보』(책세상)을 참조하였다.

장하고자 하는 힘의 증가를 원한다. 생명이 있는 곳에서는 따라서 성장과 유지, 힘들의 축적, 힘을 위한 본능이 있으며, 힘에의 의지가 결여되어 있는 곳에서는 반대로 퇴락이 있게 된다"(2000: p. 49).

니체는 쇼펜하우어의 의지 개념을 공허한 것이라고 비판하면서 생명은 "힘에의 의지의 개별적인 경우일 뿐"(NL, Bd. VI, p. 751)이며, "힘의 성장 형식의 표현을 위한 수단일 뿐"(NL, Bd. VI, p. 560)이라고 보고 있다. 여기서 생명 의지를 생명 유지에 있어서 기본적인 힘의 의지로 보느냐, 아니면 보다 많은 힘을 축적하려는 의지로 보느냐의 문제가 발생한다. 물론 후자인 힘의 축적의 의지도 넓게 보면 힘의 의지로 포함되겠지만, 만약 이 두 의지가 구분된다면, 생명 의지를 '살려는 힘의 의지 그 자체'와 '힘을 (가급적 많이) 축적하려는 의지'로 다르게 본다면, 슈바이처는 생명 의지를 전자 쪽에, 니체는 후자 쪽에 관심을 둔 것으로 보인다. 왜냐하면 생존을 위한 최소한 내지 적어도 상태 유지라는 의미에서의 생명 의지와 여러 종(種)간, 그리고 종 내의 투쟁에서 우위를 차지하기 위한 힘의 축적을 지향하는 생명 의지는 넓게 보면 같을 수 있겠지만 분명히 다를 수 있기 때문이다.

생명 의지라는 개념을 이해하기 위해서 또 언급되어야 할 것은 니체가 이 용어를 분명히 이성에 대한 대립 개념으로 사용한다는 사실이다. 니체가 ― 이성에 반대하여 ― 생명을 설정하는 것은 특히 지금까지 철학적인 전통에서 행해져 온 인간 이성의 절대화에 대한 반발로 보인다. 철학적인 전통에서 인간은 항상 거의 전적으로 자신의 이성적인 능력과 활동으로 정의되어 왔기 때문이다.

니체가 인간의 이성을 부정하지는 않았지만, 그럼에도 불구하고 그는 기본적으로 이성에 의해 규정되는 존재로 인간을 특징짓는 것이 실제적인 인간의 다양한 측면과 힘을 제대로 파악하지 못하는 거짓된 모습이라고 생각한다. 인간의 현존재는 그에게 있어서 본질적으로 이성의 영역으로 제한되어 파악되지는 않는다. 그에게는 인간들을 동등하게 구성하고 있는 다른 힘들을 알게 하는 것이 중요하다. 그는 인간을 구성하는 힘과 능력들의 전체를 파악하려고 한 것이다. 인간을 최우선시하고 전적으로 이성에 의해 규정되는 존재로 보는 전통의 배후에 지금까지 경시되고 부인되어 왔던 인간의 비이성적인 그러나 똑같은 실존적 측면을 살펴보는 것이 그에게는 중요하게 여겨졌다. 이런 맥락에서 몸, 감각, 충동 그리고 감정의 기본적인 의미를 강조하고자 한다면, 그는 필연적으로 다른 힘들을 강조할 수밖에 없다. 그는 무엇보다도 투쟁하고 억압하려는 인간의 측면을 강조한다. 그는 이로부터 인간을 자신의 완전한 발전 상태로 도달하게 해주는, 지금까지 잘 이용되지 않은 힘의 잠재성을 본다. 그리스도교와 다른 허무주의에 의해 거부된 현존재의 측면이 그에게는 불필요한 것이 아니다. 인간은 오히려 지금까지 실행되어 온 인간 능력의 훼손에 따라 이러한 힘의 중요성을 알게 된다. 니체는 이런 맥락에서 "디오니소스"라는 상징 인물을 제시한다. 이 상징 인물은 니체에게 있어 "생명, 전체, 부정될 수 없고 제거될 수 없는 생명의 종교적인 긍정"(EH, Bd. IV, p. 773)의 총체 개념 내지 "생명의 전체적 성격에 대한 황홀한 긍정"(위의 책, p. 791)과 같은 의미를 갖는다(Meurer, 2004: p. 75 참조).

5. 생명의 본질로서의 힘 그리고 힘의 두 측면 — 연대성과 착취

니체의 입장은 다음과 같다: "나는 생명 의지이고, 여기서 생명은 더 많이 살기를 원한다. 생명 의지는 그 본질상 힘에의 의지이다! 여기서 니체는 생명 의지를 힘에로의 의지 밑에 놓음으로써 힘의 의지를 강조한다. 생명은 힘의 의지의 한 경우이다. 존재의 가장 내적인 본질은 힘의 의지이며, 생명은 본질적으로 보다 많은 힘을 추구한다. 여기서 추구라는 것은 힘을 향한 추구 외의 아무것도 아니다"(Günzler, 1990: p. 13). 이에 비해 슈바이처는 "나는 살려고 하는 생명들 가운데서 살려고 하는 생명이다. 그러므로 생명을 파괴하기를 원하지 않는 생명 의지는 다른 생명을 자신의 생명 의지 안에서 보는데, 이것은 힘의 의지가 아니라 생명의 경외이다. 윤리란 살아 있는 모든 것에 대한 무한히 확장된 책임이기 때문에, 이것은 윤리적인 생명 긍정이다"(위의 책, pp. 13-4). 슈바이처는 니체를 비판하면서 "생명의 자기완성은 다른 생명을 지배하기 위해 그것을 이용해서 힘을 늘리는 데 있는 것이 아니라, 오히려 자신의 최고 가치를 실현하기 위해 그리고 생명들의 통합을 위해 다른 생명에게 희생하는 데 있다"(위의 책, p. 14)고 본 것이다.

우리는 생명 의지로서의 니체의 "힘에로의 의지"와 슈바이처의 생명 개념을 확연히 구별할 수 있다. 생명을 힘으로 보는 것은 동일하지만, 생명의 핵심적인 본질 규정이 서로 대립적이다. 슈바이처는 생명을 무엇보다도 '다른 생명과의 결합됨'으로 정의하고, 그래서 생명 안에 연대성, 조화 그리고 다른 생명과의 하나 됨을 향한 생명 내재적인 추구라고 한 반면에, 니체는 생명을 본질적으로 정복, 우월, 다른 생명에 대한 착취, 그리고 무엇보다도 투쟁과 대립으로 규정한다. 니체와 슈바이처는 생명 긍정에서 출발하였지만, 전자는 힘의 의지를, 후자는 생명의 경외를 주장한다.

니체의 힘에로의 의지라는 개념이 궁극적으로 "힘"[5]의 개념을 의미하였다면, 슈바이처의 생명 의지라는 개념도 바로 이것을 의미하고 있다. 그는 생명 의지 개념을 힘의 개념과 분명히 동일시한다고 밝히고 있다. 이런 점에서 슈바이처와 니체는 서로 매우 유사하다. 이와 함께 또 다른 유사한 점이 있다. 니체의 힘의 의지에서 주장되는 전체론적인 접근에서 볼 때, 슈바이처와 니체는 서로 멀리 떨어져 있는 것은 아니다. 왜냐하면 "슈바이처도 모든 존재를 포괄하는 생명이라는 개념으로 일원론적 접근을 하고 있기 때문이다.

---

5. "감각 세계 전체는 힘의 현상, 즉 신비롭고 다양한 생명 의지의 현상이다"(KE, 310).

슈바이처도 궁극적으로 나와 세계, 정신과 물질, 정신과 자연 혹은 인간과
동식물 사이의 대립을 인정하지 않는다"(Meurer, 2004: p. 88).

지금까지 논의에서 슈바이처의 생명에 대한 정의는 '연대성을 향한 노력'
내지 '다른 생명과의 결합 내지 조화'를 강조한다. 이와 함께 슈바이처는 생
명의 비연대적, 비조화적인 계기도 언급하고 있다. 그는 이것을 "생명 의지
의 알 수 없는 그리고 두려운 자기 이분화라는 사실"(KP 1, p. 212)이라고 언
급하고 있다. 그는 "자연을 지배하는 법칙에 따라 생명이 다른 생명에 의해
파괴된다"(KP 1, p. 212)라고 말한다. 여기에서 그는 "모든 생명 존재는 다른
생명의 희생 하에 유지될 수밖에 없다"(KE, p. 334)는 니체적인 진술과 같은
내용을 덧붙인다. 그는 "지속적으로 반복되고 우리를 내적으로 전율하게
하는 생명 의지의 자기 이분화의 연극"(KP 3, p. 44)을 다음과 같이 묘사하고
있다:

> 밭의 고랑을 다니는 닭, 하늘을 날아다니는 제비, 풀 속에서 길을 찾는 개미, 거미
> 줄을 넓혀 나가는 거미, 이 모든 존재들은 죽이는 작업을 하고 있다. 자기 본능의
> 유전자 속에 있는 세련된 잔인함으로 인해 곤충들은 자신의 알을 부화된 후에 자
> 기 새끼들이 먹고 살 특정한 생명체 속에 낳는다. 이것이 바로 수많은 다른 생명
> 들의 잔인함이다!(KP 1, p. 212).

슈바이처는 인간의 행위를 여기에 포함시킨다. 아마도 그의 이런 모순된
설명이 부정될 수는 없고, 그래서 이것은 그가 인간의 행위 영역에서 '생명
의지의 자기 이분화의 법칙'을 분석하고 있다는 증거이다(Meurer, 2004: p.
92 참조). 슈바이처는 다음과 같이 기술하고 있다:

> 우리의 행위는 자연현상으로부터 예외가 아니라 자연현상에 속한다. 우리 자신은
> 생명 의지의 자기 이분화의 법칙의 지배를 받는다. 비록 우리의 사유와 의도가 자

연현상으로부터 자유롭다 할지라도 우리는 맹목적으로 생겨난 다른 생명 존재처럼 우리의 현존재가 다른 현존재의 희생 위에 유지되며, 다른 개체의 불이익과 피해를 대가로 해서 우리의 행복을 얻는다. 비록 우리가 그렇게 노력한다 해도, 우리는 이것을 단지 제한된 의미에서만 삼갈 수 있을 뿐이다(KP 2, p. 315).

슈바이처는 여기에서 인간은 비의도적으로 생명을 파괴하거나 해치지 않을 수 없다고까지 한다. 즉, 인간이 의도하지 않아도 자기 생명의 안전을 추구하는 과정에서 불가피하게 다른 존재자들을 해칠 수밖에 없는 상황 속에서, 그가 숲속의 산책의 예에서 분명히 한 것처럼, 인간은 다른 생명에게 영향을 미치거나 심지어 그것을 파괴할 수밖에 없다는 것이다. 슈바이처 자신이 주장한 바처럼, 이러한 사유는 결국 다음과 같다: "우리가 생명의 유지와 촉진을 위해서 생명을 파괴하고 해쳐야 한다는 것을 우리는 피할 수 없다"(위의 책, p. 316).

슈바이처가 생명의 비연대적인, 비조화적인 측면을 지적하지 않은 것에 대하여, 혹은 니체가 중시한 생명의 착취 내지 투쟁의 성격을 보지 않은 것에 대해 비난할 수는 있지만, 슈바이처에게 있어서 이러한 통찰은 니체와는 분명히 다른 시각으로 제시된다. "슈바이처가 생명의 비조화적인 측면을 언급할 때, 특히 그는 생명 개념을 사용하지 않고 자연 내지 자연현상 내지 세계 현상이라는 개념을 사용한다. 슈바이처가 생명이나 생명에 대한 외경을 말할 때, 그는 기본적으로 모든 생명들의 결합의 긍정적인 계기를 의미한다"(Meurer, 2004: p. 94). 그러나 이러한 개념 사용은 그의 사유가 가진 근본적인 갈등을 분명히 나타낸다.

나의 존재의 유지와 다른 존재의 죽임 내지 피해 사이의 갈등에서 나는 윤리적인 것과 필연적인 것을 결코 상대적인 윤리로 통합시켜서는 안 된다. 차라리 내가 윤리적인 것과 필연적 것 사이에서 결정해야만 하며, 내가 후자를 선택한다면, 생명을 훼손시킴으로써 책임이 발생한다는 것을 나는 인정해야만 한다(KE, pp. 327-8).

그래서 이러한 갈등에 대해 슈바이처는 다음과 같이 설명하고 있다. 예컨대 "자기의 생명 의지를 희생해 봄으로써 외적인 현상들로부터의 내적인 자유를 경험해 본 자만이 다른 생명에게 깊고 꾸준한 희생을 할 수 있다고 본다"(변순용, 2003: p. 53). 여기서 외적인 현상들로부터 자유를 체험한다는 것은 슈바이처 자신의 고민과 경험을 말하고 있다. 즉, 그가 말하는 세계 속에서, 자연 속에서 살아간다는 것은 창조의 의지와 파괴의 의지의 공존, 즉 양자의 긴장 속에서 산다는 것을 의미하는데, 이 긴장은 적어도 그에게 있어서는 고통스러운 수수께끼였다(KE, p. 334 참조). 외적인 현상, 즉 자연 내지 자연현상을 이렇게 이해할 수 있으며, 여기서 자유란 그러한 긴장 관계로부터의 자유로움을 뜻한다고 여겨진다.

6. 생명의 생태학적 의미를 위하여

"니체에 따르면 인간이 인간에 대해 잘못을 저질러 왔듯이, 인간은 자연에 대해서도 똑같은 오류를 범하고 있다. '자연의 인간화'가 바로 그것이다. …(중략)… 니체는 서양의 자연 인식이 인간화된 해석에 따르고 있다고 말한다. 즉, 자연의 법칙성이란 인간에 의해 인식된 해석일 뿐이라는 것이다. …(중략)… 근대적 자연 인식은 자연 자체를 대상의 세계, 존재자의 세계로 다루는 오류를 범했다는 것이다"(김정현, 2000: p. 54). 그래서 니체는 자연의 탈인간화(die Entmenschliung der Natur)와 인간의 자연화(die Vernatürlichung des Menschen)를 자신의 과제로 삼는다(위의 책, p. 55 참조).

그러나 생태 윤리의 맥락에서 이러한 니체의 생명관을 어떻게 구체적으로 적용 가능한지에 대해서는 많은 논의가 필요하다. 생명 긍정과 생명 부정에서 발생하는 이러한 긴장을 어떤 관점에서 보아야 하느냐 역시 생태계를 구성하는 생명에 대한 인간의 행위를 결정하는 데 매우 중요한 역할을 할 것이다. 지금까지 제기되었던 많은 환경문제들에서 발생하는 생명 부정의 현상이 불가피한 것이었는지, 인간중심주의에 빠져 있지 않았는지를 우리는 검토해 보아야 한다. 그래서 니체적인 관점에서 투쟁으로 보느냐 슈바이처의 관점에서 연대성으로 보느냐의 문제는 결국 생명 부정과 생명 착취를 어떻게 보느냐의 문제와 연결되어 있음을 알 수 있다. 홍일희는 "니체 철학에서 힘에의 의지는 자기 긍정과 자기 상승을 통한 삶의 고양을 의미한다" (2003: p. 145)고 주장하면서, 힘에의 의지로 대변되는 니체의 생명관이 유기체적 생명관에서 말하는 "조화와 화합으로 이해하지 않고 먼저 자연 생명체의 고유한 생존원리에 주목하고 각각의 생명체가 갖는 힘과 의지의 특성을 고려하여 이것을 경쟁과 투쟁으로 이해할 뿐"(2003: p. 146)이라고 주장한다. 그러고 나서 이 경쟁과 투쟁이 "힘에의 의지를 바로 이해할 때 결과적으로 조화와 화합에 이르게 된다"(2003: p. 146)고 이어 나간다. 이렇게 본다면, 결국 이것은, 슈바이처의 용어로 진술하면, 세계 긍정과 생명 긍정을 위한 생명 부정을 통해 생명의 전체성이 유지된다고 보는 것과 일치한다. 결국, 고양된 상태에서의 생명과 현실적이고 구체적인 생명의 이원화가 생기며, 자연 속에서 투쟁과 갈등을 하며 생존을 위해 노력하는 생명과 그 생명들이 목표로 삼는 고양된 의미의 생명을 구분해야 한다.

슈바이처는 생명 부정을, 생명 부정을 위한 생명 부정과 생명 긍정을 위한 생명 부정, 의도하지 않은 생명 부정으로 구분하고 있다. 그러나 그는 어떠한 형태의 생명 부정도 책임의 문제가 제기된다고 본다. 어떻게 할 수 없는 생명 부정, 즉 생명 긍정을 위한 생명 부정, 다시 말해 한 생명이 살기 위해 다른 생명을 해치거나 파괴하는 현상에서도 생명 부정이 윤리적으로 정당화되지 못하며, 그렇기 때문에 우리가 살아간다는 것 자체가 책임이라고 본다. 그래서 그에게 윤리는 살아 있는 모든 것에게로 확장된 무한한 책임이다. 하물며 자연의 필연성 내지 자연의 폭력 하에 있지 않은 상태에서의 생명 부정 그리고 의도하지 않은 생명 부정은 윤리적이지 못하다. 결국 슈바이처와 니체는 생명 긍정과 생명 부정의 긴장 관계에 대하여 힘으로서의 생명 의지라는 동일한 토대에서 출발하였지만, 각각 다른 길을 통해 결국 최종 목표인 생명 긍정을 통한 세계 긍정이라는 곳에 다다른 것으로 보인다.

약어표

AC   Nietzsche: Der Antichrist

DOK-KP Schweitzer: Kulturphilosophie III, Teil 1-4

EH   Nietzsche: Ecco Homo

GM   Nietzsche: Zur Genealogie der Moral

JGB   Nietzsche: Jenseits von Gut und Böse

KE   Schweitzer: Kultur und Ethik

KP   Schweitzer: Kulturphilosophie III, Teil 1-4.

NL   Nietzsche: Aus dem Nachlaß der Achtzigerjahre

참고 문헌

권의섭(2007): 「니체의 생명사상과 생명공학」, 『니체연구』, 12집, pp. 201-29.

김정현(2000): 「니체의 생명사상」; 우리사상연구소: 『생명과 더불어 철학하기』, 철학과 현실사, pp. 41-72.

김정현(2006): 『니체 — 생명과 치유의 철학』, 책세상.

변순용(2003): 「슈바이처의 생명 윤리에 나타난 윤리적 원칙에 대한 연구」, *Journal of*

ELSI Studies, Vol.1 No.1, pp. 41-60.

변순용(2004): 「생명에 대한 책임 — 쉬바이처와 요나스를 중심으로」, 『범한철학』, 32
집, pp. 5-28.

신승환(2000): 「생명해석의 철학과 탈형이상학적 사유들」; 우리사상연구소: 『생명과
더불어 철학하기』, 철학과 현실사, pp. 15-40.

진교훈(2002): 『의학적 인간학』, 서울대출판부.

홍일희(2003): 「니체철학에서 생명의 자연성과 인위성」, 『범한철학』, 30집, pp. 129-
52.

Altner, G.(1991): *Naturvergessenheit — Grundlagen einer umfassenden Bioethik*,
Darmstadt.

Günzler, C., Gräßer, E., Christ, B. & Eggebrecht, H.H. (Hrsg.)(1990): *Alber
Schweitzer heute — Brennpunkt seines Denkens*, Tübingen.

Meurer, G.(2004): *Die Ethik Albert Schweitzers vor dem Hintergrund der
Nietzscheschen Moralkritik*, Frankfurt a.M.

Nietzsche, F.(1997): *Werke in drei Bände*, Darmstadt.

Schweitzer, A.(1971): *Gesammelte Werke in fünf Bänden*, hrsg. von R. Grabs,
München.

Schweitzer, A.(1923, Zit. auf 1996): *Kultur und Ethik*, München.

제4장

생태적 지속 가능성은 무엇인가?*

이 장은 지속 가능한 발전(또는 개발)에서 지속 가능성의 의미를 생태 윤리적인 측면에서 분석해 보고, 생태 윤리에서 지속 가능성의 특징을 제시하고 있다. 생태적 지속 가능성에 대한 논의에서 우선 지속성과 변화를 대립의 관계로 보는 것이 아니라 서로 중첩될 수 있는 관계로 보아야 하며, 생태적 지속성에서 '생태적'의 의미는 관계성으로 이해되어야 한다. 지속성이란 변화하는 어떤 것과 그것의 변화하지 않는 것과의 관계로 규정되며, 그래서 생태적 지속 가능성도 변화하는 생태계를 구성하는 존재(혹은 존재자들의 관계)와 그것의 변화하지 않는 생태계 존재 전체(내지 총체적 관계)의 관계라고 정의 내려져야 한다. 따라서 생태적 지속 가능성에서는 인간과 생태계라는 두 축의 관점에서 상호 의존성(network), 지속성(sustainablity), 책임성(responsibility)의 3요소, 즉 인간과 자연의 상호 의존, 생태적 관계의 지속, 그리고 이에 대한 인간의 책임이 중요하다. 그리고 생태적 지속 가능성의 의미에서 존재와 존재 관계의 지속, 변화하는 지속 가능성, 존재의 비존재에 대한 우위, 생명들 간의 연대성에 의거한 상호 의존성이 중시되어야 할 가치가 된다.

* *이 장은 2010년도 정부재원(교육과학기술부 인문사회연구역량강화사업비)으로 한국연구재단의 지원을 받아 연구되었음(NRF-2010-327-A00163).

1. 들어가는 말

현재 우리가 직면하고 있는 환경문제를 계기로 우리는 지금까지의 발전 패러다임을 전환해야 할 시점에 있고, 이러한 문제를 해결하기 위한 비전으로 제시된 것이 바로 '지속 가능한 발전'이라는 개념이다. 1987년 브룬트란트 보고서에 처음 등장하면서 이 시대의 화두가 되어 버린 지속 가능한 발전은 "미래 세대들이 자신의 욕구를 충족시킬 수 있는 능력을 해치지 않으면서도 현재 세대의 욕구를 충족시키는 발전"[1]이라고 규정되고 있다. 미국의 국가연구위원회에서는 지속 가능한 발전을 지속 가능 요소와 발전 요소로 구분하여, 전자를 자연(지구, 생물 종의 다양성, 생태계), 생명 자원(생태계 서비스, 자원, 환경), 공동체(문화, 그룹, 장소)로, 후자를 인간(유아 생존율, 기대 수명, 교육, 형평성, 기회균등), 경제(부, 생산, 소비), 사회(제도, 공공재, 국가, 지역)로 구분하면서 지속 가능한 발전이라는 개념을 분석하고 있다.[2] 지속 가능한 발전의 정도를 나타내는 지표로 제시되어 온 것들을 정리해 보면 대체로 깨끗한 공기, 대지, 물, 생태계 등이 지속 가능해야 하고, 경제, 형평성, 건강, 교육, 고용, 참여 등이 발전해야 하는 요소들로 간주되고 있다. 결국 이것을 한 수준 더 높여서 보면, 지속 가능한 발전은 크게 경제, 사회, 환경이라는 3가지 측면으로 나눠 볼 수 있다.

그러나 이러한 정의에는 다분히 인간중심주의적 관점, 특히 미래 세대에 대한 소극적인 보호라는 전제하에서의 현재 세대 중심의 관점이 여실히 드

---

1. WCED, *Our Common Future* (Oxford Univ. Press, 1987), p. 43.
2. 변순용, 「생태적 지속 가능성의 실천적 의미에 대한 연구」, 『초등도덕교육』, 제33집(한국초등도덕교육학회, 2010), p. 169 참조.

러나고 있다.[3] 워스터 역시 이러한 정의에는 자연보다는 인간의 지속 가능성을 강조하고, 기술 만능주의적 관점을 드러내며, 근대화론의 발전 모델을 근거로 한다는 등의 문제점을 지적하고 있다.[4] "지속 가능한 발전 개념은 지속 가능성과 발전이라는 두 가지 가치 요소 간의 상충 내지 갈등 가능성을 가지고 있다. 즉, 발전을 위한 지속인지, 지속을 위한 발전인지의 문제는 여전히 남아 있게 된다. 예컨대 산허리를 잘라내어 도로를 만들고 그 위에 생태 다리를 놓고 나서 지속 가능한 개발이라고 정당화하는 경우들이 여러 환경 분야의 문제들에서 나타난다. 물론 생태 다리를 놓는 것 자체도 중요한 발전의 하나라고 볼 수 있지만, 그래도 자연의 파괴를 오히려 더 과감하게 할 수 있는 역효과가 발생하며, 지속 가능한 발전이 개발의 미사여구 내지 정당화의 역할을 하게 되는 경우도 생겨난다. 물론 이러한 문제를 방지하기 위해 '지속 가능한 발전'이 '환경적으로 건강한 지속적인 발전(ESSD: Environmentally Sound and Sustainable Development)'으로 수정되었지만, 그럼에도 불구하고 근본적인 문제는 해결되지 않고 있다. 이러한 문제는 지속 가능한 발전이라는 개념이 모호할 뿐만 아니라 이에 대한 체계적인 분석이 이뤄지지 않은 채로 사용되어 왔기 때문에 발생한 것이다.[5]

따라서 지속 가능한 발전이라고 했을 때, 지속 가능성과 발전이라는 두 부분 개념의 의미를 분석해 보고, 이 두 개념의 관계에 대한 체계적인 분석이 요청되고 있다. 따라서 이 글은 지속 가능한 발전에서 지속 가능성이 가지는 의미를 분석하여 생태 윤리에서 논의되어야 할 지속 가능성의 내용 요소들을 추출해 보고자 한다. 이를 통해 지속 가능성이 생태 윤리적 요청들을 정당화해 줄 수 있는지 여부와 그럴 수 있다면 어떻게 정당화해 줄 수 있

---

3. 물론 이것을 현재 세대의 미래 세대에 대한 배려로 해석하는 경우도 있다. 김원열 외 (2008), p. 221 참조.
4. 문순홍 역(1995), pp. 15-6 참조.
5. 변순용(2010), pp. 172-3 참조.

는지를 논의할 수 있는 중요한 토대가 될 것이다.

2. 지속 가능한 발전 개념의 등장과 유형

지속 가능한 발전(sustainable development)이라는 개념의 등장은 1983
년 12월 유엔총회로 거슬러 올라간다. 이 총회에서 세계환경개발위원회
(World Commission on Environment and Development: WCED) 설립이 결의
되고 이 위원회의 위원장으로 당시 노르웨이 수상이었던 브룬트란트(Gro
Harlem Brundland)를 선출하였다. 그 후 1987년 이 위원회의 보고서인 『우
리 공동의 미래(*Our Common Future*)』에서 '지속 가능한 발전'이 제시되
었고, 1992년 리우 지구 정상회담 이후로 세계 각국의 환경 정책의 기본 방
향으로 채택되고 있다. 그러나 이 개념의 기원이 1972년에 발간된 로마클
럽 보고서인 『성장의 한계』에서 출발하였다고 보는 사람들도 많다. 이 개념
에는 주류와 비주류의 시각이 공존하고 있는데, "전자가 UN의 작업들, 즉
WCED나 UNCED의 작업 과정을 중심으로 수렴되고 발전되는 입장들이라
면, 후자는 1972년 이후의 지속 가능한 발전에 대한 논쟁 과정에서 생태 발
전론과 녹색적 대안 발전론자들을 중심으로 전개된 입장을 취한다."[6]

이 개념은 그동안 서로 대립 관계로 여겨지던 '개발'과 '보존'을 '생태적
으로 건강하고 지속 가능한 발전'이라는 개념으로 통합시키고자 하였고,
환경문제의 해결에 대한 중요한 지침으로 제공되었다는 긍정적 의미가 있
지만, 그럼에도 불구하고 많은 문제점을 야기하고 있다는 비판을 지속적으
로 받아 오고 있다. 우선 이것이 '자연의 지속 가능성'보다는 '인간의 지속

---

6. 문순홍 역(1995), p. 12.

가능성'을 우선시한다는 비판, 지속 가능 발전의 척도를 여전히 경제적 효율성을 기초로 하는 GNP에 근거한 경제성장에서 찾고 있다는 비판, 서구적인 근대화론에 근거한 패러다임을 여전히 지향하고 있다는 비판 등이 제기되고 있다.[7] 물론, 이외에도 여전히 도구주의적 자연관의 흔적들이 도처에 내재해 있으며, 특히 경제적 부의 창출과 현대 환경문제의 해결을 주로 과학기술에 의한 방법으로 해결하고자 한다는 비판도 더불어 받아 왔다.

우리가 직면하고 있는 환경문제들은 개발과 보존(내지 보전) 간의 딜레마로 압축되는 경우가 많은데, 지속 가능한 발전이라는 것 역시 발전 내지 개발의 '필요'와 자연의 '한계' 간의 딜레마로 압축될 수 있을 것이다. 현대사회에서 성장(Growth)과 발전(Development)은 늘 가치서열의 상위부분을 차지하면서 인간의 끊임없는 노력을 요구해왔다. 그러나 70년대 초부터 성장의 한계에 대한 논의들이 다음과 같은 연구물들이 발표되면서 시작되었다. 로마클럽은 인간이 사용할 수 있는 자원의 한계에 대한 조사결과를 발표하였고, 하딘(T. Hardin)은 자신의 글인 「공유지의 비극(The Tragedy of the Commons)」에서 자신의 이익에 따라 자유롭게 행동하는 인간이 생태계의 부양능력을 어떻게 넘어서게 되는가를 보여주었다.[8]

지속 가능한 발전의 다양한 유형을 제이콥스(M. Jacobs)는 환경보호의 정도, 세대 간 공평성, 참여 그리고 주제 영역의 폭에 따라 보수적인 차원과 급진적인 차원으로 구분하여 다음과 같이 제시하고 있다.[9] 이 구분에 따르면, 보수적인 지속 가능한 발전은 경제성장과 자연보호 간의 교환이 어느 정도 가능하고, 제한된 지구 자원의 재분배에서의 불평등을 승인하며, 도구적 가치들만의 수행 단계에로 하향식(top-down)의 참여가 이뤄지며, 자연

---

7. 위의 책, pp. 15-16 참조.
8. 변순용(2010), pp. 171-2.
9. 권혁길(2011), pp. 69-73 참조.

자원의 유지에만 주된 관심을 갖는다. 이에 반해 급진적인 지속 가능한 발전은 자연환경의 내적인 가치를 강조하며, 현재 세대와 미래 세대 간의 자원의 불평등한 분배에 대하여 평등주의적 입장을 가지고, 환경 관련 정책의 전 과정에 대한 대중의 참여를 인정하는 상향식(bottom-up) 참여를 선호하며, 자원의 유지를 넘어서서 자연의 온전성(integrity)의 유지와 건전한 인간의 발전을 모두 포괄하는 삶의 질을 주장한다.[10]

지금까지의 논의를 통해 알 수 있는 것처럼, 인간 삶의 여러 측면에서 제기되는 지속 가능성은 21세기의 중요한 핵심어가 되어 가고 있다. 다양한 지속 가능성의 현상을 통해 그것의 본질을 파악해야 할 필요성이 있다. 다양한 지속 가능성의 가장 일반적인 공통점은 자연이나 생태계와의 관계를 전제로 하고 있다는 점에서 생태적 지속 가능성의 중요성을 인식하고, 이런 의미에서 볼 때 생태적 지속 가능성은 생태 윤리에서 제기되는 다양한 당위적 요청들을 정당화하는 데 매우 중요하게 작용할 것이다.

3. 지속 가능한 발전과 생태적 지속 가능성[11]

지속 가능한 경영, 지속 가능한 생산, 지속 가능한 사회 등과 같이 인간 삶의 여러 측면에서 제기되는 지속 가능성은 21세기의 중요한 화두이다.

---

10. 보수적, 급진적 지속 가능한 발전의 구분 이외에도 약한 의미의 지속 가능한 발전과 강한 의미의 지속 가능한 발전의 구분에 대해서는 변순용(2010), pp. 173-4 참조.
11. 생태적 지속 가능성(ecological sustainability) 개념은 "생태계의 본질적인 기능과 과정들을 유지하고 장기간 동안 생태계의 생명 다양성을 보존할 수 있는 생태계의 능력"으로 정의되는 경우도 있고, "자연 소멸과 생명 지원의 유지(the maintenance of life support systems and the achievement of a natural extinction rate)"라고 정의되는 경우도 있다: http://www.green-innovations.asn.au/ecolsust.htm 참조.

"지속 가능한 발전"에서의 지속 가능성을 현재 상태의 유지라는 측면에서 보느냐 아니면 현 상태에서의 긍정적인 변화로 보느냐에 따라 지속 가능성의 의미는 달라질 것이다. 지속 가능한 발전의 본질을 파악하기 위해서라도 우선 지속 가능성이 무엇인지에 대해 살펴보아야 할 것이다.

현재 논의되고 있는 지속 가능 발전(sustainable development) 개념은 매우 다의적이며, 심지어 모호하기까지 하다는 것을 알 수 있다. 그러다 보니 지속 가능 발전 개념이 정밀하게 규정할 수 있는 것이 아니라 하나의 담론이라는 주장까지 제기되고 있다.[12] 뿐만 아니라 지속 가능 발전 개념은 그것을 사용하는 사람들의 관점이 반영되거나 이익에 부합되는 쪽으로 해석되는 경향이 강하다. 예컨대 "'환경적으로 건전하고 지속 가능한 발전'에서 '지속 가능한'의 해석을 '환경적으로 건전한'에 중점을 둔 발전을 의미하는 경우와 '지속 가능한'을 '지속적 성장이나 성공적 발전에 중점을 두고 환경 문제는 발전을 저해하지 않는 범위 내에서 고려될 수 있는 입장'"[13] 등을 의미하는 것으로 해석하는 것이 가능해지기 때문이다.

지속 가능성에 대한 논의에서 '지속한다'는 '변한다'와 대립적인 것으로 이해해야 하는지 여부를 우선 고려해야 한다. 지속 가능성에 대한 논의는 우선 존재 자체와 존재의 변화에 대한 의미 파악을 전제로 해야 한다. 그 다음에 지속과 변화의 관계에 대한 정립이 이뤄져야 할 것이다. 왜냐하면 변화하는 어떤 것이 동일성을 유지한다면(지속한다면) 변화가 아니며, 동일성을 상실한다면 더 이상 그 사물이 아니기 때문에 지속한다고 말하기 어려울 것이다. 포퍼(K. Popper)는 이에 대해 다음과 같이 말하고 있다:

모든 변화는 어떤 것의 변화이기 때문이다. 즉 변화는 변화하는 어떤 것을 전제로 한다. 그리고 변화는 어떤 것이 변화하는 동안 이 어떤 것이 여전히 똑같은 것으

---

12. Dryzek(1997), p. 125 참조.
13. 김판석 외(1999), p. 85.

로 남아 있어야 한다는 것을 전제로 한다. 우리는 푸른 잎이 갈색이 될 때, 그것이 변화한다고 말할 수 있다. 그러나 우리가 푸른 잎을 갈색 잎으로 대체했을 때에는 푸른 잎이 변한다고 말하지는 않는다. 변화하는 사물은 그것이 변화하는 동안에도 그것의 동일성을 유지한다는 것이 변화라는 생각에서 필수적이다. 그럼에도 불구하고 그것은 그 이외의 무엇이 되어야만 한다. 초록색이었다가 갈색으로 변하고, 습기 차 있다가 건조해지며, 뜨거웠다가 차가워진다.[14]

여기에서 변화와 지속의 문제는 변화하는 주체의 지속 문제가 되어 버린다. 주체의 지속은 다시 개체의 지속과 그 개체가 속한 종의 지속으로 구분되어야 할 것이다. 그래서 이러한 논의는 개체 수준과 종의 수준에서의 동일성과 차이의 문제와 연결된다. 우선 개체 수준에서 푸른 잎이 갈색 잎이 되었을 때 우리는 다른 사물이라고 말하지 않으며, 하나의 잎이 다른 속성을 갖게 된 경우에 우리는 변한다는 말을 적용한다. 여기서 동일성이란 변화하는 주체, 즉 존재하는 것(존재자)의 동일성 유지에서 찾아져야 할 것이다. 종의 수준에서 볼 때, 한 개체의 소멸이 종의 소멸 자체를 의미하지 않기 때문에, 멸종되지 않는 한 종은 지속한다고 말해질 수 있을 것이다. 그러면서도 개체 수준의 변화가 세대를 넘어설 경우 종의 수준에서의 지속과 변화를 논의할 수 있을 것이다. 따라서 개체 수준에서나 종의 수준에서 지속성을 '변화하는 지속성'이라고 규정하는 것이 필요하다. 이럴 경우 지속성과 변화는 대립적인 관계가 아니라 상호 의존적인 관계로 보아야 한다. 따라서 지속성이란 주체(개체 수준과 종의 수준에서)의 변화하는 어떤 것과 그것의 변화하지 않는 것과의 관계로 규정된다.

생태적 지속성에서 '생태적'의 의미는 관계성으로 이해되어야 한다. 왜냐하면 지속 가능성에 대한 다양한 주장들의 가장 일반적인 공통점은 자연이

---

14. 이한구 외 역(2009), p. 48.

나 생태계와의 관계를 전제로 하고 있다. 일반적으로 우리가 생태계를 이해할 때, 이 생태계는 하나의 시스템(system)으로, 하나의 보금자리(home)로, 혹은 하나의 존재(being)로서 이해된다. 리빙스턴(J. Livingston)은 「도덕적 고려와 생태권(Moral Concern and the Ecosphere)」(1985)에서 우선 시스템이라는 은유를 통해 지구를 하나의 우주선에 비유하고, 이러한 시스템의 다양한 구성 요소들이 조화롭게 통합된 전체를 이루기 위해서는 질서 정연한 방식으로 작동하고 있어야 하며, 이 시스템의 목적을 생명 지원(Life Support)이라고 규정한다. 또한 생태계는 단순한 영토가 아니라 모든 사물을 포함하고 있으며, 그 속에서 우리가 살아가고 있다는 사실에서 공간과 사회적 장소라는 의미를 지니고 있기에 보금자리로 설명하고 있다. 끝으로 그는 생태계를 지구의 모든 구성 요소들이(토양, 물, 공기, 식물, 동물, 광물 등) 상호 의존하는 통합된 실체 개념으로서 하나의 존재라고 보는 견해를 소개한다. 생태계에 대한 이러한 정의로부터 생태계의 지속 가능성의 요인들이 분석되어야 할 것이다.

생태적 지속 가능성의 핵심은 개체와 개체를 둘러싸고 있는 생태계와의 관계인데, 이러한 관계가 어떻게 되는 것이 지속되는 것인가를 논의해 보아야 할 것이다. 예를 들어 갑돌이와 갑순이는 어릴 적부터 우정 관계를 가지고 있었다고 한다면, 성인이 된 후 이러한 우정 관계의 양상은 어릴 적 양상과는 다르겠지만, 그래도 그 우정의 관계는 지속된다고 할 수 있다. 그러나 둘 사이에 애정이 싹터서 연인이 된다면 이들의 관계는 변하게 되고, 우정의 관계가 지속된다고 보기는 어렵다. 새로운 관계의 형성이라는 점에서 본다면 관계의 지속이라고 보기는 어렵겠지만, 그럼에도 불구하고 갑돌이와 갑순이의 관계는 이뤄지고 있다는 점을 생각해 본다면, 애정 관계의 형성이 앞의 우정 관계의 지속과는 다른 형태의 지속일 것이다. 우정 관계가 애정 관계로 변한 것은 녹색 잎이 갈색 잎으로 변한 것과는 구분된다. 왜냐하면 전자에는 자연적 필연성이 결여되어 있기 때문이다. 녹색 잎은 시간이 지남에 따라 갈색 잎으로 변할 수밖에 없지만, 우정 관계가 반드시 애정 관계로 변하는 것이라고 보기는 어렵기 때문이다. 결국, 관계 맺는 주체의 지속으로 보느냐 관계 자체의 지속으로 보느냐에 따라 지속성의 내용과 차원이 달라질 것이다. 생태적 지속 가능성은 여기서 후자보다는 전자, 즉 관계 맺는 주체의 지속을 의미한다고 보아야 할 것이다. 여기에 지속 가능성은 개체 수준의 존재론이 아니라 생태계 전체 수준에서의 존재론이어야 한다는 것이 덧붙여져야 한다. 이것이 파시즘적 전체주의에 빠지지 않도록, 부분과 전체의 상보적 관계라는 의미에서 존재 전체의 수준이어야 한다는 것이다. 그래서 생태적 지속 가능성이란 변화하는 생태계를 구성하는 존재(혹은 존재자들의 관계)와 그것의 변화하지 않는 생태계 존재 전체(내지 총체적 관계)의 관계성으로 정의된다.

이러한 맥락에서 생태적 지속 가능성을 살펴볼 때, 다음에 대한 논의가 이뤄져야 할 것이다.[15] 우선, 지속 가능성이 시간적 계속과 유지 가능성을 내포하고 있는 개념이라는 점에서 그 시간 관련성은 분명하다. 그런데 어느 누구도 지속 가능한 것이 무한한 시간을 의미한다고 생각하지는 않는다. 왜냐하면 "어느 누구도 지속 가능한 것이 영원한 시간대를 의미한다고 생각하진 않는다. 이 영원히 지속 가능하다는 것은 어느 사회도 도달한 적이 없는 유토피아적 기대에 불과"[16]하기 때문이다. 그렇다고 해서 특정 기간을 두거나 다음 세대로까지 한정하는 것 역시 지속 가능성의 시간 틀과는 모순된다. 따라서 여기서는 존재와 존재의 관계의 지속이라는 측면에서 논의되어야 할 것이다.

둘째, 지속 가능성을 현재 상태의 유지라는 측면에서 보느냐 아니면 현재 상태에서 긍정적인 변화로 보느냐에 따라 그 의미가 달라진다. 그러나 존재의 본질과 현상 사이의 관계에서 지속 가능성은 현상의 유지만을 의

---

15. 변순용(2010), pp. 190-1 참조.
16. 문순홍 역(1995), p. 44.

미하지는 않을 것이며, 존재의 본질 그리고 존재 관계의 유지에 초점을 맞춰야 한다. 존재의 본질과 그 본질을 실현하고자 하는 존재의 속성에 대한 아리스토텔레스적인 존재론, 즉 '존재하는 모든 것은 선하다(omne ens est bonum)'라는 테제에 근거해서 생태적 지속 가능성 개념을 이해해야 할 것이다. 그렇다면 여기서의 지속 가능성은 앞에서 논의한 바와 같이 변화하는 지속 가능성으로 이해되어야 하며, 사실판단의 영역에 속한 것이 아니라 가치판단의 영역에 속하는 것으로 이해되어야 한다. 규범적인 개념으로 지속 가능성을 보는 것이 자연주의적 오류에 빠진다는 비판을 받겠지만, 생태적 관계가 그동안 지구상에 존재했었고, 앞으로도 이러한 관계가 지속되어야 한다는 것의 직관적 당위성을 우리가 거부할 수는 없을 것이다.

셋째, 지속 가능성에 대한 가치판단은 존재의 비존재에 대한 우월성에 근거하고 있다. "본질(essentia)을 가진 모든 것은 존재를 향해 노력한다는 전제하에 라이프니츠는 현존(existentia)을 향해 노력하는 본질을 가능성이라고 하였다."[17] 물론 존재는 지속하려 하는 성질을 가지고 있지만, 다른 한편으로는 끊임없이 나타났다가 사라지는 운명적 속성도 가지고 있다고 하겠다. 물론 존재의 지속이 개체 존재의 지속뿐만 아니라 종의 지속까지도 포함한다는 의미로까지 확장되어야 할 것이다. 자연과 인간의 대립 구도가 아니라 인간이 포함된 자연의 지속 가능성은 생성과 소멸의 끊임없는 과정을 통해서 지속해야 하는 것이며, 이러한 존재의 명법이 가지는 당위성은 자명하다.

넷째, 지속 가능성은 고립된 개체의 수준에서 논의되는 것이 아니라, 개체들 사이 내지 개체와 환경 간의 상호 의존성과 생명들 간의 연대성을 전제로 하고 있는 개념이다. 물론 여기서 상호 의존성은 개체적 수준과 종(種)적 수준 모두를 포괄하는 것으로 이해되어야 한다. 그렇지만 생태적 지속 가능

---

17. 변순용(2003), p. 418.

성은 개체적 수준의 지속 가능성보다는 종적 수준의 지속 가능성에 초점을 맞추어야 한다.

이상의 논의를 요약해 보면, 생태적 지속 가능성은 존재와 그 존재의 본질, 시간, 그리고 생태적 관계 하에서 논의되어야 한다. 그렇기 때문에 다양한 지속 가능성에 대한 담론들이 인간중심주의적인 관점에서 논의되는 것은 이미 그 자체로 한계를 가질 수밖에 없다. 대체로 지금까지의 지속 가능성에 대한 담론은 크게 자연, 인간, 사회, 경제라는 4요소의 관계를 전제로 논의되고 있음을 알 수 있다. 그렇지만 인간의 지속 가능성, 사회의 지속 가능성, 경제의 지속 가능성이 서로 밀접하게 작용하면서 그 토대에 자연의 지속 가능성이 위치하고 있는 관계 구조로 이해되고 있지만, 실제로 인간의 지속 가능성이 다른 지속 가능성보다 우선적으로 논의되고 있다.

지속 불가능성을 "자연환경의 상태가 점차 환경 자체의 정화 능력을 상실하여 감으로써 인간이 환경을 복구할 수 있는 수행 능력의 관점에서 그 한계에 도달한 상태"[18]라고 규정할 때, "이러한 지속 불가능성을 고려해 본다면, 지속 가능 발전은 기본적으로 경제성장도 이루면서 환경도 더불어 보전함을 전제로 한 개념이다. 다시 말해 경제적 효율성과 생태적 효율성을 모두 추구해 보자는 노력으로 이해된다."[19] 그러나 생태적 지속 가능성은 경제적 효율성보다 생태적 효율성을 보다 강조하는 것이며, 경제적 효율성에서 생태적 효율성으로의 전환을 요청하고 있다. 가장 우선적인 것이 바로 자연의 지속 가능성이 되어야 한다. 문태훈도 소극적 지속 가능성과 적극적 지속 가능성 개념을 구분하면서 이와 같은 맥락에서 다음과 같은 주장을 하고 있다.

경제 · 사회 · 환경의 동시적 발전이라는 지속 가능 발전의 소극적 개념은 경제발

---

18. 김진현(2006), p. 32.
19. 변순용(2003), p. 190.

전과 환경보전의 적당한 타협으로 이해되면서 세대 내는 물론 세대 간의 형평성
을 파괴하는 개발의 사례를 양산하는 경우가 많았다. 앞으로 지속 가능 발전의 개
념은 '환경이 허용하는 범위 내에서의 발전'이라는 보다 적극적인 개념으로 발전
되어야 할 것이며, 환경 정책 역시 이러한 이념의 실현을 위한 방향으로 진보하여
야 할 것이다.[20]

그렇지만 이러한 적극적인 의미에서의 지속 가능성조차 인간중심주의적
관점을 벗어나지 못하고 있다는 점에서는 여전히 문제가 있다고 하겠다.

생태적 지속 가능성의 개념과 관련된 대부분의 담론에서는 우선 생태 및
환경(ecology & environment), 경제 및 고용(economy & employment), 형평
성 및 평등(equity & equility)의 3E가 포함되어 논의되어 왔고, 여기에 교
육(education)까지 포함되어 '3E+E'가 논의되고 있는 실정이다. 그러나 이
러한 4개의 개념을 중심으로 이루어지는 생태적 지속 가능성의 논의는 대
체로 피상적이거나 양적인 측정에 근거한 지수(예를 들면, SDI: Sustainable
Development Index를 들 수 있음)에 의거해서 평가되어 온 것도 사실이다.

에드워즈(A.R. Edwards)는 지속 가능한 발전과 관련된 다양한 원칙이나
주장들에서 7가지의 공통 주제를 다음과 같이 추출하고 있다: 생태계의 생
물적 온전성을 위한 생태 윤리의 확립, 한계에 대한 고려, 상호 의존성, 경제
적 재구조화, 공정한 분배, 세대 간 관점, 모델과 교사로서의 자연.[21] 이러한

---

20. 문태훈 외(2008), pp. 14-5.
21. '관리'는 생태계의 생물학적 완전성을 관리하고 유지하기 위한 생태적 윤리를 확립하는
것이 중요함을 강조한다. 이 윤리가 물, 대기, 토양, 생물 다양성과 같이 자원의 건강을 지킨
다. 또한 천연 건축물의 재료나 풍력이나 태양력과 같은 재생 가능 에너지원의 이용을 구체
화한다; '한계에 대한 고려'는 쓰레기, 오염 그리고 지속 불가능한 자원 고갈을 막아 자연의
자원 안에서 살아갈 것을 요구한다. 여기서 궁극적으로 주장하는 것은 생물 다양성의 보호,
즉 산업국에서 일어나는 과소비로 위협받는 생명 구조의 보호이다; '상호 의존성'은 생물
종과 자연 간의 생태적 관계뿐만 아니라 지방, 지역, 국제 수준에서의 경제 문화적 연계를
포괄한다. 우리의 정교한 교통과 의사소통 체계, 식량 및 에너지 생산, 금융 거래, 제조 능력

주제들은 생태적 지속 가능성의 요소와 상당 부분 중첩될 가능성이 있다. 그렇지만 경제적 재구조화나 공정한 분배와 같은 것은 생태적 지속 가능성의 직접적인 수준에서의 요소라기보다는 간접적인 수준에서 작용되는 요소라고 간주되어야 할 것이다.

4. 지속 가능한 사회의 의미

지속 가능한 발전 외에도, 특히 밀브래스(L.W. Milbrath)는 현대사회가 지속 불가능함을 구체적인 사실 자료를 들어 입증하면서 이에 대한 대안으로 지속 가능한 사회(sustainable society), 즉 "자연환경과 지속적으로 공존 공생하면서 동시에 높은 삶의 질을 보장하는 새로운 사회"를 주장하고 있다. 그는 『지속 가능한 사회(*Envisioning a Sustainable Society: learning our way out*)』(1989)에서 인간이 수준 높은 삶을 유지하기 위해서는 먼저 건강하고 풍성한 생태계의 유지에 최우선권을 두어야 하며, 건강하고 풍요로운

은 광범위하게 서로 연결되고 상호 의존적인 네트워크에 걸쳐 있다. 우리의 생존에 필요한 대기, 물, 토양과 같은 자원을 제공하는 자연의 상호 의존적인 체계가 이런 네트워크의 토대이다; '경제적 재구조화'는 생태계를 보호하면서도 고용 기회를 확대할 필요가 있기 때문에 여러 원칙에 등장한다. 지속 가능 실천은 경쟁과 쓰레기보다는 협력과 최적의 효율성에 바탕을 둔 새로운 경제 모델에 기댄다. 또한 이들 새로운 경제 관행이 지역 공동체의 요구 사항을 충족하기 위해서라도 정부와 기업의 협조가 필요하다; '공정한 분배'는 고용, 교육, 건강관리와 같은 영역에서의 사회정의와 형평성의 중요성을 말하고 있다. 공정하고 공평한 자원 배분은 조세 조정과 같은 정부 정책을 통해, 사회적 책임을 다하는 기업을 통해 적용되는 사회의 가치 변화를 포함한다; '세대 간 관점'은 사회가 직면한 중요한 선택에 장기적인 관점에서 지침을 마련한다. 지금의 행동이 미래의 세대에 미칠 영향을 고려하여 의사 결정의 우선순위를 매기는 학습을 한다. 세대 간 관점은 미래 세대를 고려한 사회적 결정의 중요성을 강조한다; '모델과 교사로서의 자연'은 35억 년에 이르는 생명의 진화와 전문 지식의 저장고로서의 자연의 중요성을 인식한다(오수길 역, 2010: pp. 153~4 참조).

사회를 유지하는 것은 그 다음이고, 이러한 사회는 안전, 온정 그리고 정의라는 세 가지 핵심 가치를 가지고 있어야 한다고 주장한다. 여기서 지속 가능한 사회란 "수용 능력(Carring capacity)을 초과함으로써 결과하는 비극을 피하기 위해 가까운 미래에 달성해야 할 사회조직의 형태"[22] 또는 "자연환경과 지속적으로 공존 공생하면서 동시에 높은 삶의 질을 보장하는 새로운 사회"[23]를 말한다.

지속 가능한 사회의 담론에서는 지속성의 전제 조건으로서 형평성을 확보하기 위한 분배와 참여의 정의 문제를 중요시하는 경향이 있다. 강형일은 지속 가능한 사회의 전제들로 다음과 같은 내용들을 제시하고 있다.[24] 첫째, 환경의 질은 생활의 질과 밀접히 관련되어 있다. 둘째, 환경문제는 국지적이거나 지엽적인 문제가 아닌 범세계적이고 근본적인 문제이다. 셋째, 현세대가 미래 세대에게 질적으로 높은 수준의 환경을 물려줄 도덕적 의무가 있다는 것이다. 이러한 전제를 바탕으로 환경적으로 지속 가능한 사회를 위한 노력은 성장의 제한과 균형 분배, 경성 기술의 적정기술로의 대치, 그리고 자연을 지배와 착취의 대상으로 보는 가치관에서 자연과의 조화로운 삶을 강조하는 가치관으로의 변화를 지향해야 한다는 것이다.

여기에서 지속 가능한 사회에 대한 모습과 지향점을 정리하면 다음과 같다.[25] 첫째, 경제적인 것과 자연적인 것도 우리 인간의 복지에 중요하지만, 사회적인 것, 예컨대 자유·평등·정의·사회 안정·건강·교육 등도 이에 못지않게 중요하다. 따라서 지속 가능한 사회의 이념은 경제적 지속 가능성과 생태 환경의 지속 가능성 외에도 비경제적인 가치, 사회적 가치를 지속적으로 제공해 줄 수 있는 사회체제를 요구하고 있다. 둘째, 지속 가능한 사회

22. Dunlap and Catton(1979).
23. 이태건 외 역(2001), p. 12.
24. 강형일 외(2005), p. 197.
25. 위의 책, pp. 201-2 참조.

는 환경문제에 대한 의사 결정 등에서 구성원의 참여를 중시하는 협의적인 참여 민주주의가 실천되는 사회로서 사회 구성원들의 환경 보전 의식에 기초하여 서로가 협의 하에 생활수준을 지역 생태계에 적합하도록 그리고 지역 주민들의 삶의 질적 향상에 도움이 되도록 할 수 있는 사회체제여야 한다. 셋째, 지속 가능한 사회는 지속 가능한 생산과 농업을 통해 식량 공급이 유지되는 사회이다. 농업은 토양과 물을 보호하고, 사람과 농촌의 건강을 촉진하여야 하며, 그것은 생태적으로 건전하고, 경제적으로 생존력 있으며, 사회적으로 정의롭고 인간적이어야 한다. 그래서 지속 가능한 생산 내지 농업(sustainable production or agriculture)에서는 건강한 생태계를 유지하며 환경에 해를 끼치지 않고, 생산자를 존중하면서, 동물들에게 인간적일 뿐만 아니라 농부들에게 공정한 보상을 하고 농촌 공동체를 유지해 주는 그러한 생산방법을 강조하고 있다. 넷째, 지속 가능한 사회에 적합한 기술과 생산방법은 지역 생태계와 공동체 수준에 적합하고 통제될 수 있으며, 생태계에 유해한 효과를 회피하며, 자원을 효율적으로 사용함으로써 보다 자율적인 지역 생산 단위의 발전을 조장하여 미래 세대의 삶의 질을 확보할 수 있는 방법이어야 한다. 다섯째, 지속 가능한 사회는 생태적 효율성과 효과성을 추구하는 경제활동 양식으로 쓰레기가 거의 발생하지 않는 자원 순환형 사회여야 한다.

이와 달리 김원열은 지속 가능한 사회를 관계의 형평성에 초점을 맞추어 인간과 자연의 형평성, 인간과 인간의 형평성, 현재 세대와 미래 세대의 형평성으로 구분하고 있다. 인간과 자연의 형평성은 어느 한쪽이 다른 한쪽을 압도하거나 지배하는 관계를 벗어나 인간과 자연의 공존을 강조하는 것이고, 인간과 인간의 형평성은 사회적인 측면에서 정의(正義)를 강조하는 것으로서 인간과 인간 사이의 정의로운 관계가 형성되는 사회라고 주장하고 있다. 끝으로 현재 세대와 미래 세대의 형평성은 현재 세대의 풍요로운 삶이 미래 세대의 빈곤한 삶을 초래할 것이라는 인식하에 미래 세대를 배려하여

그들의 삶의 질을 보장할 수 있는 방법을 모색해야 이뤄질 수 있다고 주장한다.[26]

지속 가능한 사회의 여러 논의를 정리해 보면, 환경, 경제, 사회의 형평성에 초점을 맞춘 논의도 있지만, 현재 세대와 미래 세대의 형평성에 초점을 맞춘 논의들도 있다. 그러나 이러한 담론들은 앞에서 이미 논의한 바와 같이 인간중심주의적 관점에서 논의의 한계를 드러내고 있음을 알 수 있으며, 지속 가능한 사회를 이렇게 인간중심주의적인 관점에서 논의하는 것은 이미 그 자체로 한계가 있을 수밖에 없다. 생태적 지속 가능성의 담론에서는 탈인간중심주의적 관점이 주가 되어야 한다.

5. 나오는 말

지속 가능한 사회에 대한 담론 외에도, 예를 들면 지속 가능한 생산 내지 농업에 대한 논의, 그리고 인간의 건강과 생태학적 건강 개념의 결합을 요청하고 있는 지속 가능한 식사(sustainable eating or sustainable table)[27]에 대한 주장도 생겨났다. 지속 가능한 식사가 이뤄지지 않는다면 인간의 지속 가능성도 보장받기 어려울 것이라고 판단되기 때문이다. 지속 가능한 식사의 문제는 먹을거리의 생산을 담당하는 지속 가능한 농업과 밀접한 관련을 맺고 있으며, 지속 가능한 식사의 운동은 경제적 효율성을 지향하는 생산 및 소비 시스템에서 경제적 효율성보다는 생태적 효율성을 중시하는 지역

---

26. 김원열 외(2008), pp. 247-9 참조.
27. 관련 사이트로는 www.sustainabletable.org를 들 수 있는데, 여기서는 지속 가능한 식사의 의미와 이를 둘러싼 문제들, 그리고 지속 가능한 식사를 위한 여러 행동 지침들에 대한 유용한 정보를 제공하고 있다.

중심의 소규모 지속 가능한 농업으로의 변화를 요구하고 있다. 이처럼 다양한 형태와 영역에서 지속 가능성에 대한 담론들이 제기되고 있지만, 정작 지속 가능성의 개념은 매우 다의적이어서 심한 경우 모호하기까지 한 개념이다. 그렇지만 생태적 지속 가능성은 이러한 다양한 지속 가능성들의 토대이자 최종 심급으로서의 의미를 갖는다.

생태적 지속 가능성은 그 이론적 기초로서 심층 생태학적 입장(deep ecology movement)을 지지한다. 드발과 세션스는 생명 형태의 풍부함과 다양성은 그 자체로서 가치가 있으며, 이러한 가치는 인간의 목적에 얼마나 유용한가와는 상관없다고 주장한다.[28] 이 입장은 인간이 다른 생명과 연결되어 있다는 자각과 생명 중심적 평등에 기초하면서 '인간의 생명 유지에 필요한 것을 충족시킬 때'를 제외하고는 다양한 생명 형태들의 가치를 훼손시킬 어떤 권리도 가지고 있지 않다고 주장한다.[29] 여기서 중요한 것은 바로 탈인간 중심주의적 관점의 필요성일 것이다.

지금까지의 논의를 토대로 생태적 지속 가능성에 대한 논의를 정리하면 다음과 같다. 생태적 지속 가능성에서는 인간과 생태계라는 두 축의 관점에서 상호 의존성(network), 지속성(sustainablity), 책임성(responsibility)의 3요소, 즉 인간과 자연의 상호 의존, 생태적 관계의 지속, 그리고 이에 대한 인간의 책임이 중요하다. 이 글에서는 지속성을 '변화하는 어떤 것과 그것의 변화하지 않는 것과의 관계'로 규정하고, 생태적 지속 가능성에서 '생태적'이라는 것을 관계성이라고 제시하였다. 따라서 생태적 지속 가능성의 주체는 '변화하는 생태계를 구성하는 존재(혹은 존재자들의 관계)와 그것의 변화하지 않는 생태계 존재 전체(내지 총체적 관계)의 관계'이다.

그리고 생태적 지속 가능성의 의미에서 존재와 존재 관계의 지속, 변화하

---

28. B. Devall & G. Sessions, *Deep Ecology: Living as if Nature Mattered* (Peregrine Smith Books, 1985), p. 70 참조.
29. 오수길 역(2010), p. 139 참조.

는 지속 가능성, 존재의 비존재에 대한 우위, 생명들 간의 연대성에 의거한 상호 의존성이 중시되어야 할 가치가 된다. 따라서 생태적 지속 가능성은 존재, 존재의 본질, 시간, 생태적 관련성을 기본적인 요소로 가진다. 지금까지 논의되어 온 지속 가능한 발전은 크게 자연, 인간, 사회, 경제라는 4부문의 관계를 전제로 논의되고 있는데, 인간의 지속 가능성, 사회의 지속 가능성, 경제의 지속 가능성이 서로 밀접하게 작용하면서 그 토대에 자연의 지속 가능성이 위치하고 있는 관계 구조로 이해되고 있다. 그렇지만 지속 가능한 사회를 인간 중심적인 관점에서 논의하는 것은 이미 그 한계를 드러낼 수밖에 없기 때문에, 이러한 관계 구조 하에서 생태적 지속 가능성이 우선성을 확보해야 할 것이다.

경제개발과 자연 보존의 대립 상황에서 경제개발을 우선할 때 발생했던 환경문제들이 점점 더 심각해지고, 이에 대한 해결 지침으로서 주장된 지속 가능한 발전이 경제 발전과 자연 보존을 발전 위주로 통합하는 것이라고 한다면, 생태적 지속 가능성은 이와는 달리 발전의 필요와 자연의 한계 간의 딜레마에서 갈등하는 우리에게 경제적 효율성보다는 생태적 효율성을 최우선시해야 함을 주장하면서 생태계 위주로 통합하는 것이라고 볼 수 있다. 따라서 이런 의미에서 볼 때, 생태 윤리 교육에서 생태적 지속 가능성은 생태 윤리에서 제기되는 다양한 당위적 요청들을 정당화하는 데 매우 중요하게 작용할 것이다.

참고 문헌

권혁길, 『환경윤리교육론』(인간사랑, 2011).
김귀곤, 『지속가능 환경 생태계획론』(드림미디어, 2008).
김용환, 『인간과 환경의 커뮤니케이션 ― 문화와 지속 가능한 개발』(커뮤니케이션북스, 2006).

김완구, 「환경보호 목표로서의 생태계 건강」, 『환경철학』, 제7집(2008).

김원열 외, 『더불어 사는 세계관』(한경사, 2008).

김인숙 외 역, 베데커, C. & 칼프, M., 『MIPS 환경 교육 ─ 지속 가능한 소비생활을 위하여』(울력, 2007).

김종순, 『지속가능 발전과 환경거버넌스』(대영, 2002).

김준영 역, 콤팩트시티, 『지속가능한 사회의 도시상을 지향하며』(문운당, 2007).

김진현, 『지속가능한 발전의 원리와 적용』(한국학술정보, 2006).

김태임 외 역, 쉐보르스키, A., 『지속가능한 민주주의』(한울아카데미, 2001).

문순홍 역, 워스터, D., 『지속 가능한 사회를 향한 생태전략』(나라사랑, 1995).

문태훈, 『시스템사고로 본 지속가능한 도시』(집문당, 2007).

문태훈 외, 『지속가능한 사회이야기』(법문사, 2008).

박진섭, 『지속가능한 세상을 향한 발돋움』(창비, 2008).

반상철 역, Girardet, H., 『지구적 환경으로서의 도시』(미건사, 2007).

변순용 외, 「생태적 지속가능성의 실천적 의미에 대한 연구」, 『초등도덕교육』, 33집(한국초등도덕교육학회, 2010).

변순용, 『책임의 윤리학』(철학과현실사, 2007).

변순용, 「요나스의 존재론적 윤리학」, 이석호 외, 『서양 근현대 윤리학』(인간사랑, 2003).

신의순, 『한국의 환경정책과 지속가능한 발전』(연세대출판부, 2005).

양진희 역, Stern, C., 『지속가능한 발전 이야기 ─ 어린이와 함께 살리는 지구』(상수리, 2007).

에코포럼, 『지속가능발전 ─ 이해와 실천적 전략』(동국대출판부, 2006).

오수길 역, Edwards, A., 『지속가능성 혁명』(시스테마, 2010).

유재현, 『느린 희망 ─ 지속가능한 사회를 향해 인간의 걸음으로』(그린비, 2006).

용마루모임, 『지속가능한 도시』(간향미디어, 1999).

이태건 외 역, Milbrath, L., 『지속가능한 사회 ─ 새로운 환경 패러다임의 이해』(인간사랑, 2001).

이한구 외 역, Popper, K., 『파르메니데스의 세계』(영림카디널, 2009).

임현진, 『삶의 질과 지속가능한 발전』(나남, 2006).

정대연, 『환경주의와 지속가능한 발전』(집문당, 2004).

하성규 외, 『지속가능한 도시론』(보성각, 2007).

Bartelmus, P., *Environment and Development* (Allen & Unwin, 1986).

Bateson, G., *Steps Toward an Ecology of Mind* (Ballantine, 1975).

Bowers, C. A., *Education for an Ecologically Sustainable Culture* (State Univ. of New York Press, 1995).

Brown, L., *Building a Sustaniable Society* (Norton, 1981).

Castro, C., "Sustainable Development," *Organization and Environment*, Vol. 17, No. 2(2004).

Cole, M., "Limits to growth, sustainable development and environmental Kuznets curves — an examination of the environmental impact of economic development," *Sustainable Development*, Vol. 7(2002).

Costanza, R., Bryan G. & Haskell, B., *Ecosystem Health — New Goals for Environmental Management* (Island Press, 1992).

Debach, P., *Biological Control by Natural Enemies* (Cambridge Univ. Press., 1974).

Devall, B. & Sessions, G., *Deep Ecology: Living as if Nature Mattered* (Peregrine Smith Books, 1985).

DesJardins, J. R., *Environmental Ethics* (Wadsworth Pub. Co., 1997).

Douglass, G.(ed.), *Agricultural Sustainability in a Changing World Order* (Westview Press, 1984).

Farb, P. & Armelagos, G., *Consuming Passions: The Anthropology of eating* (N.Y., 1980).

Fox, W., *Toward a Transpersonal Ecology* (Shambhala Pub, 1990).

Giddings, B., Hopwood, B., O'Brien, "Environment, Economy and Society — Fitting them together into sustainable development," *Sustainable Development*, Vol. 10(2002).

Kates, R., Parris, T., Leiserowitz, A., "What is sustainable development?," *Environment*, Vol. 47, No. 3,(2005).

Orr, D., *Ecological Literacy-Education and the Transition to a Postmodern World*

(SUNY Press, 1992).

Pojman, L. P., *Golbal Environmental Ethics* (Mayfield Pub. Co., 2000).

Taylor, P. W., *Respect for Nature — A Theory of Environmental Ethics* (Princeton Univ. Press, 1986).

Redclift, M., *Sustainable Development — Exploring the Contradictions* (Methuen, 1987).

Thomashow, M., *Ecological Identity — Becoming a Reflective Environmentalist* (The MIT Press, 1995).

U. S. National Research Council(Policy Devision Board on Sustainable Development), *Our Common Journey — A Transition toward Sustainability* (1999)

Young, J., *Sustaining the Earth*(Univ. of New South Wales Press, 1991).

World Commission on Environment and Development(WCED), *Our Common Future* (Oxford Univ. Press, 1987).

Wenz, P., *Environmental Justice* (SUNY Press, 1988).

제5장

기후변화에도 윤리 문제가?

기후변화와 관련된 윤리적 문제는 지금까지 인류가 겪어 왔던 유형의 문제와는 성격이 매우 다르다. 기후변화의 예측, 완화 및 적응을 위한 인간의 행위에서 요청되는 윤리의 문제를 접근하는 데 있어서 우선 기후변화 윤리의 담론에서 나타나는 인간중심주의를 벗어나야 한다. 강한 의미의 인간중심주의는 인간 종 이기주의라는 비판을 거세게 받고 있으며, 대부분의 환경 교육에서는 약한 의미의 생태학적으로 계몽된 인간중심주의 논리로 환경 윤리적 요청을 정당화하고 있다. 기후변화 윤리의 담론에서는 이러한 인간중심주의적 사고를 지양해야 한다. 기후변화의 윤리와 과학기술에서 탈인간중심주의화를 통해 인간의 도덕적 고려의 대상 범위를 확장해야 하며, 기후변화 윤리에서 제기되는 요청들에 대한 사회적 합의를 도출해야 한다. 물론 이러한 합의는 과학적인 근거와 사회 구성원들의 가치에 기초해야 한다. 둘째, 기후변화로 파생되는 문제는 시급한 문제이면서도 장기적인 성격의 문제이다. 그리고 기후변화에 대한 과학적인 사실의 전달도 중요하지만, 윤리 교육을 통해 기후변화가 갖는 윤리적 의미가 지속적으로 강조되어야 한다. 끝으로, 기후변화 윤리 교육에서 지속 가능성은 기후변화 윤리에서 제기되는 다양한 당위적 요청들을 정당화하는 데 매우 중요하게 작용할 것이다.

1. 들어가는 말

인류 사회에서는 항상 과거와는 다른 새로운 윤리적 도전들이 나타나기 마련이다. 현대사회에서도 이는 예외가 아니다. 현대인들은 과거의 사람들이 전혀 고민하지 않았던 난자 윤리, 배아 윤리의 문제뿐만 아니라 이제는 기후변화에 대해서도 책임을 요청받고 있다. 환경 오염이나 파괴로 인한 환경문제는 이미 서구에서는 7,80년대에 열띤 논쟁의 주제가 되었지만, 90년대부터 본격화된 생명공학의 열기로 인해 세간의 관심에서 밀려난 느낌이었다. 환경이나 생태계의 문제는 인간 삶의 본질적인 조건이 되기 때문에 항상 주요 관심사임에도 불구하고, 온실가스나 오존홀(ozone hole) 등에 대한 일반인들의 위기의식은 시간의 흐름과 반복된 논의로 인해 점차 약화되기도 했다. 이제 기후변화라는 환경문제가 우리에게 다시 관심을 심각하게 요청하고 있다.

기후변화와 관련된 국제사회의 대응을 살펴보면 다음과 같다. 1988년 세계기상기구(WMO)와 유엔환경프로그램(UNEP)의 공동 주관하에 정부간 기후변화위원회(Intergovernmental Panel on Climate Change: IPCC)가 설립되었고, 1992년 브라질의 리우데자네이로에서 개최된 유엔환경개발회의에서 기후변화에 관한 유엔 기본협약(United Nations Framework Convention on Climate Change: UNFCCC)이 체결되었으며, 이 협약에 의해 해마다 개최되는 기후변화협약 당사국총회(Conference of Parties: COP)에서 합의한 교토의정서(Kyoto Protocol)는 국가 간의 온실가스 감축을 위한 기본 방향을 제시하였다. 2007년 IPCC의 4차 평가 보고서에서는 인간의 행위에 의한 지구의 기후변화가 분명히 존재함을 주장하고 있다.

기후변화는 인류가 직면한 가장 거대한 주제일 뿐 아니라 장기적인 고려가 요청되며, 기후변화의 문제는, 윤리학에서 본다면, 집단 내지 공유 책임, 국가 간, 세대 간의 정의, 무임승차(Freeriding)의 문제 등등 여러 수준의(multi-leveled) 다주제적인(multi-subjected) 성격을 갖는다. 그동안 논란이 있었던 지구온난화에 대해서 이제는 대체로 자연적인 기후변동(Climate Variability) 외에 인간의 활동에 의해 인위적으로 발생하는 기후변화(Climate Change) 현상이 있다는 것에 대해서는 과학자들 사이에서 의견의 일치를 보이고 있다. 인간은 기후변화에 대하여 세 가지 과제를 떠안게 된다. "기후변화로 인해 인류는 기후변화가 전개되는 메커니즘에 대한 과학적인 이해를 해야 하는 실제적인 과제와, 이러한 앎을 근거로 해서 가능한 한 그것의 심각성을 완화시키거나(mitigate), 기후변화의 피할 수 없는 결과에 적응해야 하는(adapt) 과제에 직면해 있다"(Hattingh, et al., 2009: p. 5).

우리나라의 경우를 살펴보면, 우선 "1904년 이후 2000년까지 우리나라에서 관측된 20세기 기온 자료를 분석해 보면 평균기온은 1.5℃ 상승하여 우리나라에서 나타나는 온난화 추세가 전 지구적인 온난화 추세를 상회하고 있음을 알 수 있다"(권원태, 2005: p. 328). 이와 더불어 2007년에 행해진 환경부의 기후변화에 따른 전 국민 의식조사를 보면, 전국에 거주하는 13세 이상 국민 1,000명 중 97%가 기후변화 문제에 대해 알고 있으나, 자세히 안다고 응답한 경우는 9.7%에 불과하다. 특히 기후변화의 주요 원인과 온실가스 배출원에 대한 이해도가 매우 낮을 뿐만 아니라 청소년들의 경우 기후변화의 영향에 대한 인식이 다른 연령대보다 상대적으로 매우 낮은 것으로 조사되었다(최돈형 외, 2008: p. 32 참조).

이제는 지구온난화를 포함하여 지구 기후변화에 대한 사실 중심의 논의에서 벗어나 기후변화의 완화 내지 적응을 위한 구체적인 대안과 대안의 실제적인 효과, 그리고 그 의미에 대한 논의로 옮겨 가야 한다. 이와 더불어 기후변화 윤리 교육의 중요성과 체계적인 실시가 장기적인 관점에서 중시되어야 한다. 그래서 이 글에서는 우선 기후변화의 개념과 의미를 밝히고, 기후변화 윤리의 성격을 책임의 문제로 규명하고, 기후변화에 대응하는 과학기술의 책임 문제를 살펴보고자 한다.

2. 기후변화의 의미와 성격

1) 기후변화의 정의

기후변화라는 개념은 일반적으로 지구온난화와 온실효과의 개념을 포괄하고 있다. 지구온난화는 "인간의 활동에 의해 야기되는 방사의 결과 중 하나로서 지구 표면 기온의 점진적인 증가"(IPCC 2007c: 101)로 정의된다. 온실효과는 기본적으로 해양과 육지에서 발생하는 복사에너지에 의해 일어나는 자연적이고 물리적인 과정이다. 온실효과는 대기중에 있는 수증기, 이산화탄소(CO_2), 아산화질소(N_2O), 메탄(CH_4) 등으로 구성되는 온실가스(GHGs)에 의해 일어난다. 따라서 온실가스로 인해 온실효과가 발생하며, 온실효과를 통해 지구온난화가 일어난다. 그러나 지구 기후변화라는 개념은 지구온난화보다 포괄적인 성격을 갖는다. 기후변화는 "장기간 관측되어 온 자연적인 기후변동성을 넘어 지구 대기의 조성을 변화시키는 인간의 활동에 의해 직, 간접적으로 발생하는 기후변화"(UNFCCC, Article 1)로 정의되고 있으며, 이와 달리 IPCC에서는 이를 보다 포괄적으로, 중립적으로 정의 내리고 있다: "자연적인 기후변동성이든 인간 행위의 결과로든 (그로 인해) 발생하는 장기적인 기후의 변화"(IPCC 2007a: 2).

온실효과나 지구온난화, 기후변화는 자연적인 과정이기 때문에 그 자체가 문제가 되는 것은 아니다. 문제는 이것들의 변화 속도가 너무 빨라졌고 변화

의 폭도 매우 커졌다는 것이다.[1] 지구 전체를 볼 때, "IPCC 4차 평가 보고서
의 가장 중요한 결론은 지구온난화가 논란의 여지 없이 명백하며, 인간 활동
으로 인한 온실가스 증가가 20세기 중반 이후의 온난화를 일으켰을 가능성
이 매우 높다는 것이다. 지구 평균기온은 지난 100년간(1906-2005) 0.74℃
증가하였는데, 특히 북반구 중고위도에서 기온 상승이 크다. 또한 최근에는
온난화 추세가 빨라지고 있어서, 최근 50년간 온난화 추세는 약 0.128℃/10
년, 최근 25년 추세는 0.177℃/10년으로 100년간 추세보다 2배 이상 급속히
진행되고 있다"(권원태, 2008: pp. 44-5). 그래서 이산화탄소(CO_2), 아산화질소
(N_2O), 메탄(CH_4)의 지구 평균 대기중 농도는 1750년 이래 인간 활동의 결과
로 현저하게 증가하였다고 보고되었다(IPCC, 2007d: pp. 36-7 참조).

그런데 이러한 기후변화의 징후가 뚜렷한 것처럼 보여도, **기후변화 자체
에 대해서 뿐만 아니라 그 영향이나 파장에 대해서도 불확실성**이 여전히 존재
한다. "기후변화와 관련해 지구온난화가 진행되고 있으며 인간이 배출한 온
실가스가 지구온난화를 발생시킬 수 있다는 점에 대해서는 대체로 과학자
사회 내에서 합의가 존재하지만 지구온난화의 정도가 어느 정도가 될 것이
며 그 원인과 결과가 어떤 것일지에 대해서는 여전히 불확실성이 크고 많은
논쟁이 남아 있다"(박희제, 2008: p. 193). 예컨대 극지방의 기후 조건에 대한
자료들이 서로 다른 프로토콜에 의해, 서로 다른 과학자들에 의해 수집되었
기 때문에 이러한 자료들을 데이터베이스에 저장할 통일된 기준이 없는 경
우들이 발생한다(Hattingh et al., 2009: p. 10 참조). 이러한 자료의 질적 상이
함 외에도 지구 전체의 기후변화 자료에는 남반구의 관찰 자료가 상대적으
로 빈약한 편이다. 이러한 **자료의 질적 상이함과 양적 불균형**은 기후변화의
정확한 예측을 어렵게 만들고 있다. 뿐만 아니라 관찰된 자료를 해석하는

---

1. "20세기에 나타난 기후변화는 지역과 시간에 따라 복잡한 형태로 나타나지만, 그 변화의
폭이 과거 일만 년 동안 나타난 변화의 폭에 비하여 매우 크다는 것이 가장 위협적인 요소
라고 할 수 있다"(권원태 2005, 327).

데 사용하는 예측 모델들의 한계로 인해 기후변화의 결과나 과정에 대한 예측이 매우 상이하게 나오게 된다.

2) 기후변화 문제의 성격

기후변화가 인류에게 가장 큰 시련이 될 것이라는 생각은 이미 영화나 소설 등에 자주 등장한 주제이다. 그러나 이러한 기후변화가 현대인들에게 미치는 영향에 대해서는 아직까지도 그렇게 심각하게 우려하지는 않고 있다. 기후변화의 문제는 우리에게 서서히 다가오기 때문에 잘 인식되지 않고 있지만, 기후변화의 파급효과는 엄청나기 때문에 그에 대한 준비를 해야 한다.

지구 기후변화의 과정에 대한 인간 사회의 대응이라는 관점에서 본 배경을 다음과 같이 제시할 수 있다(위의 책, p. 7 참조).

첫째, 과거에는 가능하지 않았던 방식으로 기후변화의 효과를 예측, 완화 그리고 적응할 수 있도록 해줄 수 있는 분석적이고 예측할 수 있는 지식을 가지고 있다.

둘째, 이러한 지식에 근거해서 인간의 활동과 기후변화 과정의 인과적 관계를 밝히는 것이 가능하다.

셋째, 인류는 기후변화에 대응할 수 있는 능력을 가지고 있지만, 변화의 속도가 인류의 적응 능력을 넘어설 수도 있다.

넷째, 윤리의 보편화로 인해 윤리적 관심의 대상 범위가 인간 대 인간의 상호작용을 넘어서는 영역도 포함할 수 있다.

다섯째, 인간의 복지가 생태계의 온전성, 생물 종의 다양성, 안정된 기후 체계에 의존한다는 인식이 확산되고, 정책 결정 과정에서 인간중심주의적 접근은 더 이상 인정되지 않는다.

끝으로, 생태계와 생태계에 대한 인간 행위의 영향에 대한 정보가 불완전하기에, 이러한 영향의 **부정적인 결과를 예측, 방지, 완화 그리고 적응해야 할 의무가** 생겨난다.

이러한 배경에서 현대 지구 기후변화의 문제가 갖는 특징으로는 우선 기**후변화의 인위성**이다. 지금까지의 지구 기후변화는 인위적인 요인보다는 자연적인 요인에 의해 이뤄져 왔지만, 최근의 기후변화는 인위적인 요인, 즉 인간의 직, 간접적인 활동에 의해 기후변화의 속도와 폭이 급격히 증가하고 있다는 것이다. "지난 50년 동안 남극대륙을 제외한 모든 대륙에서 평균적으로 상당한 인위적 온난화가 진행되었을 가능성이 상당히 높다고 IPCC는 보고하고 있다"(IPPC, 2007d: p. 39 참조).

기후변화와 그로 인해 파생되는 문제는 **지구적 사건**(현상)이다. 물론 기후변화로 인한 피해는 지역적으로 나타나지만, 이러한 피해가 전 세계에서 일어나고 있다는 것이 또 다른 특징이다.

기후변화의 문제는 **인류 전체의 생존 문제와 직결**되어 있다. 그동안 인류가 직면했던 문제들은 지역적인 한계를 벗어나기 어려웠다. 그러나 현대에 들어와 인류가 직면하는 문제는 인류 전체의 생존 문제와 직결되고 있다. 예컨대 핵무기의 등장으로 인해 지구상의 모든 생명체와 그들의 생활 터전의 존재가 위험에 처하게 되어 버리는 경우이다. 분명히 기후변화는 지구상에 생존하고 있는 생명 공동체의 복지뿐만 아니라 인간 생존의 사회적, 문화적 차원에 대한 분명한 위협이 되고 있다.

기후변화 문제는 이제 단순히 과학만의 문제가 아니다. 기후변화는 인간 생활의 모든 측면과 관련되며, 기후변화는 그래서 삶의 모습 전체에 밀접한 영향을 끼친다. 기후변화에 대응하기 위한 정치적, 경제적 결정, 사회자본의 투입이나 국내외적 공감대의 형성을 통한 합의의 도출 등에서 보면 기후변화 문제를 해결하기 위해서는 다양한 학문 간의 논의와 국내외적인 공감대의 형성이 필수적이다.

3. 기후변화 윤리: 기후변화에 대한 책임 논의

지구의 기후변화에 직면해서 우리들은 다음과 같은 물음들을 던지게 된다. 기후변화를 예측, 완화, 적응하기 위한 행위의 도덕적 근거는 무엇인가? 기후변화의 정도를 완화시킬 책임이 있는가? 있다면 이 책임을 어디까지 확장해야 하며, 누가 어떤 근거로 이 책임의 부담을 져야 하는가? 기후변화를 야기한 사람들이 기후변화로 고통 받고 있거나 미래에 고통 받을 수 있는 사람들을 도와야 할 책임이 있는가? 기후변화 문제에 대응하기 위한 정치적, 경제적, 사회적 결정에 대한 합의의 윤리적 의미는 무엇인가?

이런 물음들에 답하려는 것이 바로 기후변화 윤리이다. 그래서 **기후변화 윤리는 기후변화를 예측, 완화, 적응하려는 모든 인간 행위에 대한 도덕적 판단을 대상으로 한다**고 규정된다. 이런 윤리적인 물음들은 인류 전체에게 제기되는 물음이며, 이 물음에 대한 답의 정당화 과정에서 많은 문제들이 얽혀 나오게 된다. 기후변화 문제에 대한 해결책을 찾는 과정이 복잡한 이유는 다음과 같다(Hattingh et al., 앞의 책, p. 17 참조).

첫째, 기후변화의 원인과 결과의 편재성

둘째, 기후변화에 대응하는 주체들의 다원성

셋째, 제도의 부적절성

넷째, 기후변화의 탄력성, 다차원성, 그리고 장기적인 결과라는 성격

비록 기후변화의 심각성에 대한 합의하에 인류가 대응해야 한다는 당위적

인 요청을 인류가 받아들인다 하더라도 이런 요인들로 인해 기후변화에 대응하는 행위 선택의 윤리적 근거를 찾는 작업이 쉽지 않을 것이다. 기후변화 윤리는 결국 기후변화에 대한 인간의 책임을 주장하는 것이다. 그러한 기후변화에 대한 책임이 어떻게 발생하며, 왜 그러한 책임을 현대인인 우리가 져야 하는가라는 물음은 기후변화 윤리의 핵심적인 물음일 것이다. 여기서는 기후변화 윤리의 핵심을 책임의 문제로 보고, 다양한 책임 윤리의 내용들을 통해 기후변화 윤리의 문제를 규명해 보고자 한다.

한마디로 말해서, 기후변화에 대한 책임의 문제는 "내가 한 것도 아닌데, 그리고 나만 한 것도 아닌데, 내가 왜?"라는 물음에 대한 해답을 찾는 문제일 것이다. 따라서 기후변화에 대한 책임의 문제는 책임져야 하는 대상의 주체가 없는 책임의 문제와 책임의 주체가 공동체이거나 공유된 책임의 문제, 그리고 책임의 관련자가 미래 세대인 경우의 책임 문제로 나눠진다.

1) 책임의 주체 문제: 과거에 대한 문제

우선 첫 번째 책임의 경우는, 다시 말해 지금 우리가 겪고 있는 기후변화는 내가 속한 현재 세대의 행위에 의해서 일어난 것이 아니며, 결국 기후변화에 대해 책임져야 한다는 요청은 현재 세대에게는 마치 '빌리지도 않은 돈을 갚으라'는 요청으로 들릴 것이다. 이러한 요청을 정당화하는 작업이 필요하며, 다음과 같은 윤리적 주장들이 정당화에 기여할 것이다.

사실, "오늘날처럼 결과를 예견하기가 점점 더 어려워져 가는 복잡한 사회에서 책임을 단순히 구체적인 특정 행위의 결과에 대한 예견 가능성에만 근거하는 것은 많은 난점을 야기할 수 있기 때문이다. …(중략)… 인과적 책임을 넘어서 책임 개념이 확대되고, 단순한 대안적 가능성의 통제가 아니라 도덕적 존재로서의 자질이나 능력으로 책임의 궁극적 근거가 확대됨으로써, 책임에서 문제되는 결과의 예견 가능성 역시 확대 해석될 여지를 갖게 된다. 즉, 확장된 책임 개념에서는 도덕적 존재로서의 행위자가 자신의 자질이나 능력을 제대로 혹은 충분히 발휘하지 않음으로써 해로운 결과가 예견되는 경우, 그러한 결과를 예방해야 할 의무로서의 책임, 또는 인간으로서의 존재를 실현하는데 행위자 자신의 자질이나 능력을 발휘할 것이 필요하거나 요구되는 경우 그러한 결과를 가져올 의무로서의 책임이 발생한다"(변순용 외, 2005: p. 322).

또한 항상 자유 개념과 관련되어 다뤄져 왔던 책임의 해석을 비판하고 질서가 책임의 필연적인 조건이라고 주장한 홀(J. Holl)의 논의가 여기서 중요한 의미를 갖는다. "무엇보다도 질서가 책임의 필연적인 조건이다. 인간이 (신적인, 자연적인, 사회적인) 질서에 대해 책임이 있기 때문에 그리고 그 이름하에 책임지게 되기 때문에 질서가 책임의 근거이지 자유가 아니다"(Holl 1980: 27). 여기서 질서란 사회적 차원, 자연적 차원, 신적 차원, 우주적 차원으로 확장된다. "공동체의 삶 내지 사회의 질서들을 해하는 행위들은 처벌받는다. 그렇지 않다면 인간과 사회는 더 이상 존속할 수 없었을 것이다"(변순용, 2004: p. 155).

요나스(H. Jonas)는 '인류는 존재한다'라는 존재적 사실로부터 '인류는 존재해야 한다'라는 당위적 요청을 제기하면서 존재 책임을 주장한다(변순용, 2007A: p. 80 참조). 쿨만은 요나스가 제시한 책임 원칙을 다음과 같은 과정으로 분석한다(Kuhlmann, 1994: p. 280 참조):

첫째, A가 손상되어 위험에 처해 있으면서도 살아 있는 그리고 그 때문에 가치가 있는 x를 보는데, 여기서 x는 모든 가능한 위험들로부터 무방비한 상태로 있다. 둘째, A는 x를 보호하고 유지할 수 있는 힘을 가지고 있다. 셋째, x의 가치와 A가 가진 힘으로부터 A에게는 x를 보호해야 할 의무, 즉 x의 유지와 보호를 떠맡아야 할 책임이 생겨난다.

이 책임 모델은 x의 가치와 위기, x에 대한 A의 힘이라는 두 전제에서 x에 대한 A의 책임이 정초된다고 보는 것이다. 기후변화를 x로, A를 현재 세대에 속한 우리로 본다면, 자기가 야기하지 않은 사태에 대해 책임을 져야 하는 것을 정당화할 수 있다.

2) 공동체의 책임 내지 공유된 책임의 문제: 현재에 대한 문제

기후변화에 대한 책임의 실현 문제에서 가장 일반적으로 제기될 수 있는 물음은 "왜 나만?"이라는 공범 의식일 것이다. "왜 나만 책임져야 해?"라는 물음을 "나라도 책임져야지"로 바꿀 수 있는 메커니즘을 어떻게 추구할 수 있는가가 중요한 문제가 된다. 물론 정도의 차이는 있겠지만,[2] 인류는 기후변화의 원인 제공자이면서 동시에 기후변화의 영향을 받는 피해자이다. 따라서 원인 제공의 정도와 피해의 정도에 대한 공정한 고려가 전제되어야 할 것이다. 기후변화가 인류 전체에게 해를 미치는 경우가 일반적으로 예상되지만, 그 과정에서도 그 영향은 차별적으로 나누어질 것이다.

기후변화에 대한 도덕적 책임을 어떻게 정당화할 수 있는가를 고려하는 것은 결국 책임 분배의 문제와 직결된다. "일반적으로 법적인 책임은 보상이나 손해배상에 의해 분할된다. 그러나 도덕적 책임은 그것이 개인적이기 때문에 본질적으로 분할이 불가능하다. 이것은 집단 책임의 문제에서도 마찬가지이다. 도덕적 책임은 그것이 개인적이든 집단적이든 개인들에게 분할되거나 미뤄지거나 떠넘겨져서는 안 되며, 공동으로 책임을 져야 한다. 왜냐하면 구체적인 **도덕적 책임은 우리의 직관상 분할이 불가능하기 때문이다**"(변순용, 2007C: pp. 34-5). 구체적인 행위자 책임 혹은 인과적 책임, 예컨대 과거에 온실가스를 많이 배출했던 나라에게 더 많은 부담을 지우는 경우의 책임과 현재 온실가스를 많이 배출하는 나라에게 더 많은 부담을 지우는 경우의 책임은 기후변화에 대한 도덕적 책임 일반을 전제로 한다고 보아야 한

---

2. 물론 정도의 차이가 무시되어서는 안 될 것이다. 남북 갈등의 문제가 중요하며, 기후변화에 대응하는 노력에서 정의와 형평성의 고려가 매우 중요할 것이다.

다. 다시 말해서, 개인이 특정 행위나 행위의 결과 제공자라면, 그리고 그 행위나 행위의 결과가 타인에게 해를 가했다면, 행위자에게 책임을 물을 것이다. 이러한 인과적 책임은 논리적으로 인간은 자신의 행위에 책임을 져야 한다는 보편적이며 도덕적인 책임을 전제로 하고 있는 것이다.

그 다음에 해결되어야 할 문제는 기후변화에 대응하는 주체로 상정되는 인류 공동체를 결합체로 볼 것인지 집합체로 볼 것인지의 문제이다. 프렌치의 구분에 의할 경우(변순용, 2007B: p. 8 참조), 인류 사회는 두 가지 성격을 모두 갖는다고 볼 수 있다. 인류 공동체는 전체의 의지를 결정하거나 집행할 수 있는 초국가적인 조직을 갖고 있는가라는 물음에 대해, 현대 국제사회의 조직들이 있지만 그 실효성 면에서 본다면 긍정보다는 부정 쪽에 가깝다고 여겨진다. 그렇다고 그러한 내적 결정 구조나 집행력이 전혀 없다고 보기도 어렵기 때문이다.

물론 법적 책임 분야에서는 법인을 상정하고 있지만, 전통적으로 도덕적 책임은 오직 개인에게만 부여될 수 있다고 여겨져 왔다. 그러나 현대 책임 윤리학에서는 보통 **내적 결정 구조와 행위 능력**을 가지고 있다면 **책임의 주체로 간주되어야** 한다고 보고 있다(위의 논문, pp. 10-4 참조). 특히 헬드(V. Held)는 "집합체(random collection)의 행위 중에서 특히 부작위의 문제를 예로 들면서, 집합체가 주어진 상황에서 요청되는 행위를 하지 않았을 경우에 책임의 문제가 발생한다고 설명한다"(위의 논문, p. 15). 여기에는 요청되는 행위를 할 수 있는 내적 결정 구조와 행위 능력을 가진 결합체를 형성해야 할 책임도 포함된다.

예컨대 헬드는 다음과 같은 사례를 들고 있다: "지하철에 정상적으로 보이는 7명의 사람들이 있다고 가정해 보자. 이들은 서로 전혀 모르며, 각기 따로 앉아 있다. 이들 중 두 번째로 키가 작은 사람이 일어나서 가장 키가 작은 사람을 통로로 밀어놓고 다른 사람들이 다 보는 곳에서 때리고 나서 목을 졸랐다. 만약 남은 다섯 명의 사람들이 아무런 조치도 취하지 않은 동안에 결국 그가 죽고 말았다면, 우리는 '그들이 가해자를 진압했어야만 했다'는 판단을 할 수 있는가? 남은 다섯 명 중 어느 누구도 혼자서 그를 진압할 수 없었다는 것도 가능하다. 그렇지만 적어도 둘 이상의 사람들이라면 자신들이 피해를 입지 않으면서도 가해자를 진압할 수 있었을 가능성이 매우 높다. 그 자리에 있던 사람들이 많은 것도 아니어서 혼란이 일어나지는 않았을 것이다. 이러한 경우에 우리는 집합체(random collection)에게 '결합체(group)로서 행위를 하지 못한 것에 대한 도덕적인 책임'이 있다고 말할 수 있을 것이다"(French, 1972: p. 158 참조).

이러한 예에서 인류 공동체를 집합체로 보더라도 인류 공동체의 구성원인 개인에게 발생하는 도덕적 책임을 정당화할 수 있을 것이다. 그러나 인류 공동체의 책임 문제에서 "공동체 자체의 책임이 광범위하게 적용되는 것을 피해야 하며 개인의 책임과도 분명히 차별화되어야 한다. 그래서 공동체의 책임은 적용에 있어서 엄격한 제한이 가해져야 한다. 왜냐하면 구성원들의 책임과 구별되는 공동체의 책임을 인정하는 것이 조직화된 무책임 현상을 초래할 수 있기 때문이다. 그래서 공동체 내에서 분배될 수 있는 책임에 대한 디자인이 요청된다. 구성원들에게 분배될 수 없는 책임은 구성원 전체에 의해 공유되는 책임으로 간주되어야 할 것이다. 공유되는 책임이 결국 무책임으로 변해진다면(조직화된 무책임의 현상) 그러한 공동체는 지속성을 보장받지 못할 것이다. 이럴 경우 공동체의 존재의 의미가 심각하게 위협받거나 상실되는 경우가 발생하게 된다"(변순용, 2007B: p. 17). 기후변화에 대한 인류의 책임에서 분배될 수 없는 공유되는 책임의 결과는 결국 인류의 멸망이라는 비극일 것이다.

3) 미래 세대에 대한 책임의 문제: 미래에 대한 문제

미래 세대에 대한 기후변화의 책임 문제는 현재 존재하고 있지도 않은 미래 세대에 대하여 현재 세대가 기후변화의 책임을 져야 하는가라는 물음이다. 미래 세대에 대한 책임의 정당화 유형을 크게 세 가지로 구분하여 살펴볼 수 있으며, 이것을 기후변화와 관련된 미래 세대에 대한 현재 세대의 책임 문제에 적용해 볼 수 있다.

우선, 미래 세대에 대한 책임 자체의 윤리적인 고려가 중요시된 것은 인간이 이 지구상의 생명체뿐만 아니라 생명체의 터전인 지구 자체도 파괴해 버릴 수 있는 가능성을 가지면서부터이다. 요나스는 미래 세대가 나를 위해 무엇을 해줄 수 있는가 혹은 나의 권리를 존중하는가라는 물음은 아무런 의미가 없다고 본다. 즉, 그의 미래지향적 윤리에서는 상호성(Reziprozität)의 요청이 중지된다. 미래 세대에 대한 책임을 주장하기 위해서는 우선 현재의 인간이 미래 세대가 존재해야 한다는 것에 대한 의무를, 즉 미래 세대의 당위적 존재 가능성에 대한 의무를 가지고 있어야 한다.

이와 달리 비른바허(D. Birnbacher)는 권리-의무 간의 상호성에 입각하여 미래 세대에 대한 책임을 정당화한다. 즉, A가 B에 대하여 도덕적 권리를 가지려면, 다음과 같은 4가지 조건들이 필수적이다:

1. A가 존재한다.
2. A가 이해관계를 갖는다.
3. B가 A에 대하여 도덕적 의무를 지닌다
4. A는 B에게서 도덕적 의무의 실행을 요구할 수 있고, 다른 사람들도 B에게서 A의 이름으로 도덕적 의무의 실행을 요구할 수 있다(Birnbacher, 1988: pp. 99-100 참조).

"도덕적 권리의 4가지 형식 요건을 모두 적용한다면 자연과 미래 세대가 도덕적 권리의 주체가 될 수 없음은 명백하다. 그러나 비른바허는 논리적-메타윤리적 근거로는 불가능하지만, 4번째 조건이 미래 세대의 경우에 적용되는가, 즉 현재 세대가 미래 세대에 대한 의무를 갖느냐가 아니라 그것을 넘어서서 사람들이 이런 의무를 수행하도록 지지할 의무가 있는지에 따라, 즉 규범-윤리적 방법으로는 정당화될 수 있다고 본다(위의 책, p. 101).[3] 비른 바허는 미래 세대의 권리 부여를 규범-윤리적으로 정당화하기 위해서는 위의 4번째 조건이 충족되어야 한다고 본다. 즉, 현재 세대가 미래 세대에 대하여 의무를 가질 뿐만 아니라, 그것을 넘어서서 이 의무를 실행하도록 다른 사람들을 지지해 줘야 한다"(변순용, 2007C: p. 156).

미래 세대는 인간에게 인간성과 자신들의 실존 가능성에 대한 책임을 직접적으로 요청할 수는 없다. 미래 세대는 아직 실존하지 않기 때문이다. 그럼에도 불구하고 우리는 이들이 적어도 윤리적인 고려의 대상에 포함될 수 있기 때문에 그러한 요청을 들을 수 있다. 따라서 이들에 대한 책임은 비대칭적(asymmetrisch)일 수밖에 없다. 비대칭적인 요청을 정초시키는 것이 미래 세대에 대한 책임 문제에 있어서 가장 중요한 문제이다. 렝크는 현재 이 지구상에 살고 있는 인간에게는 의무를 그리고 미래 세대에게는 가상적인 준권리(ein hypothetisches Quasirecht)를 제안한다(Lenk, 1998: p. 389 참조). "도덕적인 권리의 개념은 법적인 절차에서 필요한 귀속(칸트적인 의미에서 양심의 법정에서 이상화된 절차를 제외하고는)을 필요로 하지 않기 때문에, 형식적인 법률요건으로서 요구되는 것과 결부되지 않아도 도덕적인 권리 내지 준권리에 대해 말할 수 있다"(위의 책, p. 394).

권리와 의무의 관계에 대해서 "상응하는 권리가 없어도 제기되는 의무가

---

3. 그는 도덕적 규범을 정당화하는 데 두 가지 방법을 제시한다: 목적론적 방법과 의무론적 방법. 하나의 규범이 그 규범으로 인해 실현되는 도덕 외적인 것을 통해 정당화되는 것이 목적론적 방법이다. 하나의 규범이 실현되거나 그 실현을 막는 것들과 상관없이 규범 준수라는 독립적인 도덕적 가치를 통해 정당화된다면 그것은 의무론적 방법이다. 그는 때로는 목적론적으로(예컨대 공리주의적으로), 혹은 의무론적으로(칸트의 정언명법과 같은) 정초되는 규범들은 내용적으로 보아서는 차이가 없다는 것이다. 목적론자와 의무론자에 의해 주장되는 도덕원칙의 내용은 많은 부분이 동일하며, 단지 그 증명 방식이 상이하다는 것이다(Birnbacher, 1988: pp. 114-5 참조).

있을 수 있는가"라는 물음에 대해서 두 가지 대답 가능성이 있다. 하나는 렝크처럼 준권리를 상정하거나, 아니면 요나스나 레비나스처럼 권리 없는 의무를 인정하는 것이다. 인간은, 렝크가 보듯이, 스스로를 의무지우는 본질을 가지며(Lenk, 1983: p. 16 참조), 그리고 해석하는 존재라는 점을 고려해 보면, 그는 미래 세대와 자연에 대한 준권리를 승인할 수 있는 가능성을 열었다. 이들은 상황에 따라서 항상 새롭게 해석될 수 있다. 아직 실존하지 않는 것은 법체계에서 결코 권리의 주체가 될 수는 없지만, 렝크에 따르면 윤리적이고 법적인 책임의 문제에서는 준권리를 인정할 수 있다(위의 책, pp. 9-10 참조). "사변적 준권리(Quasireflexrecht)는 그때그때마다 인간에 의해 윤리적으로 고려되고 변호되어야 한다"(위의 책, p. 11). 렝크의 준권리는 생명의 정당성에 근거하고 있다. 이 정당성은 생명이 "특별한 근거 없이 해를 입을 수 없음"(위의 책, p. 12)에 근거한다.

4. 기후변화에 대응하는 과학기술의 윤리적 책임

1) 기후변화에 대한 과학자 사회의 대응[4]

기후변화에 대해 과학자들이 관심을 갖기 시작한 것은 1930년대로까지 거슬러 올라가지만, 이러한 관심이 본격적인 연구로 전환된 것은 1970년대 초부터이다.

1974년 유엔 산하 조직인 세계기상기구(World Meteorological Organization, 이하 WMO)의 실행위원회가 지구 기후변화 연구 계획을 수립하기 위한 전문

---

4. 이 부분은 박희제의 논문(2008)의 pp. 187-92 부분을 요약 정리하였다.

가위원회를 구성하였고, 1975년 WMO 세계대회에서 지구온난화에 대한 문제 제기가 있었다.

비정부기구인 국제 과학자 조합 협의회(International Council of Scientific Union, 이하 ICSU)의 과학자들이 1976년 ICSU 전체 총회에서 대기 중 이산화탄소의 양이 배가될 때마다 지구의 온도가 2℃-3℃ 올라갈 것으로 예측하여 과학자 집단 내에서 관심과 논쟁을 불러일으켰다.

1979년 WMO가 조직한 제1차 세계기후회의(World Climate Conference)에서 인간의 활동이 심각한 지역적, 지구적 기후변화를 초래할 수 있다는 우려를 표명하고, 미래의 지구 기후변화를 탐구하고 그 결과를 인간 사회의 개발계획에 포함시키는 데 전 지구적인 협력이 필요하다고 주장했다. 그리고 이를 위해 유엔환경프로그램(The United Nations Environment Programme, 이하 UNEP) 및 ICSU와 함께 기후변화에 대한 과학적 연구와 기후변화 대응 정책을 연구할 세계기후프로그램이라는 연구 조직의 설립을 결정했다.

1985년 WMO, UNEP 그리고 ICSU의 지원을 받아 이뤄진 빌락회의(Villach Conference)에서 지구온난화에 대한 세미나와 정책적 대응 방안 등이 논의되었다. 기후변화에 대한 과학적인 연구뿐 아니라 각국 정부에 온실가스 배출 감축 등의 구체적인 정책 제안을 통해 기후변화의 문제를 정치적인 쟁점으로 부각시켰다.

1988년 WMO와 UNEP의 후원 하에 설립된 정부간 기후변화위원회(IPCC)는 기후변화에 관련된 과학적 정보를 정기적으로 수집, 평가하며, 이를 바탕으로 정부와 유엔에 기후 정책에 관한 조언을 하고 있다. IPCC는 1990년 제2차 세계기후회의에서 보고서를 제출한 이후 2007년 제4차 보고서에 이르기까지 기후변화 문제에 대한 과학적 주장들을 지배해 오고 있다.

1990년 제45차 유엔총회는 IPCC의 보고서에 기초해 기후변화에 관한 유엔 기본협약(UNFCCC)을 이끌어 내기 위한 정부간 협상위원회를 구성하여, 1992년 정식으로 UNFCCC가 설립되었고, 1997년 제3차 당사국 회의에서 교토의정서를, 2007년 제13차 당사국 회의에서 발리 로드맵을 채택하였다.

2) 과학기술 윤리의 필요성에 대한 사례

기후변화의 연구 내용에 대한 비판과 도전을 박희제는 **과학적 지식의 불확실성에 대한 비판**, 기후변화 연구와 관련된 이해관계에 대한 비판, 객관적으로 보이는 과학이 전제하고 있는 규범적 질서에 대한 비판으로 구분하여 제시하고 있다(박희제, 2008: pp. 193-209 참조).

우선 인간이 배출한 온실가스가 지구온난화를 발생시킬 수 있다는 점에 대해서는 대체로 과학자 사회 내에서 합의가 이뤄졌지만, 지구온난화의 정도가 어느 정도가 될 것인지와 그 원인과 결과가 어떤 것일지에 대해서는 여전히 불확실성이 크다는 것이다. 예컨대, 측정 타당성에 대한 논란, 기후변화의 결과에 대한 예측이 과장되거나 혹은 역으로 기후변화의 결과의 위험성이 과소 추정되고 있다는 비판들을 들 수 있다.

다양한 사회적 이해관계 사이의 갈등과 협상에 따라 과학 연구의 독립성이 훼손되어 과학적 지식이 추구하는 객관성을 확보하지 못한다는 비판도 제기된다. 예컨대, 정책 결정자나 정치적 이해 당사자들이 원하는 방향의 연구를 수행하도록 과학자들에게 요구하는 경우,[5] 과학자들의 조직이 정치적인 의도에서 구성되는 경우,[6] IPCC의 제도적 형태가 IPCC 보고서에 미치는

---

5. "지구온난화의 주된 원인으로 화석연료 사용이 지목되고 이산화탄소 배출량 감축이 논의되면서 석유와 석탄업계 그리고 이들 연료에 기초한 제조업체들은 지구 기후변화 연구와 관련해 심각한 이해관계를 갖게 되었다. 이에 이들은 1991년 환경정보위원회라는 홍보조직을 구성해 기후변화를 부정하거나 하나의 가설로 축소하기 위한 대중홍보와 로비활동을 전개하기 시작했다. 이 과정에서 환경정보위원회는 자신들의 주장에 대한 신빙성을 높이기 위해 온실효과에 회의적인 과학자들로 자문단을 구성하고 이들을 동원해 기후변화이론을 부정하는 언론활동을 수행했다. 또한 보수적인 정책연구기관들도 기후변화에 대해 과학적 지식의 불확실성을 비판하고, 지구온난화의 긍정적 영향을 홍보하며, 지구온난화 경감을 위한 정책적 대응이 초래할 부정적인 경제적 효과를 강조해오고 있다"(박희제, 2008: p. 200).

영향에 대한 논쟁, 과학자나 과학자 조직의 신념이 연구에 미치는 영향에 대한 논의[7] 등을 들 수 있다.

끝으로, 기후변화에 대한 대응 주장들이 지구 환경문제의 우선순위에 대한 산업화된 선진국들의 해석을 반영하고 있다고 비판한다.[8]

예컨대 지구적인 환경문제에 대한 강조를 통해 선진국과 후진국들의 차별적인 책임을 흐리게 할 수 있다는 비판, CSE-WRI의 논쟁[9]에서 제기되는 문제 등을 들 수 있다.

3) 기후변화에 있어 과학기술의 사회적 책임

과학자의 책임은 크게 과학의 내적 책임에 대한 물음과 과학의 외적 책임

---

6. "IPCC의 역사적 설립배경은 미국의 레이건 행정부가 과학자들의 자율적인 조직체인 AGGG가 정치적으로 무책임한 과학자들에 의해 지배되는 것을 우려한 데서 비롯되었다" (위의 논문, p. 201).

7. IPCC의 입장은 "1996년 제2차 보고서에서는 '지금까지 밝혀진 증거들은 지구 기후에 인간이 눈에 띄게 영향을 미치고 있음을 시사한다.' 정책입안자를 위한 요약서에는 '지구 기후에 인간이 눈에 띄게 **영향을** 미쳐왔다'로, 2000년 10월에는 '인위적인 온실가스 농도의 증가가 지난 50년 동안 관찰된 지구온난화에 **상당한 기여를** 했을 가능성이 크다'로, 2001년 공식 요약서에는 '지난 50년 동안 관찰된 온난화 현상의 대부분은 온실가스 농도의 증가로 인한 것일 **가능성이 크다**'로 강경하게 바뀌었다. 그런데 이런 표현의 변화가 과학적인 근거가 있는 것인가라는 기자의 질문에 대해 유엔환경프로그램의 팀 히건 대변인은 '과학적으로 새로 발견된 사실은 없었습니다. 다만 과학자들은 정책입안자들에게 분명하고 강력한 메시지를 전달하고 싶어 했습니다'라고 대답하고 있어 IPCC 과학자들의 신념이 과학적 보고서의 내용에 영향을 미치고 있음을 보여주고 있다"(롬보르, 2003: p. 704; 박희제, 2008: p. 203에서 재인용).

8. "기후변화는 문제의 전 지구적 속성 혹은 외양상의 무차별성에도 불구하고, 환경불평등이 한 국가 내의 경계 안에서만이 아니라 경계를 넘은 국제사회에서도 존재함을 여실히 보여준다"(윤순진, 2002: pp. 10-1).

9. 세계자원연구소(The World Resource Institute)의 온실지수(greenhouse index, GI)에 대한 과학과 환경 센터(The Center for Science and Environment)의 비판에서 비롯된 논쟁이다. 이는 온실가스의 배출 유형과 자연의 복원력 계산을 둘러싼 선진국과 개도국 간의 논쟁이기도 하다. CSE의 비판의 핵심은 환경 정의의 관점에서 GI가 '모든 것을 같게 취급'한다는 것이고, 그래서 '같은 것은 같게, 다른 것은 다르게 취급'해야 한다는 것이다.

에 대한 물음으로 나눠진다. 내적 책임은 과학자들이 과학자 사회에 대하여 지는 책임이며, 여기에는 과학자들이 과학 연구의 규칙을 준수하고 객관적인 진리 추구라는 최고 가치를 목표로 하는 공정한 경쟁이 포함된다. 이러한 책임에 대해서는 1940년대에 이미 머튼(R. K. Merton)이 과학자의 행위규범을 보편성(Universalismus), 조직화된 회의(organisierter Skeptizismus), 개인적인 무관심성(Desinteressiertheit), 공동체주의(Communalismus)라는 기본원칙을 제시하였고, 쿠르낭(A. Cournand)은 진실성, 객관성, 관용, 확실성에 대한 회의, 무관심성의 가치들이 과학자의 행위규범을 결정한다고 주장하였다(Lenk 1991: 56 참조).

외적 책임은 과학자의 연구 과정이나 연구 성과에 영향을 받는 사람들이나 사회와 관련된 책임이다. 과학자는 자신의 연구 결과에 대하여 도덕적인 책임을 져야 한다. 특히 이러한 책임은 2차 세계대전 후 원자폭탄을 만들어낸 맨해턴 프로젝트에 참여했던 많은 과학자와 기술자들에 의해 논의되기 시작하였다. 우리나라에서도 이러한 외적 책임을 2007년 4월 한국과학기술단체총연합회에서 제정한 "과학기술인 윤리강령"에서 다음과 같이 제시하고 있다: "과학기술인은 과학기술이 사회에 미치는 영향이 지대하므로 전문직 종사자로서 책임 있는 연구 및 지적 활동을 하여야 하며, 그 결과로 생산된 지식과 기술이 인간의 삶의 질과 복지 향상 및 환경 보존에 기여하도록 할 책임이 있음을 인식한다."

기후변화에 대해 과학자들에게 주로 제기되는 물음은 기후변화의 구체적인 예측, 기후변화의 정확한 원인과 그것이 인간 사회에 미칠 결과 그리고 이것을 피할 수 있는 과학적인 해결책에 대한 것이다. 과학적인 사실과 그 사실이 가지는 사회적 의미와 영향을 명확히 구분하기 어렵고, 더구나 기후변화에 대한 과학적인 예측의 불확실성으로 인해 기후변화와 같이 다양한 이해관계의 주체를 가지고 있는 지구적 차원의 문제와 그 대응책에 대한 논의에서 합의를 도출해 내기가 쉽지 않을 것이다. 더구나 기후변화 과학이

[그림 1] 과학자의 세 가지 책임 유형

정치경제적 이해 갈등의 중심에 있거나 아니면 결정의 중요한 요인이 될 가능성이 매우 높은 상황에서 과학자들의 참여는 불가피한 것이다. 내적으로는 기후변화 현상에 대한 과학적인 이견으로 인한 논쟁이, 외적으로는 기후변화 문제의 심각성을 완화하거나 기후변화 사태에 적응하기 위한 대응책들에 대한 논쟁이 발생한다.[10] 기후변화 과학자들은, 이런 맥락에서 본다면, [그림 1]과 같은 세 가지 책임 유형을 가지고 갈등하는 경우가 발생한다.

우선 과학적 견해의 차이는 과학자가 자기 분야에 대한 전문가이기에, 예컨대 기후변화의 원인 분석이나 결과의 예측에 있어서 자신의 주장에 대한 책임을 져야 한다(과제 및 역할 책임). 둘째, 대부분의 과학자들은 과학자 사회에 속한 조직 내지 자기가 속한 국가의 구성원이므로 **성실에 대한 책임**을 져야 한다. 셋째, 과학자는 인간으로서의 양심과 도덕적인 가치를 지향한다는 점에서 보면 공동선이라는 **보편적인 도덕적 책임**을 가지고 있다. 과학자들의 내, 외적 책임과 과학자들이 가지고 있는 책임 갈등을 종합해 보면, 성실의 책임은 과학자가 과학자 커뮤니티나 그에 속한 특정 조직에 대한 소

---

10. 과학기술 논쟁에 대하여 Martin & Richard는 실증주의적 접근, 집단 정치적 접근, 과학지식사회학적 접근, 사회구조적 접근 등을 소개하고 있다. 이에 대해서는 김서용(2006)의 논문을 참조.

속감을 가지는 경우와 국가에 대해 가지는 경우가 구분될 수 있으므로, 전자의 경우는 내적 책임에 그리고 후자의 경우는 외적 책임에 해당된다고 볼 수 있다. 따라서 전문성에 대한 책임과 전자의 성실성의 책임은 내적 책임으로, 공동선에 대한 책임과 후자의 성실성의 책임은 외적 책임의 형태로 간주되어야 한다.

5. 나오는 말

이 장에서 기후변화 윤리는 기후변화를 예측, 완화, 적응하려는 인간의 모든 행위에 대한 도덕적 판단을 대상으로 한다고 규정하였고, 기후변화에 대한 인간의 책임을 기후변화 윤리의 핵심적인 문제로 상정하였다. 그래서 과거와의 관련성 하에서는 책임의 원인과 책임 주체의 문제, 현재와의 관련성에서는 공동 내지 집단 책임의 문제, 미래와의 관련성에서는 미래 세대에 대한 책임의 문제로 구분하였고, 이것을 정당화하는 방법들을 제시하였다. 그리고 기후변화에 대응하는 과학기술의 사회적 책임을 과학자들이 져야 할 내적 책임과 외적 책임으로 구분하여 과학자들의 책임 갈등 유형을 제시하였다.

기후변화와 관련된 윤리 문제는 지금까지 인류가 겪어 왔던 유형의 문제와는 성격이 매우 다르다. 기후변화의 예측, 완화 및 적응을 위한 인간의 행위에서 요청되는 윤리 문제를 접근하는 데 있어서 우선 기후변화 윤리의 담론에서 나타나는 인간중심주의를 벗어나야 한다. 인간중심주의도 강한 의미와 약한 의미로 구분할 수 있는데, 지금까지의 환경 교육에서는 아직도 인간중심주의적 논리에서 벗어나지 못하고 있다. 프랑케나(W. Frankena)는 자연의 도덕적 가치를 인정하지 않고, 자연을 순전히 인간의 욕구, 이익, 필요에 따라 평가하는 입장으로 정의하고 있다. 강한 의미의 인간중심주의는 인간 종 이기주의라는 비판을 거세게 받고 있으며, 대부분의 환경 교육에서는 약한 의미의 생태학적으로 계몽된 인간중심주의 논리로 환경 윤리적 요청을 정당화하고 있다. 기후변화 윤리의 담론에서는 이러한 인간중심주의적 사고를 지양해야 한다. 기후변화의 윤리와 과학기술에서 **탈인간중심주의화**를 통해 인간의 도덕적 고려의 대상 범위를 확장해야 한다. 이를 통해 기후변화 윤리에서 제기하는 요청들에 대한 사회적인 합의를 도출해야 한다. 물론 이러한 합의는 과학적인 근거와 사회 구성원들의 가치에 기초해야 한다.

기후변화로 파생되는 문제는 시급한 문제이면서도 장기적인 성격의 문제이다. 그리고 기후변화에 대한 과학적 사실의 전달도 중요하지만, **교육을 통해 기후변화가 갖는 윤리적 의미가 지속적으로 강조되어야 한다.** 기후변화 윤리에서 제기되는 책임의 문제는 "내가 한 것도 아닌데, 그리고 나만 한 것도 아닌데, 내가 왜?"라는 물음에 대한 해답을 찾는 과정의 문제이다. 이에 대한 정당화가 이뤄지지 않는다면, 기후변화 대응책에 대한 사회적 합의는 불가능할 것이다.

기후변화에 대응하는 과학도 이제는 사회적인 맥락에서 이해되어야 한다. 이제 과학은 분석하고 설명하는 수준에서 객관성의 영역에 머물러 있다고 생각하지 말아야 한다. 예컨대, 생명공학 분야에서 제기되는 배아 복제가 가져온 사회적, 윤리적 파장처럼, 기후변화 과학이 미치는 사회적 영향도 매우 크다. 그래서 **기후변화 과학의 사회적 책임**이 강조되어야 한다. 이러한 사회적 책임은 결국 과학자의 책임으로 구체화되는데, 기술의 영향에 대한 평가(Technikbewertung)처럼, 과학적 해결이 갖는 윤리적 의미가 고려되어야 하고, 부정적인 결과에 대해서도 과학자의 책임이 강조되어야 한다.

끝으로, 기후변화 윤리의 핵심 개념으로 책임이 강조되었지만, 이 책임은 생태계의 지속 가능성을 중요한 심급이자 기준으로 삼는다. 1987년 브룬트란트 보고서에 처음 등장하면서 이 시대의 화두가 되고 있는 지속 가능한 발전은 "미래 세대들이 자신의 욕구를 충족시킬 수 있는 능력을 해치지 않으면서도 현재 세대의 욕구를 충족시키는 발전"이라고 규정되고 있다. 또한 미국의 국가연구위원회에서는 지속 가능한 발전을 다시 지속 가능한 요소와 발전 요소로 구분하여, 전자를 자연(지구, 생물 종의 다양성, 생태계), 생명 자원(생태계 서비스, 자원, 환경), 공동체(문화, 그룹, 장소)로, 후자를 인간(유아 생존율, 기대 수명, 교육, 형평성, 기회균등), 경제(부, 생산, 소비), 사회(제도, 공공재, 국가, 지역)로 구분하면서 지속 가능한 발전이라는 개념을 분석하고 있다. 특히 밀브래스(L. W. Milbrath)는 현대사회가 지속 불가능함을 구체적인 사실 자료를 들어 입증하면서 이에 대한 대안으로 지속 가능한 사회(sustainable society), 즉 "자연환경과 지속적으로 공존공생하면서 동시에 높은 삶의 질을 보장하는 새로운 사회"를 주장하고 있다. 그는 『지속 가능한 사회(*Envisioning a Sustainable Society: learning our way out*)』(1989)에서 인간이 수준 높은 삶을 유지하기 위해서는 먼저 건강하고 풍성한 생태계의 유지에 최우선권이 두어져야 하며, 건강하고 풍요로운 사회를 유지하는 것은 그 다음이라고 주장하면서, 이러한 사회의 특징으로 안전, 온정 그리고 정의라는 세 가지 핵심 가치를 제시하고 있다. 지속 가능성에 대한 다양한 논의를 통해 알 수 있는 것처럼, 지속 가능성을 현재 상태의 유지라는 측면에서 보느냐 아니면 현 상태에서 긍정적인 변화로 보느냐에 따라 그 의미는 달라질 것이다. 존재의 비존재에 대한 우월성은 아리스토텔레스나 라이프니츠 등과 같은 여러 철학자들에 의해 이미 주장되어 왔다. 인간 삶의 여러 측면에서 제기되는 지속 가능성은 21세기의 중요한 핵심어가 되어 가고 있다. 다양하게 주장되는 지속 가능성의 공통점은 자연이나 생태계와의 관계를 전제로 하고 있다는 점이고, 이런 의미에서 **기후변화 윤리 교육에서 지속 가능성은 기후변화 윤리에서 제기되는 다양한 당위적 요청들을 정당화하는 데 매우 중요하게 작용할 것이다.**

참고 문헌

Birnbacher, Dieter(1988: Zit. N. 1995): *Verantwortung für zukünftige Genera-tionen*, Stuttgart.

French, P.A.(ed.)(1972: Cit. 2nd1998): *Individual and Collective Responsibility*, Schenkman Books, Vermont.

Gardiner, S. M.(2006): A Perfect Moral Strom: Climate Change, intergenerational Ethics and the Problem of Corruption(http://faculty.washington.edu/smgard/GardinerStrom06.pdf)

Hattingh, J. et. al.(2009): *Ethical Implications of Global Climate Change*, Draft 3, COMEST.

Holl, J.(1980): *Historische und systematische Untersuchung zum Bedingungsver-hältnis von Freiheit und Verantwortung*, Königstein.

IPCC(2007a): *Climate Change 2007: The Physical Science Basis. Summary for Policymakers*, IPCC.

IPCC(2007b): *Climate Change 2007: Impacts, Adaptation and Vulnerability. Summary for Policymakers*, IPCC.

IPCC(2007c): *Climate Change 2007: Mitigation of Climate Change. Summary for Policymakers*, IPCC.

IPCC(2007d): *Climate Change 2007: Synthesis Report*, IPCC.

Kuhlmann, W.(1994): "Prinzip Verantwortung versus Diskursethik," in: Böhler, D.: *Ethik für die Zukunft — Im Diskurs mit Hans Jonas*, München, pp. 277-302.

Lenk, H.(1998): *Konkrete Humanität — Vorlesungen über Verantwortung und Menschlichkeit*, Frankfurt a. M.

Lenk, H.(Hrsg.)(1991): *Wissenschaft und Ethik*, Stuttgart.

Lenk, H.(1983): "Verantwortung für die Natur — Gibt es moralische Quasirechte von oder moralische Pflichten gegenüber nichtmenschlichen Naturwesen?," *Allgemeine Zeitschrift für Philosophie 8*, pp. 1-18.

권원태(2008):「국제적 기후변화 현황」,『국제평화』, 제5권 1호, pp. 37-65.

권원태(2005):「기후변화의 과학적 현황과 전망」,『한국기상학회지』, 41, 2-1, pp. 325-36.

김서용(2006):「환경갈등에서 과학기술적 사실의 사회적 구성과 해석」,『Eco』, 10권 1호, 105-58.

박희재(2008):「기후변화 논쟁을 통해본 환경과학의 역할과 성격」,『ECO』, 12권 1호, pp.183-216.

변순용(2007A):「현대사회의 도덕적 책임에 대한 연구」,『윤리연구』, 65호, pp. 75-97.

변순용(2007B):「공동체의 도덕적 책임에 대한 연구」,『윤리연구』, 67호, pp. 1-20.

변순용(2007C):『책임의 윤리학』, 철학과현실사.

변순용 외(2005):「책임개념에 대한 실천윤리적 해명」,『범한철학』, 39집, pp. 291-328.

변순용(2004):「현대윤리학에서의 책임 윤리에 대한 규범적 접근」,『윤리연구』 55호, pp. 149-71.

윤순진(2002),「기후변화와 기후변화정책에 내재된 환경불평등」,『ECO』 3권 8호, pp. 8-42.

이태건 외 역, L. Milbrath(2001):『지속 가능한 사회 — 새로운 환경 패러다임의 이해』, 인간사랑.

최돈형, 김찬국(2008):「우리나라 기후변화교육의 현재와 방향에 대한 고찰」,『한국환경 교육학회 발표논문집』, pp. 32-6.

환경부(2007):『기후변화에 따른 전국민 의식조사』.

제6장

동물 윤리는 있는데 식물 윤리는?
식물의 도덕적 지위에 관한 연구

이 장은 식물이나 식물에 대한 인간의 행동에서 '도덕 유추적인 속성'들을 찾아보는 것이 가능할 것이라는 문제 인식에서부터 출발하여, 식물 윤리의 원칙들을 정초하기 위한 출발점을 식물의 성장 능력에서 찾고자 한다. 가장 기본적인 사실은 식물의 삶 내지 삶의 실현이 인간의 영향에 의해 해를 입거나 촉진될 수 있다는 것이다. 식물에 대한 도덕적인 고려가 인간의 의무의 범위 내에 들어오기 어려운 대상이라는 것이 분명하지만, 식물의 도덕적 지위에 대한 것은 생태 윤리적인 담론 안에서 어떤 방식으로든 고려될 수 있고 또 고려되어야 하는 물음이다. 식물의 도덕적 지위나 식물을 도덕적 고려의 대상에 포함시켜야 한다는 주장의 핵심적인 부분은 식물의 내재적 가치를 인정하느냐의 여부이다.

이 글에서는 식물의 삶의 현상에서 성장과 스트레스의 의미를 밝혀 보고, 성장이 지니고 있는 기술적, 규범적 성격을 통해 성장의 도덕적 가치의 인정 여부를 논하였다. 이러한 논의의 기본적인 모델로서 인간의 행위 결과에 대한 직접적인 고려의 요청을 통해 식물이 도덕적 존중을 받아야 한다는 칼호프의 주장을 분석하였다. 그리고 성장이 그 자체로 가치로운 것이라는 도덕적 직관과 성장의 보호라는 측면에서 요나스적 책임 모델이 식물에 대한 인간의 도덕적 존중을 정당화하는 근거로서 유용하다고 주장하였다. 생명체로서 식물은 무언가를 추구하는 존재이고, 이러한 추구에 인간이 직접적이든, 간접적이든 영향력을 행사할 수 있고, 이러한 영향력의 행사가 식물의 생명현상에 부정적인 측면에서 본질적인 위협을 초래하거나 아니면 긍정적인 측면에서 생명현상을 촉진시킬 수 있다면, 이러한 영향력에 대해 도덕적 고려를 해야 한다는 것은 우리의 도덕적 직관에 해당한다.

> 자, 이제 생성되고 있는 것을 관찰해 보아요. 점점 식물이
> 단계적으로 전개되어 어떻게 꽃을 피우고 열매를 맺는지를.
> 식물은 씨앗에서 자라잖아요. 그러고는 바로 열매를 배고 있는
> 고요한 대지의 품이 친절하게도 생명을 틔우도록 허락하고,
> 곧바로 빛의 유혹에, 영원히 움직이는 성스런 빛의 유혹에
> 움틔우기 시작하는 잎사귀들의 연하디 연한 구조를 맡기는 거죠.
> 온전하게 씨앗에 힘이 잠자고 있었죠. 앞으로 자랄 싹이
> 자신의 몸 안에 갇힌 채, 껍데기 안에 몸을 구부린 채,
> 잎사귀와 뿌리와 싹이 온전한 형태도 색깔도 없이 있었어요.
> ― J. W. v Goethe, *Die Metamorphose der Pflanzen* 중에서

1. 들어가는 말

인간과 인간이 아닌 자연의 다른 존재자들에 대한 관계가 점점 문제가 되고, 인간과 자연의 관계를 다루는 생태 윤리가 정립되었다 하더라도, 식물을 대하는 인간의 태도에 대한 논의는 도구적, 수단적 의미나 가치의 수준에 머무르고 있다. 물론 식물의 종을 보호하고 식물의 세계를 해치지 않아야 한다는 것은 일반적으로 인정되는 요청이다. 그렇지만 이러한 인정의 근거는 식물의 도덕적 지위를 승인해서가 아니라 식물의 세계가 인간과 동물의 생명의 터전이기 때문이다. 동물에 대해서는 동물실험이나 가축 동물의 사육 시스템 등에 대한 도덕적인 제안들이 있어 왔지만, 식물에게는 그렇게까지 하지 않고 있다. 생태 윤리학 분야에서조차도 식물과의 올바른 교제의 원칙에 대한 논의가 전혀 없는 것은 아니지만, 동물 윤리에 비교될 만한 식물에 대한 윤리적 담론이 활발히 논의되고 있지 않다.

식물 윤리에 대한 연구가 거의 전무한 것은 물론 현대 윤리학에서 이 영역에 대한 무관심만의 결과는 아니다. 오히려 이러한 연구가 부족한 데에는 다른 이유들이 있다. 우선 개개의 식물 개체를 보호해야 한다는 도덕적인 요청이 과장되거나 비현실적이다. 예컨대 식물에 대한 도덕적인 존중을 요청하는 대표적인 대변자로는 슈바이처(A. Schweitzer)를 들 수 있는데, 그는 자신의 생명 경외(Die Ehrfurcht vor dem Willen zum Leben)의 윤리에서 진정한 인간은 "그가 도울 수 있는 모든 생명체를 도와주어야만 할 필연성을 존중하고, 살아 있는 것을 해치는 것을 부끄러워하는 사람이다. 그는 나뭇잎을 떼지 않고, 꽃을 꺾지 않으며, 어떤 곤충도 밟아 죽이지 않는 사람이다." 그렇지만 이러한 요청을 도덕적인 원칙으로 주장하는 것이 인간에게 과도한 요청이라는 비판과 필연성에 대한 오류라는 비판을 받는다. 인간은 식물을 먹고 다양한 방식으로 이용한다. 식물에 대한 도덕적인 존중의 요청도 역시 인간의 좋은 삶을 실현하기 위해 자연을 이용하려는 인간의 태도와 상충되는 문제에 직면해 있다.

또한 식물 윤리를 정초하려는 작업 자체에 내재하는 이유가 있다. 도덕적 의무의 대상으로서의 지위를 정당화할 수 있는 출발점이 될 특성을 식물이 가지고 있지 못하다는 것이 일반적인 인식이다. 특히 식물은 쾌락과 고통을 느낄 수 있는 감각 능력이 없다. 식물이 괴로울 수 없다면, 식물은 도덕적으로 중요한 의미에서 해를 입을 수 없다는 결론이 나온다. 그렇다면 식물에 대한 잔인한 행동이 도덕적으로 잘못된 것이 될 수 없으며, 식물에 대한 올바른 교제의 원칙을 정당화하려는 철학적인 정초 작업이 어려워진다.

그렇다 하더라도 식물 윤리에 대한 요청들이 정당화될 수 없는 것은 아니다. 생명체의 특성을 고려하는 것이 철학적인 논의에서는 필요하며, 식물의 삶이 동물이나 인간의 삶과 어떻게 구분되는지를 고려해 보면, 식물이나 식물에 대한 인간의 행동에서 "도덕 유추적인 속성"들을 찾아보는 것이 가능할 것이다.

이 글에서는 식물 윤리의 원칙들을 정초하기 위해서 적절한 출발점을 식물의 성장 능력에서 찾고자 한다.[1] 가장 기본적인 사실은 식물의 삶 또는 삶의 실현이 인간의 영향에 의해 해를 입거나 촉진될 수 있다는 것이다. 식물이 실제로 고통을 받는지의 문제는 덮어두고라도, 식물의 좋은 삶은 해를 입거나 촉진될 수 있다. 이런 맥락에서 성장은 식물의 도덕적 지위를 논하고 식물 윤리적 요청을 정당화하는 데 매우 중요한 기준이 된다. 성장이라는 개념은 기술적-가치적 이중성을 가지고 있다. 식물이 성장할 수 있고 이것이 식물의 삶의 본질적인 속성으로 기술될 수 있다면, 성장을 식물의 좋은 삶에 대한 개념으로 사용할 수 있을 것이다.

식물의 삶은 살아 있는 유기체와 환경의 영향 간의 상호작용이다. 식물의 성장을 해치는 영향과 촉진하는 영향으로 구분하는 것이 가능하다면, 인간의 영향이 식물의 성장을 위하여 어떻게 변해야 하는가라는 물음에 대한 논의를 하기 위한 전제가 마련된다. 이 전제가 식물에 대한 올바른 관계의 원칙을 연구하는 기초가 된다. 그러나 식물이 자신의 성장에서 해를 입거나 촉진될 수 있다는 것은 식물에 대한 도덕적인 존중을 정초하는 데 있어 충분하지는 못할 것이다. 인간이 왜 식물의 성장을 해치지 않고 촉진시킬 수

---

1. 잉엔지프(Hans Werner Ingensiep)에 따르면, 플라톤은 식물에게도 인간과 동물처럼 욕구하고 지각하는 영혼이 있다고 믿었지만, 이것이 아리스토텔레스에게 와서는 영양을 섭취하고, 자라고, 생식하는 영혼을 가지고 있는 존재로 여겨졌다고 한다(Koechlin, 2008: pp. 130-1 참조). 아리스토텔레스는 「영혼론(De anima)」에서 식물은 영양을 얻고, 재생할 수 있으며, 식물영을 지니고, 동물은 감각, 욕망, 운동을 지니며, 감각영을 가지고, 인간은 이에 더하여 지적인 영을 갖는다고 보았다. 그리고 이 세 가지는 별개이지만, 각 수준마다 새로운 질서가 출현하고, 각 수준은 앞선 수준과 구별될지라도 앞선 것을 전제한다고 주장한다. 또한 『니코마코스 윤리학』에서도 "이성이 없는 부분 중 한 부분은 (모든 생물체에게) 공통적이며 식물적인 것 같은데, 나는 이것을 영양과 성장의 원인이라고 말한다. 우리는 영혼의 이러한 능력이 배아를 포함해서, 영양을 섭취하는 모든 것들 안에 있는 것이라고 볼 수 있을 것이다"(1102b). 아리스토텔레스 역시 성장을 식물의 본질로 파악하고 있음을 알 수 있다. 그러나 이러한 견해가 스토아사상에 와서는 식물은 영혼을 가지지 않은 자연이며, 저절로 움직이는 automatos로 간주되는 것으로 바뀐다. 이러한 식물에 대한 기계론적 관점은 현대까지 이어지고 있다.

있는 태도와 행동을 취해야 하는지에 대한 물음은 열려 있다. 성장이라는 속성이 가치판단적 차원을 가지며, 그것이 어떤 측면에서 가치를 가지며, 가진다면 얼마나 가지는지를 보여 줄 수 있다면, 왜 식물이 도덕적으로 존중되어야 하는가라는 기본적인 물음에 답할 수 있을 것이다.

식물에 대한 도덕적 고려가 인간의 의무의 범위 내에 들어오기 어려운 대상임은 분명하지만, 생태 윤리적인 담론 안에서 어떤 방식으로든 고려될 수 있고 또 고려되어야 하는 물음이다. 이 글에서 식물적인 성장의 가치와 그에 대한 고려를 윤리학에서 논증하고자 하며, 식물의 삶의 가치를 주제로 하고 그로부터 인간과 식물의 좋은 관계에 대한 요청을 묻고자 한다.

2. 성장 개념의 기술적-가치판단적 측면

식물이 성장한다는 것은 식물이 자라서 자신의 삶을 전개하는 것이다. 홉킨스(W.G. Hopkins)와 휘너(N.P.A. Hüner)는 식물의 일생을 생장(growth), 분화(differentiation), 그리고 발달(development)로 설명한다. 생장은 크기와 질량의 변화와 관련된 정량적인 용어로서 부피나 크기에 있어 비가역적인 증가로 간주되며(홍영남 외 역, 2006: p. 459 참조), 분화는 "정성적인 용어로서 세포, 조직 및 기관들 사이에 나타나는 크기 이외의 차이"(위의 책, p. 284)를 의미한다. 그리고 발달은 "식물이 일생 동안, 즉 종자의 발아에서부터 생장, 성숙, 개화 그리고 노쇠에 이르기까지 겪게 되는 모든 변화의 총합"(위의 책, p. 284)으로 정의된다. 그러나 여기서 발달이라는 개념은 식물 삶의 기술적(deskriptiv) 측면에 초점을 맞춘 개념이며, 가치판단적 측면이 고려되지 않고 있다. 그래서 이 글에서는 생장, 분화 그리고 발달 개념을 모두 포괄하는 상위 개념으로 성장이라는 용어를 사용하고자 한다. 식물이 자신의 삶의 과정을 어떻게 수행하는지는 생물학적으로 분석될 수 있으며, 식물 내의 그리고 식물과 환경 사이의 생화학적 과정으로 설명될 수 있다. 그러나 이것은 식물이 가지고 있는 성장의 한 측면만을 기술하는 것이다. 성장은 기술적 특징과 함께 가치판단적 특징도 같이 가지고 있는 식물 생명의 복잡한 속성이다.

우리들은 어떤 것이 혹은 어떤 상태가 식물에게 좋다거나 혹은 해가 된다고 말한다. 풀에 비료를 주면 풀에게 좋은 것이고, 화분의 꽃에게 물을 주는 것은 그 꽃에게 좋은 것이다. 이러한 일상적인 용법으로부터 식물에 대한 올바른 대우를 주장하는 윤리가 나올 수는 없지만, 이러한 분석은 성장 개념의 기술적-가치판단적 이중성을 보여 주고, 또 가치판단적 측면에 대한 분석의 시작점을 제공해 준다. "어떤 것이 식물에게 좋다 내지 유익하다"는 말은 은유적으로 사용되는 것도 아니고, 또한 식물의 의도나 의지를 전제로 하는 것도 아니다. 우리가 어떤 것이 식물에게 좋다고 말할 때, 우리는 특정한 방식으로 식물의 생명과 관련짓는다.[2]

---

2. 폰 리히트는 "좋은"의 5가지 주요 용례를 분석했는데, 이것들은 "도구적으로 좋은," "기술적으로 좋은," "의료적으로 좋은," "유용한 것으로 좋은," "쾌락적인 좋은"이다(von Wright 1963: 9ff.):

"도구적으로 좋은(instrumentelle Güte)": 어떤 것이 인간의 목적이나 욕구, 목표에 기여한다면 그것은 도구적으로 좋은 것이다. 그래서 "좋은"은 인공물, 애완동물, 자동차 등에 부가된다.

"기술적으로 좋은(technische Güte)": 활동이나 기능성의 관점에서 사람을 표현하기 위해서 "좋은"을 사용한다. 예를 들면, 좋은 체스 선수, 좋은 육상 선수, 연설가, 운전사 등등, 이들은 모두 "어떤 점에서 좋다."

"의료적으로 좋은(medizinische Güte)": "좋은"은 건강과 관련해서 신체의 장기나 정신의 능력을 특징짓는 데 사용된다. 그래서 우리는 좋은 심장, 좋은 눈, 좋은 시력, 좋은 기억력 등이라고 말한다.

"유용한 것(das Nützliche)": 인간의 생각이나 목적을 위해 이롭거나(advantageous) 우호적(favourable)일 때, 유용한 것으로서의 "좋은"에 해당한다. "유익한 것(the beneficial)"은 유용한 것의 하위 범주이다. 유익한 것은 특정한 좋음, 즉 생명체의 복지에 긍정적으로 영향을 미친다.

"쾌락적인 좋은(das Hedonisch-Güte)": "쾌락적인 좋은"은 "쾌적한(angehnehm)"이라고 할 수 있으며, 누군가에게 즐거움을 주거나 그가 좋아하는 것과 관련된다. 좋은 냄새나 맛, 좋은 사과나 와인, 식사, 재치 있는 위트, 좋은 휴가나 시간 등이 쾌락적인 좋음에 속한다.

언어적인 용례에서처럼 어떤 것이 식물에게 "좋다"라는 것은 식물의 '복지'에 긍정적인 영향을 미친다는 것이고, "좋은"이 "유익한"이라는 의미로 사용된다면, 우선 어떤 것이 다른 어떤 것에게 긍정적으로 영향을 미치거나 촉진할 때 그 어떤 것을 유익하다고 말한다. 둘째, 그 영향이 미치는 대상은 임의적인 것이 아니라 생물학적으로 기술될 수 있는 유기체의 복지여야 한다. 그리고 이런 관련 하에서만 복지는 유기체의 좋은 삶을 의미하며, 그래서 가치판단적인 성격을 갖는다. 인과적 과정으로 **설명**될 수 있으면서 또한 복지라는 가치판단적 차원과 관련해서 이해될 수 있는 가치적 차원을 갖는다는 것이다.

식물은 자라고 성장한다. 식물의 성장은 자라나는 것뿐만 아니라 강해지고, 힘이 있어지고, 생기 있음 등과 같은 속성들을 동반하게 된다. 성장이라는 개념뿐만 아니라 그와 동반하는 속성들도 긍정적이다. 성장과 더불어 식물의 좋은 삶은 식물의 긍정적인 발전 내지 전개를 특징으로 한다.

좋은 삶을 실현하기 위한 수단들을 가지는 것을 복지라고 표현한다면, 복지라는 개념은 식물의 경우에도 적용될 수 있다. 식물의 좋은 상태를 실현하기 위해 특정한 자원들이 사용될 수 있어야 한다. 그러나 우선 여기서 특정 자원들을 가진다는 것이 인간의 복지에서 말해지는 소유와는 다르기 때문에 같은 의미로 말해질 수 없다. 또한 복지라는 것이 생명체와 환경의 관계와 관련되는 것이지 생명체의 좋은 삶에만 관련되는 것은 아니라는 것을 들 수 있다. 따라서 복지가 적극적인 지각을 포함하는 상태를 나타낸다면, 이것은 식물이 지각 능력이 있는지 여부에 달려 있게 된다. "객관적인 복지"라는 의미에서 복지라는 것이 객관화될 수 있는 기준을 만족하는 식물의 좋은 상태를 나타내는 것이라고 한다면, 식물의 성장이라는 개념과 매우 유사할 것이다. 그러나 복지라는 개념에서와는 달리 성장이라는 개념에서는 발

물론 여기서 식물에게 "좋은"은 유용한 것으로서의 좋음에 해당된다.

전이라는 의미가 표현되고, 순간의 상태가 아니라 식물의 삶의 과정과 관련된다. 좋은 삶과 관련된 다른 개념과의 대조를 통해 식물의 좋은 삶을 "성장"이라고 규정하는 것이 설득력 있음을 알 수 있다. 따라서 식물의 성장을 논하기 위해서는 정신 능력이나 지각 능력을 전제로 하지 않아도 될 것이다.

또한 성장이라는 개념은 살아 있는 유기체의 좋은 상태를 의미하는 건강이라는 것과도 구분된다. 식물의 생명 기능이 장해가 없어야 건강하다고 할 수 있는 반면에, 성장은 모든 기관의 기능이 장해가 없는 상태만을 의미하는 것은 아니다. 건강이 식물의 좋은 상태를 말하는 것이지만, 그것이 반드시 좋은 삶을 말하는 것은 아니다. 성장을 건강 개념과 관련짓는다면, 성장은 긍정적인 건강 개념이 될 것이다. **성장은 식물의 긍정적인 발전이다.** "이것은 상해, 비정상, 질병으로부터의 자유라는 좁고, 소극적인 의미가 아니라, 넓은 의미에서의 건강, 긍정적인 의미에서의 힘, 견고함, 성장, 긴 수명을 포함한다"(Schwartz, 1982: p. 201). 성장은 식물의 "좋은 상태"뿐만 아니라 식물의 좋은 삶, 혹은 좋은 생명 과정이 전개되고 실현되며, 이러한 성장에는 식물의 강함과 생명력이 동반되는 것이다.

어떤 것이 식물에게 좋다는 것은 그것이 식물의 복지를 촉진한다는 것을 의미한다. 식물의 성장을 자연과학적으로 기술하고 설명할 수 있으며, 복지를 촉진하거나 저해하는 요인들을 인과적으로 분석해 낼 수 있다. 이러한 요인들이 성장의 기술적 측면에서 인과적 요인이라면, 성장의 가치적 측면에서, 즉 식물의 성장에 대한 도덕적 존중의 기초로 작용할 수 있는 가치 요인들을 제시할 수 있을 것이다.

인간이 식물에 미치는 영향이 임의적인 것이 아니라 윤리적인 판단의 대상이 되어야 하는 것이 정당화될 수 있다면, 식물의 좋은 삶이 무엇이고, 인간의 영향에 의해 해를 입거나 촉진될 수 있다는 것이 과학적으로 입증되어야만 한다. 더 나아가 옳은 행동이나 그른 행동에 대한 구체적인 원칙을 구성하기 위해서는 식물의 삶에 대한 자세한 앎이 필요하다. 식물의 성장을 위해 좋고 나쁜 것이 무엇인지에 대한 이러한 앎이 있어야, 식물의 성장을 위하여 인간의 영향이 어떻게 수정되어야 하는지가 규정될 수 있다.

3. 식물의 특성

식물이 다른 생명체와 구분되고 식물적 삶의 형식이라고 할 수 있는 특성들은 무엇일까? 우선, 식물들은 장소에 매여 있기 때문에 상처받기 쉽다. 둘째, 이런 상황에서 좋은 삶을 실현할 수 있기 위해서 식물은 주어진 장소에 적응할 수 있는 능력을 갖는다. 식물의 성장이 무엇인지를 결정해야 한다면 우선 생명 과정이 주어진 환경과 잘 조화되어야 한다는 것을 고려해야만 한다. 그리고 식물의 손상이 항상 성장의 지속적인 제한을 의미하는 것은 아니다. 이러한 것의 근거는 식물의 재생 능력에 있다.

1) 장소 구속성

식물은 땅에 고정되어 있으며 일생 동안 한곳에서 머문다. 그러나 이러한 장소 구속성이 식물이 움직일 수 없다는 것을 의미하지는 않는다. 식물은 예를 들어 성장하면서 빛 쪽으로 움직인다. 또한 씨를 뿌리거나 접촉에 반응하기 위해 새총처럼 움직이기도 한다(Strasburger u.a., 1991: p. 434 참조). 그렇다 해도 식물은 장소를 바꿀 수 없고 도망갈 수 없다는 점에서 매우 취약하다. 식물은 환경의 영향에 직접 노출되어 있다. 특히 땅과의 지속적이고 직접적인 접촉은 박테리아나 선형동물과 같은 해로운 유기체나 식물의 뿌리를 먹는 땅속의 벌레들과의 지속적인 대면을 의미한다. 식물은 적응 능력과 다양한 신진대사를 통해 이러한 삶의 상황을 극복한다.

2) 적응과 순응[3]

식물은 생명 유지에 필수적인 요인들이 적절하게 공급되어야 한다. 빛이 있고, 물과 무기물들이 땅에 충분하게 있으며, 온도가 식물이 견뎌낼 수 있는 범위 내에 있어야 한다. 식물의 종류에 따라 유기체는 그때그때의 요인들과 관련된 필요에 있어서 매우 다양한 차이를 보여 준다. 유전자형에 따라 식물은 높은 온도나 낮은 온도 또는 염분이 많거나 적은 땅에 적응되어 있다. 특정 조건에 대한 적응은 식물의 형태에서도 잘 알 수 있다. 적은 물과 높은 온도에 익숙하기 위해서는 예를 들어 아주 두꺼운 표피와 둥그런 모양을 갖는다. 장소에 대한 이러한 적응 외에도 모든 개체는 변화하는 외적 조건에 적응할 수 있는 능력을 보여 준다. 개체 수준의 변화의 폭 내에서 식물들은 예컨대 아주 높거나 낮은 온도 혹은 외부 유기체의 공격에 반응할 수 있다. "같은 유전자를 가진 식물이라도 여러 가지 환경 조건에 따라 생장률, 형태 및 생식 등의 방향이 달라진다. 이와 같은 식물의 반응은 정교한 신호 체계에 의해 이루어진다고 추측된다. 식물이 환경 변화에 대하여 반응하는 방법은 동물과 크게 다르지만, 세포 수준에서의 신호를 전달하는 방법은 근본적으로 동물이나 식물에서 큰 차이가 없어 세포 표면에서의 자극 감지, 세포질에서의 신호의 전환, 생물학적 반응의 과정을 거친다고 본다"(곽병화 외, 2004: p. 322).

식물들이 어떤 스트레스 요인에 의해 영향을 받는지와 어떻게 적응기제와 방어기제가 이뤄지는지에 대해서 다음 절에서 논의할 것이다. 그러나 적응력이 식물의 놀라운 능력이라고 하지만, 즉 주어진 장소에 대한 적응이 원칙적으로 가능하지만, 그렇다고 해서 그것이 무제한적인 것은 아니라는 점 또한 중요하다.

---

3. 적응(adaptation)은 유전적인 구조나 기능상의 변형을, 순응(acclimation)은 유전되지 않는 생리적 변형을 의미한다.

3) 세포의 재생 능력

식물이 동물과 같은 다른 고등 유기체와 구분되는 속성이 있다. 모든 세포는 종 전체의 유전물질뿐만 아니라 개별 세포로서 일정 조건하에서 변화되는 특수한 유전정보를 가지고 있다. 이것은 식물이 동물과는 다른 방식으로 영향 받을 수 있다는 것을 의미한다. 이런 맥락에서, 특히 조직의 상실이 항상 식물 자체의 손상이 되는 것은 아니다.

식물의 세포는 다른 세포와의 결합에서 조직이나 기관의 특정한 기능을 담당하는 부분으로 분화한다. 예를 들어 잎 세포는 빛을 흡수하기 위해 엽록소를 가진 엽록체를 가지고 있는 반면에, 뿌리 세포는 물을 흡수하기 위해 엽록체 같은 것이 아니라 액포를 갖는다.

조직의 재생산에 의해 조직이나 기관의 상실이 식물에게 있어 모든 경우에 치명적인 것은 아니다. 동물에게 있어 특정 신체 부위의 파괴는 일반적으로 돌이킬 수 없는 손상을 의미하는 반면에, 식물은 원칙적으로 모든 부위를 재생산할 수 있다. 그러므로 식물의 손상에 대해서는 동물의 손상과 다른 기준이 필요하다.

4. 식물의 스트레스[4]

식물은 환경과의 상호작용 속에서 성장하는데 최적의 환경이 아닌 한 스트레스를 받게 되어 있다. "북반구 고위도 온대 지방에서 자라는 교목과 관목은 겨울철에 극도의 저온에 노출된다. 고산식물은 차갑고 건조한 바람과

---

4. 원래 스트레스는 역학적 개념으로서 물체에 측면으로 가해지는 단위 면적당 힘으로 정의되는데, 생물학적 의미의 스트레스는 생물체에게 미치는 부정적 영향을 의미한다.

강한 자외선에 노출된다. 그리고 농작물들은 장기간에 걸쳐 건기를 겪기도 하며, 이들의 뿌리는 토양 속에 들어 있는 고농도의 염에 접하게 된다. 최근에는 인간 활동을 통해 발생되는 토양, 수질 및 대기 오염물질 또한 식물이 대처해야 하는 추가적인 환경 요인이 되고 있다. 환경변인이 극단적으로 변하면 식물에게 스트레스가 되는 조건이 형성되어 식물의 생리와 발달 및 생존에 중요한 영향을 미칠 수 있다"(홍영남 외 역, 2006: p. 459). 스트레스는 장해이며, 식물은 특정한 방식으로 이에 반응한다. 식물의 외적 스트레스 요인에 대한 반응 연구는 저항 연구나 생식 연구에서 오랜 역사를 가지며, 오늘날은 세포 생물학의 새로운 방법으로 추구되고 있다. 적응 내지 회피 반응을 가져오는 스트레스 요인들은 다양하며, 다양한 곳에서 유기체를 공격한다. 과도한 자외선, 균류, 바이러스, 곤충, 박테리아, 선충류를 통한 질병 피해, 초식동물이나 강한 바람 등과 같은 것에 의한 손상, 열, 추위, 건조, 염분, 그리고 공기나 토양 속의 환경 화학물질 등 이런 요인들로 인해 식물은 스트레스 증상을 보이는데, 이것은 식물이 스트레스 요인에 대해 어떻게 반응하는지를 보여 준다. 신호 인식은 하나의 반응을 일으킨다. 식물이 손상이나 부담을 탐지하면, 회피 전략이 실현된다.

스트레스는 식물의 삶에서 일상적이다. 손해는 대체로 부분적이어서 기관과 조직의 재생 능력으로 인해 돌이킬 수 있다. 식물의 회피행동은 균류의 피해, 열이나 물의 결핍 스트레스 등의 경우에서 나타난다. 건강하거나 병드는 것은 개체이며, 성장하거나 스트레스를 받는 것도 개체이다. 이런 근거로 해서 식물의 개체에 주목하는 것은 의미 있다.

균류에 의한 식물 피해의 예에서, 식물이 인지 시스템을 가지고 있다는 것은 분명하다. 화학적 신호를 이용하여 장해를 알아채고 보호 반응을 일으킨다. 식물은 감각기관이 없지만, 아마도 화학적인 방법으로 자극을 인지하고, 화학적 자극을 이용해 체계적 반응을 하는 것이 가능하다. 그때그때의 회피 내지 보호의 반응은 식물의 유전적 요인에 달려 있지만, 그렇다고 해

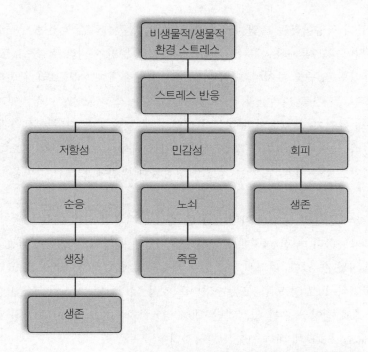

[그림 1] 환경 스트레스와 식물의 생존 및 죽음과의 관계

서 그 반응이 항상 같을 수는 없다. 오히려 식물은 유전자 속의 회피 반응의 레퍼토리를 사용할 수 있다. 스트레스 반응의 조건은 그 식물이 한 종의 구성원으로서 가지는 유전적 정보와 개별적 정보이다.

또한 식물의 반응이 특정 시점에서의 식물의 생명 과정의 유지에 기여하는 한에서 "목표 지향적 반응"과 "회피 전략"이라는 표현이 적절하다는 것이다. 식물은 가능한 질병에 대해서 뿐만 아니라 성장 내지 발전 과정의 장해에 대해서 회피 반응을 통해 자신을 보호한다. 그러나 "목표 지향성"은 식물 내의 회피 반응이 어떤 목적과 관련해서 변경될 수 있다는 것을 의미하지는 않는다. 스트레스와 식물의 반응을 도식화하면 [그림 1]과 같다(위의 책, p. 460).

식물의 영양이라는 측면에서 볼 때, 식물이 발전하려면 특정한 영양소가 필수적이라고 말한다. 이것은 식물이 양적으로 뿐만 아니라 질적으로도 특정한 삶의 요구를 가지며, 이러한 요구는 영양소에 대한 필요와 관련하여 결정된다는 것을 의미한다. 어느 정도의 영양소가 식물에게 이상적인가는 식물의 유전자, 환경요인과 식물의 생명 단계 등과 같은 다양한 요인에 달려 있다. 그러나 식물의 건강한 상태 유지를 위해서는 영양소가 필요하며, 이 영양소들을 가질 수 있는 정도가 성장률과 발전에 중요한 영향을 미친다.

식물의 종류와 장소에 따라 중요한 시점과 적절한 양에 대한 정확한 규정이 가능하다. 이런 의미에서 긍정적인 영향과 부정적인 영향이 객관적으로 결정될 수 있다. 여기서 객관성은 생물학의 방법적인 측정으로 요인들도 확인되고 그 양도 결정될 수 있다는 것을 의미한다. 이러한 측정값들이 정확하게 주어질 수야 없겠지만, 내성 영역(Toleranzbereich)과 적정 영역(Optimalbereich)에 대한 기술은 가능하다.[5]

온도와 수분에 대한 반응에서도 식물이 외부 온도의 급속한 변화나 수분의 획득 가능성을 목표로 반응한다는 것을 보여 준다.[6] 이것을 생물학에서는 적응력이라고 말한다. 식물의 적응은 일반적으로 특정 장소에서 주어진 요인들의 최적의 이용에 도움을 준다. 최적의 이용을 설명할 수 있기 위해서

---

5. 정도의 차이는 있지만 모든 식물체는 스트레스 조건하에서 살아남기 위해 다양한 형태로 자신을 보호하거나 방어하는 기능이 있다. 만약 이러한 환경에 순화(馴化, Acclimation)되지 못한다면 결국은 자연선택(natural selection)되어 지구상에서 영원히 사라지게 되는 것이다. 이와 같이 식물이 스트레스에 대하여 식물 전체 혹은 일부분이 스트레스의 영향으로부터 자신을 보호하거나 방어하여 살아남을 수 있는 능력을 저항성(抵抗性, resistant)이라 하고, 열역학적 평형이 깨어지거나 물리적 또는 대사적 장해에 의해 스트레스에서 벗어나는 것을 회피(回避, stress avoidance)라 하며, 스트레스에 대하여 열역학적 평형을 유지하고 장해가 일어나지 않거나 장해가 일어나도 곧 회복될 수 있는 상태를 내성(耐性, stress tolerance)이라 한다: http://putso.com.ne.kr/lecture/phy-stress.html 참조.
6. 이외에도 빛 스트레스, 염 스트레스, 산성도 스트레스, 가스 스트레스 등이 있다.

는 식물이 주어진 요인들을 어떻게 획득하는지를 고려해야 한다. 식물은 그 종에 특정한 생명주기를 실행하는 생명체이며, 식물의 특징적인 삶의 표현들은 유전자 속에 놓여 있다. 보호 반응의 활성화는 화학적 자극에 의해 시작되고 특정한 유전적 표현으로 실현된다. 한편, 적응의 실현은 보호 기능을 수행하는 식물의 반응이다. 이것은 극단적인 조건하에 식물의 생명 과정을 유지하는 데 기여한다. 식물의 성장에 대한 물음과 관련하여 이러한 전략이 현상 유지가 아니라 식물의 보다 좋은 발전에 기여한다는 것에 주목해야 한다.

스트레스 요인의 지속과 강도는 스트레스를 이겨내고 생존하기 위해 중요한 요인이 된다. 실험에서 분리 측정할 수 있는 개별 요인들에 대해서는 내성 영역이 있다. 식물의 무기물 영양분과 관련해서는 식물에게 과잉이든 결핍이든 간에 매우 중요한 경계치가 있다. 또한 빛, 온도, 물, 공기 등과 같은 생존에 필수적인 요인들과 관련해서도 모든 개체에게 내성 영역이 있다.

환경과 개체 식물과의 관계에서, 환경은 "식물의 생장에 적합한 우호적 환경, 식물 생장의 저하가 발생하기 전 단계인 중성적 환경, 환경이 회복되면 생장의 회복도 일어날 수 있는 비교적 약한 스트레스 조건인 비우호적 환경, 그리고 식물체에 실질적 손상이 일어나는 독성 환경으로 구분된다" (권영명 외, 2003: p. 422). 스트레스는 또한 식물을 강화시키는 데 필수적이기도 하다. 인위적인 조건하에서 극단적인 스트레스 없이 유지된 개체는 환경의 작은 변화에도 민감할 뿐만 아니라(온실 속 화초라는 비유를 생각해 보라!) 성장에서 비정상을 보이는 경우도 있다.[7] 스트레스가 한편으로는 이처럼 필요하고 또한 식물에게 일상적인 상황이지만, 스트레스는 본질적으로는 위

---

7. "스트레스의 정도가 심하지 않으면 생육에 큰 장애를 받지 않고 스트레스를 잘 견디어내고, 스트레스를 견디어낼 수 있는 내성이 생길 뿐만 아니라 정상적인 조건으로 돌려지면 오히려 스트레스를 전혀 받지 않은 식물보다 건강하게 생육이 왕성해진다. 이러한 성격을 이용하여 어린 식물에 물을 덜 주거나, 저온에 훈련시킴(스트레스를 줌)으로써 저항성을 증가시키는 작업을 순화(acclimation) 또는 경화(hardening)라고 한다"(곽병화 외, 2004: p. 333).

기 상황이다. 식물의 손상은 스트레스와 연결되어 있는데, 이 손상은 국부적으로 제한되거나 돌이킬 수 있는 것과 그렇지 못한 것으로 구분된다. 식물은 효과적으로 방어하기 위해 피해를 입은 세포들을 희생시킨다. 제한된 세포의 죽음은 식물에게는 해가 되지 않으며 오히려 효과적인 보호가 된다. 왜냐하면 식물은 조직과 기관을 재생산해 낼 수 있기 때문이다. 회복할 수 있는 그러나 전체 유기체에 관련된 손상은 예컨대 수분 결핍에서 일어나는데, 다시 수분이 공급되면 세포가 살아날 수 있는 시들은 현상이 나타날 때 그러하다. 스트레스가 오래 지속되거나 스트레스 요인이 식물의 내성 영역을 넘어선다면 지속적인 훼손이 발생한다. 따라서 스트레스 발생 자체가 아니라 과도한 또는 지속적인 스트레스가 개체 식물의 성장을 제한하거나 저해한다.

식물은 지속적으로 물질을 생산해 내고 성장하는 유기체이며, 적어도 처음에 생식 과정으로 이끄는 생활 사이클을 수행한다는 것이 식물의 삶에서 매우 특징적이다. 이것은 과잉된 스트레스가 없는 환경에서만 가능하다. 스트레스 연구의 성과로부터 그리고 식물의 삶의 특성에 대한 고려로부터 식물의 성장이 규정될 수 있다. "종의 속성에 적절한 발전"이라는 표현은 식물이 일생 동안 종의 속성이라고 파악되는 성장 과정을 수행한다는 것을 의미한다. 그렇지만 개체마다 유전적 속성에 따라 다양하게 성장한다. "생활 사이클의 실현"으로 식물적 삶의 기본 속성이 파악된다. 식물은 생활 사이클이 특정한 형태를 취한다는 점에서 다른 생명체와 구분된다. 식물의 자연사는 대체로 첫 번째 생식 단계에서 이뤄진다. "스트레스가 적은 환경"에서의 삶은 식물의 성장을 위한 구성적 조건이다. 식물의 내성 영역이 초과된 적이 없거나 스트레스에 대한 회피 기제가 효율적이라면, 그 환경은 스트레스가 적은 것이다. "스트레스가 적은 환경"에 대한 규정은 식물의 구성과 관련하여 가능하다.

이러한 규정으로 성장의 인과적 구성이 완전히 파악되는 것은 아니다. 스트레스 연구의 예에서처럼 식물은 환경의 영향에 대하여 상이한 전략으로 반응한다. 보호 반응과 회피 반응은 식물의 생존을 가능하게 할 뿐만 아니라, 식물의 지속적인 성장을 위하여 주어진 환경요인을 적절하게 이용한다. 그러나 그 전략들이 반응 가능성에 의해 의도되는 것이 아니라 유전적으로 정해져 있으며 변경될 수 있지만, 그렇다고 해서 식물이 의도적인 행위를 하거나 의도적으로 좋은 삶을 실현하고자 한다고 보기는 어렵다. 식물적 삶의 구조는 다음과 같이 기술할 수 있다: 식물의 삶의 본질은 식물이 성장을 적극적으로 실현한다는 것이다. 그렇지만 여기서 적극적으로 실현한다는 것이 식물 체계의 의식을 뜻한다기보다는 성장을 실현하기 위한 삶의 과정이 체계적으로 조절된다는 것을 의미한다. 그리고 여기에서 적극성은 식물 체계가 자극에 상관없이 반응한다는 것을 의미하는 것이 아니라 반응이 화학적인 신호 인지에 의해 시작된다는 것을 의미한다. 자신이 살기 위해서 소극적으로는 주어진 환경을 이용할 뿐만 아니라 적극적으로는 환경요인을 이용하는 것, 즉 생활 사이클을 가능한 최적으로 형성하려는 것이 식물적 삶의 속성이라는 인식이 중요하다.

5. 식물의 도덕적 지위에 대한 논의

식물의 도덕적 지위에 대한 논의를 위해서는 우선 두 가지 구분이 필수적이다. 우선, 어떤 대상이 도덕적 존중을 받는가라는 물음은 일반적으로 도덕의 관련자에게 도덕적 고려를 허용해 주는 것이 어떤 속성인가라는 물음을 포함한다. 그리고 도덕적 고려의 다양한 형식들을 구분해야 비로소 "도덕적 지위"라는 정의가 가능하다. 도덕적 고려의 속성과 그것의 다양한 형식에 대한 구분이 이뤄져야 정당화를 위한 다른 전제들이 요청될 수 있다.

1) 행위 결과의 직접적, 간접적 고려에 의한 정당화 모델: '도덕적 고려를
   받을 만함'에 대한 정당화 — 칼호프

윤리학에서 어떤 생명체가 도덕적 고려를 받을 만하냐는 것은 여러 요
인에 달려 있다. 도덕의 당사자의 측면에서 조건들에 대해 물어보게 되면,
그 물음은 바로 "도덕원칙을 받아들이는 이성적인 행위자에 의해 고려되어
야 한다고 주장하기 위해서는 어떤 조건이 요청되는가?"(Warnock, 1971: p.
148)이다. 굿패스터에 의하면, 도덕적인 존중을 받을 만함에 대한 물음은 식
물이 도덕적인 규칙의 대상이 되어야 하는 경우에 의미가 있으며, 다음과
같이 정식화한다. "A가 도덕적인 능력을 지닌 사람이고 X가 식물일 때, 'X
가 A로부터 도덕적인 고려를 받아야 한다는 것이 모든 A에게 타당해야 한
다'라는 진술이 보편타당하기 위한 필요충분조건을 X의 측면에서 물어야
한다"(Goodpaster, 1978: p. 309).

동물에 대한 윤리적 고려의 기준으로 제시되는 유정주의적 접근은 도덕
의 관련자로서 쾌고 감수 능력을 가진 생명체만을 인정한다. 그래서 유정주
의의 맥락에서는 어떤 생명체가 자연과학적 인식의 상태에서 쾌고 감수 능
력이라는 기준을 충족시키는지를 논의한다. "동물이 고통을 느낄 수 있느
냐?" "어느 수준의 동물까지 느끼느냐?" "동물이 어느 정도의 고통을 느끼
느냐?"와 같은 질문들은 결국 도덕적 고려의 기준이 고통이라는 것을 주장
한다. 최훈은 "고통을 느낀다는 기준을 너무 높게 잡아도 안 되고 너무 낮
게 잡아도 안 된다"(최훈, 2009: p. 51)라고 주장한다. 그러나 그의 주장을 살
펴보면, 결국 도덕적 고려의 결정은 유해 수용기에서 생기는 신경 자극을
중추신경계통으로 전달하는 A-델타 섬유와 C 섬유의 존재 여부가 되어 버
린다(앞의 논문, p. 55 참조). 다시 말해, 고통을 가지는 것만으로는 안 되고,
"고통을 느껴서 그것 때문에 괴로워할 수 있어야"(앞의 논문, p. 57) 도덕적
고려를 받을 수 있다는 것이다.[8]

그러나 식물에 대한 도덕적 존중을 정당화하기 위해서는 이러한 기준을 받아들일 수 없다. 칼호프는 정당화를 위한 필수적인 속성이 무조건적으로 도덕적인 속성일 필요는 없으며, 또한 도덕의 확장 전략에서 필요한 도덕 유추적인 기능을 수행하게 하는 그러한 속성일 필요도 없다고 주장한다(Kallhoff, 2002: p. 121 참조). 그녀는 성장의 인과적 요인들이 도덕적 고려를 정당화하는 데 있어서 필수적인 전제이지만, 가치적 요인들과 전제들이 같이 고려되어야 식물에 대한 도덕적 존중을 요청하기 위한 정당화가 가능하다고 주장한다(위의 책, p. 121 참조). 그녀는 동물의 복지와 삶에 대한 직접적인 그리고 간접적인 고려를 구분한 싱어의 논의(Singer, 1979: p. 191 참조)를 식물에 대한 도덕적 존중에 적용하고 있다.

행위 결과에 대한 직접적인 고려: 모든 도덕적인 고려에 포함되어야 할 본질적인 의미가 X의 생명과 복지에게 주어져야 한다.

행위 결과에 대한 간접적인 고려: 인간의 행동이 X에 대해 미치는 영향은 그 영향이 인간을 위한 결과일 경우에만 도덕적으로 유의미하다(Kallhoff, 2002: p. 122).

여기서 "행위 결과"는 인간의 행위와 태도의 결과이다. "인간의 행위와 태

---

8. "어떤 존재가 고통을 느낄 수 있는 능력이 그 존재의 도덕적 지위를 위해 중요한 이유는 고통을 느낄 수 있는 존재는 자신에게 일어난 일에 신경 쓸 수 있기 때문이다 …(중략)… 반면에 자신에게 일어난 일에 신경 쓸 수 없는 존재, 예컨대 돌이나 나무 또는 하등동물에게는 도덕적인 고려를 할 필요가 없다. 그 존재 자체에게는 침해받을 무엇이 적어도 직접적으로 있지 않기 때문이다"(최훈, 2009: p. 51). 여기에서 직접적인 침해의 조건은 유해 수용과 불쾌함을 느끼는 현상적 감각이다. 유정주의자들은 대체로 여기서 현상적 감각에 초점을 맞추고 있다. 그러나 이러한 논리는 유해 수용이라 하더라도 현상적 감각이 없다면 도덕적 지위가 없다는 것을 전제로 하는데, 이러한 사고를 전환해서 결국 현상적 감각이 결여된 체계를 가지고 있다 하더라도, 특히 인간에 의한 가해의 경우 유해한 자극을 준다는 데 대해서 도덕적 책임을 논할 수 있을 것이라고 생각된다. 그렇지 않다면 열대우림을 보호해야 한다든지 멸종 위기의 동물을 보호해야 한다는 도덕적 요청을 정당화하기 어렵다.

도의 영향"은 식물에게는 인간중심주의적인 인과적 영향이다. 이것은 이식물의 이용이나 경작과 같이 식물의 본질에 대한 의도적인 변경일 뿐만 아니라, 예컨대 공기 오염과 같은 인간의 삶의 방식이 미치는 영향도 포함한다.

행위 결과의 판단을 위해서는 생명체의 상태가 중요하다는 것이 직접적으로 고려되어야 한다. 식물의 복지와 생명은 본래적인 의미를 갖는다. 행위 결과에 의해 달라지는 식물 상태의 변화는 그것이 인간에게 미치는 영향의 관점에서만 고려되는 것은 아니다. 이와 달리 행위 결과에 의해 달라지는 생명체의 변화가 인간에 대해 가지는 결과의 관점에서만 고려된다면, 윤리학에서 행위 결과는 간접적으로 고려된다. 인위적인 영향은 인간의 유용성 관심 내지 식물 세계의 다른 이익 관심을 위해 인간에 의해 야기된 식물의 삶의 변화가 의미하는 것에 따라 판단된다.

생태 윤리학에서 예컨대 식물을 형식의 다양성이나 성장의 자발성 때문에 미적인 관점에서 보호해야 한다고 주장할 수 있다. 식물 보호의 근거들은 그렇게 되면 미적 체험이 인간의 좋은 삶의 선택이 된다. 이런 경우 행위 결과는 인간에 대한 결과의 측면에서 간접적으로 고려되는 것이다. 이러한 관점에서는 식물을 없애는 것이 단지 미적 가능성의 상실을 의미하기 때문이다.

그렇지만 '자연을 보호하라'는 행위 규칙이 정당화된다면, 그리고 인위적인 변화가 윤리적으로 판단될 수 있다면, 자연의 대상들에게 "당사자"라는 개념이 사용될 수 있다면, "도덕적 지위"라는 개념 역시 직접적인 고려의 경우에는 가능할 것이다:

> X에 대하여 행위 결과의 직접적인 고려가 요청되는 경우에만 X는 도덕적 지위를 갖는다(위의 책, p. 123).

그녀는 도덕적 지위에 대한 이런 정의로 한편으로는 도덕적으로 능력 있는 존재와 다른 한편으로는 도덕적인 행위 규칙의 대상의 구분을 넘어서서, 도덕적 지위가 없는 도덕의 당사자와 도덕적 지위를 가진 당사자의 구분이 가능해진다고 주장한다(위의 책, p. 123 참조). "식물의 생명에 내재적인 의미가 있다면 그리고 행위 결과가 직접적으로 고려되어야만 한다면, 식물 상태의 인위적인 변화를 간접적으로(즉, 인간을 위한 결과의 관점에서) 고려하는 것과 상관없이 식물이 도덕적 존중을 받아야 한다는 요청은 정당화된다"(위의 책, p. 124).

X에 대해 행위 결과에 대한 직접적인 고려가 요청된다면 X는 도덕적 지위를 갖는다. X의 생명과 복지에는 도덕적인 고려에 포함되어야만 하는 내재적인 의미가 있다. 인간에 의해 식물에게 미치는 인과적 영향은 그것이 식물의 성장과 복지에 어떤 방식으로 관련되는지에 의해 판단된다. 식물이 도덕적 지위를 가진다는 것을 입증하기 위해서는 우선 인과적 수준에서 그리고 그것의 속성과 관련되는 필수 조건이 설명되어야 한다. 그러고 나서 어떤 조건하에서 식물적 성장의 가치가 행위 결과의 직접적인 고려를 요청하는 충분한 근거인지를 보여야 한다.

첫 단계에서는 자연과학적 연구의 결과만으로도 충분하다. 인과적인 요인의 속성에 근거해서 식물의 삶의 변화의 관점에서 행위 결과를 판단할 수 있다. 식물의 성장은 인과적 영향에 민감할 뿐만 아니라 유해적인 영향과 촉진하는 영향이 구분된다. 행위 결과에 대한 직접적인 고려가 이러한 구분에 근거해서 가능하다.

결정적인 물음은 직접적인 고려가 정당화될 수 있느냐는 것이다. 이것은 복지가 도덕적인 고려에 포함되어야만 하는 내재적 의미를 가지는 경우이다. 여기서 식물의 도덕적 정당화의 두 번째 단계가 이뤄진다. 식물의 성장은 독자적인 가치이다. 성장이 도덕 외적인 가치이므로, 성장의 이러한 속성은 도덕적인 고려 과정에서 내재적인 의미를 제시해 주기에 충분하지 않다. 그렇지만 이성 능력이나 쾌고 감수 능력의 유무에 상관없이 생명체의 본질이 "보호받고 촉진되고 유지되어야 할 권리"라는 것을 우리는 도덕적 직관으로 요청할 수 있다. 이러한 가정으로 인해, 인간에 의해 의도적이든 그렇지 않든 간에 인위적으로 야기된 식물의 본질의 변화에 대한 책임과 같은 윤리적 판단을 윤리학의 시급한 과제로 삼는 데 충분하다.

식물의 성장이 가치이며 성장에 영향을 미치는 행위 결과에 대한 윤리적 판단이 필요하다는 것이 승인된다면, 성장은 도덕적 고려 과정에서 다른 사태로부터 유추되는 것이 아니라 내재적인 의미를 갖는 것이 된다. 식물의 인위적인 변화에 대한 윤리적 판단을 일반적으로 승인해야 한다는 것은 현대 윤리학에서 식물의 본질의 변화가 문제되고 있다는 것으로부터도 알 수 있다. 인간이 식물의 본질을 임의로 조작해서는 안 된다는 것이 도덕적 직관이다.

두 번째 단계를 윌리엄스는 다음과 같이 제시한다(Williams, 1992: p. 301). "식물의 본질"에 대한 "염려"가 전제될 수 있다면, 식물 윤리의 정당화는 다음과 같은 질문에 답해야 한다: 식물에 대한 도덕적 고려에서 "이러한 종류의 염려를 이해하기 위해 우리가 어디에서 전환점을 가져야 하는가?" 이 질문에 대한 답은 식물 성장의 가치를 정당화하고 그 결과를 묻는 것에 있다

요약하자면, 행위 결과에 대한 직접적인 고려의 형태로서의 도덕적인 고려가 성장의 인과적 요인에 근거해서 가능하다는 것이다. 식물에 대한 영향은 그 식물의 성장을 촉진하거나 저해한다. 식물의 세계에 대한 염려를 받아들인다면, 그리고 성장이 독자적인 가치를 갖는다면, 식물 성장에 대한 직접적인 고려가 정당한 요청이며, 식물은 도덕적 지위를 갖는다.

2) 요나스의 존재론적 책임에 의한 정당화 모델

요나스가 제시한 존재론적 책임 모델은 책임의 대상의 가치와 위기, 그리고 책임의 대상에 대한 책임의 주체가 가지는 힘이라는 두 전제로부터 책임

전제 1	A라는 인간이 손상되어 위험에 처해 있으면서도 살아 있는 그리고 그 때문에 가치가 있는 x를 보는데, 여기서 x는 모든 가능한 위협들로부터 무방비한 상태로 있다.
전제 2	A는 x를 보호하고 유지할 수 있는 힘이 있다.
결론	(x의 가치와 A가 가진 힘으로부터) A에게는 x를 보호해야 할 의무, 즉 x의 유지와 보호를 떠맡아야 할 책임이 생겨난다.

〈표 1〉 요나스의 존재론적 책임 모델

의 대상에 대한 책임 주체의 책임이 요청된다는 것이다. 이를 요약하면 〈표 1〉과 같다(변순용, 2007A: p. 214 참조).

"여기에서 A가 x를 보호 내지 유지할 수 있는 힘은 위기와 관련지어서는 주로 부정적인 측면에서, 즉 A가 x의 존재를 해치거나 파멸시킬 수 있는 가능성 쪽에서 강조되어야 한다"(위의 책, p. 215). 이러한 논의를 확장하면, 이 힘은 긍정적으로 작용할 수 있다. 즉, x의 존재를 적극적으로 도와줄 수 있는 가능성과 도와야 할 필연성을 의미하기도 한다.[9]

이러한 모델로부터 다음의 특징이 도출된다. "첫째, 윤리적 관계는 동등한 힘을 가진, 동등한 권리를 지닌 주체들의 관계에만 존재하는 것은 아니다. 둘째, 도덕적인 요청과 의무의 발생은, 위기에 처해 있는 가치 있는 것, 위험에 빠져 있는 것, 살아 있는 것을 보호할 힘을 가지고 있다면, 그것을

---

9. 식물의 권리 선언(Universal Declaration of Plant Rights)의 제1조는 적극적인 측면에서, 제2조는 소극적 측면에서 식물에 대한 도덕적 존중의 내용을 담고 있다(http://www.avepalmas.org/rights.htm):
  제1조: 식물도 과학, 스포츠, 전시, 봉사, 식량 및 유행 등의 이유로 행해지는 과도한 인간의 착취로부터 해방된 동물과 마찬가지로 살아야 할 권리를 갖고 있다. 어느 종류의 생물도 소멸되는 위험으로부터 피하는 것이 주목표이다. 건강한 초목과 자연은 인간이나 동물을 보호한다.
  제2조: 소멸의 위기에 처한 생물의 보존을 위하여 모든 수단을 동원하도록 조치한다.

보는 것만으로도 충분하다. 셋째, 윤리적 행위의 본질적 과제는 잘 정의된 선의 실현이나 더 나은 상태가 아니라 위험으로부터 방어하거나 나쁜 것을 방지하는 데 있다. 넷째, 행위자의 주관적인 상태, 의향, 선의지가 아니라 선의 실현이 중요하다"(변순용, 2007B: p. 81).

요나스는 생명을 "신진대사를 하는 생명, 또한 살아 있는 물체, 간략히 말해서 유기체적 존재"(Jonas, 1994/97: p. 48)라고 규정하고 있다. 그래서 "유기체는 한편으로는 자유의 관계, 즉 물질(혹은 재료)에 대한 비교적인 독립성을, 그리고 다른 한편으로는 유기체의 존속이라는 측면에서 물질에 대한 의존성의 관계를 갖는다"(변순용, 2007A: p. 117). 존재와 비존재의 대립은 양극성의 사실이며, "생명은 이 양극성을 존재와 비존재의 대립, 자기와 세계의 대립, 형상과 질료의 대립, 자유와 필연성의 대립 속에서 항상 보여 주고 있다"(Jonas 1994/97: p. 19)는 것이다. 여기서 존재 혹은 생명이 자신의 존재 가치를 요청할 수 있느냐는 물음과 이 가치들이 어디에 근거하느냐는 물음이 중요해진다. 첫 번째 물음에 대한 요나스의 답변은 "생명은 자기 목적, 즉 적극적으로 원해지고 추구되는 목적이다"(Jonas, 1992: p. 221). 목적은 바로 그 목적 자체를 위해서 사물이 존재하고 그 목적의 실현 내지 유지를 위해 어떤 과정이 이뤄지거나 어떤 행위가 행해지는 그런 것이다(Jonas, 1979: p. 105 참조). 이러한 목적의 가치는 주관적 가치와 객관적 가치로 나눠지는데, 전자의 경우에는 개개인의 가치평가가 중요하지만, 후자의 경우에는 존재 안에 정초되어 있는 가치 그 자체가 중요하다(변순용, 2007A: p. 118 참조). 이러한 가치 그 자체는 존재 당위(Seinssollen)의 차원으로 연결된다. 그는 존재에 대한 비존재의 우선성 테제에 근거하여 존재의 당위를 주장하고, 가치 그 자체는 그 안에 이미 자신의 실현의 요청을 지니고 있다고 주장한다.

가치와 관련하여 식물이 보호되어야 하느냐는 당위적 요청의 물음에 대한 가능한 답은 두 가지, 즉 "식물이 그 자체로 보호되어야 한다"거나 아니면 "다른 무엇을 위해 보호되어야 한다"일 것이다. 후자의 경우는 그렇게 문제가 되지 않는다. 왜냐하면 인간을 위한 식물의 도구적 가치를 입증하는 것은 그렇게 어려운 문제가 아니기 때문이다. 사실 식물에 대한 도덕적 존중의 요구는 동물에 대한 도덕적 요구보다 설득하기 더 어려운 것도 사실이다. 식물이 얼마나 인간에 가까운 생명체인지를 주장하기보다는 식물이 생명체이며, 그 자체로 성장이 가치로운 것이라는 도덕적 직관과 성장의 보호라는 측면에서 요청되는 생명체에 대한 책임을 정당화해 주는 요나스적 책임 모델이 식물에 대한 인간의 도덕적 존중을 정당화하는 근거로서 적절하다. 생명체로서 식물은 성장을 추구하는 존재이고, 이러한 추구에 인간이 직접적이든, 간접적이든 영향력을 행사할 수 있고, 이러한 영향력의 행사가 식물의 생명현상에 부정적인 측면에서 본질적인 위협을 초래하거나 아니면 긍정적인 측면에서 생명현상을 촉진시킬 수 있다면, 이러한 영향력에 대해 도덕적 고려를 해야 한다는 것은 우리의 도덕적 직관에 해당한다.

그렇다면 이러한 도덕적 고려의 대상이 식물계 전체나 종(種), 아니면 개체인지를 고려해야 한다. 우선, 식물계 전체가 고유한 독자적 가치를 가지고 있다는 주장에 대해서는 다수가 부정하고 있다(EKAH, 2008: p. 8 참조). 왜냐하면 식물계 전체의 독자적인 가치를 주장하기에는 생태계의 다른 집단들과 구분하는 것이 어렵기 때문이다. 또한 종의 개념도 추상적이기 때문에 독자적인 가치를 인정하기 어렵다는 것이 다수의 견해이다(위의 책, p. 8 참조). 그러나 이러한 견해를 식물 윤리의 입장에서는 받아들이기 어렵다. 다수가 부정하는 식물계 전체나 종개념의 집단성(Kollektivität)은 독자적인 가치를 가지는 주체로 상정하기 어렵다는 것과 그 대상 자체가 가치가 있다는 것은 구별되어야 할 것이다. 마치 인류 전체가 독자적인 가치를 가지고 있다고 말할 때, 독자적 가치의 주체라는 실체로서의 인류 전체를 제시하는 것 역시 어렵다. 생태계 안에서 식물계의 가치를 독자적인 가치로 보지 못한다면, 생태계 내에서 인간의 가치 역시 독자적인 가치로 보기 어려울 것이다. 그래서 식물계 전체나 종의 수준에서의 독자적인 가치의 수준이 식물계 전체의 수준, 종의 수준, 개체의 수준에서 구분되어야 한다고 말하는 것이 보다 타당할 것이다.

우리가 식물에게 도덕적인 존중을 받을 권리를 부여한다는 것이 식물을 먹지 말라거나 이용하지 말라는 것을 의미하지는 않는다. 생명체의 고유 가치라는 차원에서 개체 수준의 식물에게 독자적인 가치, 즉 목적(telos)이 있음을 전제한다면, 자신의 목적을 실현하는 데 있어서 중요한 식물의 생식 능력과 적응 능력이 특정한 정도를 넘어서는 것에 대해서는 도덕적인 정당화가 필요하게 된다.[10] 식물의 도덕적 존중을 구체화하는 작업의 예로서 제기되는 식물의 권리를 살펴보면 다음과 같다(Koechline, 2008: pp. 163-4 참조). 우선, **생식의 권리**는 번식을 하지 못하게 하는 방법이나 기술은 도덕적, 윤리학적 정당화가 있어야 한다는 것이다. 식물을 멸종시키는 기술이나 경제적 이득을 얻기 위해 식물을 이용하려는 목적으로 식물이 번식을 못하도록 하는 것은 이 권리를 침해한다. 둘째, **독립성의 권리**는 식물이 결코 물건이 아니라는 것이다. 따라서 식물은 자의적으로 수단화되거나 조작되어서는 안 되며, 식물의 독자성을 고려해야 한다. 셋째, **진화의 권리**이다. 변화하는 환경에 대한 식물의 적응력은 유전적 다양성에서 기인하는데, 이것들이 제한된다면, 스스로를 변화시킬 수 있는 권리를 침해하는 것이다. 그래서 종의 다양성 보호뿐만 아니라 유전적 다양성을 보호하는 것도 의무가 되어야 한다. 넷째, **종의 생존의 권리**인데, 기존의 종의 다양성 보호와 식물 종의

---

10. 식물의 독자적인 가치와 관련해서 다음과 같은 물음들을 단계적으로 제시해 볼 수 있을 것이다(EKAH, 2008: p. 6 참조):
  1단계: 식물에 대한 도덕적 고려에서 대상이 되는 것은 무엇인가?
  2단계: 식물 자체를 위한 도덕적 고려가 가능한가?
    2-1단계: 식물에게 고통 지각 능력이 있는가?
    2-2단계: 식물에게 고통 지각 능력이 있는지 모른다는 것이 도덕적으로 중요한 사실인가?
  3단계: 식물에게 좋은 것과 나쁜 것이 있는가?
  4단계: 식물을 죽이거나 식물의 성장을 침해하는 것에 대한 정당화가 필요한가?
  5단계: 식물이 자신만의 고유한 좋음, 이해관계를 가지는가?

생존권은 생명 다양성의 가치로부터 나온다. 다섯째, 연구와 산업 분야에서 **존중 받을 권리**인데, 이 권리는 연구 분야와 산업 분야가 식물의 고유한 존재를 인정하고 식물 실험에서 식물의 종의 본질을 해하지 않도록 해야 함을 요구한다. 끝으로, **특허권의 대상이 되지 않을 권리**인데, 이것은 식물이 결코 발명품이 아니라는 것이다. 지구상의 어떠한 식물도 인간의 작용에 의해 존재하게 된 것은 없다. 그래서 식물에 대한 특허는 사회경제적 근거에서뿐만 아니라 식물 자체를 위해서도 거부해야 한다.

6. 나오는 말

결국, 식물의 도덕적 지위나 도덕적 고려의 대상에 포함해야 한다는 주장의 핵심적인 부분은 식물의 내재적 가치를 인정하느냐의 여부이다. 이 글에서는 식물의 삶의 현상에서 성장과 스트레스의 의미를 밝혀 보고, 성장이 지니고 있는 기술적, 규범적 성격을 통해 성장의 독자적 가치를 인정하고, 이에 근거하여 인간의 행위 결과에 대한 직접적인 고려의 요청을 통해 식물이 도덕적 존중을 받아야 한다는 칼호프의 주장을 분석하였다. 그리고 그 자체로 성장이 가치 있는 것이라는 도덕적 직관과 성장의 보호라는 측면에서 요나스적 책임 모델이 식물에 대한 인간의 도덕적 존중을 정당화하는 근거로서 유용하다고 주장하였다. 생명체로서 식물은 무언가를 추구하는 존재이고, 이러한 추구에 인간이 직접적이든, 간접적이든 영향력을 행사할 수 있고, 이러한 영향력의 행사가 식물의 생명현상에 부정적인 측면에서 본질적인 위협을 초래하거나 아니면 긍정적인 측면에서 생명현상을 촉진시킬 수 있다면, 이러한 영향력에 대해 도덕적 고려를 해야 한다는 것은 우리의 도덕적 직관에 해당한다.

생태 윤리학에서 인간중심주의의 테제는 현실에서 아직도 강력한 힘을 행사하고 있지만, 인간 종 이기주의에서 비롯된 인간의 태도와 행위의 결과가 인간에게 다시 되돌아오는 생태계의 부정적인 피드백을 우리는 이미 6,70년대부터 경험하고 있다. 인간과 인간이 아닌 다른 생명체들과의 공존은 지구상의 인류의 생존이라는 인류의 존재 이념에 필수적인 전제이다. 소극적인 의미에서 식물의 본질을 해치지 않으면서, 적극적인 의미에서 식물의 성장에 기여하는 것이 실제의 우리의 삶에서 무엇인지를 생각해 보아야 한다.

참고 문헌

곽병화 외(2004):『식물생리학』, 향문사.

권영명 외(2003):『식물생리학』, 아카데미서적.

변순용(2007A):『책임의 윤리학』, 철학과현실사.

변순용(2007B):「현대사회의 도덕적 책임에 대한 연구」,『윤리연구』, 제65호, pp. 75-97.

최훈(2009):「동물 신경 윤리: 동물 고통의 윤리」,『생명 윤리』, 제10권 제2호, pp. 49-61.

홍영남 외 역, Hopkins W.G. & Hüner, N.P.(2008):『식물생리학』, 월드사이언스.

Anderson, E.(1952): *Plants, Man and Life*, Boston.

EKAH(Eidgeössische Ethikkommission für die Biotechnologie im Ausserhuman-bereich) (2008): *Die Würde der Kreatur bei Pflanzen*, Bern: www.ekah.admin.ch.

Goodpaster, K.E.(1978): "On being Morally Considerable," *The Journal of Philosophy*, pp. 308-25.

Kallhoff, A.(2002): *Prinzipien der Pflanzenethik — Die Bewertung pflanzlichen Lebens in Biologie und Philosophie*, Frankfurt/M.

Koechlin, F.(2008): *PflanzenPalaver — Belauschte Geheimnisse der botanischen Welt*, Basel.

Schwartz, T.(1982): "Human Welfare, What it is not," in: Miller, H. & Williams, W. (Hrsg.): *The Limits of Utilitarianism*, Minneapolis, pp. 195-206.

Singer, P.(1979): "Not for Humans Only, the Place of Nonhumans in Environmental Issues," in: Goodpaster, K.E. & Sayre, K.M.(Hrsg.): *Ethics and the Problems of the 21st Century*, London, pp. 191-206.

Strasburger, E. u.a.(Hrsg.)(1991): *Lehrbuch der Botanik für Hochschulen*, Stuttgart.

Von Wright, G.H.(1963): *The varities of Goodness*, London.

Warnock, G.J.(1971): *The Object of Morality*, N.Y.

Williams, B.(1992): "Muss die Sorge um die Welt vom Menschen ausgehen?," in: Krebs, A.(Hrsg.): *Naturethik — Grundtexte der gegenwärtigentier- und ökologischen Diskussion*, Frankfurt/M., pp. 296-306.

제3부
집과 음식의 윤리

제7장

집은 나에게 어떤 의미를?*
삶의 중심으로서의 집과 그 철학적 의미에 대한 연구

이 장은 집의 본래적인 의미를 하이데거, 바슐라르, 볼노프를 중심으로 분석하고자 한다. 하이데거는 거주함을 인간의 본질로 보면서 사물들 곁에서 사물들의 본래적인 의미를 보호하고 배려하는 의미로서의 집을, 바슐라르는 인간이 집으로부터 받는 보호의 기능에 초점을 맞추어 행복한 공간으로서의 집을, 볼노프는 인간 자신과 세계의 중심점으로서의 집의 의미를 제시하고 있음을 알 수 있다. 하이데거는 현대인들이 거주에 있어서 본래적인 곤경에 처해 있으며, 본래적인 거주 공간, 즉 고향의 상실을 주장한다. 이러한 공간의 위기를 극복하기 위해서 우리는 거주함에 대해 배워야 하고 집의 경제적 의미보다는 본래적인 거주 공간으로서의 집의 의미를 숙고하고, 자신의 거주 공간에 대한 책임을 져야 한다. 바슐라르는 행복한 공간으로서의 집이 세계에 대한 근본적인 신뢰를 전제로 하고 있으며, 집과 세계의 변증법적 관계를 통해 집에 대한 이해를 제공한다. 볼노프는 인간은 오직 '거주함'을 통해서만 비로소 진정한 인간일 수 있음을 강조하면서, 공간의 인간화를 주장하고, 여기서 더 나아가 인간이 자신의 공간을 자신만의 고유한 방법으로 형성해야 할 공간에 대한 책임을 주장한다. 현대사회에서 우리에게 집은 경제적인 가치의 척도로만 이해되고 고려되어 왔다. 거주함의 본래적 의미보다는 자본화되어 버린 집의 의미가 중시되고 있는 실정이다. 이러한 진단은 현대 한국 사회를 살아가는 사람들이 대부분 인정할 수밖에 없을 것이다. 그러나 이제는 집에 대한 경제적인 효율성의 측면보다는 본래적인 의미를 파악해야 한다. 즉, 집을 읽어야 하고, 집의 본래적 의미를 되새겨 보아야 한다.

* "이 장은 2008년 정부 재원(교육인적자원부 학술연구조성사업비)으로 한국학술진흥재단의 지원을 받아 연구되었음(KRF-2008-332-A00052).

인간은,
성급한 형이상학들이 가르치듯
세계에 내던져지기에 앞서,
집이라는 요람에 놓이는 것이다.
그리고 우리들의 몽상에서
집은 언제나 커다란 요람이다
— G. 바슐라르

1. 들어가는 말: 인간, "(집에) 살다," 그리고 집의 관계

"집이 아름다운 것은 그 안에 사람이 살기 때문입니다"라는 어느 광고에 나온 문구를 보면서 집이 가지고 있는 의미를 생각해 볼 수 있다. 집이 흉가가 되는 원인이야 따로 있을지 모르지만, 그 집에 더 이상 사람이 살지 않을 때부터 그 집은 본래적인 의미를 상실하게 되고, 그 집의 공간은 사람들로부터 무시되고, 아이들에게는 마치 시신(屍身)에 대한 공포와 마찬가지로 공포의 대상이 되기도 한다.

집은 공간의 한 형태이다. 집이라는 것을 통해 집 안의 공간, 집 자체의 공간, 집 바깥의 공간으로 구분된다. 집 안에서 느끼는 편안함을 생각해 보라. 우리가 여행을 떠나면 늘 새로운 것에 대한 자극과 그 만족으로 좋아하면서도, 여독이 쌓이면 집으로 돌아가고 싶은 마음이 생긴다. 집 밖의 어느 곳도 집 안만큼의 편안함을 제공해 주지 못한다는 것을 평소에 너무나 쉽게 망각하며 살고 있는 셈이다.

인간은 끊임없이 움직이고, 이동하고, 활동한다. 그런 움직임에서 어떤 기준점으로 작용하는 것이 바로 집이다. 떠난다는 것은 기준점으로서의 집으

로부터 멀어진다는 것을, 그리고 그 떠남 속에는 언젠가 돌아오겠다는 귀환
의 전제가 놓여 있게 된다. 물론 그 기준점을 버릴 수 있지만, 그것은 기준점
자체를 부정하는 것이 아니라 새로운 기준점을 만들고자 하는 것이다. 이
기준점은 나의 중심이면서 동시에 세계와 우주의 중심이 된다.

"(집에) 산다"는 인간 삶의 기본이며, 집이 있음으로 해서 나와 이방인, 나
와 타자의 구분이 생기게 된다. "(집에) 산다는 것은 인간의 다른 많은 행위들
중의 임의적인 행위가 아니라 인간이 세계 전체와 맺게 되는 관계를 결정해
주는 본질 규정이다"(Bollnow, 1963, 71994: p. 126).[1] 만약 인간을 나무에 비유
한다면, 집은 인간의 뿌리에 해당된다. 집은 인간이 "살고 있는" 곳이며, 바로
삶의 터전이다. 우리의 마음과 몸을 담고 있는 것이 바로 집이다. 집에는 내
가 이미 그 안에 담겨져 있다. 인간에 의해 소유되고 체험된 공간은, 바슐라
르가 지적한 바와 같이, 외부의 적대적인 힘으로부터 보호되는 공간, 즉 "외
부 세계의 혼란이 제거되는 안정되고 질서 잡힌 공간"이다(위의 책, p. 132).

현대 철학에서 시간의 문제에 대한 연구는 많이 이뤄졌지만, 공간의 문
제에 대한 연구는 상대적으로 철학자들의 관심을 많이 받지 못하였다. 물
론 뒤르크하임(G. Duerkheim),[2] 밍코프스키(E. Minkowski),[3] 하이데거(M.
Heidegger),[4] 볼노프(O. F. Bollnow),[5] 바슐라르(G. Bachelard)[6]를 포함한 일부

---

1. 볼노프는 산다(wohnen)는 말의 철학적 의미를 생텍쥐페리에게서는 "Vor allem bin
ich einer, der wohnt"에서, 하이데거의 "Bauen, Wohnen, Denken"이라는 다름슈타트
(Darmstadt) 연설문의 "Mensch sein, heisst: als Sterblicher auf der Erde sein, heisst:
wohnen"에서, 바슐라르의 『공간의 시학』에서 "산다"의 기본적인 기능에 대한 언급에서,
메를로퐁티에게서는 "살다(habiter)"의 의미를 인간과 집의 관계뿐만 아니라 인간과 세계의
관계를 나타내 주는 것이라고 주장하는 것에서 찾고 있다(Bollnow, 1963, 71994: p. 126ff.).
2. Graf K. von Duerkheim(1932): *Untersuchungen zum gelebten Raum*, Muenchen.
3. E. Minkowski(1933): *Le temps vécu — Etudes phénoménologiques et psycho-pathologiques*, Paris.
4. 하이데거 철학에서 그의 시간 개념이 학계에서 비교적 자주 논의되고 연구되어 온 반면
에 공간 개념은 그의 세계 개념을 이해하는 데 있어 중요함에도 불구하고, 상대적으로 관심
을 많이 받지는 못했다. M. Heidegger(1979): *Sein und Zeit*, Tuebingen; (1954, zit. 1978):
"Bauen, Wohnen und Denken," in: *Vortraege und Aufsaetze*, Pfullingen.

철학자들도 있긴 했지만, 이들의 연구가 그렇게 많은 주목을 받지는 못하였다. 이와 달리 시간의 문제에 대해서는 베르그송이 시간을 통한 인간 현존재의 이해를 객관적으로 측정할 수 있는 시간과 구별해서 지속적인 것의 문제, 즉 구체적으로 체험된 시간의 문제로 탐구하였고, 하이데거는 자신의 실존적 존재론에서 인간 현존재의 시간성에 대한 물음을 전개하였고, 이 과정에서 시간성을 통해 현존재의 공간성을 실존론적으로 정초하고자 하였다. 시계로 대변되는 시간의 보편성과 추상성, 기하학적 공간으로 표상되는 공간의 형식성이 근대적인 사고의 형성에 바탕이 되었다.

그럼에도 불구하고 시간과 인간의 관계뿐만 아니라 공간과 인간의 관계 역시 인간의 삶을 규정하는 중요한 요소임은 거부될 수 없는 존재적 사실이다. "공간 안에서 인간의 집단적 삶과 마찬가지로 개인적인 삶도 연출된다"(Minkowski, 1933: p. 367). "사람의 구체적인 공간은 그 안에서 체험된 의미의 충만 속에서만 진정으로 받아들여질 수 있다. 왜냐하면 공간의 질, 구성, 그리고 질서들의 특성 속에서 비로소 공간은 그 공간 안에서 살며 체험하며 공간과 관계 맺는 주체의 표현 내지 실현의 형태이기 때문이다"(Duerkheim, 1932: p. 389). 따라서 인간의 현존재를 공간적으로 파악하는 문제는 시간성의 문제와는 별도로 그 자체로 중요하며, 고유한 물음으로 등장한다.

2. 공간에 대한 표상과 체험된 공간의 의미

인류학자인 홀(Edward T. Hall)은 자신의 저서인 『숨겨진 차원 — 공간의 인류학』에서 공간을 개인적 공간과 사회적 공간으로 구분하면서, 인간이 공

---

5. O. F. Bollnow(1963, ⁷1994): *Mensch und Raum*, Stuttgart.
6. G. Bachelard(1958), *La poétique de l'espace*, Paris.

간을 구조화하고 사용하는 방식이 문화로부터 영향을 받는다고 주장하고 있다. 그러나 이보다는 오히려 인간이 공간을 구조화하고 사용하는 방식이 문화의 형성과 내용에 영향을 준다고 보는 것이 더 타당할 것이다.

수학적 공간과 구분되는 '구체적으로 체험된 공간'이라는 개념은 우리의 기억 속에서 찾아볼 수 있는 어렸을 적의 초등학교 운동장이라는 공간과 실제로 성장한 후에 우연히 들러 보게 된 초등학교 운동장이라는 공간의 차이에서 이해할 수 있다. 볼노프는 **체험된 공간의 특징**을 다음과 같이 제시한다(Bollnow, 앞의 책 pp. 17-8 참조). 우선, 체험된 공간에는 하나의 특별한 중심점이 있는데, 이것은 어떤 방식으로든 공간 속에서 체험하는 사람의 위치에 의해 주어진다. 둘째, 체험된 공간에는 특별한 축의 체계가 있는데, 그것은 인간의 신체와 직립적 태도, 즉 중력과 반대되는 자세, 즉 직립보행의 자세와 관련이 있다. 셋째, 체험된 공간의 방위(方位)와 위치들은 질적으로 상이한데, 이것들의 관계 위에 체험된 공간의 풍부하면서도 내용 있는 구성이 이뤄진다. 넷째, 한 영역에서 다른 영역으로의 이동뿐만 아니라 또한 명확하게 구분되는 경계들도 있기 때문에 체험된 공간은 불항상성을 보여 준다. 다섯째, 체험된 공간은 우선 보다 폐쇄된 유한한 공간으로서 주어지지만 그 이후의 경험들 속에서 무한한 넓이로 확장된다. 여섯째, 체험된 공간은 무엇을 하게 하는 또는 못하게 하는 그런 종류의 삶의 관계들을 통해 사람과 관계하며, 또한 그것은 인간의 삶의 태도의 장을 이끌기도 하고 방해하기도 하므로 결코 가치중립적인 영역이 아니다. 일곱째, 체험된 공간 안의 모든 위치는 그것을 체험한 사람에게 의미가 있다. 끝으로, 체험된 공간은 그것을 체험한 인간과 서로 분리될 수 없다.

체험된 공간을 통해 알 수 있는 공간과 인간의 관계는 이중적 규정, 즉 발전 가능성과 저항 가능성이라는 상호 대립적인 방향으로 규정된다. 뒤르크하임은 공간이 이중의 방식, 즉 촉진하면서도 저지하는 방식으로 인간에게 주어져 있다고 주장한다. 이것은 마치 상자 속에 있는 물건처럼 인간이 먼저 존재하고 그 후에 공간과 관계 맺는 것이 아니라, 인간의 삶은 근본적으로 공간과의 관계 하에 있다는 존재적 사실에서도 찾아볼 수 있을 것이다. 이런 맥락에서 박상진은 외적 공간과 내적 공간을 구분하면서, "외적 공간이 우리의 삶을 조건 짓는 반면에 내적 공간은 삶을 확장시키는 기능"(철학아카데미, 2004: pp. 13-4)을 수행한다고 보고 있다. 이런 의미에서 볼 때, 공간은 인간의 삶의 발전 내지 전개 가능성과 동시에 그것을 저해하는 반대 힘의 작용으로, 마치 작용과 반작용의 관계처럼, 인간의 삶과 관계됨을 의미한다.

결국, 공간을 구성하고 공간을 펼치는 존재로서 인간은 필연적으로 자기 공간의 기원일 뿐만 아니라 동시에 자기 공간의 지속적인 중심이다.

3. 공간에 대한 윤리적 고려의 측면들

공간적 존재로서 인간은 공간 속에 일정한 자리를 잡고 거기서 자신을 위해 자신의 '생활공간' 내지 '살아가고 있는 공간'을 만들어 내야만 한다. 공간 속에서 존재하는 인간의 현존재를 '산다는 것' 내지 '삶'이라 표현한다면, 공간에 대한 이해 속에서 인간에 대한 근본적인 이해를 찾아볼 수 있을 것이다. 플라톤은 공간을 대상과 무관한 무한한 동질의 공간으로 사유하여 거리나 면적으로 기술할 수 있는 기하학적 공간으로 정의하였지만, 아리스토텔레스는 공간을 인간이 경험함으로써 의미를 지니게 되는 동질적이지 않은 장소적 공간으로 정의 내리고 있다.

이러한 공간관이 근대에 와서 공간을 그 안에 존재하는 사물, 사건, 존재자가 없더라도 존재하는 일종의 실체적 존재라고 보는 뉴턴의 견해와 공간을 현실적이거나 가능한 사물 내지 사건들 사이의 현실적·가능적 관계들

의 체계라고 보는 라이프니츠의 공간 개념이 형성되었다. 그러나 칸트에 와
서 공간은 직관의 형식에 속하는 것으로 간주되었고, 하이데거는 인간뿐만
아니라 모든 존재자가 자신의 존재에 상응하는 저마다의 고유한 자리와 위
치, 공간을 지니고 있다고 보았으며, 인간은 현존재로서 근원적 의미에서
공간적이라고 주장하면서, 거주하는 공간의 실존적 의미를 강조하였다. 이
런 다양한 연구들은 모두 인간과 공간의 필연적인 관계라는 존재적 사실로
부터 출발하고 있다.

공간은 모든 생명체, 특히 인간에게 있어 가장 기초적이고 근원적으로 조
직화된 체계의 하나이며, 인간의 가장 기본적인 경험이 된다. 그러기에 공간
은 인식의 가장 근본적인 형식이기도 하다. 그럼에도 불구하고 이러한 근본
적인 경험을 문화철학적인 측면에서 숙고하려는 노력은 현대 철학에서는
그리 드러나 보이진 않는다. 인간과 공간의 상관관계는 공간이 그 안에 살
고 있는 인간과 얼마나 강하게 결합되어 있는가에 따라서 다양하며, 공간
자체도 개개인마다 그때그때의 공간에 대한 파악과 분위기에 따라 변한다.
뒤르크하임도 "구체적인 공간도 그것이 누구의 공간인가라는 본질에 따라,
그 공간 안에서 실현되는 삶에 따라 다른 공간이 된다. 공간은 그 공간 안
에서 살아가는 사람과 함께 변하며, 많든 적든 간에 총체적인 자아를 지배
하는 일정한 설정과 방향지워짐의 실재와 함께 변한다"(Duerkheim, 1932: p.
390)고 보았다. 공간의 성격과 인간의 성격이 서로 영향을 주고받는다는 것
을 알 수 있다.

공간에 대한 인간학적, 윤리학적 분석을 위해 요청되는 것은, 우선 **인간
현존재의 본질 규정으로서 공간성이 규정되어야 한다는 것이다.** 공간은 인간
이 인식하고 느끼는 것으로서 인간에게 영향을 주면서 동시에 인간에 의해
규정된다. 공간이 인간과 필연적인 관계를 갖는다는 것은 공간에 대한 가
치판단의 토대가 될 수 있다. 그래서 우선 있어야 할 것들이 제대로 제 위치
에 놓여 있는 공간, 인간과 다른 모든 존재들이 공존하고 지속될 수 있는 공

간, 인간과 사회의 기대에 부합할 수 있는 공간 등과 같은 **공간에 대한 가치적 요소들을 고려해야 한다.** 이와 더불어 거리(距離)와 사이(間)의 의미로서의 공간의 의미를 찾아보고, 다양한 형태와 종류의 공간, 예를 들면 신성한 공간, 행위 공간, 놀이 공간, 소통의 공간, 예술 공간 등을 통해 단순한 물리적 공간으로서가 아니라 인간이 그 안에서 살고 숨쉬는 **공간의 의미를 다양한 관점에서 규명해야 한다.**

4. 거주의 의미와 집: 하이데거

1) 거주의 본래적 의미

삶이라는 단어가 '살다'라는 말에서 유래한다면, 이 '살다'라는 말에는 생략되기도 하지만 반드시 결합되어야 하는 것이 바로 '-에'이다. 나는 집에 살고, 서울에 살고, 한국에 살고 있는 것이다. 하이데거는 아마도 존재의 이러한 공간적 관련성에 주목했을 것이다. 그래서 그는 "인간은 그가 거주하는 한에서 있다"(이기상 외 역, 2008: p. 187)라고 하면서 인간의 본질을 거주에서 찾고 있다. "하이데거에 있어서 공간의 본질은 인간과 관련하여 바로 근원적 공간으로서의 거주적 공간이다. 여기서 거주적 공간이란 거주함으로써 열리는 공간이며, 거주함이 바로 공간화를 의미한다"(강학순, 2007A: p. 400). 인간은 분명 거주하는 자로서 존재하며, 이것이 바로 인간의 본질이다.

그는 건축하고 짓는다는 의미의 독어인 'bauen'의 어원이 되는 고대 독어인 'buan'의 의미를 세 가지로 제시한다. 그는 우선 그것이 **보호하고 돌본다**는 의미를 갖고, 두 번째는 건물의 **건립함**을, 끝으로 처음부터 여기에 거주하고 있었고 앞으로도 거주한다는 의미에서의 **익숙함 내지 습관적인 것**의 의미를 갖는다고 분석하고 있다(이기상 외 역, 2008: pp. 187-8 참조). 그래서 결론적으로 그는 거주함이 인간의 본질적인 존재 방식이고, 성장을 돌보고 보살피는 의미와 건축물을 건립한다는 의미를 갖는다고 주장한다(위의 책, p. 189 참조).

하이데거에게 있어 거주함은 '세계-내-존재(In-der-Welt-Sein)'의 본질이 며, '내-존재(In-sein)'와 거주함은 같은 맥락에서 이해될 수 있을 것이다(최 상욱, 1999: p. 291 참조). "'in'은 '거주하다, 머무르다, 체류하다'를 의미하는 'innan-'에서 유래한다. 여기에서 'an'은 '나는 –에 익숙하다,' '-와 친숙하 다,' '나는 어떤 것을 보호한다'를 뜻한다. 그것은 '나는 거주한다(habito)' 와 '나는 사랑한다(diligo)'라는 의미에서 '나는 돌봐준다(colo)'라는 의미를 가지고 있다"(Heidegger, 1953: p. 54). 이를 통해 거주의 본질적 특징이 보살 핌 내지 돌봄이라는 것을 알 수 있다.

2) 사방 세계의 거주

여기서 사방은 동서남북과 같이 인간이 살아가는 데 있어서 늘 전제되 어 있는 것과 같다. 하이데거는 땅, 하늘, 신적인 것들과 죽을 자들이 하나 로 귀속되어 포개져 있는 것을 사방(das Geviert)이라고 말한다(이기상 외 역, 2008: p. 190 참조). 그래서 "땅을 구원하는 가운데, 하늘을 받아들이는 가운 데, 신적인 것들을 기다리는 가운데, 죽을 자들을 인도하는 가운데, 거주함 은 사방의 사중적인 보살핌으로서 스스로 생기한다"(위의 책, p. 193).

먼저 땅을 구원한다는 말에 대하여 신상희는 "어떤 것을 그것이 처해 있 는 위험으로부터 구해낸다는 통상적 의미를 넘어서 어떤 것을 그것의 고유 한 본질에로 자유롭게 놓아둠"(신상희, 2008: p. 458)이라고 해석하면서, 여기 서 자유롭게 놓아둔다는 것은 그저 방임하는 것이 아니라 "어떤 것이 자기 자신으로 존재하도록 지극히 배려하는 태도이며, 이는 다시 말해 어떤 것이 자신의 고유한 본질 영역 속에 참답게 존속하도록 보호하고 지키며 소중히 아끼는 태도"(위의 책, p. 458)라고 보았다. 이러한 해석에 따르면, 땅을 구원한다는 것은 땅의 본래적인 의미와 가치를 보존하고 땅이 그렇게 지속될 수 있도록 해주는 집을 전제로 함을 알 수 있다.

하늘의 의미는 인간들, 즉 하이데거의 표현대로 하자면 죽을 자들이 "하늘이 베풀어주는 공간을 그들이 거주하기에 적합한 공간으로 받아들이고 또 하늘이 베풀어주는 시간을 그들이 거주하기에 적합한 시간으로 받아들이면서, 하늘의 현상에 따라 제때에 씨를 뿌리고 경작하고 추수하며 저장하는 등 일할 때 일하고 쉴 때 쉬는 그런 자연 친화적인 삶의 태도"(위의 책, p. 465)를 갖는 것이라고 볼 수 있다.

신적인 것들에 대한 기다림과 죽을 자들과의 동거에서 하이데거의 거주의 의미를 추측해 볼 수 있다. 죽는다는 것이 단지 지상의 삶을 마감한다는 것이 아니라 인간이 죽음을 죽음으로서 흔쾌히 받아들이며, 오직 인간만이 이러한 죽음의 경험에서 존재 불가능성이 현실로 다가올 때 비로소 자신의 본질, 더 나아가 존재의 본질에 가까이 이르게 된다(위의 책, pp. 473-4 참조)는 것이다.

하이데거는 이러한 사방 세계의 사중적인 결합이 실현되는 것을 사물들 곁에서의 거주함(이기상 외 역, 2008: p. 193)이라고 부른다. 따라서 하이데거가 이해하는 인간의 현존재는 "사물들 곁에서 사방 안에 체류하고 있음"(위의 책, p. 201)이며, 사방 세계 안에서 건축하고, 사유하면서, 거주하는 존재이다.

3) 고향 상실

하이데거는 거주의 본래적인 곤경을 언급한다. 여기서 본래적인 곤경은 단순히 집값의 상승이나 집의 공급 부족과 같은 물리적인 차원의 곤경이 아니다. 하이데거는 탈공간화와 거주의 위기를 연결 짓고 있다. "인간이 근원적으로 거주하는 공간이 탈취되고, 망각되고, 상실되어 그 뿌리가 뽑힌 탈공간의 시대에 살고 있다. 왜냐하면 이러한 탈공간화는 적어도 하이데거에게 있어서는 지상에서의 인간 존재의 거주의 위기, 즉 본래적인 거주 공간으로서의 고향 상실을 의미하기 때문이다"(강학순, 2007A: p. 383). 여기서 탈공간화는 공간 망각,[7] 공간 이탈, 공간 상실을 의미한다.

인간은 거주함에 대해서 배워야 한다고 그는 주장한다. 그렇지 않을 때 "인간이 거주의 본래적인 곤경을 아직도 전혀 곤경으로서 숙고하지 않는다는 점에 인간의 고향 상실(Heimatlosigkeit)이 성립"(이기상 외 역, 2008: p. 208)하는 것이다. 여기서 고향의 본질은 "존재에의 가까움(Nahe zum Sein)" (Heidegger, 1978: p. 335)을 뜻한다. 최상욱은 하이데거의 고향이 "단순한 공간이 아니라 시간으로서 존재하는 것이며, 그 안에서 은폐된 인간의 역사적 존재 의미가 탈은폐되는 사건이 일어날 수 있는 시간-공간-유희-마당"(최상욱, 1999: p. 298)으로 해석하고 있다. 그러나 시간으로 존재한다는 표현보다는 공간과 시간이 결합되어 있는 것으로서 존재한다고 보는 것이 타당할 것이다. 현존재에게 있어 공간과 시간은 결코 분리될 수 없는 관계이기 때문이다.

그래서 그는 거주함의 본질을 실현하려고 시도해야 하는 과제 그리고 "횔더린을 따라 '고향에로의 귀향'을 염려하는 본질적인 과제"(강학순, 2007A: p. 385)를 우리에게 던지고 있는 것이다. 공간의 시원적 본질에 대한 물음과 공간 존재에 대한 물음을 망각하고 있는 우리는 공간의 위기를 겪고 있는 것이다.

---

7. 정은해는 공간의 망각과 그에 대한 회복의 의미를 다음과 같이 설명하고 있다: "공간의 망각은 그 공간이 사물의 세계의 한 차원이고 그 사물의 세계가 인간이 대개에 있어 우선 체류하는 곳이라는 점에서 볼 때, 사물의 세계의 망각이고 인간의 처소에 대한 망각이다. 따라서 망각에 맞선 구체적 공간의 회복은 사물의 세계연관성의 회복이자 세계의 사물연관성의 회복이고 이로써 사물의 사물화이자 세계의 세계화를 의미한다. 이것은 인간이 세계-내-존재이자 현존재인 한에서 인간의 본질 회복이기도 한 것이다"(정은해, 2001: p. 229).

5. 집의 모성(母性) 그리고 집과 세계의 변증법: 바슐라르

1) 집의 모성과 원초적 충족성

바슐라르는 그의 유명한 책인 『공간의 시학』[8]에서 집의 보호 기능을 강조한다. 그의 설명에 어울리는 "행복한 공간들," "체험된 공간들"은 "소유 공간," 즉 인간에 의해 소유되고 "적대적인 힘들로부터 보호된 공간들"(곽광수 역, 2003: p. 69)이다. 이것들은 "살아진 공간(die bewohnten Raeume)," 즉 다양한 형식들인데, 이 형식들 속에서 집이 변한다; 왜냐하면 "모든 실제로 살아진 공간은 이미 집이라는 관념의 본질을 가지고 있기 때문이다"(위의 책, p. 77). 우리가 집의 개념을 이렇게 생각한다면, 거주하기와 집은 그에게 있어서 서로 일치한다. 그러나 바슐라르는 집을 인간의 영혼에 대한 분석 도구로까지 확장해서 이해하고자 한다. 그래서 그에게 집의 이미지는 두 방향으로 작용하는데, "우리들이 집 안에 있다면, 마찬가지로 집 또한 우리들 안에 있다. 집의 이미지의 이와 같은 두 방향의 움직임은 너무나 오고 감이 많아서 집의 이미지의 가치들을 묘사하는데 우리는 긴 설명이 필요했다"(위의 책, p. 71).

바슐라르에게 있어 집은 단순히 거주의 공간만을 의미하는 것은 아니다. 오히려 집은 세계 안에 있는 인간의 구석이며, 인간의 최초의 세계이자 하나의 우주이다(위의 책, p. 77 참조). 집은 그 안에 외부 세계의 혼란이 퇴치될 수 있는 질서 잡힌 영역을 형성한다. "인간의 삶에서 집은 우연성을 배제시킨다"(위의 책, p. 80). 여기서 우연성은 집이 없는 경우를 생각해 보면 그 의미를 알 수 있다. 집이 없는 사람들의 삶은 하루하루가 우연해질 수밖에 없

---

8. Bachelard, G.(1958), *La poétique de l'espace*, Paris; 이에 대한 번역은 곽광수 역(1990), 『공간의 시학』(동문선)을 참조하였음.

을 것이다. 쉼 없이 방황하는 난민의 삶과 달리 집은 삶의 보다 심오한 지속성을 가능하게 해준다. 그래서 집은 "몽상을 지켜주고, 몽상하는 이를 보호해 주고, 우리들로 하여금 평화롭게 꿈꾸게 해준다"(위의 책, p. 80). 이러한 몽상의 원리를 통해 집은 인간의 생각과 추억과 꿈을 한데 통합해 주는 가장 큰 힘의 하나라고 그는 주장한다. 바슐라르에게 있어 집의 가장 본래적인 기능은 숨겨 주고 보호해 주는 것이다. 그는 집의 보호 가치에 대해서 말한다(위의 책, p. 69 참조). "인간의 삶은 집의 품속에 포근하게 숨겨지고 보호되어 시작된다"(위의 책, p. 81). 여기서 집의 모성과 집의 존재의 원초적인 충족성을 찾아볼 수 있다.

인간의 삶은 "집의 품속에 포근하게 숨겨지고 보호되어 시작되는 것이다"(위의 책, p. 81). 바슐라르는 여기서 더 나아가 집은 인간을 새로이 빚어낸다고까지 하면서 집의 모성을 확장하고 있다(위의 책, p. 135 참조). 이러한 생각을 가장 잘 대변해 주는 것을 그는 다음과 같이 밀로슈(Milosz)의 "우수"와 앙리 보스코의 "말리크루아(Malicroix)"에서 찾아내고 있다:

나는 "어머니"라고 말하느니, 그리고 내가 생각하는 것은, 오 "집"이여! 그대이다.
내 어린 시절의 어슴프레한 아름다운 여름의 집이여(위의 책, p. 132).

내 몸을 보호해주고 있는, 이미 인간이 된 그 집은 폭풍우에 아무것도 양보하지 않았다. 집은 마치 늑대처럼 나를 폭 감싸 안았고, 때로 나는 그의 내음이 어머니의 그것인 양 내 심장 속에까지 내려오는 듯이 느꼈다. 그것은 그날 밤 정녕 내 어머니였다"(위의 책, p. 132).

바슐라르에 의하면, 집이 인간에게 전해 주는 삶의 원초적 감정은 편안함 속에서의 쾌적함의 감정이다. 인간은 직접적인 감각 속에서 자기 둥지의 따뜻함을 느끼며, 이것은 인간에게 인간이 동물과 유사하게 느끼는 기본적인 "거주의 행복"을 제공한다. 그는 전적으로 동감하면서 블라밍크스 (Vlamincks)의 표현을 인용한다: "밖의 날씨가 험할 때 내가 방 안 벽난로 불 앞에서 느끼는 안락함은 완전히 동물적인 느낌이다. 소굴 안에 있는 쥐, 땅 굴 속에 있는 산토끼, 외양간에 있는 소는 아마 지금 내가 행복하듯, 행복 할 것이다"(위의 책, p. 192). 그는 이런 의미에서 따뜻한 "집의 모성"(위의 책, p. 82)을 높이 산다. 그는 실존주의자들에 대한 분석에서 이것이 인간의 가 장 근원적인 경험이며, 이 경험에 반하는 바깥 세계의 위협과 적대심은 유 추된 어떤 것이며 시간적으로도 후에 나타난다고 강조한다: "삶은 좋은 상 태로, 포함된 상태로, 애정으로 돌보아지는 채로, 집이라는 성 안에서 따뜻 하게 시작한다"(위의 책, p. 81). 특히 눈과 얼음으로 표상되는 겨울은 집의 "친밀함의 가치(Intimitaetswert)"를 높여 준다. 그는 이런 맥락에서 보들레르 (Baudelaire)를 인용하는데, 꿈꾸는 자는 "매년 하늘에게 가능한 한 많은 눈, 우박, 서리를 내려 달라고 요구한다. 그는 캐나다나 러시아의 겨울을 필요 로 한다. 그의 둥지는 이를 통해 더 따뜻하고, 부드럽고, 사랑스럽게 된다" (위의 책, p. 124). 집 밖의 날씨가 험할수록 집이 더 따뜻하고 보호의 가치를 갖게 되기 때문이다.

2) 집의 수직성과 응집성

그는 집의 이미지들을 두 개의 테마로 고찰하고 있다. 첫 번째는 집의 수 직성인데, 여기서 수직성은 지하(지하실)와 지붕(다락방)의 양극성을 전제로 논의된다. 두 번째는 응집성인데, 이것은 뒤에 살펴볼 볼노프의 삶의 중심점 과도 비교될 수 있을 것이다.

1) 집은 수직적인 존재로 상상된다. 집은 위로 솟는 것이다. 그것은 수직의 방향에 서 여러 다른 모습으로 분화된다. 그것은 수직성에 대한 우리들의 의식에 호소하

는 것의 하나이다.

2) 집은 또 응집된 존재로 상상된다. 집은 우리들을 중심성에 대한 의식으로 이끌고 가는 것이다(위의 책, pp. 95-6).

지붕의 합리적인 성격과 지하의 비합리적 성격을 통해 집은 이렇게 땅으로부터 하늘로 올라가며, 이것은 인간 존재의 수직성을 밝혀 보여 준다고 그는 주장한다(위의 책, p. 105 참조). 여기서, 바슐라르는 지하실의 비합리성에서 집의 뿌리와 수직성의 근저의 의미를 찾아내며, 현대 주거 공간인 아파트에 대해서는 수평성만이 남아 있는 뿌리 없는 집이라고 비판하고 있다(위의 책, p. 108 참조). 그래서 이러한 집, 즉 "우리들이 사는 집은… 내밀함의 가치들을 알아보고 분류하기 위한 근본적인 원리의 하나를 잃어버렸다"(위의 책, p. 108).

집의 응집성의 측면에서 바슐라르는 연속성과 통합에 대해 말하고 있다. "집은 인간의 삶에 있어서 우연적인 것들을 제거해 주며, 지속의 조언을 수다히 들려준다. 집이 없다면, 인간의 존재는 산산이 흩어져 버릴 것이다"(위의 책, p. 80). 집은 쪼개진 것들을 모을 수 있고, 그래서 인간으로 하여금 그것을 모으게 할 수 있다. 바슐라르는 그것을 인간의 삶에서 "거대한 통합의 힘들 중의 하나"(위의 책, p. 80)라고 보았다. 그래서 집은 외부 세계의 모든 공격에 대항하는 발판을 제공한다. "집은 하늘의 번개와 인생의 번개에도 인간을 붙잡아 준다"(위의 책, p. 80). 따라서 집은 인간의 삶에서 편안함의 중심을 형성한다.

3) 집과 세계의 관계: 집과 세계의 역동적인 변증법과 세계 전체로서의 집

바슐라르는 집과 세계의 관계를 변증법적으로 이해한다. "집과 세계는 단순히, 병치해 놓은 두 공간이 아닌 것이다. 상상력의 영역에서 그 둘은 서로 반대적인 몽상 가운데 오히려 서로가 서로에 의해 생동하게 된다"(위의 책, p. 129). 바슐라르는 여기서 발생하는 "집과 모든 것의 변증법"에서, 자연의 폭력에 대한 저항 속에서 명백해지는 투쟁의 계기를 강조한다. 그는 자신의 설명을 입증하기 위해 보스코(Henry Bosco)의 시에 나온 카마그(Camargue)의 초라한 집을 묘사하는 부분을 인용하고 있다.

> 집은 용감하게 싸웠다. 집은 견뎌냈다. 폭풍우가 시작되자마자 심술궂은 바람이 지붕을 공격 목표로 삼았다… 그러나 지붕은 등을 구부리고, 오래된 기둥을 안고 있었다… 집은 아마 끊어질 수 없는 뿌리로 섬의 땅에 확고하게 붙어있었다… 내 육신을 보호해주었던, 이미 인간이 된 집은 폭풍우에 아무것도 양보하지 않았다… 그 밤에 집은 정말 나의 어머니였다. 나는 나 자신을 지키고 지탱하기 위해서 그 집밖에 가지고 있지 않았기 때문이다. 우리들은 단 둘이었다(위의 책, pp. 131-2).

여기서 바로 "집과 인간의 역동적인 공동체성"(위의 책, p. 134)이 나타난다. 그래서 바슐라르는 다음과 같이 주장한다: "동물 떼와 같은 폭풍우에 대항하는 집은 순수한 인간성을 가진 고유한 존재이며, 공격의 책임이 없으면서 방어만 하는 존재가 된다. (이 집은) 인간의 저항(Résistance)이다. 집은 인간적인 가치이고 '인간'의 위대성이다"(위의 책, p. 131). 집은 외부 세계에 대한 보호뿐만 아니라 인간적인 삶의 상징이며 여기서 교육적인 의미를 갖게 된다(위의 책, p. 133 참조). 집은 고독한 사람에게는 용기의 성곽이며, 그는 여기서 자신의 두려움을 이겨내는 것을 배워야 한다. 그래서 집은 안으로는 따뜻함과 쾌적함을 제공해 줄 뿐만 아니라 밖으로는 인간으로 하여금 세계에 대항하여 자기를 주장할 수 있는 확신과 힘도 제공한다. "그러한 집은… 우주에 맞서게 해주는 도구이다… 집은 모든 것에게 그리고 모든 것에 대항하여 '나는 세계의 저항에도 불구하고 이 세계의 거주자가 될 것이다'라고 말하도록 도와준다"(위의 책, p. 133). 따라서 첫 번째 유형의 변증법은

다음과 같은 말로 가장 잘 표현할 수 있을 것이다: '밖이 추울수록 집은 더 따뜻하다.'

바슐라르는 우리들이 몸을 담은 적이 있었던 모든 집들의 추억을 통해, 그리고 그 집들의 내밀하고 구체적인 본질을, 보호받는 내밀함의 모든 이미지들이 각각 가지고 있는 특이한 가치를 타당하게 해줄 수 있는 그러한 본질을 추출하고자 하였음을 알 수 있다. 결론적으로 그에게 있어 집은 안정의 근거이면서 동시에 안주함에 대한 환상을 주는 이미지들의 집적체라고 할 수 있다(위의 책, p. 95 참조). 특히 바슐라르에게 있어 집은 인간에게 "집의 가장 가치 있는 이점"을 구성하는 상상력의 꿈에 몰두할 수 있게 해준다. "집은 몽상을 보호하며, 집은 꿈꾸는 사람을 돌보며, 집은 평화롭게 꿈꿀 수 있게 해준다"(위의 책, p. 80). 그리고 상상력의 꿈으로부터 다시 "꿈의 집"이 생겨난다. 이 집에서 인간이 살아왔던 다양한 거주에 대한 기억이, 그리고 무엇보다 자기가 태어난 집의 거주에 대한 최초의 경험이 집에 대한 원형으로 압축된다. 그래서 '방을 읽는다' 내지 '집을 읽는다'는 것은 곧 그 안에서 삶을 전개하는 사람을 읽는 것이 된다(위의 책, p. 91 참조). 두 번째 유형의 변증법은 다음과 같이 표현될 수 있다: '그의 방, 그의 집은 곧 그의 세계이다. 왜냐하면 집은 하나의 세계 전체로 나타나기 때문이다'(위의 책, p. 121 참조).[9]

그럼에도 불구하고 바슐라르는 인간이 얼마나 빨리 집의 편안함으로부터 떠나려고 하는가에 대해 주의를 기울인다. "어째서 우리들은 집에 사는 행복에 그토록 빨리 싫증을 냈던가?"(위의 책, p. 146). 이 물음에 대해 바슐라르는 그것을 다시 돌아오기 위해 집을 잠정적으로 떠나는 것이 아니라 개개

---

9. 『공간의 시학』에서 이와 같은 의미를 담고 있는 것을 여러 구절에서 찾아볼 수 있다. 예컨대, "꽈지모도에게 있어서 노트르담 성당은 연이어서 알이고, 새집이고, 집이고, 조국이고, 우주였다"(곽광수, 2003: p. 191), "세계는 새집이다"(p. 210), "집은 하나의 세계 전체로 나타난다"(p. 121) 등을 들 수 있다.

의 특정한 집에 대한 영원한 불만족으로 생각한다. "현실보다 더한 어떤 것이 실제로 결여되어 있다. 집에서 우리는 충분히 꿈을 꾸지 못했다"(위의 책, pp. 146-7). 완전하게 꿈꾸어지는 집은 결코 실제적인 집이 될 수 없다. "마지막 집에서나 현실의 나의 집에서나 거주의 몽상은 똑같이 억눌린다. 그러므로 인간은 항상 다른 곳에 대한 몽상을 열어 두어야 한다"(위의 책, p. 154). 그것은 집과 먼 곳의 엮음을, 인간으로 하여금 먼 곳에서 보고 싶어지는 그러한 궁극적인 향수병을 목표로 삼는다. 그래서 바슐라르는 "거주 몽상가들의 모토"를 "어디든 묵을 수 있지만, 어디에도 가두어지지 않음"(위의 책, p. 154)으로 삼는다. 세 번째 유형에 대한 적절한 표현은 아마 다음과 같을 것이다: "어디든지 집으로 삼으나 어디에도 갇히지 않는다"(위의 책, p. 154).

　지금까지의 분석에서 알 수 있는 바와 같이, 바슐라르는 집과 세계의 변증법을 세 가지 유형으로 분석하여 제시하고 있음을 알 수 있다. 첫 번째 변증법은 집과 세계가 서로 대응적, 투쟁적이라는 관계에서 파악된다. 세계가 거칠고 험난할수록 집은 편안해진다. 집 밖의 세계는 친숙하지 않고 위험하며 미지의 공간인 반면에, 집은 익숙하고 편안한 공간이다. 집과 세계는 이런 면에서 대립적이다. 그러나 이와는 달리 우리는 살기 위해서 집 밖으로 나가야 한다. 먹을 것을 마련하기 위해 집을 떠나 바깥세상으로 나아가야만 하는 것이 인간의 존재적 사실이다. 바깥을 탐험하고 개척해야 하고, 그것을 집과 근사한 정도로 친숙한 공간으로 만들어야 한다. 이런 의미에서 볼 때, 집과 세계는 두 가지 상반된 방식으로 서로의 존재를 요청한다. 즉, 집의 편안함과 바깥세상의 험난함이 한편이라면, 다른 한편은 삶의 지속을 위해 필요한 바깥과 존재의 지속을 위한 집이다. 두 번째 변증법은 집이 곧 세계라는 주장에서 파악할 수 있다. 집은 곧 나의 세계이다. 공간을 읽고 집을 읽으면서 나를 읽을 수 있고, 나의 집은 나의 중심이면서 동시에 나의 세계이다. 끝으로 세 번째 변증법은 집에 있고 싶음과 집을 나서고 싶음 사이의 모순적 관계 또는 집 안에 있음과 집 밖으로 나감의 관계에서 파악된다. 문

은 드나들기 위해 있는 것이다. 문은 벽의 변형된 부분이다. 문이 없는 집은
상상할 수 없다. 문이 더 이상 문이 아닐 때, 그것은 누구도 머물고 싶어 하
지 않는 감옥이 된다. 집 밖으로 나가고 싶은 마음과 집 안에 들어가고 싶은
마음은 늘 우리 안에 서로 모순된 채 상존한다. 결국 떠나면서 돌아옴을, 돌
아오면서 떠남을 우리는 꿈꾼다. 우리들의 삶은 떠남과 돌아옴의 변증법에
서 완전히 떠날 수도, 완전히 돌아올 수도 없이 끊임없이 반복되는 삶이다.

6. 집의 인간학적 기능: 볼노프

1) 세계의 중심으로서의 집

볼노프는 "'객관적인' 의미에서 세계의 중심을 자기 민족의 주거지로 옮
겨 놓아 성스러운 장소로 상징화하려는 신화적 파악이 지구에 대한 지리
적 앎이 비교적 제한되었을 때에는 주장될 수 있었지만, 이러한 이해는 새
롭게 알게 되고 지구가 원형으로 되어 있음이 분명해지면서 더 이상 지속될
수 없었다"(Bollnow, 1963, ⁷1994: p. 123)고 주장하고 있다. 이러한 신화적 파
악이 깨어짐과 동시에 인간은 자기 중심점을 상실하게 된다. 이러한 상실은
인간에게 다시 새로운 과제를 제시한다. 즉, 인간은 자신의 세계 안에서 살
며, 그가 집에 있게 되고 항상 다시 돌아올 수 있는 그런 장소를 필요로 하
며, 그런 장소를 만들어 내야 할 과제를 떠안게 된 것이다.

인간이 자신의 공간에서 다시 그러한 중심을 찾는 것이 중요하다면, 그리고 인간
본질이 그러한 중심이 있어야 가능하다면, 인간은 이러한 중심을 더 이상 주어져
있는 어떤 것이 아니라 이제는 그러한 중심을 만들어 그 중심 안에서 스스로 정초

하고 외부 세계로부터의 어떤 공격에도 방어해야만 한다(위의 책, p. 125).

볼노프는 세계의 중심, 자기의 중심을 만드는 것이 인간의 본질적인 과제
이며, 인간은 자기의 집을 장만하고 그 안에 삶으로써 이 과제를 수행하게
된다고 보고 있다(위의 책, p. 125 참조). 그런데 여기서 중요한 것은 단순히
집을 소유하는 차원의 문제가 아니라 집과의 내적인 관계를 맺는 것이다.
집과의 내적인 관계는 집의 거주성(Wohnlichkeit)에 잘 나타난다. 집을 짓고
그 안에 살면서 그곳을 집으로 만들기 위해서 볼노프는 '자기 집 같음,' '마
음 편함,' '믿을 만한 친숙함'으로 이해하고 있는 집의 거주성을 주장하면
서, 다음과 같이 거주성의 특징들을 제시한다(위의 책, pp. 150-2 참조):

첫째, 거주 공간은 안식과 평화를 위하여 외부 세계에 대하여 닫혀 있어야 한다.

둘째, 개인이 자신의 삶을 실제적으로 실현해 나갈 수 있을 정도로 공간이 너무
작지도 크지도 않아야 한다.

셋째, 공간은 그 공간의 성격에 맞게 가구들로 채워지는 방식을 갖는다.

넷째, 공간은 밝고 따뜻한 온기를 가지고 있어야 한다.

다섯째, 공간은 어지럽혀져 있거나 소홀히 방치되어서는 안 되며 사랑으로 보
살펴져야 한다.

여섯째, 공간은 거주 문화(Wohnkultur)를 갖는다. 공간을 채울 가구들을 고르고
보살펴야 한다. 대량 생산된, 그래서 취향을 느낄 수 없는 가구들로는 우리가 집
에 거주성을 부여하지 못한다.

일곱째, 집은 그 안에 사는 사람을 표현하며, 공간은 그 안에 사는 사람의 부분
이다.

여덟째, 집은 그 안에 사는 사람의 역사를 반영해 준다.

아홉째, 개인이 아니라 가족이 집의 거주성을 산출한다. 거주함은 단지 공동체
안에서 가능하며, 참다운 거주처인 집은 가족을 요구한다. 집과 가족은 인간적인

아늑함을 창조하기 위해 분리되지 않는다.[10]

볼노프는 집이 이러한 거주성을 갖추어야 비로소 "진정한 의미로서의 삶의 터전이 되며, 그 안에 사는 인간은 거주 공간과의 올바른 관계 속에서 진정한 자신의 존재근거를 발견할 수 있다고 본다"(강학순, 2007B: p. 18).

2) 거주와 안주(安住)

볼노프는 인간적인 삶의 총체적 관계에서 집을 볼 때 집의 기능이 잘 나타난다고 하였다. "세계 안에서 살아가고 그 안에서 자신의 과제를 수행할 수 있기 위해서는, 인간이 외부 세계와의 싸움에서 지쳤을 때, 돌아가서 긴장을 풀고 다시 나갈 수 있는 평온함의 공간을 필요로 한다"(Bollnow, 앞의 책: p. 136). 그는 이러한 인간의 자기 형성의 과정이 특정한 공간적 전제를 갖는다는 것, 즉 자기가 주거하는 공간으로서의 집을 전제로 한다는 것의 의미를 강조한다. 인간은 거주하는 자로서, 혹은 집의 소유자로서, 공적인 것으로부터 구분된 "사적인" 영역에 대한 권한이 있을 경우에만 자신의 본질을 충족시킬 수 있다는 의미에서 비로소 완전한 인간이 되는 것이다. 따라서 집 없는 인간은 인간의 본질을 결여한 상태에 있는 것이다. 인간은 살기 위해서 반드시 그러한 편안함의 영역을 필요로 한다. "만약에 인간에게 그의 집 — 혹은 보다 신중하게 표현해서 그의 거주의 평화 — 을 박탈해 버린다면, 인간의 내적인 해체는 불가피하다"(위의 책, p. 136).

이런 주장에 대하여 다음과 같이 이의를 제기할 수 있음을 볼노프는 지적

---

10. Kaminski가 정리한 이러한 거주성의 특징들을 강학순은 다음과 같이 제시하고 있다: "1. 공간에 대한 순수한 신뢰, 유아적 안주함, 2. 고향 상실 혹은 비거주성의 상태, 3. (광의로 이해하자면) '집을 세움'으로서 안주성의 회복, 4. '견고한 거주처에서 굳어짐'의 극복과 '더 이상 인간에 의해 정초되지 않는' '파급된' 공간의 재발견"(강학순, 2007B: p. 16).

한다. "바로 우리 시대에는 자신의 집과 고향으로부터 쫓겨나는 것이 수많은 사람들의 운명이다. 이것은 분명히 잔인한 운명이다. 인간에게서 궁극적으로 인간의 본질이 충족될 수 있는 가능성을 박탈하는 것인가? 그렇다면 그것은 잔인할 뿐만 아니라 옳은 것도 아니다. 오늘날 인간의 엄청난 변동에도 불구하고 이전에 단 한 번 가졌던 오래된 고향과의 관계가 아직도 중요한가?"(위의 책, p. 136). 이러한 문제 제기에 대해 그의 대답은 다음과 같다. 우리는 "실제로 사는 곳을 바꿀 수 있고(대부분의 경우에 영혼의 병이 생기게 할 정도로), 오래된 고향을 상실하고 나서 새로운 고향을 찾을 수도 있다. 그러나 특정한 거주 혹은 특정한 고향이 바뀔 수 있다 해도, 집과 고향의 근본적인 중요성은 변하지 않으며, 오히려 거주의 질서와 집의 편안함을 새로운 장소에 새롭게 만들어야 하는 과제가 훨씬 더 중요해진다"(위의 책, p. 137). 집과 고향이 달라질 수 있다는 것과 집과 고향이 없다는 것은 중대한 차이가 있음이 드러난다.

괴테가 『파우스트』에서 난민들, "집 없는 사람들," "목적과 휴식이 없는 비인간"에 대해서 말한 것이 생각난다; "집 없는" 인간이 "인간이 아니라면," 즉 인간의 고유한 본질이 결여되어 있다면, 역으로 인간은 "집 있는" 사람이어야 진정한 사람이 될 수 있다는 것을 의미한다(위의 책, p. 137).

볼노프 역시 집과 세계의 변증법을 주장한다. 여기서는 세계-외부 공간-노동-존재의 실현이라는 축과 집-내부 공간-편안함-존재의 조건이라는 축으로 대비된다.

인간은, 쉴러(Schiller)가 말했던 것처럼, 자신의 과제를 수행하기 위해 세계로 나가야만 한다. 그리고 세계의 일에서 인간은 그럴 수밖에 없는 위험에 노출되어야만 한다. 그러나 세계 안에서 자신의 일을 충족시켰다면, 그는 다시 자기 집의 보호로 돌아올 수 있는 가능성을 가져야만 한다. 이런 양극적인 긴장과 관련된 양 측면은 동시에 필수적인 것이 되며, 인간의 내적인 건강은 양측면의 균형, 즉 세계라는 외부 공간에서의 노동과 집이라는 내부 공간의 평온함 사이의 균형에 근거한다(위의 책, pp. 137-8).

따라서 인간은 자기의 집을 짓고 외부 세계의 공격으로부터 방어하기 위해서 편안함의 공간을 만들어야 할 절대적인 과제를 가진다(위의 책, p. 138 참조). 이 과제는 다음과 같이 세 가지로 나눠볼 수 있다. 거주하는 인간은 우선 공간 속에서 끊임없이 방황하는 난민이나 모험가들이 갖는 고향 상실에 대한 저항을 통해, 두 번째로 내부 공간에 자신을 가두는 위험에 대한 저항을 통해, 즉 이 두 공간의 변증법적 긴장 관계에서, 끝으로 '스스로 집 안에 거주하면서 동시에 더 큰 공간을 신뢰할 수 있음'으로 나아가야 한다(위의 책, p. 310 참조).

3) 집의 인간학적 전제: 집의 손상과 세계에 대한 믿음

집이 인간에게 영원한 안전을 제공할 수 있다고 가정해 보자. 볼노프는 "모든 집은 위협받고 있다"는 생텍쥐페리의 말을 인용하면서, 그리고 공격받을 수 없는 안전한 체계를 만들려는 시도의 절망감을 묘사하는 카프카(Kafka)의 소설 『집(Der Bau)』을 인용하면서, 이러한 가정이 비현실적임을 강조한다(위의 책, p. 138 참조). 집의 안전을 높이려는 모든 노력은 더 복잡한 장치를 요구하게 되지만, 이로 인해 오히려 더 많은 손상 가능성이 발생한다.

우리가 자기 집에서의 편안함을 최종적인 것으로, 영원한 것으로 받아들일 수는 있겠지만, 이러한 환상은 언젠가는 분명히, 그리고 다행히 그것을 경험하지 못한다 해도 적어도 그가 죽을 때에는 비로소 이러한 환상이 깨질 것이다. 그래서 "인간은 어떤 집에서건 그 집을 다시 떠날 수 있는 내적인 자유를 유지해야만 한다"(위의 책, p. 138). 집을 잃어버려도 충족될 수 없는 어떤 궁극적인 것이 있음을 알아야만 한다. 인간의 집이 갖는 손상 가능성과 자기 집의 견고함이 갖는 위험을 알고 있다 해도 인간은 "이성의 모든 수단을 동원해 자기 집을 지어야 할 과제, 그 집에서 자기 삶의 질서를 만들어야 할 과제, 혼란을 야기하는 힘의 돌진으로부터 끊임없는 완강한 투쟁 속에서 이러한 질서를 지켜내야 할 과제"(위의 책, pp. 138-9)로부터 벗어나지 못한다. 그러한 항상성을 유지하는 투쟁 속에서만 편안함의 섬(島)이 유지된다.

자기 집을 짓고 모든 파괴로부터 항상 다시 새롭게 지어야 하는 것이 인간의 과제라면, 이 본질적인 과제는 "세계와 삶에 대한 궁극적인 믿음"(위의 책, p. 139)을 전제로 한다. 어쩔 수 없는 모든 실망에도 불구하고 자신의 노력이 어떤 의미에서건 보상받을 것이라는 느낌을 가져야 한다. 미래가 가져올 것에 대한 그런 궁극적인 믿음이 없다면 인간은 집을 지을 힘을 더 이상 키울 수 없을 것이다. 왜냐하면 도처에 도사리고 있는 파괴적인 힘에 직면하여 그것은 원래부터 무의미하다고 여겨졌을 것이다. 이러한 전제에 대하여 바슐라르 역시 이렇게 묻는다. "새들이 세계에 대한 본능적인 믿음을 가지고 있지 않다면, 새들이 자신의 둥지를 지을까?"(곽광수 역, 앞의 책: p. 209). 그리고 새에게 적용되는 것이 같은 방식으로 인간에게도 적용된다. 그래서 그는 이어서 "우리의 집은 세계 안에서의 둥지이다… 우리는 타고난 믿음을 가지고 그 안에서 살아간다"(위의 책, p. 209)라고 말한다. 존재와 삶에 대한 궁극적인 믿음이라는 배경이 없다면 결코 인간적인 삶, 특히 집을 짓고 산다는 것은 불가능할 것이다.

7. 나오는 말

　우리가 의식하지 못했던, 그러나 반드시 알아야 할 집의 본래적인 의미를 하이데거, 바슐라르, 볼노프를 중심으로 살펴보았다. 하이데거는 거주함을 인간의 본질로 보면서 사물들 곁에서 사물들의 본래적인 의미를 보호하고 배려하는 의미로서의 집을, 바슐라르는 인간이 집으로부터 받는 보호의 기능에 초점을 맞추어 행복한 공간으로서의 집을, 볼노프는 인간 자신과 세계의 중심점으로서의 집의 의미를 제시하고 있음을 알 수 있었다.

　하이데거는 현대인들은 거주에 있어서 본래적인 곤경에 처해 있으며, 본래적인 거주 공간의 상실, 즉 고향의 상실을 주장한다. 이러한 공간의 위기를 극복하기 위해서 우리는 거주함에 대해 배워야 하고 집의 경제적 의미보다는 본래적인 거주 공간으로서의 집의 의미를 숙고하고, 자신의 거주 공간에 대한 책임을 져야 한다. 바슐라르는 행복한 공간으로서의 집이 세계에 대한 근본적인 신뢰를 전제로 하고 있으며, 집과 세계의 변증법적 관계를 통해 집에 대한 이해를 제공한다. 볼노프는 "인간은 오직 '거주함'을 통해서만 비로소 진정한 인간일 수 있다"(Bollnow, 앞의 책: p. 137)고 공간의 인간화를 주장하면서, 인간이 자신의 공간을 자신만의 고유한 방법으로 형성해야 할 공간적 책임을 주장한다(강학순, 2007B: p. p. 30 참조). 그래서 "거주 공간은 거주자의 한 부분이 되고, 인간은 그의 공간과 함께 융화되고, 공간은 다시금 그의 삶에 지속적인 순간을 부여한다"(한상진 역, 2006: p. 155).

　하이데거가 우려했던 고향 상실은 바로 이러한 인간적인 공간의 상실 자체와 그 공간의 상실 자체를 우리가 깨닫지 못하는 데에서 기인한다. 현대 사회에서 우리에게 집은 경제적인 가치의 척도로만 이해되거나 고려되고 있을 뿐이다. 거주함의 본래적 의미보다는 자본화되어 버린 집의 의미가 중시되고 있는 실정이다. "오늘날 대다수의 한국인들은 '거주함'의 의미를 부의 가치의 척도나 기타 사회적 여건에 따라 어떤 지역의 어떤 집에 살고 있다는 정도로 이해할 뿐 이에 대해 더 이상 생각하지 않는다"(신상희, 2008: p. 453)는 진단은 현대 한국 사회를 살아가는 사람들이 대부분 인정할 수밖에 없을 것이다. 그러나 이제는 집에 대한 경제적 효율성의 측면보다는 본래적인 의미를 파악해야 한다. 즉, 집을 읽어야 하고, 집의 본래적인 윤리적 의미를 되새겨 보아야 한다. '서울에는 집이 없다'라는 말이 갖는 의미를 우리는 이제 진지하게 숙고하며 집의 상실이라는 위기에 적극적으로 대처하고, '행복한 공간'에 대해 배워야 한다.

참고 문헌

강학순(2007A), 「공간의 본질에 대한 하이데거의 존재사건적 해석」, 한국하이데거학회, 『하이데거 연구』, 제15집, pp. 381-410.

강학순(2007B), 「볼노우의 인간학적 공간론에 있어서 '거주'의 의미」, 한국하이데거학회, 『하이데거 연구』, 제16집, pp. 5-32.

곽광수 역, G. Bachelard(2003), 『공간의 시학』, 동문선.

김광문 외 역, E. T. Hall(2005), 보이지 않는 차원』, 세진사.

신상희(2008), 「사방세계 안에 거주함」, 이기상 외 역, M. Heidegger: 『강연과 논문』, 이학사, pp. 453-482.

이기상 외 역, M. Heidegger(2008), 『강연과 논문』, 이학사.

정은해(2001), 「하이데거의 공간개념」, 『철학』, 제68집, pp.

철학아카데미 편(2004), 『공간과 도시의 의미들』, 소명.

최상욱(1999), 「거주하기의 의미에 대하여 — 하이데거를 중심으로 한 탈근대적 거주하기의 의미」, 한국하이데거학회, 『하이데거 연구』, 제4집, pp. 271-99.

한상진 역, O. F. Bollnow(2006), 『인간학적 교육학』, 양서원.

Bollnow, O. F.(1956): *Das Wesen der Stimmungen*, Frankfurt a.M.

Bollnow, O. F.(1963, 71994): *Mensch und Raum*, Stuttgart.

Duenne, J. & Guenzel, S.(32006): *Raumtheorie — Grundlagentexte aus Philosophie und Kulturwissenschaften.*

Duerkheim, Graf K. von (1932): *Untersuchungen zum gelebten Raum*, Muenchen.

Heidegger, M.(1953, Zit. 171993): *Sein und Zeit*, Tuebingen.

Heidegger, M.(1969): *Die Kunst und der Raum*, St. Gallen, 1969.

Heidegger, M.(1978): "Brief ueber den Humanismus," in: *Wegmarken*, Frankfurt a.M.

Heidegger, M.(1989): *Beitraege zur Philosophie (vom Ereignis)*, Frankfurt a. M.

Kettering, E.(1987): *Naehe — Das Denken Martin Heideggers*, Pfullingen.

Lefebvre, H.(1991): *The Production of Space*, Blackwell Pub.

Minkowski, E.(1933): *Le temps vécu — Etudes phénoménologiques et psycho-pathologiques*, Paris.

Morris, D.(2004): *The Senses of Space*, State Univ. of New York Press.

Pallasmaa, J.(2005): *The Eye of The Skin: Architecture and the Senses*, John Wiley & Sons Ltd.

Price, E.(1968): *Der weite Raum*, Oncken-Verlag.

Reichenbach, H.(1957): *The Philosophy of Space and Time*, Dover Pub.

Saint-Exupéry(1928): *Courrier sud*, éd: Gallimard, Paris.

Saint-Exupéry(1930): *Vol de nuit*, éd: Gallimard, Paris.

Saint-Exupéry(1948): *Citadelle*, Paris.

Schmidt, C.: *Stadt, Raum, Gesellschaft: Henri Lefebvre und die Theorie der Produktion des Raumes*, Steiner.

제8장

비싼 아파트가 정말 좋은 아파트일까?
현대 주거 공간으로서의 아파트의 인간학적 의미에 대하여*

이 장은 우선 집이 그 안에 사는 사람의 품성이나 성향 내지 정서를 느끼게 해준다는 점에서 볼 때, 집이야말로 그 어떠한 건축물보다도 또한 사람이 만드는 그 어떤 물리적인 실체보다도 일상생활에서 사람의 감성이 담기고 표현되고 계발되어 승화되는 그릇임을 전제한다. 이러한 전제하에 한국의 대표적인 주거 형태로 자리 잡은 아파트의 의미를 전통적인 삶의 주거 구조와 비교하면서, 서구적인 아파트가 토착화되는 과정에서 발생한 변화에 주목하여, 아파트 식 주거 구조에 공동체적 계기의 실현을 강조하였다.

한국의 주거 문화는 생활 기능적 측면보다는 가족 구성원을 강조한다. 여러 가족 구성원이 한 공간에서 모여 산다는 것은 구성원 간의 서로 다른 욕망의 본질에 의해서 갈등, 분열과 긴장이 일어나게 마련이지만, 이러한 갈등 구도는 가족 구성원 간의 협력과 정(情)의 공간성에 근거해서 해소되어야 한다. 따라서 아파트형 주거 문화에서 개별성과 독립성을 포기하지 않으면서도 공동체성을 살릴 수 있는 공간적 계기가 구성되어야 한다.

* "이 장은 2008년 정부 재원(교육인적자원부 학술연구조성사업비)으로 한국학술진흥재단의 지원을 받아 연구되었음(KRF-2008-332-A00052).

여기서 말하는 공동체적 계기의 실현이 전통적인 사회의 공동체성으로의 복귀를 의미하지는 않는다. 즉, 이러한 공동체적 계기는 전통적인 의미에서의 공동체성이라기보다는 현대사회의 특징이 반영된 공동체성으로 변화되어야 할 것이다. 사생활 보호와 안전성에 대한 요구와 더불어 조화될 수 있는 공동체성이 무엇인지 우리는 생각해 보아야 할 것이다.

　그리고 이 글은 현대 주거 공간의 철학적·윤리적 의미에 대한 숙고의 필요성을 제시한다. 인간을 포함한 모든 존재자는 자신의 존재에 상응하는 고유한 공간을 지니고 있다. 공간과 존재자는 서로 필연적인 관계를 맺고 있기 때문에 공간의 의미는 존재자의 존재 의미와 직결되며, 결국 공간의 위기는 존재자의 위기로 연결될 수밖에 없다. 따라서 좋은 공간이란 인간적인 공간임을 전제하지 않을 수 없으며, 좋은 집은 인간적인 집임을 부정할 수 없을 것이다.

1. 들어가는 말

인간은 살아가는 동안 다양한 공간을 만들어 내며, 또 의식적이든 비의식적이든 간에 특정 공간 속에 편입되어 삶을 전개해 나간다. 전자가 도시와 주택과 같은 가시적이며 물질적인 공간이라면, 후자는 비가시적이며 관념적인 공간일 것이다. 이 두 공간은 서로 연결되어 있으며, 상호작용을 하게 된다. 인간은 그가 살고 있는 공간 안에서 자신의 삶을 이끌어 가기 때문에, 그가 사는 곳의 모습을 통해 그를 이해해 볼 수 있는 여지가 분명히 있다. 집은 그 안에 사는 사람의 품성이나 성향 내지 정서를 느끼게 해준다. 집이야말로 그 어떠한 건축물보다도 또한 사람이 만드는 그 어떤 물리적인 실체보다도 일상생활에서 사람의 감성이 담기고 표현되고 계발되어 승화되는 그릇이라고 보는 건축가도 있다.

집은 인간의 본질을 규명하는 데 있어서 중심적인 기능을 가지고 있다. 바슐라르(G. Bachelard)에 의하면, 집은 세계 안에 있는 우리의 구석이며 우리의 최초의 세계이다. 집이 없는 인간은 갈 곳이 없다. 그래서 볼노프(O.F. Bollnow)도 집이 외부로부터의 보호 이상의 의미를 가지며, 집은 인간에게 속하는 것이고, 마치 인간의 육체처럼 인간과 떨어질 수 없는 것이라고 주장한다.

더구나 인간은 집 밖에서 살 수 없다. 인간은 집이 있기에 그 안에 들어가 눕고 일어난다. 집은 인간의 체험된 공간으로 구성된 자기 세계의 중심점이 되면서 자기 존재의 뿌리가 되는 곳이다. 예로부터 한국에는 집 안 곳곳에 가신(家神)을 모셔두고 가신들에게 집안의 안녕과 융성을 기원했던 지신밟기의 전통이 아직도 남아 있으며, 새로 집을 지을 때에도 상량제를 올리고,

새집에 들어가거나 이사할 때에도 입택(入宅) 고사를 지내는 전통을 가지고 있었을 정도로 집에 여러 의미를 부여해 왔다. 그러나 현대인의 주거 공간인 집은 집과 일터로서의 의미를 가졌던 근대적 의미의 주거 공간의 성격과 차별화되어 일터와 완전히 분리되었다. 특히 현대 한국 사회에서 집은 의미가 지나치게 기능적인 공간으로만 간주되었고, 부동산의 경제적 가치로만 인식되게 되었다. 집의 의미의 해체와 가족의 해체가 전혀 관련이 없는 것은 아닐 것이다.

캐나다의 건축학자인 쉐나우어(Nobert Schoenauer)는 동서양의 주거 형태에 대한 연구에서 중정(안마당)을 가진 주거의 형태가 자연 친화적인 가치와 사회경제적인 장점을 고루 갖춘 형태라고 주장하고 있는데, 이것은 안마당을 갖춘 훌륭한 우리의 전통 한옥을 획일적이고 삶의 편리함을 가졌다는 이유만으로 아파트로 채워 나가는 우리의 현실에 많은 시사점을 던져준다. 아파트라는 주거 형태는 그 안에 사는 사람들의 개성을 획일화시켜 버리고 만다. 집에 대한 수요의 증가, 기능적인 편리함, 부동산으로서의 경제적 가치 등으로 인해 우리는 너무 쉽게 집의 본래적인 의미와 인간적인 의미를 포기해 왔다. 따라서 집은 우리에게 어떤 의미였으며, 현대사회에서 집은 우리에게 무엇인가라는 물음과 과연 집다운 집은 어떤 집이어야 하는가라는 물음에 대한 숙고가 필요하다.

2. 집은 기계?

20세기에 들어와서 우리는 너무나 많은 것들을 포기하고 새로운 것을 만들어 내었다. 수백 년 이어 내려온 것들이 한순간에 사라져버리고, 새로 등장한 것들이 너무도 당연히 우리 옆에 늘 있었던 것처럼 존재의 의미를 드

러내는 것이 자연스럽게 보이기도 한다. 예컨대 우리가 늘 아파트에 살아왔
었다는 느낌이 드는 것처럼 말이다. 이러한 것들 중에 아마 우리의 주거 형
태를 포함시키는 것에 이의를 제기하기는 어려울 것이다. 오랜 역사를 통해
구성되어 온 마을들이 이제는 아파트타운이 되어 버렸고, 외국에서는 대규
모 아파트 단지가 도시 폭력의 상징이 되고 도시의 분열을 조장하고 사회
적 관계를 단절시키는 주거 형태라는 비판이 있는데도 불구하고(길혜연 역,
2007: p. 8 참조), 우리는 너무나 빨리 그리고 쉽게 아파트에 항복해 버린 것
이다. 보다 정확하게 말하면, 아파트가 주는 편리함에 너무 익숙해진 것이
고, 삶의 의미보다는 재산 증식과 경제적 가치를 더 추구하게 된 것이다. 아
파트의 사전적 정의는 "5층 이상의 건물을 여러 집으로 일정하게 구획하여
각각의 독립된 가구가 생활할 수 있게 만든 주거 형태"(전상인, 2008: p. 19)
이다. 아파트는 그 어원적인 근거[1]와 아파트의 생활 형태를 볼 때, "뭔가 떨
어지고 분리되어 존재하는 주거 공간을 의미한다"(위의 책, p. 20).

르 코르뷔지에(Le Corbusier)는 집을 '그 안에 살기 위한 기계'라고 정의
내리고 있으며, 힐리어 역시 공간은 기계라고 주장하면서 집은 '가족들의
활동의 흐름을 절단하고 채취하는 기계'라고 정의 내리고 있다(Hillier, 1996:
p. 371 참조).[2] 이진경은 집이라는 기계가 절단하고 채취하는 양상이나 내용
이 근대를 기준으로 해서 크게 달라졌다고 주장한다(이진경, 1997: p. 277 참

---

1. 아파트의 어원은 "불어의 아파르트망(appartement)으로 알려져 있다. 아파르트망은 원래
궁전이나 대저택 안의 독립적인 생활공간을 의미했다… 많은 사람들이 함께 기거하기 위
해서 집은 몇 개의 공간 군으로 나뉘어 있었다. 가령 아파르트망 드 파라드(appartement de
parade)는 공적인 용무로 수십 명의 사람을 초대해 음식을 대접하거나 이야기를 나누는 공
간이었고, 아파르트망 드 소시에떼(appartement de société)는 안주인이 서너 명의 친구나 친
척들을 초대하여 간단한 티파티를 여는 곳이었으며, … 프랑스의 아파르트망은 옛날 조선
시대 사대부 집 안의 당(堂)의 개념과 유사한 측면이 있다"(전상인, 2008: p. 20).
2. "들뢰즈와 가타리는 다른 어떤 요소와 결합하여 어떤 질료적 흐름을 절단하고 채취하는
방식으로 작동하는 모든 것을 기계라고 정의한다. 이러한 정의에 따르면 인간이나 동물의
신체의 일부도 기계요, 경계를 갖는 사회들도 또한 기계다. 이런 의미에서 공간 또한 기계라
는 것은 명확하다"(이진경, 2007: pp. 130-1).

조). 가장 큰 특징이 바로 기능적 분화이고, 이를 통해 독자적인 생활공간, 사생활이 보장된 공간으로 집이 자리매김을 하였다는 것이다. 이로 인해서 집은 점차 공공성을 상실하게 되었고, 외부와 단절된 폐쇄된 공간으로 변하게 된 것이다.

현대사회의 대표적인 주거 형태로서의 아파트의 존재감은 20세기 초 건축가인 르 코르뷔지에 의해 이미 예견된 바 있다. "산업화 이후 절박하게 대두한 주택문제를 진지하게 고민한 르 코르뷔지에는 주택을 대량 생산하려는 마음가짐, 대량 생산 주택에서 살고자 하는 마음가짐, 대량 생산 주택을 이해하려는 마음가짐이 필요한 시대가 도래했음을 역설"(전상인, 앞의 책, p. 21)하고 있다. 모두가 한옥이나 단독주택에서 살고 싶다고 해도 이것은 서울 같은 대도시에서는 불가능한 일이기 때문이다. 우리나라의 경우, 대도시뿐만 아니라 농촌 지역에서도 흔히 '논두렁 아파트' 혹은 '밭두렁 아파트,' 심지어 '나 홀로 아파트'들이 점점 늘어나고 있다. 우리나라 전체 주택 가운데 아파트가 차지하는 비율은 2005년 52.7%였고, 2007년 현재 서울에 거주하는 사람들의 55.7%가 아파트에 살고 있고,[3] 단독 및 다가구 주택에 거주하는 사람들은 18.6%에 불과하다는 조사 결과를 보면(전상인, 위의 책, p. 24 참조), 아파트는 이제 분명히 현대 한국 사회의 대표적인 주거 형태가 되었음을 알 수 있다. 그러나 아파트에 대한 수많은 비판에도 불구하고 우리가 그 안에 살 수밖에 없다면, 지금 우리의 대표적인 주거 형태인 아파트에 대한 긍정적인 의미를 찾아보는 것도 의미 있는 작업일 것이다. '집에 산다'는 것은 인간 삶의 기본이며, "집이 있음으로 해서 나와 이방인, 나와 타자의 구분이 생기게 된다"(변순용, 2010: p. 193). 우리가 어떤 이유와 생각에서든 아파트에 살고 있고, 현대 한국 사회의 대표적인 주거 형태가 아파트라면, 이제는 아파트에서의 주거의 의미를 숙고해 보아야 할 필요가 있다.

---

3. 일본 도쿄의 아파트 비중은 약 20% 정도이다(전상인, 2008: p. 48 참조).

3. 전통적인 삶과 주거 공간: 공간과 사람이 나누는 조화의 아름다움

누구나 자기가 살 수 있는 집을 원한다. 집이 없는 사람은 인간이 아니다. 하이데거가 인간의 본질을 죽을 자들의 거주에서 찾는 것을 염두에 둔다면, 거주하지 않는 인간은 관념상의 존재일 뿐 실존하지 않는다. 그래서 집은 그 안에 살고 있는 사람들의 삶의 표현이며, 문화의 단상이 된다. "한국의 전통적인 집의 구조는 그 공간의 성격이나 분할에 있어서 특유한 구조성·문화성 및 사회성을 지니고 있다"(이재선, 1986: p. 348). 이것은 집뿐만 아니라 집들로 구성된 우리의 전통적인 마을에도 해당된다. 다음은 우리의 전통 마을을 연구하는 사람이 쓴 글이다.

우리가 오늘날 살고 있는 집과 주거 단지는 공급자가 불특정한 수요자를 대상으로 만들어 놓은 것으로, 그것들을 만드는 과정에 우리의 개별적인 의사는 조금도 반영되지 않았다. 그것들을 만든 사람은 심지어 우리가 누구인지도 모른다. 말하자면 우리는 주관식으로 사는 게 아니라 선택형으로 살고 있는 셈이다. 그렇게 선택된 주거 단지의 이면에 도사리고 있는 것은, 우리의 사상이 아니라 공급자인 건설회사 또는 부동산개발자의 생각 곧 이윤을 극대화하겠다는 자본의 논리일 것이다. 이와는 달리 마을은 어느 날 어느 건설회사가 만들어 놓은 것이 아니다. 물론 지관이나 목수의 도움이 있었지만, 그것은 기본적으로 그곳에 산 사람들이 스스로 만들어온 것이다. 자기가 만든 공간에 자신이 산다면, 그 공간에는 자신의 정신이 반영되어 있지 않을까? 우리가 마을을 답사하면서 어떤 정신성을 만나기를 기대하는 것은 이런 까닭이다. 정신성이란 그 공간과 장소를 만든 이들의 사상을 말한다. 그러나 사상과 공간의 관계가 그리 단순한 인과관계는 아닌 것 같다(한필원, 2004: p. 16).

여기서 그는 현대화된 동네와 전통적인 마을을 이렇게 구분하고 있다. 특히 그는 한국적인 마을의 전후 개념4에 대해 서양의 마을이나 도시에서는 중심과 주변이라는 위계적 개념을 특징으로 한다고 제시하고 있는데, 이는 매우 흥미로운 주장이다(위의 책, p. 19 참조). 그러나 여기서 강조되어야 할 것은 마을의 정신성은 곧 집의 정신성 혹은 '주거 정신'을 통해 구성된다는 것이다. 우리가 살고 있는 집은 나의 정신성이 반영되어 있어야 한다. 아마 이것이 집을 지어야 하는 인간, 특히 남자들의 전형적인 꿈인지도 모르겠다. 자기 집을 자기 생각대로 짓고 싶은 욕망은 이러한 정신성을 역으로 입증해 주고 있다.

전통적인 주거 공간의 특징으로는 질서와 조화를 추구하는 위계적 개념이 반영되어 있다는 것이다. 흔히 전통 마을이라고 불리는 마을들은 대개 16세기경에 조성된 것으로 알려져 있는데, 이 시기에는 풍수지리적 사고와 성리학적 관념이 마을의 구성에 중요한 영향을 미쳤음을 알 수 있다. 예컨대, "일반적으로 전통 마을을 양반 마을인 반촌(班村)과 일반 농촌 마을로 나누고 전통 주택을 양반의 주택인 반가(班家)와 서민의 주택인 민가(民家)로 나누는 것도 마을과 주택에서 살고 있는 거주자의 신분에 따른 구분"(위의 책, p. 19)이다. 이러한 위계적 질서 개념은 조선 시대의 전통 한옥의 구조에서도 잘 나타난다. "사랑채, 안채, 별당채, 행랑채, 부속채 등으로 구분된 내부 공간에서 으뜸은 역시 사랑채였다. 그것은 집안 전체를 관장하는 일종의 판옵티콘이자 외부와의 소통을 전담하는 정치적·문화적 공간이었다"(전상인, 2008: p. 153; 한옥공간연구회, 2004: pp. 51-7; 최상헌, 2006: pp. 88-95 참조).

---

4. 어느 마을이건 그 마을에서 종갓집을 찾기는 쉽다. 즉, 종가는 안길의 맨 끝, 즉 주거지의 가장 후면에 있기 때문에 찾아보기 용이하며, 그는 이러한 마을의 구성을 전후 개념이라고 말하고 있지만, 필자가 보기에는 이것은 전후 개념보다는 안팎의 개념으로 보는 것이 더 적절하다고 판단된다.

　다음으로 생각해 볼 수 있는 전통적인 주거 공간의 특징은 바로 주거 공간이 자연과 연계되어 조성되며, 공간의 확장성을 드러낸다는 것이다. 예컨대, "많은 전통 마을에서 볼 수 있는 정자(亭子)는 바로 이런 확장적 개념이 만들어 낸 요소이다. 마을 밖을 멀리 바라볼 수 있는 지점에 세워진 정자는 마을 영역을 주변 경관까지 시각적으로 확장시키는 매개물로서 의미를 갖는다"(한필원, 앞의 책, pp. 20-1). 그런데 이러한 확장성에서 중요한 것은 중심의 문제인데, 그것은 "확장의 중심이자 시작점은 바로 나 자신"(위의 책, p. 21)이라는 건축의 주체성이다.[5]

　한국의 전통적인 주거는 "공간의 분할에 있어서 바깥과 안의 공간이 엄격하게 둘로 나누어진다. 바깥의 공간인 사랑채는 집 밖의 외부나 타자와의 접촉이 자유로운 남성 중심의 사교적·공적 장소요 여성으로부터 격리되어 있는 장소인 것이다. 이에 비해서 안방을 중심으로 하는 안채 쪽은 가족의 일상생활이 이루어지는 닫혀진 사적·가족적 공간이며 여성적인 공간인 것이다"(이재선, 앞의 책: p. 348). 이러한 안팎의 이분법에 근거해서 사랑방으로 대변되는 주거 공간은 "가족의 혈연적인 상속 관계의 정통성을 잇는 부권적인 권위의 상징이며, 가문의 수호 및 양육·안전과 가독권(家督權)이 부여되어 있는 지상의 절대적인 권력의 부성적 공간이며 장소"(위의 책, p. 349)인 반면에, 안방으로 대변되는 주거 공간은 "가정의 내적인 생활을 대리하는 여성적인 권위의 상징으로서 출산과 호적의 정당성과 재산, 가정 관리의 우선권과 독점권이 부여되어 있는 곳"(위의 책, p. 349)을 의미한다.

---

5. "건물이 밖에서 어떻게 보일까 하는 문제보다 건물 안에서 무엇이 내다보이는지가 중시되었다. 보통은 건물 앞 멀리로 잘생긴 산봉우리가 보이는데, 그것을 안대(案帶)라고 한다. 안대의 존재는 관찰자인 남이 아니라 거주자인 나를 중심으로 건물을 지었음을 말한다"(한필원, 2004: p. 21).

4. 아파트의 의미와 한국적 토착화

한국의 현대적인 그리고 대표적인 주거 형태가 되어 버린 아파트의 경우, "개인주의적 주거 문화, 되도록 공용면적을 줄여야 분양성이 높고 이를 마케팅 포인트로 삼는 건설업체, 복도형보다는 계단실형이 선호되는 추세, 집 안에서도 되도록 방방이 구분되고, 열쇠, 자물쇠로 나누어져 가뜩이나 바쁜 요새 개인생활에 가족생활이 자꾸 퇴화하기만 한다는 비판 등등"(김진애, 2002: pp. 44-5)을 생각해 볼 수 있다. 한국 사회가 현대화로 돌입하면서 쏟아낸 가장 독창적인 산물의 하나로 아파트의 주거 문화를 꼽는 이들도 있다(전상인, 앞의 책: p. 27 참조).

아파트형 주거 문화의 가장 큰 특징은 공동체성의 약화와 익명성의 증가이다. 물론 아파트 단지 내 인간관계의 확장과 이에 근거한 공동체성이 발휘되는 경우도 있지만, 특정 아파트 단지의 폐쇄적이고 배타적인 공동체에서는 사회 문화적 동질성에 바탕을 둔 사회적 공동체성과 사회 통합의 가능성은 힘들어지게 마련이다. 그래서 "아파트 동이나 단지를 단위로 하는 분과적 사회자본은 존재하고 풍부하나, 그것을 초월하는 더 넓은 의미에서의 사회적 총자본은 감소하고 있다"(위의 책, p. 108)는 것이다.

아파트가 한국의 전통적인 가옥의 형태가 아님은 분명하다. "1950~60년대 우리나라 아파트는 유럽에서 직수입된 설계수법을 사용하여 내부 형태가 지금과는 많이 달랐다. 유럽의 아파트는 실내를 '공동 공간 대 개인 공간' 혹은 '주간 사용 대 야간 사용'으로 엄격히 양분하는 경향이 있다"(위의 책, p. 141). 그러나 1970년대부터 아파트는 토착화의 길을 걷게 되었다. 대표적인 것이 바로 입식 생활에나 적합한 라디에이터 방식의 난방이 완전히 사라지고 온돌 난방이 도입된 것이다(강인호·한필연, 1999: p. 245 참조). 그리고 아파트 내부의 구조도 점차 서양식에서 벗어나 "현관문을 열면 바로 거실과 연결되고, 거실에서 침실, 주방, 화장실로 이어지는 이른바 한국식 아파트 구조가 등장한 것이다. 전 세계에서 거실이 센터 역할을 하는 경우는 한국의 아파트가 유일하다고 한다"(전상인, 2008: p. 143; 서윤영, 2007: p. 116 참조; [그림 1], [그림 2] 참조). 이것을 전상인은 도시형 한옥의 동선 형식6과 유사하다고 주장하면서 아파트의 거실이 안마당 역할을 하게 된 것이라고 분석하고 있다(전상인, 앞의 책: p. 143 참조; [그림 3] 참조).

아파트의 한국적 토착화를 찾아볼 수 있는 것이 바로 발코니 혹은 베란다 그리고 다용도실의 존재이다. 줄레조는 이것을 아파트에 있어 전통 공간의 재구성 내지 재공식화라고 지적한다(길혜연 역, 2007: pp. 192-8 참조). 먹을거리를 저장하던 과거의 헛간이나 창고, 빨래를 널고 장독을 두었던 마당은 다용도실과 베란다로 재구성되어 아파트에서 내부화되었다는 것이다. "베란다가 비록 새시로 실내화한 것이 현실이지만 관념적으로 여전히 바깥으로 간주하는 경향이 있다. 아파트에 살면서 담배 피우러 베란다에 '나간다'고 꼭 말하지 않는가"(전상인, 앞의 책: p. 144).

이외에도 아파트의 현관에서도 토착화 현상을 찾아볼 수 있다. 본래 현관은 집의 입구이면서 동시에 출구가 되며, 아파트의 구조상 바깥으로의 유일한 출입구이다. "현관은 그 공간적 독립성에 의해 내부와 외부 사이의 완충지대가 되고, 인간은 이 공간을 통해 출입시 문 하나나 벽 하나를 통해 드나들 때는 느낄 수 없는 심리적인 구분을 하게 된다"(임창복 역, 1997: p. 12). "아파트에서 신발을 벗고 신는 현관의 높이는 거실보다 반드시 낮다. 신발을 벗고 생활하는 우리나라 실내 생활양식을 고려한 결과이다"(전상인, 앞의 책: p. 145).

아파트의 토착화를 통해 전통적인 공간 구조가 재현되고 있지만, 이것은

---

6. 도시형 한옥의 동선 형식은 "과거에 대문을 열면 문간을 거쳐 바로 안마당으로 연결되고, 마당에서 안방, 대청, 건넌방, 부엌, 문간방 등으로 갈 수 있는 동선 형식"(전상인, 2008: p. 143)을 말한다.

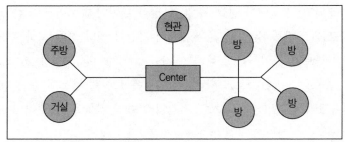

[그림 1] 1960년대 유럽식 아파트

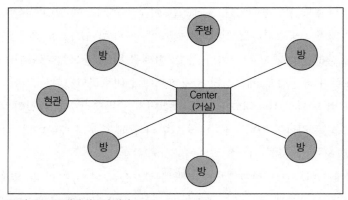

[그림 2] 1990년대 한국식 아파트

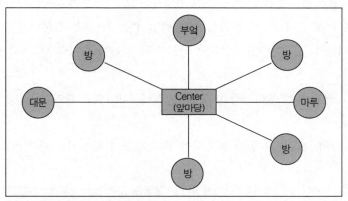

[그림 3] 1930년대 개량 한옥

그대로 수용되는 것이 아니라 현대화의 영향도 동시에 일어난다. 그 대표적인 예가 바로 아파트 내부 공간의 양성평등화라고 할 수 있다. 전통 주택에서는 "사람이 붙박이고 밥상이나 다기와 같은 가구가 이동했는데, 붙박이는 대체로 남성이었고, 운반자는 여성이었다. 말하자면 자연스럽게 남성이 여성의 상전이 된 것이다. 그러나 아파트 거주 문화에서는 소파나 식탁, 의자와 같은 신체 가구가 일상화되었고, 그 점도 페미니즘 효과를 발휘했다. 왜냐하면, 이제 남성도 신체 가구를 이용할 때 스스로 이동해야 하기 때문에 그 앞에서 가족 구성원 모두가 남녀노소 불문하고 상대적으로 대등해진 것이다"(전남일, 2002: pp. 7-9; 전상인, 2008: p. 156).

아파트의 구조에서 드러난 변화 중에 하나가 바로 남성적 공간의 축소이다. 이와 관련하여 전통적인 한옥의 공간 구조에서 '아버지 공간'과 '어머니 공간'으로 엄격히 구분되었다는 주장은 매우 흥미롭다(전인권, 2003: pp. 23-8 참조). 아버지 공간은 "책상을 중심으로 책이나 라디오, 신문, 도장 등이 놓인 질서의 공간이었고, 후자[아버지 공간]는 식당, 거실, 응접실, 간이화장실(요강) 등 모든 기능을 수행하던 만능공간이었다"(전상인, 앞의 책, p. 154). 그러나 아파트의 내부 구조에서 가장 눈에 띄는 것은 남성적 공간의 축소이다. "안방이 부부공용의 공간으로 변했고, 남성의 공간이었던 사랑방은 접대와 가족 공동 공간인 거실로 흡수되었다"(전남일, 앞의 책: p. 7; 전상인, 앞의 책: p. 155). 물론 서재라는 공간을 구성한다면 모르지만, 대부분의 경우 아파트에서 아버지의 독자적인 공간이 줄어든 것은 분명하다.

5. 거실과 방

한국의 모든 아파트에서 특징적인 LDK 모델은 전통 한옥의 구성과는 본질적으로 다르다. 여기서 LDK 모델은 거실(Living), 식당(Dining), 부엌(Kitchen)의 약자로 거실-식당-부엌을 연결하는 열린 공간을 말한다. 이 모델에서 개개의 방들은 기능상 다르지만 서로 개방되고 연결되어 있다. "기능에 따라 공간을 구분하고 침실을 개인에 따라 배당한 것이 LDK의 기본 원리이다"(길혜연 역, 2007: p. 187). 안마당의 역할은 기능적으로 구분되어 베란다와 다용도실, 거실로 흡수되었다고 할 수 있다. 중요한 차이는 베란다와 다용도실에는 난방이 되지 않는다는 것과 거실이 아파트의 모든 공간의 중심점이 된다는 것이다.

거실이라는 말을 문자 그대로 해석하면, '그곳에 있기 위한 방'이고 생활하는 방(living room, Wohnzimmer)이다. 거실의 가장 큰 특징은, 아파트의 다른 구성 요소들이 분명하게 구분된 기능을 수행하는 반면에,7 거실은 특정 기능이 제시되지 않는다는 점이다. 아마도 "여러 사람이 가족이라는 공동체를 이루며 한 주거에서 지낼 때, 그 가족 공동체의 끈이 되는 것은 요리하는 일이나 자는 일이 아니라 그렇게 구분할 수 없는 행위의 복합체"(임창복 역, 1997: p. 20)라는 생각이 그 근저에 있을 것이다. 두 번째 특징으로는 거실의 상대적인 크기와 개방성에 있다. 거실보다 큰 방은 없다. 거실이 방보다 상대적으로 크기 때문에 방의 협소함에서 받게 되는 폐쇄감을 거실에서는 느낄 수 없다. 또한 방은 문을 닫으면 주거 공간으로부터의 독립을 보장받는다. 그러나 거실은 열려 있고 닫을 수 없다. 세 번째 특징으로는 거실의 중심성을 들 수 있다. 거실은 아파트 거주의 구조적 중심이면서 동시에 심리적 중심이다. 방에서 방으로 가기 위해서, 주방으로 가기 위해서, 우리는 거실을 통해야 한다. 이러한 거실의 중심성으로부터 각 방들의 독립성이 보장되기도 한다. 즉, 거실의 존재는 방의 독립성의 전제가 된다.

"전통적인 가옥의 방들은 우리 특유의 가족제도나 관계를 가장 잘 나타

---

7. 예컨대, 침실은 잠을 위해서, 주방은 요리하기 위해서, 화장실은 샤워나 용변을 위해 존재한다.

내 주는 공간 분할의 단위다. 그것은 곧 가족적인 질서의 구조요 상징인 것이다. 가장 작은 집인 초가삼간에도 큰 방, 작은 방이 마루로 차단된다"(이재선, 1986: p. 353).

6. 문과 현관의 의미

"집이 인간에게 감옥이 되지 않기 위해서는 세계로의 열려짐을 필요로 하는데, 이 열려짐은 집의 내부를 적절한 방식으로 외부 세계와 연결해 준다"(Bollnow, 1963: p. 154). 여기서 적절한 방식은 그 집 안에 사는 사람과 세상과의 관계에서 규정되어야 하며, 이는 안의 생활에 대한 보호와 밖으로의 열려짐이 모두 보호되어야 하는 방식을 의미한다. 이러한 열려짐이 외부 세계와의 교류를 위해 집을 열어 주는데, 집의 문과 창문이 이러한 기능을 수행한다. 문과 창문은 내부의 세계와 외부의 세계를 관계 짓게 해주는 연결 요소인 것이다. 문과 창문은 벽의 일종인데,[8] 공간의 폐쇄성과 개방성의 정도를 결정해 주는 가장 중요한 요인으로 작용한다. 문이 출입하는 자의 동선을 규제하는 장치라면, 창문은 빛과 공기, 시선을 규제하는 장치라는 점에서 차이가 난다. 창문은 "넘나들기 위한 것이 아니라 내다보거나 들여다보기 위한 것"(이진경, 1997: p. 135)이라는 점에서 문과 차별화된다.

문의 가장 기본적인 성격은 그것이 반(半)투과적이라는 것이다. "화학에서 어떤 용해 물질은 자유롭게 통과하게 해주면서 특정 물질은 통과시켜 주

---

8. 이진경은 문은 열리고 닫히는 것임에도 불구하고 본질적으로 닫혀 있는 벽을 여는 것이며, 두 개의 부분 공간을 연결해 주는 기능을 하며, 문의 자물쇠나 잠금장치를 통해 문이 벽으로 다시 되돌려진다고 보고 있다. 안에서 밖으로 나가는 동선에 대한 제재와 밖에서 안으로 들어가는 동선에 대한 제재에 따라 내부자 보호인지 내부자 감금인지 구분된다고 주장한다(이진경, 1997: pp. 132-5 참조).

지 않는 용기(用器)가 있는 것처럼, 문도 그러하다. 집에 속하는 사람은 문을 통해 자유롭게 드나들 수 있으며, 낯선 사람에게는 닫혀 있고, 특별하게 들어오도록 해야 하는 반면에 안에서 잠긴 문은 항상 열 수 있고 자유롭게 통과할 수 있는 것이 바로 거주의 자유에 속한다"(Bollnow, 1963: pp. 154-5).

인간은 자기 집 안에서 외부 세계와 차단되어 보호될 수 있지만, 그렇다고 해서 자기 집에 감금당한 것은 아니다. 만약 그렇다면 그의 집은 그에게 감옥이 될 것이고, 감금당했다는 의식은 고통스럽고 또 참을 수 없을 정도로 사람들에 대한 접촉 충동을 느끼게 할 것이다. 사람을 그 사람이 현재 살고 있는 집에 가두어 놓고 외부와의 접촉을 제한하고 감시하는 가택 연금을 생각해 보라. 그는 자기 행동이 의미 없음을 알면서도, 자기 집이지만 그럼에도 불구하고 가택 연금으로 감옥이 되어 버린, 자기 집의 문을 흔들 것이다.

> 어렸을 때 다른 사람이 자기를 꽉 붙잡아 행동의 자유를 억압할 때 이미 본능적으로 가지고 있었던 풀려나고 싶은 충동에 대해 맥도걸(MacDougall)이 말한 것처럼, 감금당한 인간은 자신의 자유를 빼앗는 것에, 즉 감금형의 중압감에 반항하게 된다(위의 책, p. 155).

자기의 문을 스스로 닫는 사람은 자신의 자유를 유지한다. 물론 그는 그 안에서 자신의 자유를 자기의 방식으로 경험한다. 왜냐하면 그는 그 문을 항상 자기가 원할 때 다시 열 수 있는 가능성을 가지고 있기 때문이다.

> 짐멜(Simmel)은 「다리와 문(Brueck und Tuer)」이라는 그의 글에서 문의 의미를 지적하면서 이러한 기능을 강조하였다. 그는 여기서 "인간은 스스로 경계를 자유롭게 설정하지만, 그 경계를 없애고 그 밖에 다시 설 수 있다는 것이 바로 인간의 본질이다"(Simmel, 1957: p. 4)라고 쓰고 있다(위의 책, p. 155).

볼노프는 이러한 자유가 인간이 자신이 원할 때 문을 열고 그것을 통해 그 공간을 떠날 수 있다는 데 있다고 보고 있다(위의 책, p. 155 참조).

집에 거주하는 인간이 문을 통해 자유롭게 드나들 수 있는 반면에, 낯선 이에 대해서 문은 배제의 역할을 수행한다. 거주자의 승인 하에서만 타인은 그 집으로 들어설 수 있다. 하지만 문을 닫아 타인을 들어올 수 없게 함으로써 인간은 내적인 독립성과 안전성을 확보하게 된다. "어떤 집에 들어가는 사람에게 요구되는 승인은 친한 사람들을 적 내지 낯선 사람으로부터 구분한다. 우리는 낯선 이에게 집을 닫는 경향이 더 강하다. 그래서 사람들 사이의 교제가 길이라는 중립 영역에서 일어난다. 그러나 반대로 집에 한 번 들어오도록 허용된 사람은 집의 보호 하에 있게 되고, 손님의 권리를 즐기며, 이 집에서 나쁜 짓을 하지 말 것을 요구 받는다"(위의 책, p. 156).

아파트의 장점 중의 하나가 고립된 섬처럼 살다가 필요하면 바깥과 바로 연결할 수 있게 해주는 현관문이다. 현관문을 통해 개폐식 삶이 가능해진다. 현관문은 "아파트 진출입을 가능하게 하는 유일무이한 통로이다. 도둑이거나 비상시가 아닌 다음에야 창문으로 출입할 수 없는 것이 아파트이고, 담을 넘어 출입할 수도 없는 것이 바로 아파트다. 그리하여 현관문만 굳게 걸어 잠그면 그 안에서 자신이나 가족만을 위한 궁궐이나 성채를 차릴 수 있다. 그러다가 현관문을 열고 나오면 이웃이 지척에 천지로 깔려 있는 것이 아파트 생활의 근린환경이다"(전상인, 앞의 책: p. 95). 현관이 물론 주거 공간의 안과 밖을 단절해 주면서도 이어주는 기능을 하고 있지만, 이러한 상징적, 심리적 의미 외에 와타나베는 격식으로서의 현관의 의미를 보다 강조하고 있다(임창복 역, 1997: p. 12 참조). 물론 이것은 일본식의 예절과 주거 문화의 특징에서 보면 당연하겠지만, 일본 주거 문화의 독특한 현상이라 보기는 어려울 것이다. 어느 문화권이건 간에 손님에 대한 접대의 시작과 끝은 현관에서 일어난다는 것을 쉽게 찾아볼 수 있기 때문이다.

7. 나오는 말

아파트형 주거 문화에서 가장 강조되는 것은 개인 공간의 확보이다. 부모와 자녀들이 각자 자기만의 공간을 확보하고 사는 시대가 된 것이다. 그러다 보니 "각 개인의 독립적 영역이 증가한 대신 가족 내부의 공유 공간은 점차 감소하고 있다. 게다가 자식들의 경우, 특히 청소년들은 대개 방문을 안으로 걸어 잠그는 경향이 있다. 마치 아파트 현관문을 걸어 잠금으로써 한 가족이 통째로 세상으로부터 절연하듯이, 아들과 딸은 자기 방문을 걸어 잠금으로써 거실이나 안방의 부모로부터도 한 번 더 격리된다"(전상인, 앞의 책: p. 164). 이러한 문제점 때문에 최근에는 방의 구분만 없애도 가족의 관계가 달라질 수 있으므로 최소한의 프라이버시만 보장하는 형태의 구조나 공동 공간이 되는 거실의 변화를 통해 새로운 가족 문화를 구성하고자 하는 움직임도 나타나고 있다. 한국의 주거 문화는 생활 기능적 측면보다는 가족 구성원 중심을 강조한다. 여러 가족 구성원이 한 공간에서 모여 산다는 것은 구성원 간의 서로 다른 욕망의 본질에 의해서 갈등, 분열과 긴장이 일어나게 마련이지만, 이러한 갈등 구도는 가족 구성원 간의 협력과 정(情)의 공간성에 근거해서 해소되어야 한다. 따라서 아파트형 주거 문화에서 개별성과 독립성을 포기하지 않으면서도 공동체성을 살릴 수 있는 공간적 계기가 구성되어야 한다.

줄레조는 한국의 아파트에서 서구성과 현대성의 의미를 찾고 그 요소를 주장하였는데(길혜연 역, 앞의 책: p. 162 참조), 이제 한국형 아파트식 주거 문화에는 전통성이 가미되어야 할 것이다. 전통성에서 강조되어야 할 것은 기능적 의미의 전통성이 아니라 공동체적 계기가 실현될 수 있는 전통성이다. 물론 여기서 말하는 공동체적 계기의 실현이 전통적인 사회의 공동체성으로의 복귀를 의미하지는 않는다. 즉, 이러한 공동체적 계기는 전통적인 의미에서의 공동체성이라기보다는 현대사회의 특징이 반영된 공동체성으로 변화되어야 할 것이다. 사생활 보호와 안전성에 대한 요구와 더불어 조화될 수 있는 공동체성이 무엇인지 우리는 생각해 보아야 한다.

현대 주거 공간의 철학적·윤리적 의미를 우리는 숙고해 보아야 한다. 인간을 포함한 모든 존재자는 자신의 존재에 상응하는 고유한 공간을 지니고 있다. 공간과 존재자는 서로 필연적인 관계를 맺고 있기 때문에 공간의 의미는 존재자의 존재 의미와 직결되며, 결국 공간의 위기는 존재자의 위기로 연결될 수밖에 없다. 따라서 좋은 공간이란 인간적인 공간임을 전제하지 않을 수 없으며, 좋은 집은 인간적인 집임을 부정할 수 없을 것이다.

참고 문헌

강인호·한필연(1999), 『주거의 문화적 의미』, 세진사.

길혜연 역(2007), V. Gelézeau, 『아파트공화국』, 후마니타스.

김진애(2002), 『우리의 주거 문화 어떻게 달라져야 하나?』, 서울포럼.

서윤영(2003), 『세상에서 가장 아름다운 집』, 궁리.

변순용(2010), 「삶의 중심으로서의 집과 그 철학적 의미에 대한 연구」, 『윤리연구』, 77
호, pp. 191-215.

이영진(1985), 「풍수 지리를 통해서 본 마을의 공간개념」, 『한국민속학』, 제18집, pp.
235-41.

이영진(2006), 「주거민속을 통해 본 주거 공간의 영역화」, 『비교민속학』, 제32집, pp.
73-89.

이재선(1986), 『우리 문학은 어디에서 왔는가』, 소설문학사.

이진경(1997, ²2007), 『근대적 시·공간의 탄생』, 푸른숲.

임창복 역(1997), 와타나베 다케노부, 『주거 공간의 의미』, 판국제.

전남일(2002), 「한국 주거내부 공간의 근대화요소에 관한 연구」, 『한국가정관리학회지』, 20/4.

전상인(2008), 『아파트에 미치다 — 현대한국의 주거사회학』, 이숲.

전인권(2003), 『남자의 탄생』, 푸른숲.

최상헌(2006), 『조선상류주택의 내부 공간과 가구』, 이화여대출판부.

한옥공간연구회(2004), 『한옥의 공간문화』, 교문사.

한필원(2004), 『한국의 전통 마을을 가다1』, 북로드.

Bollnow, O.F.(1963, ⁷1994): *Mensch und Raum*, Stuttgart.

Hillier, B.(1996): *Space is the Machine — A Configurational Theory of Architecture*, Cambridge Univ. Press.

Simmel, G.(1957): "Brueck und Tuer," in: p. Landmann, M. (hrsg.): p. *Essays des Philosophen zur Geschichte, Religion, Kunst und Gesellschaft*, Stuttgart.

제9장

무엇을 어떻게 먹어야 좋을까?

수입된 미국산 소고기의 안전성, 중국으로부터 수입된 여러 식품에서 나온 멜라민 관련 파동을 계기로 이젠 우리가 먹을거리에 대한 근본적인 문제 제기를 하지 않을 수 없게 되었다. 먹을거리의 안정성 문제가 현대사회에서 매우 중요한 문제로 제기되고 있으며, 국가 간의 갈등까지 야기할 수 있는 가능성을 가지고 있다. '먹을거리'와 '먹는다'의 문제는 개인적 차원의 문제이면서도, 국가적 차원에서의 섭식 장애나 국민의 영양 상태에 대한 관심에서 볼 때, 사회적, 국가적으로도 중요한 문제이다. 뿐만 아니라 이러한 문제는 생명 윤리, 생태 윤리의 차원에서도 매우 중요한 문제이기도 하다. 이 장에서는 먹을거리와 먹는 행위의 문제에서 먹는 행위를 생물학적이면서도 본능적인 성격을 갖지만, 이에 못지않게 이성적인 행위이면서 동시에 도덕적인 판단의 대상이 되는 행위로 규정한다. 그래서 쾌락의 측면에서, 자연의 순환 법칙의 측면에서, 문화적 측면에서, 윤리적 측면에서 인간학적 의미를 추출하였다. 그리고 먹을거리의 선택의 문제에서 산업적이고 경제적인 논리보다 생태적 효율성의 중요성을 제기하고 있다. 그래서 이 글을 통해 먹을거리의 문제에는 경제적이며 산업적인 효율성에 대한 관심과 생태 윤리, 생명 윤리, 동물 윤리적인 관심들이 얽혀 있음을 밝혀내고, 먹을거리의 공급, 유통과 소비 과정에서 제기되는 문제를 해결하기 위하여 미국에서 진행되는 로컬푸드와 대도시 공동 구매, 채식주의와 베건(Vegan), 인도적 사육 방법, 가족형 농장, 여러 종류의 신뢰할 만한 인증 제도, 슬로푸드, 초유기농(beyond organic), 근거리 소비주의(locavores) 등과 같은 새로운 대안적 생산, 유통, 소비의 형태들의 특징과 문제점들을 살펴보았다.

"자연 전체는 '먹다'라는 동사의 수동태와 능동태 활용에 불과하다."
— W. R. Inge

"만약 자양분이 빠져나간 만큼 자양분을 공급하지 않으면 생명은 생기를 잃을 것이다.
그리고 이 자양분을 앗아가버리면 생명은 파괴되고 만다."
— Leonardo da Vinci

1. 들어가는 말

수입된 미국산 소고기의 안전성, 중국으로부터 수입된 여러 식품에서 나온 멜라민 관련 파동을 계기로 이젠 우리가 먹을거리에 대한 근본적인 문제 제기를 하지 않을 수 없게 되었다. 먹을거리의 안정성 문제가 현대사회에서 매우 중요한 문제로 제기되고 있으며, 국가 간의 갈등까지 야기할 수 있는 가능성을 가지고 있다. 인류 역사상 음식에 대한 욕망은 인간 사회의 역사를 움직이는 중요한 동인이었다. 고대사회의 밀이나 향신료를 둘러싼 무역과 국가 간의 전쟁을 고려해 볼 때, 또는 "음식이 상업의 영역을 확대시켰고, 침략 전쟁을 초래하였으며, 제국주의 형성에 대단한 역할을 하였고, 신세계의 발견을 촉진시켰다"(손경희 역, 2006: p. 426)는 것을 고려해 볼 때, 먹을거리의 문제는 단순히 먹을거리만의 문제가 아님을 알 수 있다. 음식 없이는 인류도 사회도 존재하지 않았을 것이다.

'먹을거리'와 '먹는다'의 문제는 개인적 차원의 문제이면서도, 국가적 차원에서의 섭식 장애나 국민의 영양 상태에 대한 관심에서 볼 때, 사회적, 국가적으로도 중요한 문제이다. 뿐만 아니라 이러한 문제는 생명 윤리, 생태 윤리의 차원에서도 매우 중요한 문제이기도 하다. 인간뿐만 아니라 지구상의 모든 생명체는 무언가를 먹어야만 한다. 이것은 자연의 법칙이면서 동시에 자연의 필연성이다. 슈바이처(A. Schweitzer)는 생존을 위한 생명의 부정이 자연의 '폭력'임에도 불구하고, 그 자연적 폭력에 휘둘릴 수밖에 없는 인간에게 생명에 대한 무한한 책임을 주장하였다.

먹을거리와 관련된 문제는 최근에 한국 사회뿐만 아니라 전 세계적으로 제기되고 있다. 우리나라에서 특히 중국산 먹을거리에 대한 우려는 현재 한국의 식자재 공급의 상당 부분을 중국산이 차지하고 있는 실정에서 매우 심각한 문제를 초래하고 있다.

특히 산업화된 공장식 목축업에 의해 공급되는 육식에 대한 도덕적 고려와 연결된 동물 윤리의 문제가 본격적으로 제기되고 있다. 뿐만 아니라 현대사회에서 생산되는 먹을거리에 대한 근본적인 불신으로 인해 유기농 먹을거리와 로컬푸드 운동,[1] 슬로푸드 운동,[2] 대도시 구매 클럽[3] 등의 새로운 경향이 생겨나고 있다. 먹을거리의 문제는 동물 윤리의 문제뿐만 아니라 생

---

1. 관련 사이트로는 www.localharvest.com, www.locavores.com을 들 수 있다. 여기서는 자기 집에서 100마일(약 160km) 이내에서 생산된 먹을거리를 소비할 것을 권장하고 있다. 일본에서는 로컬푸드 운동을 받아들여 지산지소(地産地消) 운동을 시작하였으며, 농민과 소비자의 90%가 이에 대해 알고 있다. 일본 농림수산성은 2002년 '식(食)'과 '농(農)'의 재생 플랜, 2004년부터는 식육추진기본계획(食肉推進基本計劃)을 추진하면서 본격적으로 도입되었다. 지산지소 운동의 장점으로는 우선, 신선한 계절의 미각을 맛볼 수 있으며, 둘째, 생산자의 얼굴을 알 수 있어 안심할 수 있고, 셋째, 지역 기반의 농업을 지킬 수 있고, 끝으로 수송거리가 짧아 에너지 소비량과 이산화탄소 배출량을 줄일 수 있어 환경에 이롭다는 것이다. 우리나라에서도 이를테면 경북 의성 농민회가 2007년 2월부터 대구 지역 초등학교 급식에 쓸 친환경 농산물을 직접 판매하고 있는데, 이는 한국에서 시작되는 로컬푸드 운동의 좋은 예가 될 것이다(『한겨레 21』, 2008년 10월 24일자 참조).
2. 슬로푸드 운동은 1986년 이탈리아의 로마에 맥도널드 지점이 생긴 것에 반대해 이탈리아의 언론인, 운동가 등 62명이 시작한 것으로, 현재 전 세계에 10만여 명의 회원을 가진 모임으로 성장했다. 이 운동의 모토는 "좋고, 깨끗하고, 공정한(good, clean and fair) 먹거리"이다.
3. 대도시 구매 클럽은 보통은 대도시에 사는 여러 가족들의 그룹인데, 그들은 한 달에 한두 번씩 대량 주문을 한다. 보통은 클럽을 주도한 사람이 조직하며, 외곽의 생산자와 연결하는 형태의 구매 방법이 활성화되고 있다.

태 윤리와 생명 윤리와도 매우 밀접한 관계를 갖고 있다. 생태 윤리와 관련 된 문제의 예로는 공장식 목축업으로 인한 배설물의 처리 및 메탄가스의 증가, 항생제의 남용 등을 들 수 있고, 특히 동물 사료로 주로 사용되는 옥수 수의 증산을 위해 점점 늘어나고 있는 단일 작물 재배의 토양 파괴 문제 또한 매우 심각해져 가고 있는 실정이다.[4] 대량 생산과 공급이라는 경제적 논리에 의해 인간의 밥상에 오르는 많은 가금류의 안전성 및 동물의 권리침해의 문제에 대한 반성의 요구가 점점 일어나고 있다.

우리는 습관적으로 하루에 세 끼를 먹고 산다. 먹기 위해 사느냐, 살기 위해 먹느냐라는 농담에서처럼 때로는 그것이 혼동될 정도이기도 하다. 나는 매일 학교 앞에 있는 여러 식당 중에서 그날의 날씨에 따라, 기분에 따라, 동행자에 따라, 주머니 사정에 따라 먹을 것에 대한 선택을 고민하게 된다. 때론 먹는 것이 귀찮게 여겨져 건너뛰거나, 건너뛴 한 끼는 영원히 돌아오지 않는다고 생각하며 한 끼를 때우거나, 아니면 정말 반가운 친구와의 정겨운 식사가 즐겁기도 하다. 사실 '오늘 뭘 먹을까?'라는 물음은 우리가 식사 때마다 하는 고민이다. "음식을 선택하고 먹는 행위는 바로 우리가 자의식을 구현하고 또 경험하는 가장 근본적인 과정이 된다… 자아와 주변세계에 대한 의식이 형성되기 위한 자각의 가장 기본적인 경험은 바로 먹는 행위를 통해 이루어진다"(김용환 역, 2006: p. 203)고 할 수 있다.

먹는 것도 인간의 행위에 포함되기 때문에, 우리는 먹는 행위에 대한 도덕적 숙고를 해야 하며, 이 글은 이러한 숙고의 시도이다. 나는 이 글에서 '우리는 먹는다'라는 말에서 생략된 것이 지닌 의미를 생각해 보고자 한다.

---

4. 이와 더불어 "세계자원연구소에 따르면, 지나치게 많은 목초지가 조성되는 것이 전 세계 토지 황폐화의 가장 큰 단일 원인이다. 이 토지 황폐화는 대체로 미국이나 오스트레일리아 등지의, 소와 양의 목초지로 사용되는 반(半)건조지대에서 발생한다"(함규진 역, 2008: p. 334).

2. 먹는 행위의 인간학적 의미

먹는 행위는 인간의 본능적인 식욕과 관련이 있다. 먹는 행위가 인간에게 즐거움을 준다는 것은 분명한 사실이다. 물론 보통 음식이 종교나 도덕의 영역에서 절제되어야 하고 줄여야 하는 것으로 여겨져 왔지만, 음식 없이는 인류도 존재하지 않는다. 먹는 행위의 즐거움에 대한 근거를 브리야 사바랭은 다음과 같이 설명하고 있다:

첫째, 절제 있게 섭취했을 때 피로를 동반하지 않는 유일한 쾌락이기 때문에,

둘째, 연령과 조건을 불문하고 언제나 가능하기 때문에,

셋째, 적어도 하루에 한 번은 필연적으로 돌아오며, 하루에 두세 번 불편 없이 반복될 수 있기 때문에,

넷째, 다른 모든 쾌락들과 섞일 수 있으며, 심지어 다른 쾌락의 부재를 달래줄 수 있기 때문에,

다섯째, 먹는 즐거움이 수용하는 인상들은 더욱 지속적인 동시에 더욱 우리의 의지에 달려 있기 때문에,

끝으로, 본능적 의식에서 나오는 정의할 수 없는 특별한 행복을 느끼기 때문에 (홍서연 역, 2004: pp. 69-70),

미각은 우리에게 많은 쾌락을 주는 감각이라고 주장한다. 또한 그는 "도덕적 관점에서 미식은 조물주의 질서에 대한 암묵적인 인종(忍從)이다. 조물주는 우리로 하여금 살기 위해 먹도록 명령하였으며, 식욕으로써 그것을 권고하고 맛으로써 지원하며 쾌락으로써 보상한다"(위의 책, p. 196)고 주장한다.[5]

---

5. 보통 미식법으로 번역되는 gastronomie는 어원상 위(胃)를 뜻하는 희랍어인 gaster와 법칙을 뜻하는 nomos로 이루어진 단어이다. 따라서 gastronomie는 먹는 것에 대한 규칙이나

분명히 먹을거리 자체가 주는 즐거움과 그것을 먹는 행위의 즐거움은 인간이 포기할 수 없는 부분이다.

먹는 행위는 생물학적이면서도 본능적인 성격을 갖지만, 이성적인 행위이면서도 도덕적인 판단의 대상이 되는 행위이다. 인간은 자연에서, 그리고 사회 속에서 먹을 수 있는 것과 먹을 수 없는 것을 구별해야 하고, 먹을 수 있는 것에서 다시 먹어도 되는 것, 먹어야만 하는 것, 그리고 먹어서는 안 되는 것을 구별해 내야 한다. 잡식동물들은 자연이 차려놓은 많은 먹을거리 중에서 어떤 것을 먹어야 하는지를 알아내기 위해서 뇌의 많은 공간과 시간을 할애해야 한다. 인간은 그래서 먹을거리에 대한 끊임없는 고민을 하게 된다. 자연 속에서 먹을 수 있는 것과 먹을 수 없는 것 사이에서 고민하던 인간은 이제 슈퍼마켓에 진열되어 있는 그 수많은 먹을거리 중에서 어느 것을 택하느냐는 고민에 빠지게 된다. 이 고민 속에서 새로운 먹을거리에 대한 추구(neophilia)와 안전한 먹을거리에 대한 의존(neophobia)은 갈등하게 된다. 또한 우리는 좋은 먹을거리와 나쁜 먹을거리의 구분을, 즉 먹을거리에 대한 가치판단을 은연중에 하고 있다. 아이가 피자나 햄버거와 같은 패스트푸드를 김치나 떡보다 좋아한다면 부모는 고민에 빠진다.

먹는 행위를 통해 인간은 자연의 순환에 참가하게 된다. 자연으로부터 영양분을 흡수하는 신진대사 작용을 통해 인간은 자연과 소통하게 되는 것이다. 먹는 행위는 자연의 법칙에 속하는 행위이다. 따라서 먹는 행위는 인간이 인간 밖의 환경과 상호작용을 하면서 인간 외적인 것을 자기화하는 과정이다. 먹는 행위의 동기가 되는 식욕은 인간과 세계를 연결시켜 주는 통로이며, 인간은 식욕을 통해 삶을 이끌어 나갈 수 있는 힘과 자극을 얻을 수 있다. 절망에 빠져 있거나 실의에 지쳐 있는 사람에게서 식욕을 찾아볼 수는 없으며, 먹는 행위는 인간이 세계 속에서 살아 있다는 가장 직접적인 증

그에 대한 이론이라는 것이 본래적인 의미일 것이다.

거이다.

먹는 행위는 생물학적인 행위이면서 동시에 문화적 행위이다. 우리는 문화권마다 다양한 먹을거리와 그에 대한 조리법을 가지고 있다. 나라마다 지역마다 고유한 음식 문화가 있으며, 또 금기시되는 먹을거리가 존재한다. 예컨대 유대교와 이슬람교에서는 돼지고기가 금기 식품이다. 더운 기후에서 돼지고기는 위험한 식품이었으므로, 식사에 관한 계율이 만들어졌을 당시에 이러한 점이 고려되었을 것이다(손경희 역, 2006: p. 93 참조).

사람들은 다른 사람들이 어떤 특정 음식을 먹는다는 것 때문에 비난하거나 야만시하기도 한다. 예를 들면, 발효된 양배추를 잘 먹는 독일인은 싸우어크라우트(Sauerkraut), 볶은 콩을 잘 먹는 멕시코인은 빈(Bean)이라고 비하되는 경우가 있다. 영국인들은 프랑스인들이 개구리 다리를 먹는 관습을 이유로 그들을 개구리(frog)라고 부르기도 한다(김정희 역, 2005: p. 29 참조). 그러다 보니 문화적 차이로 인한 오해와 편견이 발생하기도 한다. "음식에 대한 자기 민족 중심적인 태도는 단순한 고정관념을 넘어서 다른 문화나 종교와 결부된 특정 음식에 대한 거부로 확대될 수 있으며"(김용환 역, 2006: p. 62), 심지어 다른 문화나 종교에 대한 거부감으로도 확대될 수 있다.

그러나 이와 반대로 고유한 음식 문화를 통해 우리는 동질감과 연대감을 형성하게 된다. "실제로 몇몇 문화권의 '적'에 해당하는 단어를 풀어보면 글자 그대로 '입맛이 다른 사람'을 뜻하기도 한다"(정미나 역, 2005: p. 113). "누군가와 먹고 마시는 것은 사회적 공동체의 상징이며 확인이기도 한 동시에 상호 의무 수락의 상징이며 확인이기도 하다"(Freud, 1918: p. 174). 그래서 좋은 일이 있을 때 어느 나라, 어느 문화권에서든 축제가 벌어지며, 모든 잔치에는 항상 음식과 여흥이 수반된다. 소문난 잔치에 먹을 것이 없다면 그것은 좋은 잔치가 아닐 것이다. 또한 다른 나라, 다른 문화, 다른 식습관으로의 오랜 여행길 끝에 먹게 된 우리 음식에 대한 강렬한 욕구는 누구라도 한 번쯤은 경험했을 것이다. 원래 동료(companion)란 '빵을 함께 나누어 먹는 사람'이라는 뜻에서 유래한다(Farb & Armelagos, 1980: p. 4 참조).

먹는 행위는 분명 배고픔의 충족이라는 본능적인 성격을 갖지만, 정신적인 측면과의 관련성도 강하게 가지고 있다. 우리는 어떤 목적을 위해 때로는 단식하기도 하고 절제하기도 한다. 아무리 배가 고파도 먹어서는 안 되는 것이라면 우리는 그것을 거부한다. 또한 우리는 배가 터지도록 먹을 수 있다. 아마도 지구상에 소화제의 도움을 받으면서까지 먹는 존재는 인간뿐일 것이다. 어느 문화권에서나 폭식, 탐식, 대식과 같은 용어들은 항상 식욕에 근거한 비도덕적인 현상들로 간주되어 왔다. 일반적으로 먹는 행위는 정신의 작용을 통해 제어되어야 하는 성격을 갖는다. 아리스토텔레스는 절제와 무절제에 대한 부분에서 먹는 행위와 같은 자연적 욕망에 관하여 다음과 같이 말하고 있다:

> 자연적 욕망의 경우에 잘못하는 사람은 거의 없고, 잘못을 한다 하더라도 한쪽 방향으로만, 즉 지나친 쪽으로만 잘못할 뿐이다. 사실 어떤 것이든 더 이상 먹고 마실 수 없을 때까지 먹고 마시는 것은 양에 있어 자연에 따르는 것을 넘어서는 것이다. 자연적 욕망이란 결핍된 것을 다시 채우는 것이니까. 이런 이유로 사람들은 그들이 마땅한 것을 넘어 자신들의 배를 채운다고 생각해서 그들을 폭식가(暴食家)라고 부르는 것이다. 지나칠 정도로 노예적인 사람이 이런 사람이 된다(1118 b).[6]

여기서 그는 자연적 욕망에서 나온 행위에 대해서 절제할 것을 요청하고 있는 것이다. 특히 먹는 양과 관련해서 마땅한 것을 넘어서 먹는 폭식을 경계하고 있다. 공자 역시 먹을거리와 먹는 행위에 대하여 자세한 설명을 하고 있다:

---

6. 이 부분에 대한 번역은 이창우 외 역(2006): 『니코마코스 윤리학』(이제이북스)를 참조하였음.

밥은 정한 것을 싫어하지 않으시며, 회는 가늘게 썬 것을 싫어하지 않으셨다.

밥이 상하여 쉰 것과 생선이 상하고 고기가 부패한 것을 먹지 않으셨으며, 빛깔이 나쁜 것을 먹지 않으시고, 냄새가 나쁜 것을 먹지 않으셨으며, 요리가 잘못된 것을 먹지 않으시고, 때가 아닌 것을 먹지 않으셨다.

자른 것이 바르지 않으면 먹지 않으시고, 간장을 얻지 못하면 먹지 않으셨다.

고기가 비록 많으나 밥 기운을 이기게 하지 않으시며, 술은 일정한 양이 없으셨는데, 어지러운 지경에 이르지 않게 하셨다.

시장에서 산 술과 포를 먹지 않으셨다.

생강을 먹는 것을 거두지 않으셨다.

많이 잡수시지 않으셨다(『論語』, 鄕黨).[7]

『논어』의 설명에서도 주로 '싫어하지 않음(不厭)' 내지 '먹지 않음(不食)'과 같은 소극적인 표현으로 하고 있는 점을 본다면, 먹는 것에 대한 절제 내지 이성적인 통제의 중요성을 엿볼 수 있을 것이다. 한국의 경우에도 빙허각 이 씨가 1809년에 집필한 조선시대 최고의 한글판 가정 백과사전이자 조리서라고 할 수 있는 『규합총서(閨閤叢書)』에서 음식을 대하는 사대부들의 태도 중에서 "마음에 과하고 탐내는 것을 막아 법을 삼으라"(정혜경, 2007: p. 160)고 강조한다.

마음을 다스리고 성을 길러야 하니, 먼저 세 가지와 또 한 가지를 막을 것이니, 좋은 음식은 탐을 내고, 맛없는 음식은 찡그리고, 종일 먹어도 음식이 그 생겨난 바를 아지 못한 즉 어리석으니 덕 있는 선비는 배불리 먹을 타령을 말아 허물이 없게 하라(위의 책, p. 160).

7. 이 부분에 대한 번역은 성백효 역, 『논어집주』(전통문화연구회)를 참조하였음.

음식은 노동과 사유의 집약체이기도 하다. 인류가 언제부터 어떻게 해서 요리를 하게 되었는지에 대해서는 여러 가정들이 있겠지만, 분명한 것은 인간의 문화는 요리와 함께 시작되었다 해도 과언이 아니라는 것이다. 그래서 인류학자인 칼턴 쿤은 "요리법의 도입은 원초적 동물 상태의 사람을 보다 완전한 인간으로 만드는 데 결정적 요인이 되었다"(손경희 역, 2006: p. 48)라고 말하고 있다.

먹어야 할 것의 선택은 곧바로 어떻게 먹어야 하는가에 대한 물음으로 이어진다. 예컨대 식당에서 불가피하게 혼자 먹어야 하는 경우를 생각해 보자. 일본에서는 혼자 먹는 사람을 위한 식당도 있다고 하지만, 식당에서 혼자 먹는 경우를 즐거워하는 경우는 많지 않을 것이다. 원래 음식은 같이 먹는 것이고 그래서 나누어 먹는 것이고, 음식에는 그래서 자연스럽게 이야기가 덧붙여진다. 음식에는 음식을 하는 사람의 관심과 애정이 담겨 있기 때문에, 밖에서 사먹는 익명의 다수를 위해 만들어진 상품으로서의 음식과 집에서 정성껏 마련한 음식은 결코 비교할 수 없을 것이다.

3. 먹을거리 선택의 문제

건강을 위하여 혹은 동물의 권리 보호를 위해 육식보다는 채식을 하자는 목소리가 점점 더 커지고 있다. 특히 동물 윤리를 주장하는 사람들 중에 육식의 비윤리성을 주장하는 이들도 있다. 인도적이고 유기농적인 방법으로 생산된 고기만을 먹으려 하거나 동물성 음식 자체를 먹지 않으려는 사람들이 점점 늘고 있다. 싱어(P. Singer)는 공장식 농업의 잔인함을 다음과 같이 제시하고 있다:

암퇘지들은 일생의 대부분을 몸을 돌릴 여유도 없는 칸막이에 갇혀 지내야 한다. 닭들은 또 어떤가? 아주 부자연스러운 밀집 상태로 살며, 몸은 너무나 빨리 자라고, 잔인한 방식으로 운송되고 도살된다. 그리고 낙농장의 젖소들은 주기적으로 임신을 당하고는 낳는 즉시 새끼를 빼앗겨버린다. 그리고 고기소들은 황량하고 살풍경한 사육장에 감금되어 살아간다(함규진 역, 2008: p. 339).

그는 현대의 육류 생산 체계에 의해 발생하는 동물들의 막대한 고통이 공장식 농장에서 생산된 육류가 사라질 경우 느끼게 될 식욕의 불만보다 훨씬 크다고 주장한다(위의 책, p. 345 참조). 그는 동물 윤리와 관련된 학자들의 주장을 인용하면서 비건(vegan)과 채식주의자의 논리를 정당화하고 있다. 그에게 있어 우리의 장바구니에 있는 육류는 곧 동물 학대에 동참하는 것으로 여겨진다(위의 책, p. 392 참조). 그러나 그의 반(反)육식주의가 얼마나 설득력을 가질 수 있는지에 대해서는 의문이 생긴다.

그러나 여기서 왜 현대에 와서 육식에 대한 이러한 거부감이 생겨났는지를 살펴볼 필요가 있을 것이다. 이러한 물음에 대해 불리엣(Richard W. Bulliet)은 매우 설득력 있는 설명을 하고 있다. 그는 인간과 동물의 관계를 사육(domestication)이라는 측면에서 분석하고 있다. 그는 인류의 역사를 거시적으로 전기 사육 시대(predomesticity), 사육 시대(domesticity), 후기 사육 시대(postdomesticity)로 구분하고 각 시대의 유형적인 특징을 밝히면서, 사육화의 기원에 대한 여러 가지 추론적인 설명을 제시하고 있다. 특히 그는 사육화의 기원에 대해서는 우리가 알고 있던 통설의 문제점을 제시하고(동물의 자연선택이나 인간의 선택적이며 의도적인 교배에 의해 사육되었다는 주장), 사육화가 시작된 이유를 종교적인 행사, 특히 희생 제의로부터 찾고 있다. 그가 구분한 전기 사육 시대는 인간과 동물의 경계가 모호해서 동물이 사냥의 대상인 동시에 숭배의 대상이 되었던 시기이며, 사육 시대는 인간의 이해관계에 따라 동물이 철저히 대상화되었던 시기이고, 후기 사육 시대는 그러한 대상화가 상품화로 그 극을 이루며, 인간과 동물의 격리가 산업화의 과정을 통해 진행되면서도 전기 사육 시대적인 정서가 다시 생기는 시기라고 분석하고 있다.

사육 시대에서는 인간과 동물의 접촉이 빈번하였고, 동물의 교미 장면이나 도살 장면은 그 시대의 사람들에게 새로운 사실도 충격적인 사건도 아니었다. 그러나 동물들과 격리된 삶을 사는 후기 사육 시대의 현대인들이 사육동물을 접하게 되는 상황은 애완용 동물을 기르거나 아니면 슈퍼마켓에서 깨끗해 보이는 용기에 담긴 고깃덩어리나 패스트푸드점에서 프라이드치킨을 보는 경우가 대부분이다. 최근에 공장식 농장(factory farming)에서 벌어지는 가축의 도살 장면이 현대인들에게 매우 충격적으로 다가오는 이유를 그는 다음과 같이 설명한다. 우리는 프라이드치킨이나 비닐로 포장된 소고기를 보면서 그것이 어떻게 거기에 그렇게 있게 되었는지를 망각하고 있다는 것이다. 또한 아이들이 보는 텔레비전의 만화 프로그램이나 이야기 책을 보면 동물들은 대체로 의인화되어 나온다. 그래서 미국에서 상영된 〈베이브(BABE)〉(1995)라는 영화에서 주인공인 돼지가 도살 직전에 두려워하는 것을 보고 나서 고기를 먹지 않겠다고 말하는 아이들이 나오게 되는 것이다 (임옥희 역, 2008: pp. 28-9, 39, 56-9 참조).

나는 어렸을 적 언젠가부터 대학 시절까지 육식을 하지 않았다. 그렇지만 내가 의식적인 채식주의자였던 것도 아니었다. 내가 육식을 하지 못했던 것은 어린 시절 어머니 손에 이끌려 갔던 동네의 재래시장에서 닭의 도살 장면을 보게 되었고, 그 장면이 너무나 생생하게 기억되었기에 육식을 하지 못했던 것이다. 현대인들의 이러한 정서적 반향이 후기 사육 시대의 주요한 특징이 된다. 최근에 동물의 권리나 복지, 혹은 고통에 대한 관심은 현대인들의 이러한 정서적 반향과 무관하지 않을 것이다. 미국산 소고기의 수입에 대한 사회적 논쟁이 벌어질 무렵, 한국산 소고기의 안전성을 강조하는 광고에서 그것을 강조하는 문구와 함께 푸른 목장을 배경으로 **순진**하게 서 있는 송아지의 모습을 찍은 사진이 게재된 것을 본 적이 있다. 여기서 느껴지는 아이러니가 바로 불리엣이 주장한 후기 사육 시대의 정서적 반응일 것이다. 이러한 정서적 반응이 현대인의 식탁에서 베건과 채식주의자들의 주장이 점점 힘을 얻게 되는 중요한 요인 중의 하나일 것이다.[8]

폴랜(Michael Pollan)은 현대인의 식탁을 구성하는 먹을거리를 산업적 음식 사슬, 전원적 음식 사슬, 수렵 및 채집 음식 사슬로 구분하고, 실제로 그 사슬을 식탁에서부터 역추적하면서 현대인의 음식 문제를 진단하고 있다.[9] 잡식동물의 딜레마는 초식동물이나 육식동물과는 달리 인간은 먹을 것이 정해지지 않았기 때문에 먹어야 한다는 자연적인 필연성과 먹는 것에 대한 불안으로 인해 생기는 딜레마이다.

무엇을 먹을까 하는 문제는 모든 잡식동물을 괴롭혀왔다. 자연이 제공하는 모든 것을 먹을 수 있을 때는 무엇을 먹을까 결정하는 일이 필연적으로 불안을 일으킨다. 눈앞에 놓여 있는 먹을거리가 병을 일으키거나 목숨을 앗아갈 가능성이 있을 때는 특히 더 그렇다(조윤정 역 2007: p. 17).

먹을 것이 정해져 있는 동물의 경우에는 먹을 것의 선택에서 고민의 여지가 별로 없을 것이다. 그래서 잡식동물의 뇌 용량이 그렇지 않은 동물의 뇌 용량보다 큰 이유가 여기에 있다는 것이다.

---

8. 이러한 현상에 대해 음식 인류학자인 래퍼포트(L. Rappoport)는 식재료의 탈자연화(de-naturalization)의 개념으로 설명한다: "일반적으로 식재료가 먹이사슬에서 더 높은 위치에 있을수록 그것을 탈자연화하는 절차는 더욱 복잡해진다. 이것은 소비자의 편의와 위생뿐만 아니라 심리적 측면까지 고려해서 그런 것이기도 하다. 식재료의 탈자연화는 소비자에게 긍정적인 심리적 효과를 가져다줄 수 있다. 식재료가 먹이사슬을 따라 올라가서 우리 자신과 가까워질수록, 그것을 죽이는 데 따르는 죄책감을 완화시킬 필요성이 더 증대한다"(김용환 역, 2006: p. 158).
9. 폴랜은 음식 사슬을 "태양광선으로부터 칼로리를 합성할 수 있는 식물로부터 그런 능력이 없는 종들에게로 칼로리를 전달하는 시스템"으로 정의하고 있다(조윤정 역, 2007: p. 22).

초식동물이나 육식동물에게 식사문제는 매우 간단하다. 코알라는 무엇을 먹을지 걱정하지 않는다… 코알라의 음식 취향은 유전자에 내재되어 있다. 하지만 인간이나 쥐 같은 잡식동물들은 자연이 차려 놓은 많은 먹을거리 가운데 어떤 것이 안전한지 알아내기 위해 뇌의 많은 공간과 시간을 할애해야 한다(위의 책, p. 18).

결코 간단치 않은 먹을거리의 선택으로 인해 인류는 수많은 고민을 해왔으며, 배고픔을 해결하기 위해 시간과 노력을 경주해 왔다. 이러한 노력은 산업화와 더불어 과학화된 농업으로 가능해진 식품 생산 과정의 대량화를 통해 식품 공급의 혁명을 찾았던 것이다. 이것은 더 많은 식품을 더 저렴한 가격으로, 그리고 공급이 가능한, 사회적 조건에 맞는 다양한 식품에 대한 요구로 나타났다. 19세기에 괴혈병(비타민 C의 결핍으로 생기는 병임)과 구루병(비타민 D의 결핍으로 일어나는 뼈의 병임)이 시대적인 질병이었다면, 20세기는 아마도 과잉 영양, 과식으로 인한 비만이 시대적인 질병일 것이다(손경희 역, 2006: p. 432 참조).

폴랜은 현대사회의 가장 대표적인 먹을거리와 관련된 산업적 음식 사슬을 추적하는 과정에서 일반적으로 미국의 슈퍼마켓에는 약 4만5천 가지의 물품이 있는데, 그중 4분의 1 이상에 옥수수가 들어 있음을 알게 되었다. 식품뿐만 아니라 치약, 화장품, 일회용 기저귀, 쓰레기봉투, 표백제, 숯, 성냥, 배터리, 잡지 표지의 광택제뿐만 아니라 슈퍼마켓 건물의 벽판과 이음재, 리놀륨과 유리섬유와 접착제 등의 제조에도 옥수수가 관련되어 있다. 식용, 사료용, 산업용 옥수수의 재배가 그 당시의 정치적, 사회적, 경제적 상황에 맞춰 증가하였으며, 특히 사료용 옥수수는 현대 미국의 목축 산업에서 공장식 농장의 구성에 매우 중요한 역할을 하게 되었다. 시장경제에서 가장 중요한 기준이 되는 효율성을 제고하기 위해 만들어진 공장식 농장은 집중적인 가축 사육 시설(CAFO: concentrated animal feeding operations)로 대표되는데, 싱어가 『동물해방』이라는 책에서 가축 사육의 잔인함을 생생하게 묘사했던 그 가축 사육 시설이다. 폴랜이 분석한 산업적 음식 사슬의 문제는 크게 두 가지로 요약할 수 있다. 첫째는 초식동물의 사료가 풀이 아니라 옥수수와 기타 영양 보충제와 각종 호르몬, 그리고 항생제라는 것이고, 둘째는 사육 시설의 비위생성, 비자연성과 사육 행위의 잔인함이다. 물론 이외에도 옥수수 재배의 증가가 가져오는 생태학적 손실 문제, 고기의 생산과 소비에 드는 에너지의 비효율성 등에 대해서도 설득력 있는 논지를 피력하고 있다. 싱어의 분석에 의하면, 1파운드의 닭고기를 위해서는 3파운드의 곡물이, 1파운드의 돼지고기를 위해서는 6파운드의 곡물이, 1파운드의 소고기를 위해서는 13파운드의 곡물이 필요하다(함규진 역, 앞의 책: p. 326 참조).

전원적 음식 사슬을 추적하면서 폴랜은 현대인들이 선호하는 유기농의 문제를 산업 유기농의 문제와 초유기농(beyond organic)의 문제로 구분하고 있다. 이것은 대량생산 체제를 가지며 장거리 유통 가능성을 지닌 산업 유기농을 변질된 유기농으로 볼 것인지, 아니면 유기농의 시장 적응화로 볼 것인지의 문제이다. 산업화된 유기농을 비판하면서 진정한 유기농이라고 주장하는 소규모의 근거리 유통 체계를 지향하는 초유기농의 경우 로컬푸드 운동이나 대도시 구매 클럽을 통해 대안을 모색하고 있다. 다양하게 쓰이고 있는 유기농의 진정한 의미를 찾는 과정에서 근본적으로 유기농 식료품이 다른 식료품에 비해 비싸야 하는 아이러니를 느끼게 된다.

그의 논의에서 먹을거리의 문제는 결국 농업과 축산업이 경제적인 논리로 산업화되어 가는 현상에서 파생되는 문제이며, 경제적 효율성과 생태적 효율성의 갈등 문제로 여겨진다. 이 분야에서 강조되었던 경제적 효율성을 추구하면서 발생하게 된 문제들이 이젠 역으로 생태적 효율성의 중요성을 부각시키고 있는 시점이다. 미국산 소고기의 안정성에 대해서는 미국 내에서도 많은 논란이 있으며, 더구나 그것을 수입하고자 하는 우리나라에서 국민들 사이에 불안이 제기되는 것은 당연하다고 생각된다. 그러나 미국산 소고기의 안정성 못지않게 중요하게 생각해야 할 것이 있다. 그것은 우리가 좋아하는 한국산 소고기가 곡물 사료나 항생제, 잔인한 사육 및 도살행위로부터 과연 안전한가라는 것이다. 즉, 지속 가능한 사육에 대한 물음을 우리 자신에게 먼저 물어 보아야 할 것이다. 따라서 생물학적, 생태학적 안정성을 위해서는 가공 과정이 적을수록 더 좋은 먹을거리이며, 우리가 먹는 것이 어디로부터 어떻게 내 앞에 놓이게 되었는지에 대해서 관심을 가져야 한다.

4. 먹을거리와 관련된 윤리적 문제들

랭과 헤즈먼은 지난 200년간의 식품 산업화, 화학, 운송, 농업 기술의 발전을 통해 기존의 지역별 소규모 생산 시스템에서 집약적 생산과 대량 유통 시스템으로 먹을거리의 공급 시스템이 변화했다고 주장한다(박중곤 역, 2006: p. 37 참조). 한마디로 식품 생산, 가공, 유통에서의 획기적인 발전은 인간에게 과거 그 어느 시절보다 풍요로운 먹을거리를 제공하고 있다는 점에서 긍정적인 측면을 볼 수 있지만, 그 이면에는 인간의 건강과 생태계에 커다란 부담을 가져오고 있다는 부정적인 측면도 발생하고 있다. 예를 들면 "석유 부족, 기상변화, 노동의 효율성 문제, 수자원 고갈, 오염, 동물 보호 및 식물과 동물의 품종개량"(위의 책, p. 58) 등의 문제뿐만 아니라, 미국에서는 연간 300,000명이 비만[10]으로 사망하고 있다는 보고가 있다(위의 책, p. 59 참조). 먹을거리에 대한 윤리적 문제들을 살펴보기 위해서 먼저 식품 분야에서 제기되고 있는 식품의 미래에 대한 주요 질문들을 살펴볼 필요가 있다. 랭과 헤즈먼은 이를 다음과 같이 제시한다(위의 책, p. 64):

---

10. 2000년에 WHO는 약 3억 명이 비만, 7억 5천 명이 과체중이라고 경고했으며, 국제비만연구협회는 현재 약 17억에 이르는 사람이 비만이거나 과체중 상태에 있다고 집계하고 있다(박중곤 역, 2006: p. 81 참조).

- 누가 먹고 무엇을 먹는가?
- 누가 식품 이용을 조절하는가?
- 식품이 어떻게 재배되고 가공되는가?
- 식품이 어떻게 거래되고 유통되는가?
- 식품 공급이 어떻게 규제되는가?
- 누가 그리고 무엇이 식품 정책을 만드는가?
- 식품이 사회와 환경에 미치는 영향을 어떻게 해결해야 하는가?

이 질문들에 근거해서 먹을거리와 관련된 다양한 윤리 문제들은 우선 먹을거리 생산에 있어서의 지속적인 생산 가능성(혹은 먹을거리 생산의 생태적 지속성)의 문제, 푸드마일(식품 이동 거리)의 증가 문제, 먹을거리의 분배 정의의 문제, 식품 민주주의와 식품 규제의 갈등 문제, 인간의 건강과 생태계의 건강 문제로 크게 구분해 볼 수 있을 것이다. 사실 식품의 미래에 대한 이러한 질문들과 질문들의 전제에서 윤리적인 고려는 필수적이다. 현대인들의 먹을거리는 현대인의 건강 개념과 직결되어 있기 때문에, 영양, 건강, 사회, 생태계라는 네 가지 요소 사이에서 먹을거리에 대한 윤리적 문제를 고려해 보아야 한다.

싱어(P. Singer)와 메이슨(J. Mason)은 먹을거리에 대한 윤리(The Ethics of What We Eat) 문제를 구체적으로 세 유형의 가족을 예로 들어 설명하고 있다(함규진 역, 2008 참조). 전형적인 마트 쇼핑과 육가공식품 애호 가족, 유기농 식품과 해산물을 주로 먹는 양심적 잡식주의 가족, 완전 채식주의 가족의 집에서 그들이 선택한 먹을거리를 추적하면서, 먹을거리의 윤리 문제를 구체적으로 대량 사육 시스템의 문제, 광고와 각종 품질보증 제도를 이용한 식품업자와 대형 마트의 장난과 거짓, 지역 생산 음식의 진실, 공정 무역 상표가 붙은 제품의 이면, 윤리적 소비 내지 지속 가능성의 가능성과 사회적 책임, 외식과 가정식의 경제학, 유전자 조작 식품의 문제, 비만의 윤리적 문제, 육식주의의 문제 등을 제시하고 있다.

우리가 먹을거리를 선택하는 현대적인 기준은 맛, 가격, 편리함이다. 여기에 건강에 대한 기여도가 점차 강조되고 있는 실정이다. 그러나 싱어와 메이슨은 여기에서 보다 중요한 기준으로 동물의 고통과 생태적 지속 가능성을 포함시켜야 한다고 주장한다. 그들은 식생활의 윤리적 문제를 제기하면서 윤리적인 식품 소비를 해야 한다고 주장한다. 시장에서 먹을거리를 구입하는 행위가 이제는 정치적, 경제적, 윤리적 의미를 지니는 행위가 된다는 것이다. 예컨대, 보다 많은 사람들이 유기농 식품을 사게 된다면, 이것이 공장식 농업이나 이를 후원하는 정부, 경제적 효율성만을 중시하는 생산자들에게 중요한 압력으로 작용하게 된다는 것이다.

싱어와 메이슨이 설명하는 '가축 사육 시설(CAFO)'에서는 동물의 고통에 대한 고려는 전혀 없으며, 단지 수익성과 효율성만이 강조되고 있는 실정이다. 그들은 닭, 돼지, 소들의 인지능력과 정서 능력을 입증하는 자료를 제시하고 있으며, 이들이 고통 받는다는 것을 극명하게 드러내고자 한다. 더구나 소의 사육 과정에서 이미 90년대 말에 유럽의 광우병 사태로 인해 전 유럽에서 금지된 동물 사료가 아직도 미국에서 허용되고 있다는 사실은 매우 충격적이다. 뿐만 아니라 곡물 사료의 경우에도 심하면 소는 '사육장위확장증'에 걸려 질식사할 수 있으며, 사육장의 소의 수명도 과거에 비해 많이 단축되었다.

현재 시장에서 사용되는 각종 인증 제도의 경우에도 실상은 매우 다르며, 소비자들의 선택을 기만하는 경우들이 빈번하게 발생하고 있을 뿐만 아니라, 지역 경제를 살리며 환경 및 에너지의 문제를 줄이는 로컬푸드 운동이 지역이기주의로 흐를 수 있는 문제점과 공정 무역을 위한 여러 노력들의 성과들도 제시하고 있다. 또한 육식용 고기의 생산이 갖는 물과 에너지의 비효율성을 들어 육식의 문제점을 지적한다.

싱어와 메이슨은 먹을거리에 대한 윤리적 고려 사항을 다음과 같이 결론

적으로 제시한다: "첫째, 우리는 우리가 먹는 음식이 어떻게 만들어졌는지 알 권리가 있으며(투명성), 둘째, 식품 생산의 비용을 다른 쪽에 전가하지 말아야 한다. 셋째, 중요하지 않은 이유로 동물에게 고통을 주는 것은 잘못이다(인도주의), 넷째, 노동자들은 타당한 임금과 작업 조건을 보장받아야 한다(사회적 책임), 끝으로 생명과 건강의 유지는 다른 욕망보다 정당하다(필요성)"(위의 책, pp. 379-81 참조).

싱어와 메이슨은 공장식 농장에서 사육 도살된 육류의 윤리적, 생태적 문제를 제기하면서 이에 대한 매우 강도 높은 비판을 한다. 육식보다는 채식의 필요성을 강조하면서도 적어도 우리가 먹을거리를 선택하는 데 있어서 그것이 나와 남들에게, 또 생태계에 어떤 영향을 미치는지에 대해서 생각해 보기를 권고한다.

끝으로, 식품과 생태계의 건강을 생각하는 먹을거리에 대한 윤리적 지침을 제시한 랭과 헤즈먼의 논의를 소개하고자 한다. 이들은 현대인에게 다음과 같은 지침을 제시한다(박중곤 역, 2006: p. 320):

- 간단히 먹어라
- 에너지로 소비하는 양 이상은 먹지 마라
- 각 개인에게 필요한 만큼만 공급하도록 장려하라.
- 육류를 가급적 절제하고 채소를 기반으로 한 식생활을 하라.
- 다양성을 높이 사라. 농토와 식단의 생물학적 다양성을 장려하는 식으로 먹어라.
- 영양과 환경을 위해 먹어라. 화석연료에 대해 생각하라. 에너지는 곧 석유다.
- 매주 20-30종의 식품을 섭취하라.
- 제철 음식을 먹어라.
- 근접성의 원리에 따라 먹어라. 가능하다면 거주지에서 생산되는 것을

섭취하라.
- 지역 생산자를 지원하라. 식품은 노동의 대가이다.
- 외부 비용 전체에 대해 지불하라. 그렇지 않으면 다른 사람이 해야 한다.
- 탄산음료 대신 물을 마셔라.
- 너무 과민하지 않되 숨겨진 식품 원료에 대해 알아보라.
- 음식을 짧게 즐기며 장기간의 영향에 대해 생각하라.

이러한 지침은 지금까지 논의되어 온 것들을 나열해 놓아 체계적이지는 않지만, 이 지침이 현대사회에서 식생활에 대한 중요한 고려 요소들을 포함하고 있는 것은 분명하다.

5. 나오는 말: 무엇을 그리고 어떻게 먹어야 하는가?

지금까지 살펴본 내용을 통해 이제 우리는 먹을거리의 선택에 대해 심각한 고민을 하게 된다. 폴랜, 싱어와 메이슨의 논의를 통해 살펴본 현대식 축산업의 문제점은, 불리엣의 분석에 의하면, 사람과 동물의 격리로 인해 사람들에게 큰 충격으로 다가온다. 폴랜은 인도적인 사육 방식을, 싱어와 메이슨은 육식보다는 채식을 강조하는 해결책을 우리에게 제시하고 있다. 물론 싱어와 메이슨은 동물의 고통에 대한 도덕적 민감성을 육식에 대한 거부의 중요한 근거로 제시하고 있다. 그러나 현대식 축산업에 문제가 있기 때문에 경제적인 효율성을 추구하는 잔인한 사육 방법에 의해 제공된 육류의 선택을 거부해야 한다는 주장은, 특히 불리엣이 지적한 후기 사육 시대의 특징을 고려해 본다면, 설득력 있게 다가올 것이며, 현대인들의 정서적인 동조를

끌어 낼 수 있을 것이다. 그러나 그렇다고 해서 육식 자체가 문제라는 견해
는 일반적인 지지를 받기 어려울 것이다. 육식은 채식 못지않게 인류의 오랜
습관이며, 인간은 누구나 자기가 먹을 것에 대한 선택의 자유와 미각의 자
유를 갖고 있기 때문이다.

폴랜이나 싱어의 고발처럼 현대식 목축 산업의 실상과 그로부터 우리가
체감할 수 있는 동물의 고통 문제는 분명히 해결되어야 할 것이다. 그것이
인간을 위해서든, 동물을 위해서든 간에 말이다. 그러나 동물 그것도 고등
동물의 고통에만 민감해야 할까? 쾌락과 고통의 감수 능력을 비교적 고등
동물에게로 한정하는 데에는 많은 철학적, 윤리적 문제가 드러난다. 하등동
물이나 식물에게 고통의 감수 능력이 없다는 것을 어떻게 입증할 수 있는
가? 싱어는 야생 무지개송어에 대한 실험 결과를 소개하면서 물고기도 고
통을 느낄 수 있음을 말하고 있다. 나무도, 숲도 고통을 가지고 있지 않을
까? 그것이 인간의 고통과 다른 차원이라 할지라도, 고통이라는 단어 대신
에 다른 단어를 선택한다 하더라도, 모든 생명체는 나름의 고통을 가지고
있지 않을까? 슈바이처(A. Schweitzer)는 생명체의 살려는 의지에 대한 경
외(Ehrfurcht)를 가져야 한다고 주장한다. 모든 생명체는 동등하다는 동등
성의 도덕적 원칙과 그럼에도 불구하고 자연의 불가피한 생명체들 간의 차
등성의 원칙, 생명체들 간의 사랑의 원칙이라는 삼협화음으로 연주되는 생
명 경외를 주장한다. 그는 인간이 살기 위해 어쩔 수 없이 다른 생명체를 훼
손하는, 자연법칙의 저항할 수 없는 폭력에 대해 인간은 살아 있는 모든 것
에 대한 책임을 져야 한다고 응답한다. 동물 윤리에서 주장되는 종의 정의
(Artgerechtigkeit)에서 벗어나 버린 정당하지 못한 고통의 문제를 인도적인
사육, 지속 가능한 사육으로 완화시킬 수 있지 않을까?

이 글을 통해 먹을거리의 문제에는 경제적이며 산업적인 효율성에 대한
관심과 생태 윤리, 생명 윤리, 동물 윤리적인 관심들이 얽혀 있음을 알게 된
다. 먹을거리의 공급, 유통과 소비 과정에서 제기되는 문제를 해결하기 위

하여 미국에서 진행되는 로컬푸드와 대도시 공동 구매, 채식주의와 베건 (Vegan), 인도적 사육 방법, 가족형 농장, 여러 종류의 신뢰할 만한 인증 제도, 슬로푸드, 초유기농(beyond organic), 근거리 소비주의(locavores) 등과 같은 새로운 대안적 생산, 유통, 소비의 형태들의 특징과 문제점들이 제시되고 있다.

우리 사회에는 먹을거리에 대한 불감증이 만연되어 있어서, 아니 어떻게 보면 너무나 쉽게 믿어서, 혹은 너무 바빠서 생각해 보려 하지 않기에, 특정 먹을거리가 문제가 있다고 알려지기 전까지 우리가 시장에서 사는 먹을거리를 애써 의심하지 않는다. 소비자들은 먹을거리에 대한 어떤 문제가 터져 나오면 그 먹을거리에 대해 너무나 분명하게 등을 돌린다. 중국산이 한국산이나 북한산으로 너무 쉽게 둔갑해 버리고, 먹을거리의 안전성에 대한 검사 기준이나 인증 제도의 객관성과 실효성이 확립되어 있지도 않은 상태에서 과연 어디서 먹을거리에 대한 정보를 얻을 수 있을까?

먹을거리에 대한 윤리 문제를 생각해 볼 때, 우리가 과연 먹을거리의 선택에 얼마 만큼의 시간과 노력을 들여야 하는가? 현대의 바쁜 삶 속에서 이제는 우리가 선택하는 먹을거리에 대해 더 많은 시간과 돈을 들여야 한다는 게 너무 무리한 요구처럼 받아들여지기도 하지만, 이제는 먹을거리가 우리 앞에 오게 되는 경로와 그 방법에 대해 물어보고, 그 먹을거리의 이야기에 귀를 기울이고자 하는 의지가 요청된다. 왜냐하면 '잘 산다는 것(Well-being)'은 '잘 먹는다는 것(Well-eating)'과 직결되어 있기 때문이다. 이제는 우리가 우리의 먹을거리에 대해 심각하게 고민해야 할 때이다. "내가 이 음식을 먹을 때, 먹지 않을 때와 어떤 차이가 있을까? 나의 먹을거리 선택은 나와 남들에게 어떤 영향을 끼칠까?"(함규진 역, 앞의 책: p. 395). 구달(J. Goodall)은 우리가 사먹는 것들에 대한 윤리적인 선택을 강조하면서, 실제로 이러한 예로 유기농 식품의 경우를 들고 있다. 그래서 우리가 먹을거리에 대한 윤리적 선택을 한다면 먹을거리가 길러지고 준비되는 과정을 총체적으로 변화시킬 수 있다고 주장한다.

여기서 더 나아가 먹을거리의 선택은 인간뿐만 아니라 지구 생태계에도 큰 영향을 미칠 것이다. 인간의 건강과 생태학적 건강 개념의 결합이 요청되고 있으며, 지속 가능한 식사(sustainable eating or sustainable table)[11]에 대한 주장이 생겨난다. 지속 가능한 식사가 이뤄지지 않는다면 인간의 지속 가능성도 보장받기 어려울 것이라고 판단되기 때문이다.

참고 문헌

김용환 역(2006), L. Rappoport, 『음식의 심리학』, 인북스.

김은영 역(2006), J. Goodall, 『희망의 밥상』, 사이언스북스.

김정희 역(2005), C. M. Counihan, 『음식과 몸의 인류학』, 갈무리.

박중곤 역(2006), T. Lang & M. Heasman, 『식품전쟁』, 아리.

성백효 역(1996), 『논어집주』, 전통문화연구회.

손경희 역(2006), 『음식의 역사』, 우물이 있는 집.

이창우 외 역(2006), Aristotle, 『니코마코스 윤리학』, 이제이북스.

임옥희 역(2008), R. W. Bulliet, 『사육과 육식』, 알마.

정미나 역(2005), S. L. Allen, 『악마의 정원에서』, 생각의 나무.

정혜경(2007), 『한국음식 오디세이』, 생각의 나무.

조윤정 역(2007), M. Pollan, 『잡식동물의 딜레마』, 다른세상.

함규진 역(2008), P. Singer & J. Mason, 『죽음의 밥상』, 산책자.

홍서연 역(2004), J. A. Brillat-Savarin, 『미식예찬』, 르네상스.

---

11. 관련 사이트로는 www.sustainabletable.org를 들 수 있는데, 여기서는 지속 가능한 식사의 의미와 이를 둘러싼 문제들, 그리고 지속 가능한 식사를 위한 여러 행동 지침들에 대한 유용한 정보를 제공하고 있다.

Farb, P. & Armelagos, G.(1980): *Consuming Passions: The Anthropology of eating*, N.Y.

Freud, S.(1918): *Totem and Taboo*, N.Y.

Schweitzer, A.(1923): *Kultur und Ethik*, Muenchen.

제4부

다문화의 윤리

제10장
관용이 다문화적 덕목인가?

관용은 현대사회에서 강조되고 있는 도덕적 덕이며, 관용적 태도는 다문화 사회를 살아가야 할 우리들이 습득해야 할 태도이다. 이런 맥락에서 볼 때, 다문화 교육의 도덕적 덕목의 중심은 바로 관용이어야 한다. 관용은 싫어하고 거부하는 것에 대해 자발적으로 부정적 행위를 하지 않는 것이며, 이것은 소극적인 의미에서는 반대나 간섭을 하지 않는 것(소극적 관용)을, 적극적인 의미에서 본다면 관용되는 대상에 대해 권리를 인정해 주는 것(적극적 관용)을 의미한다. 뿐만 아니라 사회 권력의 위계 구조 하에서 행사되는 수직적 관용과, 상호주관적인 지평 하에서 행사되는 수평적 관용도 중요하다. 수직적 관용이 전통적인 의미의 관용이라면, 수평적 관용은 현대사회에서 그리고 다문화 교육에서 요구되는 형태의 관용이라고 볼 수 있다. 관용 교육에는 인류의 보편적 가치와 사회의 보편적 가치에서 추출한 교육의 핵심 가치들에 대한 관용과 이러한 핵심 가치들에 반하는 것들에 대한 불관용이 포함되어야 한다. 관용 교육에서 우선 관용의 영역을 구분해야 한다. 예컨대 정치적 관용, 문화적 관용, 종교적 관용 등의 허용 정도는 다를 수 있고, 또 달라야 한다. 두 번째는 도덕적 악을 참아야 하는 것은 관용이 아니며, 관용을 보장하기 위하여 불관용을 해야 하는 상황적 필연성을 인정하는 것이 중요하다. 여기서 관용과 불관용의 경계 설정의 문제가 관용의 본질을 유지하기 위해서 가장 필요한 작업이 된다. 결론적으로 관용은 힘과 도덕 사이의 긴장 관계에서 발생하는 것임을 알 수 있으며, 이러한 긴장 관계에서 앞으로 우리가 추구해야 할 것은 상호적 관용일 것이다.

1. 들어가는 말

한국 사회는 너무나 빨리 다문화 사회에 진입하고 있다. 2009년 12월 31일 기준으로 발표된 한국 체류 외국인 현황은 장기 체류 920,887명, 단기 체류 247,590명(이 중 불법 체류는 177,955명)으로 총 1,168,477명으로 집계되었고, 이들은 전체 인구 대비 2.35%에 해당된다. 지나친 호들갑으로 보일 정도로 다문화 사회와 교육에 대한 담론이 넘쳐나고 있다. 우리 사회의 다문화 신드롬을 볼 때, 가장 궁금한 것은 우리 사회가 너무나 당연하게 다문화적 담론의 필요성을 받아들이고 있다는 것이다. 우리 사회가 다름과 낯섦에 대해서는 물론 선별적인 상이한 반응을 보이긴 했지만, 그래도 일반적으로는 그렇게 쉽게 받아들일 역사를 가지고 있지 못하다. 그럼에도 불구하고 우리 사회의 다문화 담론은 이상할 정도로, 마치 별다른 저항 없이 무혈 입성하는 장수처럼 다가왔다. 마치 '눈을 떠 보니 스타가 되어 있었다'라는 말처럼, '눈을 떠 보니 다문화 사회가 되어 있었다'고 생각될 정도로 빨리 우리 사회는 다문화 담론을 받아들이고 있다는 사실을 생각해 보아야 한다.[1] 아마도 그 이유는 우선 다문화 사회의 구성원들이 개인으로 간주되고, 더구나 이들이 사회적 약자로 인식되고 있다는 사실과 관련이 있을 것이다. 그러나 이들이 집단화된다면 그때의 사회적 반응은 지금과는 사뭇 다를 것이다.

이러한 맥락에서 볼 때, 그리고 현재 진행되고 있는 학교 현장의 다문화 교육을 살펴볼 때, 다문화 교육의 근본적인 전환점이 필요하다. 우선, 차이

---

1. 왈쩌(M. Walzer)에 의하면, 민족국가는 집단에 대해서는 덜 관용적이지만, 집단으로 하여금 개인에게는 더 관용적이게끔 강요한다(Walzer, 1997: p. 25 참조).

와 다름에 치중하는 것이 아니라 보편성과 같음에 주목하는 다문화 교육의 필요성이 제기되어야 한다. 우리는 모두 다르다. 여기서 다름에 우선 주목할 수밖에 없을 것이지만, 다름 속에서 같음을 찾아가는 것이 동화주의[2]와는 다를 것이다. 둘째, 이것은 다양성과 정체성의 딜레마로 이어진다. 뱅크스(A. Banks)의 논의에서 나오는 "많은 것에서 하나(e pluribus unum)"에서 강조되는 하나가 동화주의에서 추구되는 하나와 어떤 차이가 있는가? 이 말은 여러 나라, 주, 인종, 종교, 조상들로부터 하나의 집단(people or nation)을 형성한다는 의미인데, 여러 색이 모여 하나의 색이 되는 것(color est e pluribus unus)을 의미한다면, 사회 내의 다양한 의견들이 하나의 의견을 형성하는 것일 테고, 여기서 과연 주류가 되는 것은 무엇인지? 그리고 정말로 "로마에 가서는 로마법을 따르라"는 것을 전형적인 동화주의로 보아야 하는 것인지? 어느 사회나 개별적 다양성에 근거한 보편성을 지향한다고 본다면, 특히 교육에서 그럴 것인데, 그리고 그 사회의 주류는 바로 그러한 보편성을 대변한다고 본다면, 여러 색이 동시에 보이는 것이 아니라 그것이 하나의 색을 만들어 내는 것이라면, 이 하나의 색은 사회의 지배적인 주류에서 주장하는 것을 지향하는 것일 테고, 다문화주의를 통해 추구되는 하나(unum)는 결국 주류의 가치와 그리 다르지는 않을 것이다. 이게 아니라면 다문화주의는 결국 문화의 나열일 수밖에 없을 것이다.

한국 사회의 인적 구성과 문화의 다양성이 증가하고 있는 것은 부인할 수 없는 사실이며, 이러한 다양성의 부작용으로 인해 편견과 차별의 문제가 발생하고 있다. 대부분의 사람들은 자유민주주의와 다원주의 사회를 지향한다. 이것이 가능해지려면 관용의 가치가 올바르게 인식되고, 무엇보다 사회

---

2. 동화(assimilation)를 "한 민족, 문화집단이 다른 문화를 접했을 때 자신의 문화적 특성을 버리고 다른 집단의 문화적 특성을 수용하는 것"(추병완, 2008: p. 37)으로 정의한다면, 동화주의는 자신의 고유한 문화적 정체성을 포기하게 하고 새로운 문화적 정체성으로의 변화를 목적으로 하는 경우를 의미한다고 볼 수 있다.

구성원들에 의해 실현되어야 한다. 사실 관용의 덕은 우리 사회에 존재하는 이방인들을 대상으로 실현되어야 하는 것만은 아니다. 관용은 우리들 개개인 모두에게 적용되어야 하는 덕목이다. 그리고 다원주의 사회에서는 구성원들 간의 원활한 화합을 위해서 필수적으로 요청된다.

다원주의 사회에서는 다원성 자체가 관용을 전제하지 않고서는 존재할 수가 없다. 관용과 다원주의는 동전의 양면과 같은 것이다. 가치의 다원성을 전제하지 않고서는 관용을 말할 수 없으며, 관용이 없는 곳에 가치의 다원성이 존재할 수 없다. 그러므로 다원주의 사회로 변화중인 오늘날 우리 사회에서 관용은 매우 중요한 덕목이다. 이질적 가치들이 국제사회에서 그리고 국내에서 서로 갈등하고 있다. 세계가 불관용으로 가득 차 있는 것처럼 보이는 것은 아직까지도 인류가 다원주의적 가치에 대처하는 능력이 미흡하다는 것을 보여 준다. 관용은 이 모든 갈등과 편견을 뛰어넘어 평화적 공존을 가능케 한다. 우리 사회가 관용의 덕목을 통해 사회의 전반적 통합과 조화를 이룰 수 있는 가능성은 많다. 관용은 비단 외국인 이주 노동자, 코시안들과의 갈등만을 뛰어넘기 위해 필요한 덕목이 아니라, 이데올로기적 갈등, 지역 간의 갈등, 세대 간의 갈등, 종교 간의 갈등 등을 뛰어넘을 수 있게 해주기 때문이다.

그러므로 관용의 문제는 도덕과 교육에서 가르쳐야 할 중요한 도덕적 문제 중의 하나이며 관용적 태도는 다문화 사회를 살아가야 할 우리 학생들이 습득해야 할 태도이다. 이런 맥락에서 볼 때, 다문화 교육의 도덕적 덕목의 중심은 바로 관용이어야 한다. 다문화 교육이 자문화중심주의로부터의 탈피이며, 나와 다른 문화에 대해 열린 마음을 갖게 하는 것이라면, 그 중심에 관용이라는 덕목이 존재한다.

이 글에서는 다문화 사회 및 글로벌 시대의 도덕교육에서 핵심 덕목으로 관용의 의미를 천착해 보고, 도덕과 교육 및 다문화 교육에서 관용의 윤리를 제안하고자 하는 데 목적을 두고 있다.

2. 관용의 전제 조건 및 도덕적 성격

관용은 사람들 사이의 관계에서 발생한다. 관용은 그것의 주체와 객체(또 다른 주체)의 관계에서 고려되어야 한다. 개인, 집단, 제도의 수준에서 요구되는 관용의 기준은 관용의 주체와 객체의 관계 속에서 그 규정과 한계가 설정되어야 한다. 또한 무관심이나 승인은 관용의 범주에서 제외되어야 한다. 특정한 신념, 가치, 종교에 대한 무관심이 관용으로 비치거나, 관용을 해야 한다고 해서 무조건적으로 수용하거나 승인하는 것은 관용의 잘못된 이해에서 비롯된 것이다.

관용의 도덕적 성격을 김용환은 다음과 같이 두 가지로 제시하고 있다(김용환, 2005A: pp. 67-71 참조). 첫째, 관용은 실천이 요구되는 도덕적 명령이다. 흔히 관용을 떠올리면 '베풀다'라는 동사와 함께 사용하는 경우가 많은데, 바로 여기에서 관용의 덕목에 대한 오해를 낳게 된 것이다. 무엇을 '베푼다'라는 것은 베푸는 행위를 받는 대상들이 서로 동등한 관계가 아님을 나타낸다. 일상적으로, 강자가 베풀게 되어 있고, 약자는 누구에게 뭔가를 베풀 수 없기 때문이다. 즉, 관용의 주체란 강자여야 한다는 오해를 낳게 되는 것이다. 그러나 16세기 이후 관용은 강자의 윤리에서 벗어나 일반적인 도덕적 명령으로 확장되기 시작했다. 특히 17세기 이후 자유주의와 개인주의가 사회 이념으로 자리 잡으면서 관용은 사회계약론과 더불어 시민사회가 제대로 작동되기 위한 원리로 요청된다. 관용이 도덕적 덕목으로 떠오르게 된 그 시작은 바로 종교적 관용의 문제이다. 수많은 희생이 수반된 수차례의 종교전쟁을 통해 사람들은 상대방의 종교나 종파를 용인할 수밖에 없다는 결론에 도달하게 된다. 이러한 '체념적 용인'이 관용의 기원이다. 이러한 '체념적 용인'이 지속적으로 유지되면 '자비로운 무관심'으로 발전하고, 이것이 '도덕적 스토아주의'로 발전한다. '도덕적 스토아주의'란 "내게는 마음에 들지 않더라도 타인은 그의 권리를 행사할 수 있다"는 것이다. 엄밀히 말하면, '체념적 용인'과 '자비로운 무관심'은 관용의 범주에서 제외되어야 한다. 엄밀한 의미의 관용 개념은 '반대와 부정적 행위의 자발적 중지'인데, 앞의 두 가지는 이 정의에 부합하지 않기 때문이다. 체념적으로 용인한다는 것은 결코 자발적이지 않은 것이다. 그리고 무관심이라는 말 속에 자발적 중지는 포함되지 않는다. 그 대상에 대해 아무런 관심이 없다는 것은 자발적으로 중지할 마음 자체가 필요하지 않다는 것이다. 따라서 '도덕적 스토아주의'만이 덕목으로서의 관용이라 할 수 있다. 16세기 이후 서양 사회에서 하나의 덕목으로 자리 잡게 된 관용은 약자에게 관대함을 보여 주는 행위가 아니라 싫어하고 미워하는 타자의 '자연적 권리를 인정하라'는 도덕적 명령이 되었다. 이러한 논의를 통해 살펴볼 때, 관용에 대한 논의는 갈등 없는 사회적 공존의 가능성과 그 조건들의 제시에 초점을 맞춰야 한다.

둘째, 관용은 덕목일 뿐만 아니라 태도 또는 정도의 문제이다. 관용은 사람들과의 원활한 관계 유지 혹은 평화를 위해 필요한 경험의 산물이다. 관용을 실천하는 주체의 입장에서 보면 관용은 태도의 문제가 되며, 대상에 초점을 맞추면 관용은 정도의 문제로 바뀐다. 인정하고 싶지 않고 싫어하기까지 하는 대상을 어디까지 관용할 것인가의 문제와 관용의 주체인 우리는 어떤 태도를 가지고 대응할 것인가의 문제는 관용 문제의 양면과도 같다. 관용을 정도나 태도의 문제로 본다는 것은 그것을 그 양 극단인 불관용과 수용 사이의 중간 지대에 있는 가치로 본다는 것이며, 그 중간 지대를 정확하게 확정 짓기란 어렵다는 것이다. 동일한 사람이라도 처한 상황과 대상에 따라 다른 대응이 가능하기 때문이다. 스캔론(T.M. Scanlon)은 관용을 '우리와 다른 사람을 평등한 사람으로 용납하는 것'으로 정의하고 있으며, 관용적인 사회는 그 정치적 형태에 있어 민주주의적이다. 민주주의란 법과 제도의 문제와 태도의 문제가 결합되어 있기에, 민주주의적 태도와 관용의 태도는 불가분의 관계에 있다.

관용의 조건은, 호튼(J. Horton)과 니콜슨(P. Nicholson)에 의하면, 첫째, 승인되지 못할 어떤 행위, 둘째, 강제적인 간섭의 배제, 셋째, 간섭에 대한 거부 또는 거부하려는 경향이 시인이나 인정 이상의 것이어야 한다는 것이다(Horton & Nicholson, 1992: p. 3 참조). 이와 유사하지만, 김용환은 첫째, 두 가지 이상의 다른 의견, 행위 또는 행위가 예상되는 신념들이 동시에 주장되어 충돌이 발생하며, 둘째, 중요한 문제에 대한 의견이 다르고 갈등을 일으킬 수 있어야 하며, 셋째, 다른 의견에 대해 인정하지 않고 동시에 그것을 하지 못하게 막을 수 있는 실질적인 힘이 있어야 한다고 주장한다(김용환, 2005B: 94 참조).³ 이러한 논의를 통해 볼 때, 관용은 **다원적 가치의 병립, 도덕적 갈등 유발 가능성 그리고 억압하거나 방지할 수 있는 힘**이라는 세 가지 조건으로 구성된다고 볼 수 있을 것이다. 여기서 다원적 가치의 병립은 단순히 외양상의 차이를 보이는 가치를 말하는 것이 아니고 서로 구별되면서 통약 불가능하고 양립 불가능한 가치를 말한다. 예를 들어, 동성애에 대한 불관용은 그것이 비정상적인 성적 관행이라는 사실과 이성애보다 나쁨을 넘어서 역겨운 성적 이단 행위라고 생각하는 신념에 근거를 두고 있다. 이러한 특징들, 불승인이나 반감, 혐오 등과 결부된 다양성은 자유나 인정, 무관심과는 반대되는 것으로서, 관용을 말하는 조건들과는 거리가 멀기에 관용의 상황으로 부를 수 있다. 다른 사람들의 상이한 관습이나 행동들을 단순히 허용하는 것은, 그것들에 대해 특별히 반대하는 것은 아니지만, 관용이라 할 수는 없다. 그것은 단지 타인의 자유를 지지하는 것이다(강석찬, 1992: p. 178 참조). 즉, 관용의 문제는 불승인이나 혐오 등을 내포하는 다양성이 있는 상황에서 발생한다.

관용의 대상자에 대한 힘의 사용 자제란 관용자가 관용의 대상자에게 힘

---

3. 김용환은 관용을 "'예와 아니오' 둘 중 하나를 선택하는 문제가 아니라 '반대'라는 부정적 판단 다음에 '부정적 행위의 자발적 중지'라는 긍정적 태도가 요청되는 도덕적인 태도"로 규정한다(2005A: p. 87).

을 행사할 수 있음에도 불구하고 힘의 사용을 자발적으로 중지함을 의미한다. 종교를 예로 들어 보면, 이단 종교에 대해 도덕적으로 비난하고 그것을 박해할 힘을 가지고 있지만 그 힘의 사용을 삼가는 경우 관용이 성립할 수 있다. 이때 힘은 단지 법적 힘만을 의미하는 것은 아니며, 밀(Mill)이 말하는 여론에 의한 폭력(tyranny of public opinion)[4]까지를 모두 포함한다.

다시 말해서, 관용의 필요조건은 관용의 주체가 자신이 승인하고 싶지 않은 행위에 대해 간섭하거나 영향을 미치거나 또는 그것을 제거할 만한 힘을 가지고 있으나 그러한 힘의 행사를 삼가야 한다는 것이다(위의 책, p. 179 참조). 이와 관련해서 힘을 행사하지 않는 것이 단지 타자를 내버려두는 것인지, 아니면 어느 정도까지는 적극적 개입을 허용하는 것인지가 불분명하다는 의견도 있으나, 관용은 가만히 내버려두는 것 이상의 것이라고 생각한다.

3. 관용의 정당화 논리[5]와 그 한계

관용을 정당화하는 논리에는 이해타산 논증(argument from prudence), 합

---

4. 밀은 『자유론』에서 사회와 개인에 대한 자신의 논의를 전개하고 있다. 『자유론』에서 그의 관심은 '대중 여론'이라는 매개체를 통하여 개인에 대해 가하는 불법적 통제에 관한 것이었다. 사회는 지배적인 여론과 감정을 사법적 제재 이외의 방법으로 강제할 수 있고, 그것을 통하여 '사회는 다양한 종류의 정치적 억압보다 더 강력한 사회적 횡포를 행사한다'라고 말하였다. 밀은 그러한 사회적 압력을 개인 발달에 대한 굴레로서, 또 지배적 관습에 대한 굴종을 강요하는 것으로서 묘사한다.

5. 관용의 정당화 논리 부분은 Rainer Forst와 김용환의 논의를 요약하였음(Forst, 2000: pp. 16-9; 김용환, 2005B: pp. 94-7 참조). 그러나 분별력으로부터의 정당화는 분별력이라는 개념의 의미가 폭넓기 때문에, 보다 명확한 이해를 위해 이해타산 논증이라는 용어를 선택하였다.

리성 논증(argument from rationality), 도덕성 논증(argument from morality), 의무론 논증[6] 등이 있으나 여기서는 앞의 세 논증에 대해서만 살펴보고자 한다. 이해타산 논증은 불관용했을 때 예상되는 결과를 고려하면 관용하는 편이 더 이득이 된다는 것으로 공리주의적 관점으로 이해될 수 있다. 관용의 논리가 실현되는 초기 단계에는 바로 이러한 관점에서 출발해야 한다고 생각한다. 관용을 베풀지 않고 부정적으로 판단되는 모든 것을 문제시한다면 대립과 갈등이 끊이지 않을 것이다. 특히 사회가 급변하면서 여러 생활양식이 혼재하는 현대사회에서 자신과 다른 생활양식, 태도, 행동을 규제한다면 그것은 커다란 사회적 혼란을 야기할 것이다. 따라서 자신의 것과는 다른 생활양식과의 공존을 모색해야 한다. 그 공존의 방법이 바로 관용이다. 관용이라는 것이 단순히 싫어하는 것을 참아내야 하는 고통스럽고 즐겁지 않은 덕목이 아니라 그로 인해 발생할 수많은 긍정적 대가를 고려한다면 더 이상 거부할 이유가 전혀 없는 아주 필요한 덕목임을 깨닫게 될 것이다.

합리성 논증은 합리성을 찾기 위해 혹은 진리를 찾기 위해 관용이 필요하다는 것이다. 이것은 포퍼(Popper)의 주장에 근거하고 있다. 포퍼는 세 가지 원리를 들어서 설명한다. 제1원리는 '내가 틀릴 수도 있고 당신이 옳을 수도 있다'이다. 이것은 모든 인간이 존재론적으로나 인식론적으로 불완전하다는 것을 인정하는 것이다. 중요한 것은 여기서 인간이 불완전한 존재임을 인정하는 것에서 그치는 것이 아니라 불완전하기에 진리를 찾아가는 노력을 계속해야 한다는 것이다. 그에 따라 포퍼는 관용이 필요조건임을 주장한다. 제2원리는 '무슨 일이든 합리적으로 이야기함으로써 우리는 우리들의 어떤 잘못도 수정할 수 있다'이다. 이는 합리적인 대화와 이성의 비판 기능을 통해 잘못을 수정할 수 있으며, 그러한 기능들이 활성화되어야 함을

---

6. 칸트의 목적성 개념에 근거하여 모든 인간은 목적으로서 대우받아야 하고, 이로부터 자신의 행동과 가치에 대해 존중받을 도덕적인 권리를 갖는다는 전제에서 출발한다. 그러나 이 논증은 여기서 다룰 도덕성 논증에 포함해 논의할 수 있을 것이다.

뜻한다. 물론 이것이 현실화되기 위해서는 관용이 이루어져야 함을 주장한
다. 제3원리는 '만약 우리가 합리적으로 이야기한다면 우리는 다 같이 진리
에 더 가까이 도달할 수 있다'이다. 불완전성으로 인한 결과들을 수정해 가
는 과정을 통해 더 나은 진리에 다가갈 수 있다는 희망적인 전망을 제시한
다. 물론 이러한 과정이 곧 최종 진리에의 도달을 의미하는 것은 아니다. 같
은 결론에 도달하지 못하더라도 진리에 가까이 가기 위해서는 상대방의 주
장을 듣고 토론하고 이성적으로 추론해야 하는 것이다. 그러므로 이것은 관
용을 전제하지 않고는 이루어질 수 없는 것이다.

　도덕성 논증은 관용의 대상자가 관용되어야 할 도덕적 권리를 갖고 있거
나 도덕적 원리가 관용을 요구하기 때문에 관용해야 한다는 것이다. 인간은
자율적 존재로서 자신이 선택한 삶의 방식에 따라 살아갈 권리가 있고, 누
구나 자신의 선택이 타인의 것보다 우월하다는 신념을 갖고 사는 것이 허용
되어야 한다. 이것은 타인에 대한 존중을 요구한다. 또한 이러한 자율성은
갈등을 발생시키는데, 이것은 타인에 대한 존중으로 보완되어야 한다. 그리
고 타인에 대한 존중은 관용으로 이어진다. 여기서 자율성, 타인에 대한 존
중과 같은 도덕적 원리들이 도덕성 논증의 배경이 되는 것이다.

　그러나 관용을 정당화한 논증 자체가 한계점을 지니고 있다. 예컨대 이해
타산 논증의 경우에는 "비용을 계산하기에 따라서는 얼마든지 관용 대신에
억압과 불관용을 선택할 수 있는 여지"(김용환, 2005B: p. 95)를 갖게 되는 문
제가 나타난다. 관용을 확대해 나가면 논리적으로 '관용의 역설'을 만나고,
'도덕적 자기부정'이 일어난다. 바로 이런 경우와 관련하여 관용의 한계가
어디까지인가라는 문제가 필연적으로 제기될 수 있다. 모든 사람이 자기가
해야 한다고 생각하는 것을 해야 한다는 도덕적 비독단주의의 원리는 관용
의 정당화의 근거가 되지만, 이 원리는 도덕적 충돌이 일어날 경우 해결책을
제시하지 못하므로 보편적 도덕 원리의 기능이 될 수 없다. 관용의 결과가
불관용의 결과보다 더 큰 이익을 가져다준다는 것을 근거로 관용을 정당화

한 실용주의적 관점에서의 관용의 정당화 또한 한계성을 지닌다. 관용의 적용이 일관적이지 못하다는 한계성과 관용의 결과가 불관용의 그것보다 더 큰 손해를 줄 수도 있다는 한계성이 그것이다. 관용의 실용성은 일관적이지 못해서 동일한 관용 행위를 두고 이득이 클 경우에는 정당화되고, 손실이 클 경우에는 정당화되지 않는 가변적인 상황이 초래된다. 동일한 행위를 두고서도 그 각각의 상황에 따라 관용이 베풀어질 수도 있고, 불관용이 합당할 수도 있다(목영혜, 1997: p. 214 참조). 예를 들어, 다양성이 인정되는 사회에서 기존의 성윤리를 벗어나는 예술 행위에 대해 모두 단속을 한다면, 사회적 혼란 초래는 물론이고 예술과 창작 활동을 억압했다는 비난을 받게 될 것이다. 그렇다고 해서 성윤리를 벗어나는 표현을 모두 용납한다면, 예술을 빙자한 외설물들의 범람으로 더 큰 사회적 혼란을 초래할 수도 있다. 이와 같이 관용의 결과라는 것은 예측하기 힘들며, 실용성만으로 관용의 실현 가능성을 가늠하기도 어렵다.

합리성 논증이 가지는 한계점에 대해 목영혜는 다음과 같이 말한다.

> 인간의 인식은 상대적이고 오류가능성을 가지므로 타인의 행동과 태도를 평가할 근거가 없다는 관용의 인식론적 정당성 논변은 회의주의에 귀결한다는 한계를 가진다. 그 어떠한 덕목이나 태도도 상대적일 뿐이라는 견지에서 보면 관용 또한 하나의 상대적인 덕목에 지나지 않는다. 따라서 관용을 특별히 우대하여 부각하거나, 관용하라고 권유할 필요도 없다. 그리고 불관용을 관용보다 나쁜 태도, 나쁜 행동이라고 단정 지을 수도 없다. 같은 논리에서 차이, 즉 자신과 다른 태도나 행동을 나쁘다고 주장한다고 하여 그 주장이 그르다고 할 수도 없다(위의 책, p. 213).

이에 대해 인식론적 상대주의와 회의주의를 극복하는 차원에서 포퍼는 합리적인 대화의 전제로서 관용을 주장한다. 그러나 합리적 대화를 통하여 하나의 진리에 도달하면 더 이상의 관용은 요구되지 않는다. 진리에 도달한 시점부터는 진리를 알지 못하는 자에 대한 진리 인식자의 불관용이 자행되고, 그것은 정당화될 것이다(위의 책, p. 213 참조).

끝으로, 도덕성 논증의 한계점은 관용의 역설에서 찾아볼 수 있다. 타인의 불관용을 관용해야 하는가? 도둑질, 살인 등 명백하게 비도덕적인 행동까지도 관용이라는 이름으로 정당화하고 감싼다면 그것은 매우 역설적인 상황이 된다. 도덕성의 이름으로 비도덕적인 것들을 옹호한다면 직관적으로 용납할 수 없을 뿐 아니라, 관용의 여지조차 없어지는 것이다. 관용이라는 것이 비도덕적인 것들의 정당화 도구로 이용되고 더 나아가 타인의 불관용적인 태도에도 관용으로 대처한다면 관용은 설자리를 잃게 된다. 무제한적인 관용은 관용의 역설을 초래하게 되는 것이다.

4. 볼테르의 관용론이 가지는 다문화적 의미

유럽의 18세기는 전통적인 권위와 낡은 가치에 대항한 치열한 투쟁이 전개되었던 시기이다. 볼테르는 바로 이 18세기의 문턱인 1694년에 태어나 프랑스 대혁명이 일어나기 5년 전인 1778년, 18세기의 대단원을 남기고 세상을 떠났다. 즉, 볼테르는 누구보다도 생애를 통해 열렬하게 낡은 가치와 권위를 경멸하고 인간의 오류를 고발했다. 무엇보다 그는 낡은 가치의 파괴에만 그의 열정을 다한 것이 아니라 자유에 기초한 개인의 행복 추구라는 근대 사회의 원리를 제시했다는 점에서 크게 평가받는다.

볼테르는 1762년에 일어난 칼라스 사건[7]을 계기로 종교적 편견과 맹신에

---

7. 프랑스 남부 랑그도크 지방의 툴루즈에서 평범한 상인 칼라스가 신교도라는 이유로 신교도에게 적대적인 툴루즈 시민들에 의해 자살한 장남의 살인범으로 억울하게 지목당했다. 맹신과 편견에 사로잡힌 재판관들은 증거 불충분에도 불구하고 칼라스에게 거열형(車裂刑)

저항하여 인도주의적 관용을 호소하는 『관용론』을 저술했다. 『관용론』을
쓸 당시는 계몽주의 철학자들과 옛 체제의 낡은 가치가 가장 치열하게 겨루
고 있을 때였다.

볼테르는 칼라스 사건을 우연히 알게 되었고, 재판 절차의 부당함에 분개
하고, 나아가 그 사건 속에 자리하고 있던 야만적 형벌 제도의 문제점을 절
감하게 되었다. 그리고 당시 유럽 사회에 팽배해 있던 신교도와 구교도의
갈등을 극복할 수 있는 해결책으로 관용의 윤리를 제안했다. 볼테르는 『관
용론』을 통해 옛 체제의 형벌 제도를 공격함으로써 유럽 각국의 양식 있는
사람들 사이에 인권에 입각한 근대적 형벌 제도를 정립할 필요성을 일깨웠
다. 그는 법의 이름으로 집행되는 온갖 잔혹한 처형 방법과 무자비한 고문
을 비난하며 인도주의와 정의를 호소했다.

볼테르가 주장하는 관용의 정신에 입각한 신앙의 자유는 지금의 다문화
교육에 시사하는 바가 크다고 할 수 있다. 볼테르는 앎이 결코 미덕을 넘어
설 수 없다고 주장했다. 앎은 선함을 넘어설 수 없는 것이다. 그렇다면 앎이
라는 것이 관용의 필수 조건인가에 대해 고려하지 않을 수 없다. 물론 앎의
과정을 통해 나와 다른 문화, 가치관에 대한 오해를 풀고 바른 시각으로 이
해할 수는 있지만, 이것이 관용으로 가는 궁극적인 길인가? 현재 다문화 교
육의 일환으로 실현되는 국제이해 교육은 타문화에 대한 앎으로부터 출발
한다. 물론 이 출발과 시도는 매우 가치 있는 일임에 분명하고, 그 성과 또
한 무시할 수 없다. 그러나 이것이 단순한 앎에서 끝난다면 그것이 우리가
지향하고자 하는 다문화 교육의 목적을 달성할 수 있을까? 또한 앎이 배제
된 다문화 교육은 진정한 관용의 덕을 심어줄 수 없는 것인가? 혹자는 타문
화에 대한 앎이 배제된 다문화 교육은 불가능하다고 주장할 것이다. 다만
현재 이루어지고 있는 대부분의 다문화 교육이 그저 타문화에 대한 앎에서

을 선고했다. 남은 가족은 추방당하거나 유폐되었고 칼라스 가족의 재산은 국가에 몰수되
었다. 이 사건은 묻혀버릴 뻔 하였으나 볼테르에 의해 되살아났다.

그친다는 것이 문제이다. 앎이라는 것은 새로운 세계로 이끌어 주는 신비로운 길이지만 진정한 다문화 교육은 그것 이상이어야 한다.

볼테르는 『관용론』의 후기에서 인간 본성의 온유하고 자비로운 목소리가 관용을 설득하기도 하지만, 다른 한편에서는 인간 본성의 적인 광신이 광포하게 포효하고 있다고 주장한다(송기형 외 역, 2001: p. 224 참조). 볼테르는 인간의 본성이 관용을 추구한다고 믿었다. 바로 여기서 우리가 궁극적으로 추구해야 할 다문화 교육의 주체는 실천을 최종 목적지로 삼는 도덕교육임을 알 수 있다. 또한 앎이 없어도, 상대방에 대한 거부감이 사라지지 않아도 받아들이는 관용이라는 덕목이야말로 다문화 교육에 있어 가장 필요한 덕목임을 알 수 있다.

5. 로크의 관용론이 가지는 다문화적 의미

로크가 『관용에 관한 편지』를 저술하던 17세기 유럽은, 앞서 말했듯이, 종교적 불관용으로 인해 갈등이 끊이지 않던 시기였다. 도무지 끝이 나지 않을 것 같던 종교적 갈등의 해결책으로 로크는 바로 '관용'이라는 덕목을 내세운다. 관용은 그 개념 정의만으로도 갈등의 최선책임을 드러낸다. 인정할 수 없거나 싫어하는 대상에 대해 인내하는 태도인 관용은 이교도는 물론 같은 신(神)을 섬기면서도 그 의식과 교리의 차이로 인해 서로를 박해하는 사람들에게 반드시 요구되는 덕목이다.[8]

---

8. 공진성은 근대 유럽 관용론에서 스피노자와 로크를 다음과 같이 비교하고 있다: "두 사람 모두 계약론적인 언어로 개인의 자연적인 권리에 근거하여 관용의 정당성을 옹호하지만, 각자는 이 계약의 유효성을 서로 다른 방식으로 보장한다. 계약참가자들의 신뢰성을 보장할 수단을 로크가 종교와 신에서 찾는 반면에, 스피노자는 계약 그 자체 혹은 계약이라는 상황이 낳는 호혜적인 비대칭성에서 찾는다"(2007: p. 83).

로크의 관용론이 더욱 높게 평가되는 이유는 평생 영국 국교도였던 그가 그의 관용을 기독교에만 한정하지 않았다는 것이다.[9] 그는 기독교의 모든 종파에 관용해야 한다고 주장하였고, 심지어 기독교도가 아닌 사람들에게도 자비심과 선의를 베풀지 못하는 사람은 진정한 기독교도가 아니라고 주장하였다. 로크의 관용론은 자유주의에 근거를 두고 있다. 그는 개인의 양심과 존엄성 그리고 신과 개인의 신성한 관계에 진정한 관심이 있었다. 그리하여 그의 저서 전반에 걸쳐 구원의 문제가 전적으로 자기 자신에게만 속한다는 것이 강조되고 있다.

로크의 관용론은 당시로서는 상당히 진보적인 주장이었으나, 몇 가지 한계가 있다. 그는 가톨릭교와 무신론을 관용에서 엄격하게 배제하였고, 공공질서와 치안이 요청되는 경우에는 언제나 국가가 종교 문제에 간섭할 권리가 있음을 인정하였다. 그렇지만 그의 저서는 오늘날 우리 사회에도 시사하는 바가 있다.

다문화 사회로 가고 있는 우리 사회에서 로크의 관용론이 시사하는 바는 다음과 같다. 우선, 로크의 관용론을 통해 종교적 다원주의, 가치의 다원주의로 가는 시작을 발견할 수 있을 것이다. 종교적 문제를 하나의 진리로 통합할 수 없다는 현실적 인식은 종교적 관용의 정착을 가져다주었다. 세상에는 하나의 완벽한 진리가 없다는 가치 다원주의를 통해 나와 다른 방식의 삶의 형태를 '나쁨'이 아닌 '다름'으로 인정해야 함을 시사한다.

둘째, 로크는 개인의 양심과 자유를 중요시하였고, 그것이 그의 종교적 관용의 뿌리였다. 다문화 사회에서 관용은 바로 이 개인의 양심과 자유에 의해 이루어져야 한다. 혹자는 내가 인정하지도 않고 심지어 싫어하는 것을

9. 그러나 로크의 관용론은 "박해의 비합리성 논리, 즉 종교 문제에서 강제적 수단은 그 목적을 결코 달성할 수 없기 때문에 박해는 비합리적이라는 논리에 근거하고 있을 뿐, 국가의 불관용 정책 그 자체를 도덕적으로 나쁘다고 하는 관념이나 박해의 피해자에 대한 깊은 관심이 없기 때문에 부적절하다"(송규범, 2003: p. 105)고 비판받기도 한다.

견디는 태도인 관용에 개인의 자유가 과연 존재할 수 있는지에 대해 반문하기도 한다. 하지만 진정한 관용은 개인의 양심과 자유 위에 존재하는 것임을 로크는 보여 준다. 다문화 사회에서 마주치게 되는 문화적 차이로 인해 발생하는, 인정하고 싶지 않은 수많은 상황들을 타의에 의한 억지 관용이 아닌 스스로의 양심과 자유에 의해 선택한 관용으로 받아들일 때, 장기적으로 모두가 행복한 다문화 사회를 꿈꿀 수 있는 것이다.

셋째, 로크의 관용론의 가장 큰 특징은 바로 인간의 시민적 측면과 종교적 측면을 나눈 것이다. 이 둘은 서로의 영역을 침범해서는 안 되는 특성을 가지고 있다. 그리고 시민적 측면과 종교적 측면이 분리되지 않을 때 일어날 수 있는 폐해들에 대해서도 로크는 자세히 설명하고 있다. 바로 이 논리가 현대사회에 가장 필요한 부분이라 할 수 있다. 현대사회에서 전쟁이 끊이지 않고 일어나는 이유의 대부분이 서로의 종교적 색채를 이해하지 못하고, 그것을 시민적 측면까지 끌어들여 서로를 물리적 힘으로 심판하려 하는 데 있다. 전쟁이 극단적인 예라면, 다문화 사회로 가고 있는 우리 사회에서 볼 수 있는 다양한 종교적 배경을 가진 이주 노동자들을 생각해 보자. 그들의 종교적 측면을 시민적 측면에까지 전이해서 편견 섞인 태도로 그들을 공정치 못하게 대하는 일이 비일비재하게 일어난다. 또한 로크가 말하는 종교적 측면을 현대사회에서는 문화적 측면으로 대체하여 설명할 수 있다. 예를 들어, 프랑스 국민들이 우리나라 사람들이 개고기를 먹는다 하여 프랑스에 있는 재불 한국 교민들에게 취업의 기회를 동등하게 부여하지 않는다면, 그것은 문화적 측면과 시민적 측면을 분리하지 않아 발생한 커다란 병폐라 할 수 있다. 그러므로 시민적 측면과 문화적 측면 혹은 종교적 측면을 분리하여 사람들을 대하고 판단하는 태도는 다문화 사회에서 결코 간과해서는 안 되는 중요한 것이다.

6. 왈쩌의 관용론이 가지는 다문화적 의미

왈쩌는 근대적 관용의 기획을 크게 두 가지로 구분한다. 첫 번째는 개인에 대한 민주주의적 포용이다. 민주주의적 포용은 유태인, 노동자, 이민자들이 부르주아 도시에 입성하기 위해 벽을 깨는 일련의 투쟁 과정이었다. 그들은 집단적 방어와 진보를 위해 강력한 조직을 만들었으나, 개인의 자격으로 도시에 입성하였다. 두 번째 기획은 분리이다. 분리는 포용을 위한 투쟁이 아니라 경계를 분명히 하기 위한 투쟁이다. 이 투쟁의 슬로건은 '자기결정'이다. 자기 결정은 탈중앙 집중화, 권한 양도, 자치, 분할 혹은 주권이 요구된다. 이 한계를 지우는 작업은 매우 어려운 일이며 조심스러운 일이다. 이 작업은 오늘날까지도 계속되고 있다. 이 두 번째 기획에서 단일하거나 민족적-인종적 동질성을 가진 집단과 그 구성원들은 인정받고 관용된다.

포용과 분리, 이 두 기획은 다른 집단들 사이에서는 물론이고 동일 집단의 구성원들에 의해서도 추구될 수 있다. 사실상 관용이란 이 후자의 경우에서 실현된다고 왈쩌는 말하고 있다. 어떤 이들은 종교나 민족 등 조직화된 공동체의 구성원으로서 인식되고 관용되기를 원한다. 반면에 어떤 이들은 종교적·인종적 집단의 특성으로부터 벗어나 시민이 되고자 한다. 개인적 해방에 대한 선호와 소속 집단에 대한 선호 사이에서 두 기획은 경쟁적이다. 그러나 여기서 반드시 고정된 하나를 선택할 이유는 없을 것이다. 왜냐하면 사안에 따라 다르게 적용되어야 하고, 또 그렇게 할 수 있어야 되기 때문이다. 만일 집단 소속의 약속이 무너지면, 개인은 해방되어야 할 대상이 없어지면서 이런 긴장을 극복할 수 없게 된다. 강력한 집단과 자유로운 개인의 공존은 서로 상충될 수 있지만, 그 자체가 근대성의 지속적 특징이다 (구승회, 1999: p. 192 참조).

왈쩌는 관용의 최종적 형태는 근대 이후의 기획이 될 것이라고 말한다. 근

대 이후에는 차이가 확산되어 사회 어느 곳에서든 일상적으로 경험할 수 있
게 된다. 즉, 과거에 비해 경계가 모호한 삶의 형태를 경험하게 된다는 것이
다. 개인은 다수 집단의 구성원과 자유롭게 섞이지만 그렇다고 해서 그 집
단의 정체성에 필연적으로 동화되지는 않는다. 집단의 결속력은 그 어느 때
보다 약해졌지만 그렇다고 해서 완전히 파괴되지도 않았다. 그 결과 정체성
의 혼란을 겪는 개인들이 등장하게 되며, 이들의 혼합(결혼이라는 형태로)이
나타난다. 이들의 결혼으로 인해 다문화주의가 확산되고, 관용은 민족적·
종교적·문화적 평화가 이뤄져야 하는 곳인 가족에서부터 시작되게 된다.

　이러한 상황에서 과거의 끈끈했던 공동체와 통일성을 기억하고 다시 돌
아가길 바란다면, 관용은 애매한 정체성을 지닌 자아들로 구성된 세대에게
는 문제가 된다. 이러한 갈망에 대한 이데올로기적 대변이 근본주의이다. 근
본주의가 보여 주는 불관용은 다른 정통파를 향한 것이 아닌 혼동과 무질
서에 대한 것이다. 비단 근본주의적 성향이 아닌 사람들 또한 차이를 느끼
게 되면서 다원적인 가치가 만나는 상황에 대해 혼란스러울 것이다. 그리고
한동안 그들의 조부모, 부모가 연관을 가지고 있는 집단에 대해 충성심 혹
은 향수를 느끼게 될 것이다.

　근대 이후 몇 세대를 거치면서 이러한 유대감은 완전히 끊기게 되고, 역사
와 전통으로부터 고립된 개인들이 등장하게 된다. 이러한 개인에게 연합체
란 일시적인 동맹에 불과하며, 관용과 불관용은 단순히 개인적인 선호에 따
라 결정될 가능성 또한 있다. 관용의 대상이 누가 되어야 하는지, 관용의 한
계는 어디까지인가에 대한 과거의 갈등과 공적 주장이 사적 감정의 문제로
대체되지 않는다고 누가 장담할 수 있겠는가?

　근대 이후의 기획은 어떤 공통의 정체성, 어떤 표준적인 행위도 제거하였
다고 왈쩌는 주장한다. '우리'와 '그들'의 경계가 없는 사회를 만들게 되고,
개인적 자유가 완벽하게 실현된다고 주장한다. 이러한 주장을 옹호하는 이
론가의 예로 왈쩌는 프랑스 작가 줄리아 크리스테바(J. Kristeva)를 든다. 그

녀는 "이방인을 핍박하지 말라. 우리 모두는 바로 이 땅에서 이방인이노라. 사람들이 자신의 타자성을 인정한다면 확실히 타자성을 관용하기가 쉬울 것이다"(송재우 역, 2004: p. 163)라고 주장하였다. 그러나 이 주장에 대해 왈쩌는 모든 사람이 이방인이라면 그 누구도 이방인이 아니라고 반박한다. 우리가 강력한 형태의 동질성을 경험하지 않는다면 타자성 자체를 인식할 수 없기 때문이다. 이방인들 간의 동료 의식이란 일시적인 집단화일 뿐, 공동체가 없는 동료 의식은 존재할 수 없다. 근대 이후 국가의 관리가 이방인에 대해 무조건적으로 관용하는 것을 상상할 수 있다. 관용의 한계를 의미하는 형사법은 더 이상 존재하지 않으며 차별의 정치, 집단 관계와 개인 권리 사이의 협상은 폐지될 것이라고 비판한다.

크리스테바는 최상의 사회로 '이방인이 없는 사회'를 말하지만, 왈쩌는 이것이 '프랑스 사람이 없는 프랑스'를 의미한다고 비판한다. 이방인들 간의 동료 의식이 일시적인 집단화이듯이 그녀의 프랑스에 대한 애국심은 일시적인 것이라고 비판한다. 더 나아가 문화·종교에 대한 개인적 시각이 프랑스보다 강한 외양을 만들기도 한다. 그녀가 주장하는 진보된 이민자 사회는 엄밀히 말해 '다원적 공동체'가 아니다. 사람들은 아직도 다름을 일대일로 만나지 않는다. 여전히 사람들은 개인적 관계가 관용의 논리에 의해 뒤로 밀려나는 상황을 통해 집단적으로 다름을 경험한다. 근대 이후의 기획은 근대적 기획의 삭제가 아닌 그것 위에 덧붙여진 것이다. 여전히 경계가 존재하나, 그것들의 복잡한 교차에 의해 눈에 보이지는 않는다. 즉, 불확실성이 존재한다. 강한 정체성을 가진 집단이 존재하나 구성원들은 과거처럼 눈앞의 이익을 위해 공격적이지는 않다. 그들에게는 보다 먼 목적이 존재하기 때문이다.

근대와 근대 이후의 이중성은 차이가 중첩되길 요구한다. 그 차이란 첫째 단일한 개인과 집합적 시각이며, 둘째 다원적·분산적·분열적 시각이다. 개인은 국가의 시민이자 집단의 구성원으로 관용되고 보호받기를 원하며, 이는 이방인 또한 마찬가지이다. 과거에는 개인이 주권을 가진 집단 속에 포함된 차이를 지닌 존재였으나, 이제는 개인이 집단에 반대하거나 이중적 성향을 가질 수 있다. 그러나 무조건적인 반대 역시 공통적인 종교·문화를 재현하려는 개인들의 저항을 받게 될 것이다. 결론적으로 왈쩌는 다음과 같이 말한다. "그리하여 이제는 최소한 차이가 포기, 무관심, 스토아주의, 호기심 그리고 열광 중 무엇으로 혼합되든지(양쪽이 동일한 것으로 혼합될 필요는 없다) 반드시 이중으로 관용되어야 한다. 즉, 정치적 차원과 마찬가지로 개인적으로도 말이다"(위의 책, p. 167).

그러나 왈쩌는 관용의 두 가지 시각이 도덕적으로 혹은 정치적으로 동등한지 확신하지 못한다. 여기서 분명한 것은 우리는 서로 다른 집단을 강화하는 동시에 개인들이 하나 혹은 그 이상의 집단들과 강한 결속을 맺는 것을 자극하는 방식으로 관용 제도를 만들어 가야 한다는 것이다. 다문화 교육에서 이러한 주장을 의미 있게 수용해야 할 것이다. 물론 혼란스러울 수도 있겠지만, 소속감을 갖는 집단이 하나인 경우와 다수인 경우를 상정해 본다면, 관용의 측면에서 후자의 경우가 관용의 덕을 보장해 주는 데 유리할 것이다. 분명히 근대성은 시민과 집단 구성원 사이의 지속적인 긴장을 필요로 한다. 근대 이후는 근대성의 지속적인 긴장과 마찬가지로 한편으로는 시민과 구성원 사이, 다른 한편으로는 분열된 자아와 문화적 이방인 간의 긴장을 필요로 한다. 근본적인 자유란 의미 있는 저항이 주어지지 않는 세계에서는 무의미하다.

민주주의 사회에서 자유롭고 분리된 개인들이 집단의 중요성을 인식하지 못한다면, 즉 관용이 평화로운 공존과 상호작용을 지켜주는 것에 대해 동의하지 않는다면, 그들은 도움을 제공하고자 하는 정부의 권한을 인정하지 않을 것이다. 분열된 근대 이후의 자아는 이런 식으로 공존을 힘들게 만들지만, 자신의 창조와 이해를 위해서 공존에 의존한다.

왈쩌는 "교육의 과제는 아무리 갈등이 심해도 약한 시민들의 정치적 결속력을 오해하지 않고 시민적 관계 양상을 지속적으로 보장하는 것"(Walzer, 1997: pp. 71-2)이라고 주장한다. 그래서 "학교교육은 정치적 관용의 기초를 매개로 하여, 동시에 어린이들이 자기가 속한 가족과 공동체적 배경과 대립 되는 관용을 실천하고, 그럼으로써 자신들의 다름(차이)에 대한 인식을 더 욱 분명하게 해준다"(구승회, 2000: p. 196). 그래서 왈쩌는 "다른 아이들에게 특정한 방식으로 다르다는 것이 무엇을 의미하는지를 가르치는 것이 아니 라, 다르다고 간주되는 아이들에게 정당한 방법으로 얼마나 다른지를 가르 치는 것"(Walzer, 앞의 책: p. 75)이 중요하다고 보았다.

7. 나오는 말

킹(P. King)의 관용에 대한 정의에 따르면, 관용은 싫어하고 거부하는 것에 대해 자발적으로 부정적 행위를 하지 않는 행위이며, 이것은 소극적인 의미 에서는 반대나 간섭을 하지 않는 것(소극적 관용)을, 적극적인 의미에서 본다 면 관용되는 대상에 대해 권리를 인정해 주는 것(적극적 관용)을 의미한다(김 용환 2005B: pp. 98-9 참조). 관용이 발생하는 상황을 헬레스네스는 다음과 같이 표현하고 있다:

> 관용은 내가 기꺼워하지 않는 어떤 문제와 부닥치게 될 때 비로소 작동한다. 어 떤 발언자의 진술에 대해 관용하려면, 나는 일단 그 진술을 부정적으로 평가해야 한다. 그러나 그 진술을 저지하기 위해 발언자를 억압적 상황에 몰아넣어서는 안 된다. 나 스스로 이미 그런 — 나를 억압적 상황에 몰아넣지 말라는 혹은 발언 금 지를 요구하지 말라는 — 권리를 요구하기 때문에, 타인이 자유로이 생각하고 자 신의 생각을 자유롭게 개진할 권리를 가지고 있음을 받아들여야 한다(Hellesnes

1993: p. 188).

다문화 사회의 핵심 덕목으로 관용을 제시할 경우, 우선 관용에 대해서는 매우 다양한 구분이 가능하며, 수직적 관용과 수평적 관용의 경우로 구분할 수 있다. 수직적 관용은 사회의 권력의 위계 구조 하에서 행사되는 관용이고, 수평적 관용은 상호주관적인 지평 하에서 행사되는 관용일 것이다 (Forst, 2003: p. 17 참조). 수직적 관용이 전통적인 의미의 관용이라면, 수평적 관용은 현대사회에서 그리고 다문화 교육에서 요구되는 형태의 관용이라고 볼 수 있다.

둘째, 이때의 관용은 다름과 같음에 대한 관용이며, 인류의 보편적 가치와 사회의 보편적 가치에서 추출한 교육의 핵심 가치들에 대한 관용과 이러한 핵심 가치들에 반하는 것들에 대한 불관용의 교육이 이뤄져야 한다. 이것은 두 가지 방식으로 이뤄져야 하는데, 첫 번째 방식은 관용의 영역 구분이다. 예컨대 정치적 관용, 문화적 관용, 종교적 관용 등의 허용 정도는 다를 수 있고, 또 달라야 한다. 영역의 차이를 두어야 관용의 본질이 유지될 수 있을 것이다. 두 번째는 도덕적 악을 참아야 하는 것은 관용이 아니며, 관용을 확대하기 위하여 불관용을 해야 하는 상황적 필연성을 인정해야만 할 것이다. 그러나 여기서 관용과 불관용의 경계 설정의 문제가 관용의 본질을 유지하기 위해서 가장 필요한 작업이 된다. 경계 설정의 기준으로 생각해 볼 수 있는 것은 이성과 자연법적 논거들이 될 것이다. 이러한 경계 설정이 이성적이지 않을 때, 마르쿠제의 지적처럼, 관용이 현 상태를 유지하려는 지배자의 도덕으로 전락해 버릴 수 있는 위험이 늘 있게 마련이다. 그리고 다른 것을 나쁜 것으로 보는 것이 아니라 다름을 긍정적인 양식으로 문명화해야 한다는 것이 왈쩌의 주장이다. 결론적으로, 관용은 힘(Macht)과 도덕(Moral) 사이의 긴장 관계에서 발생하는 것임을 알 수 있다. 역사적으로 관용은 늘 힘을 가진 자의 덕목으로 간주되어 왔다는 사실을 고려해 본다면, 이러한 긴장 관계에서 앞으로 우리가 추구해야 할 것은 상호적 관용(reciprocal tolerance)일 것이다. 힘 있는 쪽이 참기 힘든 것은 힘 없는 쪽도 참기 힘들 것이기 때문이다. 여기서 상호성은 행위 자체의 상호성과 행위 근거의 상호성으로 구분할 수 있을 것이다.

이러한 논의를 바탕으로 다문화 사회에서 추구해야 할 관용의 의미와 요소들을 추출해 보아야 할 것이다. 그렇지 않다면, 즉 "관용 개념에 대한 분석을 조심스럽게 다루지 않고 또 적절한 위치에 두지 않는다면, 양의 탈을 쓴 철학적 늑대들이 그 개념 안에 들어 있다는 것을 너무 늦게 발견하게 될 것"(King, 1976: p. 11)이기 때문이다.

참고 문헌

강석찬(1992): 「민주주의의 정신적 조건으로서의 관용에 관한 연구」, 『국민윤리연구』, 제31호, pp. 175-92.

공진성(2007): 「17세기 유럽 관용론의 두 유형: 스피노자와 로크」, 『영국연구』, 제17호, pp. 83-107.

구승회(2000): 「차이의 문명화로서의 관용」, 『철학연구』, 48집, pp. 181-203.

김용환(2005A): 「관용의 윤리: 철학적 기초와 적용영역들」, 『철학』, 제87집, pp. 65-90.

김용환(2005B): 「관용에 대한 철학적 분석」, 『현상과인식』, pp. 91-116.

목영혜(1997): 「관용의 교육에 대한 연구」, 『교육철학』, 제18집, pp.

송규범(2003): 「존 로크의 관용론」, 『서양사론』, 제78호, pp. 81-109.

송기형 외 역, 볼테르(2001): 『관용론』, 한길사.

송재우 역, M. Walzer(2004): 『관용에 대하여』, 미토.

이경호(1997): 「다문화 사회의 대두와 시민교육의 과제-관용성을 중심으로」, 『사회와 교육』, pp.

조기제(2003): 「초등교육에서의 관용교육」, 『초등도덕교육』, 제13집, pp. 259-82.
추병완(2008): 「다문화적 시민성 함양을 위한 도덕과 교육방안」, 『초등도덕교육』, 제
　　27집, pp. 25-60.

Forst, Rainer(Hg.)(2000): *Toleranz*, Campus Verlag GmbH.

Forst, Rainer(2003): *Toleranz im Konflikt*, Suhrkamp Verlag.

Hellesnes, J.(1993): "Toleranz und Dissens. Diskurstheoretische Bemerkungen
　　ueber Mill and Rorty," in: Apel, K-O & Kettner, M.: *Zur Anwendung der
　　Diskursethik in Politik, Recht und Wissenschaft*, Suhrkamp.

King, P.(1976): *Toleration*, George Allen & Unwin.

Walzer, M.(1997): *On Toleration*, Yale Univ. Press.

제11장

다문화적 덕목으로 중요한 것들은 무엇인가?

다문화 통합 교육의 내용 체계 구성에 대한 기초 연구*

이 장은 다문화 통합 교육을 위한 이론적 기초를 정립하기 위한 연구이다. 다문화 교육
이 다문화 가정 아동의 학교 부적응을 개선하고 지원하기 위해 시작되었지만 다문화
가정은 물론 일반 가정 아동을 대상으로 한 다문화 통합 교육으로 확대되고 있다. 다문
화 교육의 목표와 성격에 대한 다양한 접근들이 있지만 주로 민주주의와 인권의 다문
화 시민성 함양을 목표로 삼고 문화와 관련된 지식과 능력을 교육 내용으로 선정해 왔
다. 다문화 시민성 교육의 다양한 접근들이 서구로부터 유입되면서 다문화 교육에 관
한 한국의 담론이 풍요롭게 되었지만, 아직까지 한국 사회에 토착화되지 못해 다문화
사회에서 도덕적으로 교육받은 사람에 대한 이념이나 교육이 분명치 않다. 이 글에서는
다문화 교육의 덕 접근의 필요성을 밝히고, 다문화 사회에 적합한 가치나 덕을 다문화
교육의 내용으로 선정하고, 다문화 통합 교육의 덕 접근의 가능성을 모색하였다.

* 이 장은 2011년도 15대 아젠다 농업기술 연구개발사업(PJ907111)의 지원으로 수행된 연구
결과물입니다.

1. 서론

우리나라의 다문화 교육은 그 기간이 짧지만, 그동안에도 몇 단계를 거쳐 이루어져 왔다. 우선 첫 단계는 다문화 사회의 인지와 다문화 가정 학생에 대한 언어적 접근과 외국인 거주자들의 한국 사회로의 적응 중심이었다. 그 러다 언어적 접근을 포함하여 그 외연이 점차 확장되어서 경제적, 복지적 측 면에서의 물질적 지원뿐만 아니라 정신적 차원에서의 배려가 강조되고 있 다. 초등학교의 경우에도 다문화 가정 학생들에 대한 관심이 주로 일방적이 던 단계, 예컨대 다문화 가정 학생들이 한국 사회나 교육 현장에서 어떻게 적응해야 하는가, 혹은 일반 가정 학생이 다문화 가정 학생들을 어떻게 대 해야 하는가에 초점이 맞춰져 있었다. 그러나 이제는 다문화 가정의 학생들 도 한국 사회에서 적응해 나가기 위해 필요한 덕목이 무엇인지에 대한 논의 도 이루어지고 있고 다문화 가정 학생들과 일반 가정 학생들을 구분하지 않 고 통합시켜 교육해 보자는 주장도 제기되고 있다. 이런 맥락에서 주장되는 것을 다문화 통합 교육이라고 할 수 있다.

따라서 이 글에서는 다문화 가정 아동의 실태를 먼저 살펴보고, 다문화 교육의 내용 체계들을 분석한 뒤에 다문화 통합 교육에서 다뤄야 한다고 판단되는 핵심 덕목들을 추출하고, 이를 구체화하는 작업을 할 것이다. 이 글을 통해 다문화 통합 교육의 구체적인 내용 체계들을 제시하고, 이를 학 교의 수업 현장에서 사용할 수 있는 수준으로 구체화하는 작업의 토대를 제 공하고자 한다.

2. 다문화 가정 아동의 학교 부적응과 통합 교육의 필요성

다문화 교육은 다문화 가정 아동의 학교 적응을 지원하는 데 초점이 맞춰져 왔다. 실태 조사 결과, 다문화 가정 아동의 학교 부적응이 보고되면서 국가 주도의 다양한 다문화 가정 아동 지원 방안들이 마련되었다.

1. 다문화 가정 아동의 부적응

다문화 가정은 부모 중 한쪽이 외국인 국적을 가진 국제결혼 가정, 부모 모두 외국인 국적으로 국내 취업 활동을 통해 입국해 살고 있는 외국인 근로자 가정, 북한으로부터 이주해 온 새터민 가정을 통칭한다. 도시와 농촌 간의 성비 불균형 및 지역 발전차로 인한 농촌 인구의 저조한 혼인율, 그리고 가난의 고리를 끊고 새로운 삶의 터전을 갖고자 하는 외국인의 유입으로 인해 다문화 가정은 점점 늘어나고 있다.

이러한 사회적 흐름을 배경으로 다문화 사회의 긍정적인 측면 못지않게 부정적인 측면도 제기되고 있는 실정이다. 다문화 가정 아동의 학교 부적응 문제 역시 사회적 이슈가 되었다. 다문화 가정에 대한 실태 조사 결과, 결혼이주 여성은 한국어 의사소통의 어려움을 겪을 뿐 아니라 자신으로 인해 자녀의 언어 발달이 늦고, 자녀가 피부색과 다문화 가정의 아동이라는 이유로 따돌림을 받기 때문에 스트레스를 받는 것으로 나타났다. 이러한 어려움은 이주 근로자 가정이나 새터민 가정에서도 발견되었다.

적응은 개인과 환경 간의 상호 의존적 과정으로, 개인의 감정과 연관된 심리적 적응과 개인의 행동과 관련된 사회적 적응으로 구분할 수 있다. 이러한 심리적 측면과 행동적 측면에서 환경과 균형을 이루거나 균형을 이루기 위해 노력하는 것을 심리 사회적 적응이라고 한다. 심리 사회적 적응에 실패하게 되면 우울, 불안과 같은 정서적 부적응은 물론 비행, 일탈, 약물 사용 등과 같은 행동적 부적응을 보인다.

실태 조사들은 일부 다문화 가정 아동과 청소년들이 학교생활에 적응하지 못해서 불안이나 우울과 같은 문제를 가지고 있는 것으로 보고하였다. 다문화 가정의 초등학생은 일반 가정 학생들에 비해 사회성이 부족하고 소외로 인한 우울함을 느끼며 공격적이지만, 일탈 행동에서는 뚜렷한 차이를 보이지 않고 있다. 우울함이나 소외감의 정서는 공격성이나 낮은 학업성적을 예언하는 중요한 변인이다.[1] 경남 지역의 다문화 가정 아동의 연구에서는 위축, 불안이 증가함에 따라 공격적 문제 행동이 증가하는 것으로 나타났다.[2] 안산 지역의 다문화 가정 아동의 학교 적응을 조사한 연구에서는 다문화 가정 아동이 공격적이거나 일탈 행동을 더 보이는 것은 아닌 것으로 나타났지만, 사회 정서적 능력이나 주의 집중력은 낮은 것으로 나타났다.[3]

이러한 실태 조사 결과들은 일관되게 다문화 가정의 아동이 심리 사회적 적응의 어려움을 보이고 있음을 드러낸다. 물론, 감정 상태나 낮은 사회 정서적 능력이 공격 행동으로 표출되고 있지는 않지만, 학교의 적절한 개입을 통해 내재화된 적응 문제를 개선하여 학교생활 적응을 도와야 한다. 다문화 가정의 아동이 심리 사회적 부적응을 경험하게 되는 원인은 다양하다. 어머니의 낮은 언어적 의사소통 능력과 한국 문화 적응의 어려움으로 인한 부적절한 양육, 낮은 생활수준, 다른 외모와 자아 정체성의 혼란, 주변의 차별과 소외로 인한 스트레스 등이 있다. 다문화 가정 아동을 인터뷰한 사례 연구에 따르면,[4] 이주 근로자 가정의 아동은 부모의 맞벌이와 긴 노동시간으로

---

1. 서미옥(2009), 「사회적 기술 훈련 효과에 대한 메타분석」, 『교육학 연구』, 47(2); 심우엽(2009) 「다문화 학생의 민족정체성 및 정서적 특징」, 『초등교육연구』, 22(4), pp. 40-1 참조.
2. 이덕희(2010), 「다문화 가정 아동의 문제행동에 영향을 미치는 요인」, 『한국가족복지학』, 15(3), pp. 91-2 참조.
3. 변순용·손경원(2012), 「다문화 가정 아동의 도덕적 실태 분석과 다문화적 덕목의 필요성」, 『윤리교육연구』, 26, pp. 158-9 참조.

인해 부모로부터 정서적 지원을 받을 수 없는 상황이었고, 이러한 지원의 결핍이 다시 아동의 학습 동기와 교우 관계나 생활 태도에 영향을 주고 있는 것으로 나타났다. 더욱이 아동의 한국어 의사소통 능력이 낮기 때문에 학습과 적응은 더욱 어렵다. 다문화 가정의 아동이 소수인 경우, 이들은 또래 집단에 속하지 못하고 외톨이가 되어 심리적·물리적 고립 상태에 놓인다.

2. 다문화 통합 교육의 필요성

다문화 아동의 부적응은 아동이 처한 다양한 개인, 가정, 학교 환경의 요인들이 복합적으로 작용해서 발생하는 문제이다. 적응 문제를 개선하기 위해서는 다문화 가정 아동이 노출된 여러 위험 요인들로부터 스스로를 보호하고 학교 적응을 도울 수 있는 적극적인 개입 전략이 요구된다. 이와 관련된 상당수의 연구들은 부적응의 주요 원인을 주로 한국 문화에 대한 낮은 이해와 미숙한 언어 능력으로 진단하였다.[5] 그래서 학교 적응을 높이기 위해 일차적으로 언어능력 개선에 집중하는 경향을 보였다. 낮은 언어능력은 심리적 위축과 의사소통의 어려움을 초래하고 나아가 또래 관계 형성을 방해하는 것으로 알려졌기 때문이다. 따라서 다문화 교육은 주로 한국 문화 이해와 언어교육에 편중되는 경향을 보였다. 하지만 학교 적응에 관련된 요인이 복합적이라는 점을 고려하여 언어능력 이외의 다른 교육이 요청되었다.[6]

다른 한편으로, 다문화 가정 아동을 대상으로 한 적응 교육으로부터 일반 아동을 대상으로 한 다문화 교육의 필요성이 제기되었다. 다문화 가정 아동의 심리 사회적 부적응은 일반 가정 아동의 따돌림이나 차별 소외의 결과이

---

4. 위의 책, pp. 155-7 참조.
5. 다음 논문 참고: 오경자·김은희·도례미·어유경(2005), 「빈곤가정 청소년의 심리사회적 적응: 위험요인과 보호요인의 탐색」, 『한국심리학회지: 임상』, 24(1).
6. 김정원·이인재(2010), 「다문화 교육 정책의 현황」, 『글로벌 시대의 다문화 교육』, 원진숙 외 6인(서울: 사회평론), p. 262 참조.

기도 하다. 다문화 가정 아동에 대한 사회적 편견은 아동들 간의 관계에서도 나타난다. 다문화 가정 아동들이 많은 학교의 경우, 다문화 가정 아동들은 국적이 같은 아동과 어울리는 것을 선호하는 경향이 뚜렷해 보인다. 만일 다문화 교육이 일반 가정 아동과 다문화 가정 아동의 상호작용과 교육을 증진하는 구체적 계기를 제공하지 않는다면, 다문화 가정 아동은 심리적으로 고립되어 교우 관계를 형성하지 못하고 사회성 발달이 낮아질 위험이 있다. 다문화 가정 아동들이 비교적 다수인 학교라면 그들로 하여금 보다 편안하게 느끼는 또래 집단에 안주하게 만들어 오히려 외집단에 대한 갈등과 적의를 키울 수 있다.[7] 다문화 가정 아동과 일반 가정 아동이 함께 활동할 수 있는 다문화 통합 교육을 실시하여 일반 아동과 다문화 아동 간에 적절한 또래 관계를 형성할 수 있는 교육 기회를 제공해야 할 필요가 바로 여기에 있다.

학교 다문화 교육의 실태 분석 연구 결과는 다문화 교육의 목표와 내용이 전반적으로 문화 교육 및 언어교육에 치중되어 있으며 다문화 교육의 대상 역시도 다문화 가정 학생들만을 대상으로 한 프로그램이 일반 가정 학생이나 통합 프로그램보다 훨씬 많다고 보고하였다. 특히 문제가 되는 것은 다문화 가정 아동은 다문화 교육 프로그램들에 참여하게 되면서 의도하지 않게 다문화 가정 학생이라는 것이 드러나게 되는데, 이로부터 다문화 가정 아동과 그렇지 않은 아동 간에 구별 짓기 경향이 나타난다는 점이다.[8] 그리고 생활수준이 높지 않은 학교에서 다문화 가정 아동들만을 위한 프로그램들은 일반 가정 아동이나 학부모들에게 오히려 역차별로 느껴지기 때문에, 가능한 다문화 교육을 통합적으로 운영할 필요성이 제기되었다.

---

7. 변순용 · 손경원(2012), 「다문화 가정 아동의 도덕적 실태 분석과 다문화적 덕목의 필요성」, 『윤리교육연구』, 26, p. 160 참조.
8. 조영달 · 박윤경 · 성경희 · 이소연 · 박하나(2010), 「학교 다문화 교육의 실태분석」, 『시민교육연구』, 42(1), pp. 163-77 참조.

3. 다문화 교육의 다양한 접근에 따른 내용 구성과 조건

다문화 교육의 초기 단계에서는 한국의 다문화 교육의 성격이 동화주의 이지 다문화주의가 아니라는 비판이 제기되기도 하였다. 하지만 다문화 교육의 유형이나 접근법들이 매우 다양하기 때문에, 한국 사회에 적합한 다문화 교육은 무엇이며 기존에 논의되던 다문화 교육의 상대주의 가능성 역시 문제로 제기되기도 하였다. 이 글은 다문화 교육의 성격이 공통 가치에 기반을 둔 다문화 통합 교육이어야 하며, 다문화 교육이 다문화 가정과 일반 가정 아동들의 상호 이해를 증진하고 가치 통합적 기능을 달성하는 교육이 되어야 할 필요성을 설명하고자 한다.

1. 다문화 교육의 접근들

다문화 사회와 다문화주의, 그리고 다문화 정책에 대한 다양한 연구들이 이루어지고 있지만, 아직 학계나 정부의 정책 영역에서 이들 용어에 대한 명확한 개념화가 이루어지지 않은 상황이다. 이는 다문화주의가 매우 폭넓고 다양한 가치들을 반영하는 이념적 개념이며 특정 사회의 역사적, 정치적·경제적 현실을 바탕으로 개념화되기 때문이다. 다문화주의 유형론에서 일반적으로 가장 많이 활용되고 있는 분류는 동화주의와 다문화주의의 구분이다. 유형화는 외국인들과 이민자들을 받아들임에 있어 국가가 어떤 태도를 가지고 어떤 정책과 제도를 채택하고 있는지에 따라 분류한 것이다.[9]

---

9. 이영범·남승연(2011), 「다문화주의 유형화에 관한 연구」, 『한국정책학회보』, 20(2), p. 152. 다문화주의 유형론은 카츨스와 밀러(Castles & Miller, 2003)가 제시한 차별 배제 모형, 동화 모형, 다문화 모형의 세 유형이지만, 일반적으로 동화주의와 다문화주의로 유형화되고 있다. 세 구분은 주로 법적 지위와 사회 정책, 소수민족 집단 교육, 반인종주의 수준, 시민권, 국가 정체성을 분류 기준으로 사용하고 있다.

동화주의는, 소수집단의 언어, 문화, 종교 등의 문화적 차이가 정치적·경제적 불평등을 유발하기 때문에, 기본적으로 주류 집단의 문화적 동질화를 추구하여 국가 정체성 확립과 사회 통합을 추구한다. 동화주의는 소수집단이 주류 사회에 완전히 흡수될 수 있으며, 이로 인해 인종이나 민족으로 인한 갈등이 사라질 수 있다고 본다.[10] 그래서 소수자에 대한 차별 방지법을 정립하고 사적 영역에서의 문화적 다양성을 보호하고 모든 영역에서 기회의 평등을 보장하고자 하였다. 하지만 사회 내 소수자들의 통합 역량은 점차 약화되었고, 현실적으로 사회적 배제를 당한 이주민 역시 주류 사회에 동화되기는 어려웠다.

다문화주의는 기본적으로 문화 이질성을 존중하며 다양한 언어, 문화, 민족, 종교 등을 보장해 줌으로써 사회 통합을 유지하고자 한다. 다문화주의는 복수의 문화 집단의 존재를 인정하며 사회 참여를 유도하고 소수집단의 문화를 보호하기 위해 문화권을 인정한다. 이는 사적 영역은 물론 공적 영역에서도 적극적으로 문화 다양성을 보호하여 사회 및 정치적 영역의 평등을 보장하려 한다. 다문화주의는 이념적으로 동화주의보다 선진적이며 인간적이지만, 그 실행 과정에서 많은 집단 간의 이익 갈등을 유발하며 국가 통합이나 사회적 분열을 초래할 수 있다.[11]

다문화 교육이 일반화된 미국 사회에서는 다문화 교육에 대한 다양한 연구들이 논의되고 있다. 뱅크스(Banks)는 4단계 접근법, 즉 ① 기여적, ② 부가적, ③ 변혁적, ④ 사회 실천적 접근법으로 구분하면서, 다문화 교육의 5가지 차원을 ① 내용 통합, ② 지식 구성, ③ 편견 감소, ④ 형평 교수, ⑤ 학교 문화에 권력 부여로 구분하였다.[12] 슬리터와 그랜트(Sleeter & Grant)는 5

10. 추병완(2010), 「다문화 도덕교육 정립을 위한 시론」, 『초등도덕교육』, 제28집, p. 304.
11. 한승준(2008), 「동화주의 모델 위기론과 다문화주의 대안론: 프랑스 선택을 중심으로」, 한국정책학회 하계학술대회 발표 논문, p. 108.
12. J.A. Banks(1993), *An Introduction to Multicultural Education*, Boston: Allyn & Bacon.

가지 접근법, 즉 ① 문화적으로 다른 학생 가르치기, ② 인간관계, ③ 다문화 교육, ④ 단일 집단 연구, ⑤ 다문화주의적이며 사회 재건주의적인 교육으로 구분하여 제시하였고,[13] 카스타노(Castagno)는 최근에 이러한 다문화 교육 연구들을 정리하여 ① 동화, ② 통합, ③ 다원주의, ④ 문화 간 자신감, ⑤ 비판적 인식, ⑥ 사회적 실천이라는 6가지 유형으로 구분하고 있다.[14]

다양한 다문화 교육의 접근들이 소개되면서 국내의 다문화 교육 연구들 역시 다양해졌다. 하지만 다문화 교육에 대한 이론적 고찰이 간략하거나 종합적으로 다루어지지 않았기 때문에 각 접근의 본연의 의미를 전달하기가 어려웠다.[15] 또한 다문화 교육이 우리 사회의 다양성을 풍요롭게 한다고 보거나 한국의 다문화 교육이 비빔밥과 같은 성격을 가져야 한다고 보면서 정작 다문화 교육의 본질을 놓치는 경우도 생겨난다. 더욱이 학자들도 상이한 접근을 매우 유사한 접근으로 오해하는 상황이 발생하였다. 나장함은 이러한 문제의식을 바탕으로 다문화 교육의 접근법들을 체계화하였다. 다문화 교육을 5가지 유형으로, 즉 동화, 융합, 다원성 증진, 비주류 집단의 권리 신장, 사회개혁과 정의로 정리하고 있다.[16]

첫째, 동화를 위한 다문화 교육은 보수적 접근이다. 소수집단을 주류 문화로 통합하고자 하며, 소수자 적응 교육을 교육과정에 일부 적용하여 주로 일회적 행사에 그치는 접근이다. 이는 "주류 문화 + 타문화A + 타문화B + 타문화C = 주류 문화(소수집단의 고유성이 녹아 없어짐)"로 표현해 볼 수 있다. 초기 단계의 다문화 교육 프로그램들이 이러한 동화주의적 성격을 띠

---

13. C. Sleeter & C. Grant(1987), *An Analysis of multicultural Education: Five Approaches to Race, Class and Gender* (4th ed), Hoboken, NJ: John Wiley & Sons 참조.

14. A. Castagno(2009), "Making sense of multicultural education: A synthesis of various typologies found in the literature, *Multicultural Perspectives*, 11(1), pp. 43-8 참조.

15. 나장함(2010), 「다문화 교육 관련 다양한 접근법에 대한 분석: 이론과 교육과정 변형을 중심으로」, 『사회과 교육』, 49(4), pp. 97-8.

16. 위의 논문, pp. 101-19. 나장함의 연구를 바탕으로 본 연구에 적합한 5가지 접근법의 내용을 요약하였다.

었던 것으로 나타났다.

둘째, 사회 통합(융합)을 위한 다문화 교육은 개방적 접근이다. 사회 통합을 위한 문화 융합을 통해 동질성을 확대하려 한다. 소수집단과 주류 집단 모두를 대상으로 할 수 있으며, 교육과정에 다문화 및 소수집단의 문화를 교육 내용으로 통합하여 실행한다. 이는 주류 문화 + 타문화A + 타문화B + 타문화C… = 새로운 문화[주류 문화 기본 + 소량의 새로운 문화(타문화a + 타문화b + 타문화c)]로 표현할 수 있다.

셋째, 다원성 증진을 위한 다문화 교육은 다원적 접근이다. 문화 다원주의에 기반하여 소수집단의 문화의 이질성을 인정하고 존중하며, 소수집단과 다수 집단 모두 세계시민의 자질을 갖춘 시민 양성을 목표로 하여 주류와 소수집단 모두를 대상으로 하였다. 학교 내의 모든 교육 및 환경에 다문화 교육 내용을 추가하고 있으며 문화 다양성을 지지한다. 이는 주류 문화A + 타문화B + 타문화C = 주류 문화 A(다원주의 공통 I [주류 문화A + 타문화B + 타문화C]) + 타문화B(다원주의 공통 I[주류 문화A + 타문화B + 타문화C]) + 타문화C(다원주의 공통 I[주류 문화A + 타문화B + 타문화C])로 표현할 수 있다.

넷째, 비주류 집단의 권리 신장을 위한 다문화 교육은 주류 집단과 소수집단 간의 권력관계(지배와 억압)에 초점을 맞추어 특정 소수집단의 권력을 신장하기 위한 접근이다. 그래서 이 유형의 다문화 교육은 문화 다양성을 보장하는 학교교육 프로그램을 운영하여 문화 다원주의를 확대하려 한다. 하지만 "문화 다원주의는 (고유한 문화적 정체성을 살기 위해) 문화 집단 간에 경계를 긋고 유지하려 하기 때문에" 소수집단의 권력을 강화하려는 교육이라고 할 수 있다. 주로 소수집단을 대상으로 하여 이루어진다.

다섯째, 사회변혁과 정의를 위한 다문화 교육은 주류 사회의 문화에 대한 비판적 접근이다. 사회의 실질 변화를 기대하며 학생들에게 정치적·경제적 억압과 차별, 불평등의 원인 및 이에 대한 개선책을 모색하는 데 필요한 지식 및 기술을 가르친다. 진정으로 정의롭고 다원화된 사회를 만들기 위해

유형 분류	동화를 위한 다문화 교육 (보수적)	사회 통합(융합)을 위한 다문화 교육 (개방적)	다원성 증진을 위한 다문화 교육 (다원적)	비주류 집단의 권리 신장을 위한 다문화 교육 (좌 본질적)	사회변혁과 정의를 위한 다문화 교육 (비판적)
다문화주의 스펙트럼	동화주의 〈---〉다문화주의				
이론가들 — Banks	• 기여적	• 부가적			• 변혁적 • 사회 실천적
이론가들 — McLaren	• 보수적	• 개방적		• 좌 개방적	• 비판적
이론가들 — Sleeter & Grant	• 문화적으로 다른 학생 가르치기	• 인간관계→	• 다문화 교육 (문화다원주의, 민주주의)	←• 단일집단 연구 →	• 다문화주의적이며 사회 재건주의적인 교육
교육 의도	• 소수집단을 주류 문화로 통합	• 다문화 교육을 통한 교육적 이득 ｜ • 동질성이 확대된 사회 문화 ・ 동등한 경쟁 기회 조성 ・ 인본주의	• 상이성에 대한 인정과 존중 증대 • 다문화 소수집단에 대한 지식과 유연한 사고를 갖춘 세계시민 양성 (국가 경쟁력)	• 특정 소수집단의 권리 및 인권 신장	• 정의로운 사회, 진정으로 다원화된 사회 창출
교육 대상	• 소수집단	• 주류&소수집단	• 주류&소수집단	• 소수집단	• 주류&소수집단
교육과정 변형 중점 변형 사례	• 주류 사회의 지식 가치 기술 언어를 소수집단에게 제공 • 다문화 소수집단에 관한 내용을 교육과정, 교육 활동에 일부 포함	• 잠재적 변화 유도 가능성 있는 인본적・민주적 내용을 포함하며 관용 수용 강조 • 기존 교육과정 틀을 유지한 상태에서 일부 교과에 다문화적 내용, 활동, 주제 관점 등을 일부 포함	• 학교 내 거의 모든 교과에 다문화적인 교육 내용 반영 • 인종, 민족, 계층, 성별 간을 관통하는 정체성을 다루지 않음 • 학교의 양상도 다문화적 모습으로 변형	• 하나의 문화 목록에 집결된 소수문화 집단의 고유한 특성 강조 • 정체성 정치학에 기반을 둔 대학의 인종 연구, 성별 성정체성, 장애 등에 관한 프로그램	• 자신이 속한 문화에 대한 비판을 포함하여 구성 • 정체성 상이성, 권력의 작용 등에 대한 특정 사고방식이 지식/권력 창출에 어떻게 작용하는가를 탐구 • 사회적 불평등과 차별에 대한 해결 방안 모색 가능
한계 및 극복과제	• 기만적 다문화주의	• 소수집단에 대한 피상적 인식 및 지식 제공	• 다양성 자체를 위한 다양성에 머묾 • 권력 관계 근원 분석 미흡	• 집단 내 차이의 획일화	• 다문화 집단이 소수이며 다양성에 대한 인식이 성숙하지 않은 사회에서 실천이 어려움

〈표 1〉 다문화 교육에 대한 접근법의 유형 분류 체계
(•의 화살표[→]는 •를 포함하고 다음으로 확장)

자신의 주류 문화를 비판적으로 조망하고 사회적 불평등과 차별을 인식하고 개혁할 수 있도록 교육 내용을 선정한다. 하지만 이러한 접근은 다문화 집단이 소수이고 다문화에 대한 인식이 심화되지 않고서는 가능하지 않다 (〈표 1〉 참조).

2. 다문화 교육의 내용 주제와 조건

한국의 다문화 교육에 대한 관심은 결혼 이주민과 외국인 노동자의 유입이 증가하면서 한국 사회의 인구구성비의 변화가 가시화되고 2006년부터 국가 주도의 다문화 가정 지원 정책이 실시되면서 다문화 교육이 학교교육에서 본격적으로 실행되었다. 다문화적 현실에 대한 경험이 부족한 상태에서 다문화 정책이 쏟아지고 다문화 교육이 실시되면서 한국의 현실에 적합한 다문화 교육은 무엇이고, 현재 실시되는 다문화 교육은 대상과 그 성격이 적합한지에 대한 논란이 제기되었다. 상당수의 학교 다문화 교육이 지나치게 동화주의적인 성격을 띤다는 비판을 받고 있지만, 동시에 한국의 다문화 정책이 동화주의적인 것에 비해 교육은 지나치게 다문화주의적 경향을 띠고 있다는 진단도 대두되고 있다.[17]

이렇듯 다문화 교육의 방향에 대한 논란이 제기되고 있는 시점에서 다양한 다문화 교육 접근을 다문화주의 정도에 따라 분류하고 상이한 특징을 살피는 일은 학교 다문화 교육을 설계하고 실시할 때 어떤 다문화 교육을 지향해야 하는지를 가늠할 수 있는 좋은 준거가 될 수 있다. 앞서 살펴본 5 가지 다문화 교육의 접근에서 어느 한 접근만이 반드시 올바른 다문화 접근이라고 할 수는 없다. 이들 간의 공통점을 찾아보고 각 접근이 가지고 있

---

17. 김미나(2009) 「다문화 사회의 진행 단계와 정책의 관점: 주요국과 한국의 다문화정책 비교 연구」, 『행정논총』, 47(4); 이영범 · 남승연(2011), 「다문화주의 유형화에 관한 연구」, p. 153 참조.

범주	내용 주제	다문화 접근
문화 간 이해	• 문화 간 이해와 문화 간 상호작용 이해 • 문화 간 의사소통 • 정체성	• 동화주의 접근 • 사회 통합(융합)을 위한 다문화 교육 • 비주류 집단의 권리 신장을 위한 다문화 교육
문화 다양성	• 문화적 다양성의 인정 • 자민족중심주의의 탈피 • 다양한 관점의 습득	• 다원성 증진을 위한 다문화 교육 • 사회 변혁과 정의를 위한 다문화 교육 • 다원성 증진을 위한 다문화 교육
평등과 사회정의	• 편견 • 평등·인권·사회정의 • 민주주의	• 사회 통합(융합)을 위한 다문화 교육 • 사회 변혁과 정의를 위한 다문화 교육 • 다원성 증진을 위한 다문화 교육
세계시민의식	• 상호 의존 및 협동심 • 세계시민 • 세계 문제와 지구 상황	• 사회 통합(융합)을 위한 다문화 교육 • 다원성 증진을 위한 다문화 교육

〈표 2〉 다문화 교육의 내용 주제

는 특성을 어떻게 반영할 것인지가 다문화 교육을 설계하는 사람의 몫이 될 것이다. 어떤 다문화 교육을 지향할지에 따라 다문화 교육의 내용과 방법이 정해지기 때문이다.

무엇보다 다양한 다문화 교육 접근들 간의 통합은 한국 사회의 현실이나 교육 대상자를 고려하여 동화주의와 다문화주의 간에 조화를 이루려는 시도이다. 다문화 교육의 근본은 공통 교육과 소수자 집단의 문화적 정체성 존중 간에 어떻게 균형을 맞출 수 있는가이다. 말하자면, 이것은 '공통 교육을 통해 사회 구성원으로서 갖추어야 할 공통적인 능력과 태도를 길러주되 각 개인이 속한 문화 집단의 고유한 정체성을 어떻게 그리고 얼마만큼 유지시켜 줄 것인가?'의 질문에 대한 답을 모색하려는 시도이다. 다문화 교육의 공통부분은 평등의 가치를 실현하고 사회적 통합을 유지하고 다양한 문화적 배경의 학생들이 서로 교류할 수 있는 장을 마련하는 일이 된다. 동시에 다문화 교육은 다양한 문화적 정체성을 존중하는 것을 지향해야 한다. 동화주의를 제외한 융합주의, 다원주의, 비주류 집단의 권리 신장, 사회변혁과

정의를 위한 접근은 모두 소수집단의 문화적 정체성을 교육에 반영할 것을 고려한다. 다수자 집단은 문화적 다원성을 인정하고 소수집단의 문화적 정체성 요구를 수용해야 한다.[18] 각 접근의 다문화 교육을 포괄하여 관련된 내용 주제를 제시하면 〈표 2〉와 같다.[19]

하지만 이러한 내용의 다문화 교육 내용 구성이 실제로 학교 다문화 교육의 내용이 되기 위해서는 적어도 다음과 같은 여섯 가지 쟁점에 유의할 필요가 있다.

첫째, 한국의 다문화 상황의 특성이다. 한국의 다문화 상황은 이민자의 국가라고 할 수 있는 미국이나 캐나다와는 분명히 다르다. 2010년 통계에 따르면, 한국 사회는 현재 인구의 2%가 외국인인 다문화 사회로 진입한 상태이다. 그리고 현재까지 이주 노동자나 결혼 이주 여성들이 자신들의 문화적 정체성을 요구하는 민족 집단으로 집단화되지 않은 상태이다. 따라서 비주류 집단의 권리 신장을 위한 다문화 교육이나 사회변혁과 정의를 위한 다문화 교육이나 다문화주의를 적용할 때는 현실적 고려를 통해 내용 구성에서 재조정이 요구된다.

둘째, 다문화 교육의 각 접근 간의 충돌이다. 이 글에서는 바람직한 다문화 교육으로서 동화주의 다문화 교육으로부터 사회변혁과 정의를 위한 다문화 교육을 포괄하는 다문화 교육, 즉 상이한 문화 다양성의 관점을 고려하며 교육 내용을 선정해야 한다고 주장하였다. 하지만 문화 다양성의 존중 이유나 문화 정체성에 대해 각 접근은 다른 입장을 보일 수 있기 때문에 이러한 차이를 어떻게 조화시킬 것인지의 과제가 있다.

셋째, 다문화 교육의 학습자 발달단계이다. 다양한 민족이나 국가의 문

---

18. 황규호 · 양영자(2008), 「한국 다문화 교육 내용선정의 쟁점과 과제」, 『교육과정연구』, 26(2), p. 60.
19. 본 내용 주제는 김현덕의 내용 체계를 수정 보완하여 제시하였다. 김현덕(2010), 「다문화 교육의 내용체계 구축과 실천방안」, 『비교교육연구』, 20(5), pp. 109-34.

화에 접하며 문화 다양성이나 문화 간 소통을 배우는 내용으로부터 평등과 사회정의, 세계시민의식의 내용을 포괄하고 있다. 특히 민주주의나 평등 · 인권, 사회정의에 대한 내용을 선정하고 교육 방법을 모색할 때 학생의 간 문화적 역량을 고려하며 내용을 조정할 필요가 있다. 예를 들어 인종에 대한 편견의 경우, 3-5세 무렵의 아동은 상이한 집단들을 구분하기 시작하며, 9세가 되면 사회에 만연된 인종에 대한 고정관념을 획득한다. 따라서 고정 관념과 편견 해소를 위한 내용은 초등학생이 실생활에서 접할 수 있는 사례를 가지고 다룰 필요가 있다.[20]

넷째, 다문화 교육의 상대주의를 줄일 수 있는 방안이다. 다문화주의에서 문화는 종교, 언어, 인종, 생활양식 등을 포함하는 넓은 개념으로 삶의 대부분의 범주들이 문화 개념에 포함되거나 문화 개념이나 다름없는 것으로 취급되고 있다. 종교적 신념이나 문화적 신념에 따라 행위할 수 있는 문화적 권리를 요구한다. 하지만 문화적 관행이 심대하게 인권과 충돌하는 사례들은 다문화주의 찬반 논쟁의 쟁점이 되고 있다.[21] 이 글에서는 문화의 다양성과 동등성을 승인하는 일이 어떤 문화적 관행도 한 집단의 문화라면 허용될 수 있다는 극단적 상대주의를 지지하는 것으로 해석하고 있지 않다. 다른 문화 존중이 문화 관행을 비교하지 않고 무조건 존중하는 것을 의미하지 않는다. 인간 존엄성을 심각하게 해치는 관행이라면 문화적 존중에도 불구하고 비판할 수 있다. 다문화 교육과 윤리적 탐구를 양립 가능하지 않은

---

20. 추병완(2010), 「다문화 교육의 관점에서 도덕과 교육과정의 개정방향」, 『윤리연구』, 80, p. 94.
21. 다문화 도덕교육에서 앞으로 좀 더 심사숙고할 부분은 소수자 집단 내의 소수자 문제이다. 이주민 집단이 주류 집단에 비해 소수집단이며, 소수자 집단의 문화를 인정하고 지원하는 것이 다문화 정책의 핵심이다. 하지만 소수자 집단의 문화를 따르지 않거나 문화로 인해 평등하게 대우받지 못하는 집단 내 소수자들이 존재한다. 이슬람 가부장 문화에서의 여성과 어린이의 권리침해를 자유주의 국가는 다문화주의라는 이름으로 용인할 것인지에 대해 상당한 논쟁이 있다. Anne Phillips, 부산대학교 사회과학연구소 역(2011), 『문화없는 다문화주의』(서울: 박영사).

것으로 보는 것은 적절치 않다.[22]

다섯째, 다문화 교육의 목표이다. 다문화 교육은 단순히 다문화 사회에서 소수 문화를 이해하고 공존하는 데 필요한 지식, 기능, 태도를 길러주는 데 그쳐서는 안 되며, 불평등하고 부정의한 사회를 변화시키고 재구축하려는 책임감과 참여 의지를 길러주는 데까지 확대되어야 한다.[23]

여섯째, 다문화 교육과 세계시민교육과의 관계이다. 〈표 2〉처럼 다문화 교육이 궁극적으로 세계시민의 관점에서 수렴될 수 있는 것으로 보는 접근은 다원성 접근이 대표적이다. 소수집단의 문화적 정체성 확립에 중점을 둔 교육이라면 국가 정체성이나 세계시민 정체성과의 관계는 상당 부분 긴장 관계일 수 있다. 따라서 문화 정체성의 고유성을 강조하는 다문화주의는 사회 통합을 훼손하고 정치적 갈등을 유발하는 원인이 된다.

3. 다문화 통합 교육의 덕 접근

이제까지 다문화 교육의 목표, 교육과정에 대한 반영 정도 등으로 다문화 교육의 다양한 접근을 구분하여 다문화 교육의 내용 구성의 쟁점을 살펴보았다. 다문화 교육을 계획할 때, 다양한 다문화 교육 접근의 충돌과 공통성을 고려하고, 한국 사회와 아동에 적합하며, 문화 정체성을 존중하는 것이 어떤 문화라도 존중한다는 상대주의나 문화 간 보편성을 강조하는 보편주의를 의미하지 않는다는 점을 검토했다. 비록 각 쟁점마다 이견이 있을 수 있지만, 다문화 시민성의 관점에서 소수자 역시 동등한 사회 구성원임을 일깨우고 우리 사회구조를 개선할 수 있는 비판적 인식을 기르는 것이 공통적

---

22. G. Haydon(2006) "Respect for persons and for cultures as a basis for national and global citizenship," *Journal of Moral Education*, 35(4); 정창우(2011), 「다문화 윤리교육의 쟁점과 방향」, 『도덕윤리과 교육』, 32, pp. 34-5.
23. 추병완(2010), 「다문화 교육의 관점에서 도덕과 교육과정의 개정방향」, 『초등 도덕교육』, 28, p. 95.

이다.

다문화 시민성 함양을 위한 다문화 교육은 다문화 사회에서 민주주의와 인권의 패러다임에 기초하고 있다. 하지만 한국 사회는 1987년에 이르러서야 비로소 최소한 절차적 선거 민주주의를 구현했을 뿐이며, 개인의 권리에 대한 의식 역시 최근 많은 성장을 보이고 있지만 아직은 성숙한 단계에 이르지 못하고 있다. 다문화 공존과 사회 통합을 동시에 고려한다면, 서구의 대표적인 시민성 모델은 한국의 현실과 괴리가 있기 마련이다.[24] 한국적 다문화주의를 모색하는 연구들은 한국의 다문화의 역사성과 현장성을 생략한 채 서구 담론을 무비판적으로 차용한 규범적 담론의 위험성을 경고하고 있다.[25] 이러한 혼란은 다문화 교육이 실시된 이후 다문화에 대한 부정적 인식이 증가하고 일선 교육 현장에서 다문화 교육을 둘러싼 역차별 논란이 벌어지는 이유이기도 하다. 한국적 다문화주의에 대한 이론적 정립은 물론 한국 사회에 적합한 다문화 교육에 대한 연구들이 필요하다.

다문화 시민성 교육의 초점을 문화 정체성과 관련된 능력에 두지 않고 다문화 사회에서의 공존에 기여할 수 있는 다문화적 가치나 덕, 혹은 인성 교육의 가능성을 모색한 연구들이 있다. 추병완은 도덕과 교육과정의 내용 중에서 다문화 사회에 적합한 가치와 덕을 선정하고 그것의 교육을 통한 다문화 교육의 가능성을 정교화하였다.[26] 다문화 사회가 요구하는 다문화 시민성과 가치 덕목의 관련성을 높이는 방향에서 내용을 선정하고 구성할 수 있다. 이러한 사례로 다인종·다문화·다종교 사회인 싱가포르에서 6가지 핵심 가치(① 존중, ② 책임, ③ 성실, ④ 배려, ⑤ 쾌활, ⑥ 조화)를 통한 도덕교육

---

24. 김비환(2007), 「한국사회의 문화적 다양화와 사회 통합: 다문화주의의 한국적 변용과 시민권문제」, 『법철학연구』, 10(2), p. 339

25. 오경석(2009), 「한국의 다문화주의: 특징과 과제」, *e-Journal Homo Migrans*, 1, pp. 25-30 참조.

26. 추병완(2010), 앞의 논문, pp. 94-6 참조.

을 통해 다양성의 존중과 사회 통합을 이룬 사례를 제시하고 있다.[27] 정탁준
(2008)은 반편견 교육을 다문화 교육과 도덕교육의 공통점으로 보고 관용
을 통한 반편견 교육 방법을 제안하고 있다.[28] 배려, 사랑, 인간 존중, 인류
애, 공동체주의 등을 다문화 사회에 적합한 도덕적 가치로 함양하는 다문화
사회정의 교육도 있다.[29]

　이러한 연구들은 다문화 통합 교육의 방향을 제시하고 있다. 다문화 사회
에서 도덕교육을 받은 사람으로서 소수자이든 주류 구성원이든 필요한 가
치와 덕을 중심으로 다문화 교육에 접근하는 것이다. 어떤 가치와 덕을 선
정하느냐에 따라 다문화의 다양한 접근을 통합할 수 있다는 점이다. 동화
주의의 사회 공통 가치는 물론 문화 정체성, 문화 다원성, 사회정의와 관련
된 접근을 포괄할 수 있다. 선행 연구의 다양성을 고려할 때 다문화 사회에
적합한 가치와 덕은 무엇이고, 이러한 가치와 덕의 교육이 다양성의 존중과
사회 통합에 기여할 수 있는 다문화 교육 접근으로 어떻게 구체화할 수 있
는지는 다문화 덕 접근의 과제가 될 것이다.

4. 다문화적 덕목 구성에 의한 내용 체계

　다문화 교육에서 강조되는 교육 내용에 대해서는 앞에서 살펴본 다양한
접근에 따라 여러 학자들의 견해가 제시되고 있다. 그러나 여기서는 다양한
덕목들 중에서 크게 자아 존중, 공동체 의식, 공감과 배려, 관용을 다문화적

27. 추병완(2008), 「다문화 도덕교육 정립을 위한 시론」, p. 318.
28. 정탁준(2008), 「다문화 가정 학생들을 위한 반편견 교육방법 연구」, 『도덕윤리과 교육』, 27, p. 184. 참조.
29. 박찬석(2010), 「다문화 사회정의교육과 도덕과 교육의 접목」, 『도덕윤리과 교육』, 30, pp. 148-54 참조.

덕목	내용 요소		교수-학습 주제
1. 자아 존중	1.1. 자아정체성	(1)	생명의 의미 이해 및 생명 의지 체험
		(2)	나의 특성 파악하기
	1.2. 자기애와 이기심의 구분	(3)	심리적 이기주의 극복하기
	1.3. 자아실현(목적론적 자연관)	(4)	삶의 의미/목적 이해하기
2. 공동체 의식	2.1. 사회적 존재의 의미(상호 의존성)와 전체와 부분의 관계	(5)	협동의 의미, 전체와 부분의 경쟁 및 공생 관계 이해하기
	2.2. 공동체 의식과 협동	(6)	생명들 간의 연대성 이해하기
3. 공감과 돌봄	3.1. 같음과 다름의 의미	(7)	같음과 다름의 중요성 이해하기
	3.2. 공감과 감정이입	(8)	공감과 감정이입의 의미 체험해 보기
	3.3. 공감에 근거한 돌봄	(9)	돌봄과 강요의 차이 이해하기
	3.4. 편견과 차별	(10)	편견과 차별의 문제 체험하기와 인간의 존엄성과 평등 이해하기
4. 관용	4.1. 다원주의적 관점	(11)	문화의 차이성과 보편성 이해하기
		(12)	다원주의적 관점의 필요성 느끼기와 집단(인종)의 다양성의 의미와 필요성 이해하기
	4.2. 소극적 관용과 적극적 관용	(13)	소극적 관용(반대나 간섭을 하지 않는 것으로서의 관용)과 적극적 관용(권리를 적극적으로 인정해 주는 것으로서의 관용) 이해하기
	4.3. 관용과 불관용의 역설	(14)	관용을 보장하기 위한 불관용의 필요성 이해하기

〈표 3〉 다문화 통합 교육의 내용 체계 구성

덕목의 핵심 덕목으로 상정하고, 이를 어떻게 구체화시킬 수 있는지에 대해 살펴보고자 한다. 핵심 덕목은 자아 존중을 강조하는 개인윤리적 차원과 공동체 의식을 강조하는 사회윤리적 차원, 그리고 사람들 사이의 관계에서 공감과 배려, 관용을 강조하는 관계 윤리적 차원으로 구분된다(〈표 3〉 참조).

1. 자아 존중

자아 내지 인격은 서양에서는 기본적으로 이성적 사유를 본질로 하는 개별적 실체로 정의되고 있다. 자아 존중에서 우선 자아의 정체성이 중요한 문제가 되는데, 일반적으로 정체성에 대한 논의에서는 개별성, 단일성, 동일성, 생멸성 등이 고려된다. 개별성이란 그 어원에서 뜻하는 바와 같이 더 이상 쪼개어질 수 없는 상태, 그래서 다른 것과 구분되는 것을 의미하며, 단일성은 사물을 하나로 간주했을 때 그것을 하나로 보게 되는 원리를 의미하고, 동일성은 시간의 흐름 속에 나타나는 변화에도 불구하고 그 이전의 것과 같은 것임을 의미한다. 생멸성은 동일성과 관련이 되는데, 변화로 인해 동일성을 상실하였을 경우를 의미한다.

이러한 일반적인 정체성의 논의가 인격체와 연관되면 "개별성에서는 육체가 기준이 되겠지만 사후의 문제가 개입되면 이것만으로는 충분하지 않다. 단일성에서는 하나의 인격체가 지니는 다양한 경험들, 생각이나 감정 등이 하나의 주체와 단일한 관계로 맺어지는지의 문제가 되며, 동일성에서는 시공의 맥락에서 신체의 연속성, 심리적 지속성 등을 고려하여 이런 요소들이 유지되지 않을 때 생멸성의 문제가 제기"[30]된다. 그러나 자아 정체성에 대한 이러한 형이상학적 담론보다는 슈바이처의 주장처럼 모든 생명체의 생명 의지를 통해 자아를 규정해 보는 것도 의미 있을 것으로 생각된다. 그리고 개별성, 단일성, 동일성, 생멸성의 구분보다는 나 자신과 나 자신이 아닌 것의 구분을 통해 자아의 의미를 파악해 보는 것도 효과적인 방법일 것이다.

그렇다면 존중이란 무엇일까? 어떻게 하는 것이 존중일까에 대한 물음이다. 누군가를 존중한다면 그것은 그 사람을 자유롭게 해주는 것이다. 여기서 자유롭게 해준다는 것은 방치하거나 무시하는 것이 아니라 그 사람의 본

---

30. 엄정식(1999), 「정보사회와 자아의 정체성」, 철학연구회 편, 『정보사회의 철학적 진단』 (서울: 철학과현실사), p. 75.

질이 실현될 수 있도록 해주는 것을 의미한다. 그리고 자아 존중이 자기를 소중히 여기거나 자신이 하고 싶은 것을 하는 것이라는 등의 피상적인 의미를 주장하는 것으로 끝나서는 안 된다. 그러기 위해서 윤리적으로는 자기애와 이기주의의 구분과 연계된다. 일반적으로 이타주의와 이기주의를 대립시켜 놓고 보는데, 자기애를 이기주의적 관점으로만 해석하려는 좁은 의미의 자기애를 지양하고 넓은 의미의 자기애, 즉 자아의 본질 파악을 전제로 이타적이고 박애주의적인 태도까지를 포함하는 자기애를 지향해야 한다. 자기만 이득을 보겠다는 것이 결국 공동체적 삶 안에서 자기에게 치명적일 수 있기 때문에 이타주의 역시 이기주의의 한 형태라는 사회생물학적 설명도 있겠지만, 이러한 주장은 자기희생을 통해 삶의 의미와 자아실현을 추구하는 사람의 행동을 설명하기 어려울 것이다. 도덕적인 의미의 자기애는 심리적 이기주의를 극복할 수 있어야 할 것이다.

자아를 존중하기 위해서는 결국 자아, 즉 인간의 본질, 인간의 삶의 목적과 의미가 중요해진다. 존재의 목적과 삶의 의미를 실현할 수 있도록 해주는 것이 바로 진정한 의미의 자아 존중이기 때문이다.

2. 공동체 의식

인간은 홀로 살아갈 수 없는 존재이고, 이것은 인간을 사회적 동물로 보는 견해에서도 입증되고 있다. 인간의 본질로 간주되는 사회적 존재라는 것은 사회 구성원들 간의 상호 의존을 전제로 하는 것인데, 이러한 상호 의존은 기능적인 상호 의존뿐만 아니라 정신적인 상호 의존의 차원으로 확장된다. 이러한 사회 구성원들 간의 상호 의존의 바탕에는 공동체 의식이 깔려있어야 한다.

개인주의가 팽배해 있는 현대사회의 심각한 문제들에 대해 공동체 의식에서 그 해결책을 찾아보려는 노력들이 보이고 있다. "포플린은 사회의 심각한 문제 해결의 해답은 공동적 유대를 회복하는 일이라고 하면서 공동체의 개념이 결코 단일 차원의 것이 아니라, 대중사회 속에서 소외되고 좌절하는 개인의 감각과 대립되는 개념으로 형성된다고 보았다. 또한 공동체의 속성을 일체감, 통일성, 자발성, 전체성이라고 보았다."[31] 일반적으로 공동체 의식은 공동체 구성원들의 결속과 관련된 집합 의식 혹은 그 공동체 전체의 공통된 의식으로 규정되며, 이러한 공동체 의식은 동일시 및 친밀성의 우리 의식, 공동체 내에서의 역할 수행과 관련된 역할 의식, 그리고 상호 의존 의식으로 구분되기도 한다.[32] 이범웅은 이러한 공동체 의식을 위해서는 협력과 우애, 상호 신뢰와 의존, 인권 존중에 근거한 관용, 타인에 대한 배려와 자비의 의무를 제안하고 있다.[33]

그러나 전체로 간주되는 사회와 부분으로 간주되는 그 구성원인 개인은 끊임없이 충돌하게 된다. 물론 구성원들의 단순한 총합을 사회로 볼 것인지, 아니면 구성원들의 총합 이상으로 사회를 볼 것인지에 대해서 여기서 논의할 필요는 없을 것이다. 또한 전체와 부분 간의 갈등뿐만 아니라 전체 안에서 부분들 간의 상호 관계 역시 끊임없는 경쟁과 공생의 국면을 반복할 것이며, 이를 통해 사회가 유지된다. 사회 구성원들 간의 연대성은 생명체들 간의 연대성으로 확장이 될 수 있다.

3. 공감과 돌봄

공감(Sympathy)은 자신의 체험과 삶을 풍부하게 하고 삶의 영역을 확장하는 계기로 작용한다. 공감을 통해 다른 사람을 나와 동등한 실재성과 가

---

31. 최금주(2006), 「공동체 의식의 의미」, *The Korean Journal of East West Science*, 9(1), p. 19.

32. 위의 논문, p. 20 참조.

33. 이범웅(2006), 「도덕적 공동체의 지향 가치에 관한 일고」, 『윤리연구』, 61, pp. 41-6 참조.

치성을 가진 것으로 받아들이게 된다. 공감에 대해서는 흄, 쇼펜하우어, 셸러 등의 논의를 살펴봐야 하겠지만 여기서는 주로 셸러의 공감 이론에 근거하고자 한다. 셸러는 진정한 의미의 공감의 조건으로 다음 세 가지를 들고 있다.

첫째, 타인의 체험에 참여하려는 의식적인 의도,
둘째, 타인과 나 사이에 간격과 거리감 내지 분리 의식,
셋째, 나와 똑같은 실재적 존재로 간주되는 타인

그래서 상호 동일적 감정(어떤 대상에 대해 동일한 감정을 동시에 느끼는 경우, 예: 부모 두 사람이 자녀의 출생을 기뻐하며 그 기쁨을 함께 느끼는 경우), 감정 전염이나 합일적 감정(비자의적, 무의식적으로 타인과 똑같은 감정 상태로 젖어드는 것, 즉 자타의 거리감이 상실된 경우, 예: 군중심리)은 진정한 의미의 공감이 아니다.

이를 보다 쉽게 설명하자면, 셸러적 공감의 의미는 '느낌'과 '자타 간의 거리감'에 있다고 요약할 수 있다. 이런 맥락에서 볼 때, 공감의 전제는 바로 같음과 다름에서 찾아볼 수 있다. 같음과 다름은 서로 반대되는 성질로 보이지만, 실은 다름은 같지 않음이며 같음은 다르지 않음이라는 면에서 본다면, 같음과 다름은 서로를 전제로 하고 있음을 알 수 있다. 우리가 같지도 않으면서 동시에 다르지도 않은 것을 생각할 수 없기 때문에, 같음을 논하기 위해서는 다름을, 다름을 논하기 위해서는 같음을 이해해야 한다.

공감 그 자체가 도덕적으로 선한 것은 아니다. 우리가 나쁜 행동에서 쾌감을 느끼는 사람을 보면서 그것에 공감할 수도 있기 때문이다. 그래서 윤리적으로 가치가 있는 기쁨과 슬픔에 대한 공감만이 윤리적 가치가 있다. 그리고 공감을 지향하는 사태의 가치와 부합하는 공감이 윤리적으로 보다 상위의 가치를 갖는다. 예를 들면, 타인의 고통에 기뻐하거나 타인의 기쁨

에 괴로워한다면 이것은 오히려 부정적 가치를 갖지만, 타인의 고통에 함께 고통을 느끼거나 타인의 기쁨에 함께 기뻐하는 것은 긍정적 가치를 갖는다. 흄이 공감의 보편적 기준으로 인류 전체의 복지에 대한 공감을 말했지만, 셀러는 그것을 사랑이라고 주장한다.

그리고 공감에 근거한 존중을 전제로 해서 돌봄(caring)이 이뤄질 때 진정한 의미의 돌봄이 가능해진다. 돌보아준다는 것은 돌보아지는 대상의 측면에 의해 돌봄의 행위가 규정되어야 한다. 그렇지 않다면 이것은 강요가 될 수 있다.

4. 관용[34]

다원주의 사회에서 다원주의는 관용을 전제하지 않고서는 존재할 수가 없다. 왜냐하면 가치의 다원성이 전제되지 않는 사회에서는 관용을 말할 수 없기 때문이다. 그러므로 다원주의 사회로 변화중인 오늘날 우리 사회에서 관용은 매우 중요한 덕목이 된다.

이런 맥락에서 관용은 덕목 그 이상의 의미를 갖게 된다. "관용은 덕목일 뿐만 아니라 태도 또는 정도의 문제이다. 관용은 사람들과의 원활한 관계 유지 혹은 평화를 위해 필요한 경험의 산물이다. 관용을 실천하는 주체의 입장에서 보면 관용은 태도의 문제가 되며, 대상에 초점을 맞추면 관용은 정도의 문제로 바뀐다. 인정하고 싶지 않고 싫어하기까지 하는 대상을 어디까지 관용할 것인가 하는 문제와 관용의 주체인 우리는 어떤 태도를 가지고 대응할 것인가 하는 문제는 관용 문제의 양면과도 같다. 관용을 정도나 태도의 문제로 본다는 것은 관용이 그 양 극단인 불관용과 수용 사이의 중간

---

34. 이 부분은 다음의 논문을 정리, 요약하였음: 변순용(2010), 「다문화 사회 및 글로벌 시대에 요구되는 도덕교육의 핵심덕목으로서의 관용에 대한 연구」, 『도덕윤리과교육』, 31, pp. 133-52 참조.

지대에 있는 가치로 본다는 것이며, 그 중간 지대를 정확하게 확정 짓기란 어렵다는 것이다. 동일한 사람이라도 처한 상황과 대상에 따라 달리 대응하는 것이 가능하기 때문이다. 스캔론(T.M. Scanlon)은 관용을 '우리와 다른 사람을 평등한 사람으로 용납하는 것'으로 정의하고 있으며, 관용적인 사회는 그 정치적 형태에 있어 민주주의적이다. 민주주의란 법과 제도의 문제와 태도의 문제가 결합되어 있기에 민주주의적 태도와 관용의 태도는 불가분의 관계에 있다."[35]

일반적으로 관용과 많이 혼동되는 것이 바로 '체념적 용인'과 '자비로운 무관심'인데, 이것들은 엄밀한 의미에서 볼 때 관용의 범주에서 제외되어야 한다. 엄밀한 의미의 관용 개념은 '반대와 부정적 행위의 자발적 중지'인데, '체념적 용인'과 '자비로운 무관심'은 이러한 정의에 속하지 않기 때문이다. 왜냐하면 체념적으로 용인하는 것에는 수동적인 것이라는 의미가 있으며, 그래서 자발적이지 않다는 것이다. 그리고 무관심에는 자발적 중지가 포함되지 않는다. 그 대상에 대해 아무런 관심이 없다는 것은 자발적으로 중지할 마음 자체가 필요하지 않다는 것이다. 따라서 관용은 약자에게 관대함을 보여 주는 행위가 아니라 싫어하고 미워하는 타자의 '자연적 권리를 인정하라'는 도덕적 명령이 되는 것이다.

관용의 조건은 크게 3가지로 나눠진다. 그것은 바로 다원적 가치의 병립, 도덕적 갈등 유발 가능성 그리고 억압하거나 방지할 수 있는 힘이다. 여기서 다원적 가치의 병립은 단순히 외양상의 차이를 보이는 가치를 말하는 것이 아니고 서로 구별되면서 통약 불가능하고 양립 불가능한 가치를 말한다. 예를 들어, 동성애에 대한 불관용은 그것이 비정상적인 성적 관행이라는 사실과 나쁨을 넘어서서 역겨운 성적 이단 행위라고 생각하는 신념에 근거를 두고 있다. 이러한 특징들, 불승인이나 반감, 혐오 등과 결부된 다양성은 자

---

35. 위의 글, p. 137.

유나 인정, 무관심과는 반대되는 것으로서, 관용을 말하는 조건들과는 거리가 멀기에 관용의 상황으로 부를 수 있다.[36] 다른 사람들의 상이한 관습이나 행동들을 단순히 허용하는 것은 그것들에 대해 특별히 반대하는 것은 아니지만 관용이라 할 수는 없다. 그것은 단지 타인의 자유를 지지하는 것이다.[37] 즉, 관용의 문제는 불승인이나 혐오 등을 내포하는 다양한 상황에서 나타난다.

관용의 대상자에 대한 힘의 사용 자제란 관용자가 관용의 대상자에게 힘을 행사할 수 있음에도 불구하고 힘의 사용을 자발적으로 중지함을 의미한다. 종교를 예로 들어 보면, 이단 종교에 대해 도덕적으로 비난하고 그것을 박해할 힘을 가지고 있지만 그 힘의 사용을 삼가는 경우 관용이 성립할 수 있다. 이때 힘은 단지 법적 힘만을 의미하는 것은 아니며, 밀(Mill)이 말하는 여론에 의한 폭력(tyranny of public opinion)[38]까지를 모두 포함한다.

다시 말해서, 관용의 필요조건은 관용의 주체가 행위에 대해 간섭하거나 영향을 미치거나 또는 그것을 제거할 만한 힘을 가지고 있으나 그러한 힘의 행사를 삼가야 한다는 것이다.[39] 여기서 힘의 행사를 삼가는 것이 타자를 그냥 내버려두어야 한다는 것인지, 아니면 적극적으로 개입해야 한다는 것인지는 상황에 따라 달라질 수 있겠지만, 적어도 관용은 가만히 내버려두는 방치와는 다른 것이라고 생각한다.[40]

이러한 논의를 종합해 보면 관용은 "싫어하고 거부하는 것에 대해 자발적으로 부정적 행위를 하지 않는 행위이며, 이것은 소극적인 의미에서는 반대나 간섭을 하지 않을 권리(소극적 관용), 적극적인 의미에서는 관용되는 대상

---

36. 위의 글, p. 137 참조.
37. 강석찬(1992), 「민주주의의 정신적 조건으로서의 관용에 관한 연구」, 『국민윤리연구』, 31, p. 178 참조.
38. 10장 주 4 참조.
39. 강석찬(1992), pp. 179 참조.
40. 변순용(2010), pp. 137-8 참조.

에 대해 권리를 인정해 주는 것(적극적 관용)을 의미한다."[41]

그러나 관용을 주장하는 것이 타인의 불관용에 대해서까지도 관용해야 하는지에 대한 물음이 생긴다. 예를 들어 "도둑질, 살인 등 명백하게 비도덕적인 행동까지도 관용이라는 이름으로 정당화하고 감싼다면 그것은 매우 역설적인 상황이 된다. 도덕성의 이름으로 비도덕적인 것들을 옹호한다면 직관적으로 용납할 수 없을 뿐 아니라, 관용의 여지조차 없어지는 것이다. 관용이라는 것이 비도덕적인 것들의 정당화 도구로 이용되고 더 나아가 타인의 불관용적인 태도에도 관용으로 대처한다면 관용은 설 자리를 잃게 된다. 무제한적인 관용은 관용의 역설을 초래하게 되는 것이다."[42] 따라서 정당하지 못한 불관용에 대해서는 불관용해야 비로소 관용이 가능해진다.

5. 결론

이 글은 자아 존중, 공동체 의식, 공감과 배려, 관용을 다문화적 핵심 덕목(core virtue)으로 제시하고, 이를 중심으로 다문화 통합 교육의 내용 체계를 제시하고 있다. 이 글은 다문화 통합 교육을 주장하면서 여러 수준의 통합의 차원을 모색하고 있다. 우선 이러한 다문화 통합 교육은 다문화 가정의 학생과 일반 가정의 학생들을 통합시킨다는 의미가 있다. 다문화 가정과 일반 가정의 구분 자체가 차별로 여겨질 우려가 있기 때문에, 그리고 양자를 구분하는 것 자체가 편견과 차별로 인한 부정적 영향 가능성이 높아질 수 있기 때문에 다문화 가정의 학생과 일반 가정의 학생들이 다문화 사회 속에서 살아가는 데 필요한 가치와 덕목을 같이 배우는 과정 자체가 중요한 학

---

41. 위의 논문, pp. 147-8.
42. 위의 논문, p. 141.

습이 될 것이다.

둘째, 다양한 다문화적 덕목들의 통합 교육을 지향한다. 그래서 자아 존중과 공동체 의식, 공감과 배려, 관용이라는 핵심 덕목을 상정하고 이러한 덕목을 다양한 실천 체험 활동을 통해 구체화하고 내면화할 수 있도록 체계화해야 한다.

셋째, 다문화 통합 교육은 교과 간의 영역 구분을 넘어서 통합 내지 융합 교과의 성격을 갖는다. 이런 맥락에서 여기서 제시할 프로그램은 도덕과와 사회과의 영역 간 통합을 통해 시도해 볼 수 있을 것이다. 이와 함께 다양한 덕목들의 학습목표들을, 예를 들면 초등학교 단계에서는 실과의 원예 활동을 통해 구체화시켜 볼 수 있을 것이다. 물론 언어교육이 무엇보다 시급하고 중요하다는 것을 부인할 수 없지만, 언어교육이 다문화 교육에서 많은 비중을 차지하는 것은 점차 다문화 사회의 잠재적인 문제들을 해결해 내기에는 한계가 있을 것이다.

끝으로, 다문화 통합 교육은 이론과 실천의 통합을 지향한다. 학생들은 체험을 통해 다문화적 덕목의 의미와 필요성을 배우게 되고, 이성적인 사유와 구체적인 체험을 통해 구체적인 다문화적 덕목의 교육이 강조되어야 한다.

이러한 교육 대상, 교육 내용, 담당 교과, 교육 방법의 통합을 가져오는 다차원적인 통합을 지향함으로써 다문화 교육은 다문화 통합 교육으로 자리매김될 수 있으며, 이것은 다문화 교육의 형식적, 내용적 통합에 중요한 역할을 할 것으로 기대된다.

참고 문헌

강석찬(1992), 「민주주의의 정신적 조건으로서의 관용에 관한 연구」, 『국민윤리연구』, 31.

김비환(2007), 「한국사회의 문화적 다양화와 사회 통합: 다문화주의의 한국적 변용과 시민권문제」, 『법철학연구』, 10(2).

김정원·이인재(2010), 「다문화 교육 정책의 현황」, 『글로벌 시대의 다문화 교육』, 원진숙 외 6인(서울: 사회평론).

김현덕(2010), 「다문화 교육의 내용체계 구축과 실천방안」, 『비교교육연구』, 20(5).

나장함(2010), 「다문화 교육 관련 다양한 접근법에 대한 분석: 이론과 교육과정 변형을 중심으로」, 『사회과 교육』, 49(4).

박찬석(2010), 「다문화 사회정의교육과 도덕과 교육의 접목」, 『도덕 윤리과 교육』, 30.

변순용(2010), 「다문화 사회 및 글로벌 시대에 요구되는 도덕교육의 핵심덕목으로서의 관용에 대한 연구, 『도덕 윤리과교육』, 31.

변순용·손경원(2012), 「다문화 가정 아동의 도덕적 실태 분석과 다문화적 덕목의 필요성」, 『윤리교육연구』, 26.

부산대학교 사회과학연구소 역(2011), Phillips, A., 『문화없는 다문화주의』(서울: 박영사).

서미옥(2009), 「사회적 기술 훈련 효과에 대한 메타분석」, 『교육학 연구』, 47(2).

신지혜(2008), 「국제결혼 이주여성 자녀와 일반 아동의 심리사회적 적응 비교연구」, 이화여자 대학교 석사학위 논문.

엄정식(1999), 「정보사회와 자아의 정체성」, 철학연구회 편, 『정보사회의 철학적 진단』(서울: 철학과 현실사).

오경석(2009), 「한국의 다문화주의: 특징과 과제」, *e-Journal Homo Migrans*, 1.

오경자·김은희·도레미·어유경(2005), 「빈곤가정 청소년의 심리사회적 적응: 위험요인과 보호요인의 탐색」, 『한국심리학회지: 임상』, 24(1)

이범웅(2006), 「도덕적 공동체의 지향 가치에 관한 일고」, 『윤리연구』, 61.

이영범·남승연(2011), 「다문화주의 유형화에 관한 연구」, 『한국정책학회보』, 20(2).

이영주(2007), 「다문화 가정 아동의 심리사회적 적응에 영향을 미치는 요인에 관한 연구」, 공주대학교 박사학위 논문.

정창우(2011), 「다문화 윤리교육의 쟁점과 방향」, 『도덕 윤리과 교육』, 3

정탁준(2008), 「다문화 가정 학생들을 위한 반편견 교육방법 연구」, 『도덕 윤리과 교육』, 27.

조영달·박윤경·성경희·이소연·박하나(2010), 「학교 다문화 교육의 실태분석」, 『시민교육연구』, 42(1).

최금주, 「공동체 의식의 의미」, *The Korean Journal of East West Science*, 9(1).

추병완(2010), 「다문화 도덕교육 정립을 위한 시론」, 『초등도덕교육』, 28.

한승준(2008), 「동화주의 모델 위기론과 다문화주의 대안론: 프랑스 선택을 중심으로」, 『한국 정책학회 하계학술대회발표 논문』.

황규호·양영자(2008), 「한국 다문화 교육 내용선정의 쟁점과 과제」, 『교육과정연구』, 26(2).

Banks, J. A.(1993), *An Introduction to Multicultural Education*, Boston: Allyn & Bacon.

Castagno, A.(2009), "Making sense of multicultural education: A synthesis of various typologies found in the literature," *Multicultural Perspectives*, 11(1).

Haydon G.(2006), "Respect for persons and for cultures as a basis for national and global citizenship," *Journal of Moral Education*, 35(4).

Sleeter, C. & Grant, C.(1987), *An Analysis of multicultural Education: Five Approaches to Race, Class and Gender* (4th ed), Hoboken, NJ: John Wiley & Sons.

제5부

**실천윤리학과
도덕교육**

제12장

학교에서 윤리학을 가르치기 위해서는 무엇을 해야 할까?
윤리학의 관점에서 도덕과 교과 지식의 현황과 발전 방안

도덕과의 목적은 우선 도덕적인 사고 능력, 즉 사태에 대한 도덕적인 인지능력과 판단 능력을 키우고, 이러한 도덕적인 숙고를 통해 내린 결정에 따라 행위할 수 있는 능력을 길러주는 것이다. 도덕적인 판단 능력, 윤리학적인 담론 능력 그리고 현실 삶에서의 실천 능력이 도덕과를 통해 길러질 수 있는 중요한 목표가 되어야 한다. 따라서 도덕과의 내용 체계 역시 이러한 근거를 바탕으로 구성되어야 한다. 교과가 생긴 이래 늘 겪어 오는 도덕과의 외적인 위기 속에서 이제는 교과 외적인 영역의 문제만 거론하는 한계가 분명히 드러나고 있으며, 이제는 교과 내에서의 변화가 절실히 요청된다고 필자는 생각한다. 그러기 위해서는 우선, 학문 지식을 체계화하고, 이를 바탕으로 교과 지식과 학문 지식 간의 관계 속에서 개인적 요구와 국가 사회적 요구를 반영하여 교과 지식의 체계를 구성하는 것이 바람직하다. 그러기 위해서는 기존의 교과 지식 체계로부터 자유로워야 하며, 도덕과의 정체성과 특성에 기초하여 도덕과의 정당성을 입증할 수 있도록 교과 지식의 체계를 백지상태에서 재구성해 볼 필요가 있다. 둘째, 실천윤리 분야의 보강 및 내용의 구조화이다. 물론 현재 교육과정의 여러 단원에서 실천윤리의 여러 영역들이 제시되고 있지만, 직접적으로 실천윤리에 대한 내용이 보다 체계적으로,

계열성을 살리면서 교육과정에 제시되어야 할 것이다. 생태, 생명, 정보 윤리 분야 외에도 다양한 실천윤리 영역의 핵심 개념들을 선정하여 계열화하면서 구체적인 사례 중심으로 교육과정과 교과서가 구성되어야 할 것이다. 실천윤리의 분야에 대한 다양한 사실 정보와 사례 중심의 문제들에 대한 도덕 판단의 문제들이 구조화되어야 하고, 교과서에 관련 내용을 모두 실을 수는 없다 하더라도 내용 선정에서 핵심적인 부분들이 앞으로 지속적으로 보완되어야 할 것으로 판단된다. 끝으로, 앞으로의 도덕과에서는 내용의 다변화를 시도해야 한다. 예컨대 문화철학과 문화 윤리, 과학 및 기술 윤리, 기후변화 윤리 등 새롭게 등장하는 다양한 윤리적 담론들을 제시해야 한다. 문화 윤리적인 내용으로도 음식 윤리나 주거 윤리 같은 분야들의 새로운 담론들이 이제는 도덕과에서도 다룰 수 있어야 하며, 다뤄야 한다. 이를 통해 도덕 교과서의 내용이 풍부해지는 것이 도덕 교과의 미래를 위해서 바람직한 일이라고 판단된다.

1. 들어가는 말

도덕과의 목적은 우선 도덕적인 사고 능력, 좀 더 풀어서 이야기한다면, 사태에 대한 도덕적인 인지능력과 판단 능력을 키우고, 이러한 도덕적인 숙고를 통해 내린 결정에 따라 행위할 수 있는 능력을 길러주는 것이다. 도덕적인 판단 능력, 윤리학적인 담론 능력 그리고 현실 삶에서의 실천 능력이 도덕과를 통해 길러질 수 있는 중요한 목표가 되어야 한다. 따라서 도덕과의 내용 체계 역시 이러한 근거를 바탕으로 구성되어야 한다. 현재 도덕과의 내용 체계는 크게 4영역, 즉 도덕적 주체로서의 나, 우리·타인과의 관계, 사회·국가·지구 공동체와의 관계, 자연·초월적 존재와의 관계 영역으로 나누어져 학교급별, 학년별로 구성되어 있다.

물론 교과과정의 변천에 따라 도덕과의 세부 내용들에서 작은 변화들이 있었지만, 그럼에도 불구하고 현재 도덕 교과에서 제시되고 있는 교과 지식의 체계에서는 큰 틀의 변화가 없었다고 조심스럽게 진단해 본다. 이미 2009년 12월에 '2009 개정 교육과정'이 고시되었고, 새로 만들어진 교과서가 현장에서 제대로 사용되어 피드백을 받기도 전에 새로운 교과서 작업을 해야 하는 웃지 못 할 상황이 벌어졌지만, 아무리 급해도 해야 할 작업은 분명히 하고 넘어가야 할 것이며, 이러한 논의가 바로 이러한 작업 중의 하나일 것이다. 특히 도덕과의 교과 지식에 대한 확고한 학적 토대를 확립하고 교과 지식을 미래지향적으로 재구성하기 위한 준비 작업으로서의 이러한 논의의 필요성은 더 강조할 필요 없이 중요한 것이다.

교과가 생긴 이래 늘 겪어 오는 도덕과의 외적인 위기 속에서 교과 외적인 영역의 문제만 거론하는 한계가 분명히 드러나고 있으며, 이제는 교과 내에서의 변화가 절실히 요청된다고 필자는 생각한다. 물론 바꾸는 것만이 능사는 아닐 것이며, 기존의 것을 시대적인 변화와 미래로부터의 요구에 어떻게 적응시켜야 하는가를 고려하는 것도 좋은 방안이 될 것이다. 여기서 틀을 바꾸는 것이 기존의 내용을 무시하고 새로운 내용을 제시하는 것은 아닐 것이다. 동일한 내용이라도 어떻게 조직하는가에 따라 새로운 틀이 제시될 수 있을 것으로 생각되며, 특히 도덕 교과의 기초로서의 윤리학의 기본 내용들이 틀이 바뀌었다고 해서 내용조차 바뀌기는 어려운 일이다. 그러나 기존의 내용과 기존의 틀로는 이제 교과 외적인 풍파를 견뎌내기 어려울 것이다. 이제는 틀을 바꿔야 할 때이며, 이러한 작업을 위해서는 전문가 집단의 공동 작업이 반드시 필요하다. 교과의 내용을 선정하고 조직하는 작업은 몇몇 전문가의 손에 결정되어서는 안 되는 일이다. 그러기 위해서는 윤리학 전문가와 도덕교육 전문가의 공동 작업이 필수적이다.

이 글에서는 이러한 공동 작업의 기초 작업으로서 윤리학의 학문 지식을 바탕으로 구성되어야 할 도덕과의 교과 지식을 검토해 보고자 하며, 이것은 앞으로 다른 전문가들의 작업과 비교 분석되어 지속적으로 보완되어야 할 것이다.

2. 윤리학의 학문 지식의 구조

윤리학은 인간의 도덕적 행위에 대해서 묻는 학문이다. 그래서 윤리학은 실천철학(Philosophie der Praxis) 내지 실천학(praktische Wissenschaft)이다. 피퍼(A. Pieper)는 윤리학이 실천철학의 범주에 속하는 법학, 정치학과 연관되어 있다고 주장한다. 즉, 행위의 도덕적 차원, 정치적 차원, 법적 차원이 서로 밀접하게 관련되어 있으며, 또한 윤리학은 이론철학의 범주에 속하는

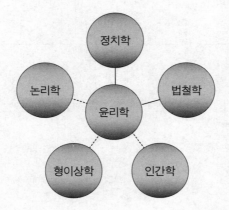

[그림 1] 윤리학과 인접 학문의 관계

인간학, 형이상학, 논리학과 밀접한 관련이 있다고 주장한다.[1] 예컨대 "윤리학이 도덕과 도덕성의 관계를 인간적 실천이라는 맥락에서 충분히 숙고할 수 있기 위해서는 도덕적인 요청의 수용자로서 인간이 누구인지 또는 무엇인지를 알아야만 한다. … 윤리학은 인간이 존재의 총체성에서 어떠한 역할을 수행하고 어떠한 세계관을 지니는지 알아야만 한다. … 윤리학은 규범적 명제의 구조화를 위해 어떤 합리적인 보조 수단을 사용할 수 있는지에 대해서 알아야 한다."[2] 피퍼의 분류를 정리하면 [그림 1]과 같다. 물론 이외에도 다양한 학문과의 교류 및 통섭이 전제되어야 할 것이다. 특히 윤리학의 실천윤리 분야에서는 다른 학문과의 공동 작업이 필수적이다. 예컨대 생명 윤리의 경우 생명공학 및 의학과의 공동 작업은 필수적이다.

윤리학의 분야들을 나누는 기준은 다양하다. 이를테면 방법론적 측면에서 규범적 윤리학, 분석적 윤리학, 기술적 윤리학으로 나누거나, 시대적인 기준에 따라 고대, 중세, 근대 및 현대 윤리학으로도 나눌 수 있을 것이다.

---

1. A. Pieper, *Einfuehrung in die Ethik*, Tuebingen, 1991, pp. 58-76 참조.
2. 위의 책, p. 65.

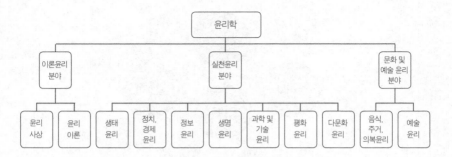

[그림 2] 윤리학의 구조

그러나 도덕과의 교과 지식을 위한 윤리학의 학문 지식을 살펴보기 위해서는 이러한 단일 기준에 의한 구분보다는 대상 영역이나 특성에 따라 윤리학의 내적 구조를 고려해 보는 것이 필요하며, 이런 맥락에서 윤리학의 학문 지식을 우선 이론 윤리 분야, 실천윤리 분야, 문화 및 예술 윤리 분야로 크게 나눠 볼 수 있다. 이론 윤리 분야는 다시 윤리 사상과 윤리 이론으로, 실천윤리 분야는 생태 윤리, 정치 및 경제 윤리, 정보 윤리, 생명 윤리, 과학 및 기술 윤리, 평화 윤리, 다문화 윤리 등으로, 문화 및 예술 윤리 분야는 크게 일상생활의 윤리적 문제와 예술 영역에서의 윤리적 문제 등으로 구분해 볼 수 있다. 이것을 표로 나타내면 [그림 2]와 같다. 물론 실천윤리 분야에서도, 예컨대 생명 윤리의 경우 그 하위 영역으로 의료윤리, 배아 윤리, 동물 윤리, 복제 윤리, 유전자 윤리 등으로 다양하게 세분화되고, 생태 윤리의 경우에도 대지 윤리, 기후변화 윤리, 지속 가능한 발전의 윤리, 심층 생태 윤리 등으로 세분화된다.

윤리 사상의 내용 중에서 도덕과에서 윤리 사상으로 가르쳐야 할 내용들을 정리하면 [그림 3]과 같다.

윤리 이론, 즉 현대사회에서 행위에 대한 도덕적 정당화의 유형은 [그림 4]와 같이 구분할 수 있다. 물론 이외에도 다른 윤리 이론들이 있겠지만, 현

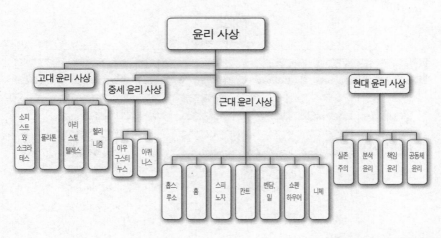

[그림 3] 윤리 사상의 내용

대사회에서 행위의 도덕적 정당성을 확보하기 위해 활용할 수 있는 이론들로 구성되고 있다.

실천윤리 분야는 [그림 2]에서 제시된 바와 같이 정리할 수 있지만, 학문 지식에서 교과 지식으로 변환하는 과정이 필요할 것이며, 여기 제시된 것은 필자의 생각이 반영된 것이다. 실천윤리 분야가 도덕과에서 지속적으로 보강되어야 하고, 그 내용이 구조화되어야 한다. 물론 기존 교과서의 여러 단원에서 실천윤리 분야의 사례나 문제들이 제시되고 있지만, 실천윤리에 대한 내용이 보다 체계적으로, 계열성을 살리면서 교육과정에 제시되어야 할 것이다. 초·중등학교에서 생태, 생명, 정보 윤리 분야의 핵심 개념들을 선정하여 계열화하면서 구체적인 사례 중심으로 교육과정과 교과서가 구성되어야 할 것이다.

끝으로 문화 및 예술 윤리 분야는 앞으로 도덕과의 고유성을 확보할 수 있는 중요한 분야이다. 여기서는 우선 일상적인 삶의 모습에서 제기되는 문제를 도덕적인 문제로 파악할 수 있는 능력과 창의적인 사고를 길러줄 수 있다고 생각된다. 이 분야는 크게 일상적인 삶의 모습에서 제기되는 생활윤

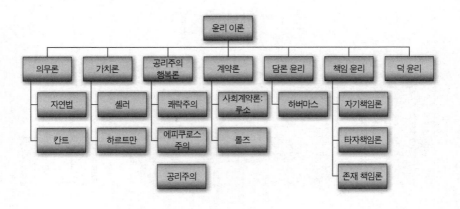

[그림 4] 도덕적 정당화의 유형에 대한 이론적 분류

리적인 측면과 예술 분야에서 제기되는 윤리적인 문제를 다루는 부분으로 나눠질 것이다. 그리고 이러한 노력은 앞으로 도덕과에 내용의 다변화를 가 져올 것이다. 예컨대 문화철학이나 문화 윤리 분야에서 새롭게 등장하는 다 양한 윤리적 담론들을 연구하고 이를 도덕과에서 제시해야 한다. 이제는 문 화 윤리적인 내용으로서 음식 윤리나 주거 윤리 같은 분야들의 새로운 담론 들을 이제는 도덕 교과에서도 다룰 수 있어야 하며, 다뤄야 한다. 예컨대 음 식 윤리의 문제에는 생명 및 동물 윤리, 생태 윤리의 문제들도 포함해 다룰 수 있을 것이고,[3] 주거 윤리나 집의 윤리적 문제들에는 새로운 시각들도 제

---

3. "산업화된 공장식 목축업에 의해 공급되는 육식에 대한 도덕적 고려로 연결되는 동물 윤 리의 문제가 본격적으로 제기되고 있다. 뿐만 아니라 현대사회에서 생산되는 먹을거리에 대 한 근본적인 불신으로 인해 유기농 먹을거리와 로컬푸드 운동, 슬로푸드 운동, 대도시 구매 클럽 등의 새로운 경향이 생겨나고 있다. 먹을거리의 문제는 동물 윤리의 문제뿐만 아니라 생태 윤리와 생명 윤리와도 매우 밀접한 관계를 갖고 있다. 생태 윤리와 관련된 문제의 예로 는 공장식 목축업으로 인한 배설물의 처리 및 메탄가스의 증가, 항생제의 남용 등을 들 수 있고, 특히 동물사료로 주로 사용되는 옥수수의 증식을 위해 점점 늘어나고 있는 단일 작물 재배의 토양파괴의 문제 또한 매우 심각해져 가고 있는 실정이다. 대량 생산과 공급이라는

[그림 5]

시되어야 한다. 이를 통해 도덕 교과서의 내용이 풍부해지는 것이 도덕 교과의 미래를 위해서도 매우 바람직한 일이라고 판단된다.

도덕과의 교과 지식을 구성할 때에는 윤리 사상과 윤리 이론들이 도덕적 사유의 기초 내지 도구가 되어 도덕과의 내용을 구성하는 실천윤리 분야의 다양한 영역들과 문화 및 예술 윤리의 영역들이 성격에 따라 맞도록 배합할 수 있는 지혜가 필요하다. 이를 그림으로 표현하면 [그림 5]와 같다.

그러나 반드시 이 틀에 얽매일 필요도 없고, 또 도덕과의 모든 교과 지식이 이 구조에 맞을지도 의문이다. 그러나 이러한 틀을 시도해 볼 필요는 있다고 생각이 된다. 예컨대 생명 윤리의 경우 생명의 존엄성 부분에 대한 윤리 사상가들의 이론과 생명의 존엄성을 정당화할 수 있는 전략을 결합시켜 본다면 이러한 틀에 잘 맞아떨어질 것으로 생각된다.

경제적인 논리에 의해 인간의 밥상에 오르는 많은 가금류의 안전성 및 동물의 권리침해의 문제에 대한 반성의 요구가 점점 일어나고 있다": 변순용, 「먹을거리의 인간학적, 윤리적 의미에 대한 연구」, 『범한철학』, 53호, 2009, pp. 341-2.

3. 도덕과 교과 지식의 구조와 그 기준들

3.1. 현황

도덕과의 교과 지식의 현황을 보기 위해서는 우선 교육과정을 살펴보는 것이 타당할 것이다. 현재 도덕과는 크게 4영역, 도덕적 주체로서의 나, 우리·타인과의 관계, 사회·국가·지구 공동체와의 관계, 자연·초월적 존재와의 관계로 구분하고 있다. 도덕과에서는 이러한 영역 구분을 근거로 해서 "자신과 타인·사회, 국가·민족 및 자연과의 관계에 대한 올바른 이해를 바탕으로, 인간의 삶에 필요한 도덕규범과 예절을 익히며, 생활 속에서 제기되는 여러 가지 도덕 문제를 합리적으로 해결해 나갈 수 있는 도덕적 사고력과 판단력, 실천 동기 및 능력을 함양하여 자율적이고 통합적인 인격을 형성"[4]하는 것을 목표로 제시하고 있다. 이러한 목표를 근거로 해서 도덕과의 교과 지식을 도덕과의 교육과정을 통해 가늠해 볼 수 있다(〈표 1〉 참조).

교과 지식 구조의 큰 틀을 반드시 바꿀 필요는 없을 것이며, 이 틀 자체가 전문가들의 협의 과정의 산물이라는 것은 매우 의미 있는 일이다. 그러나 두 번째 영역과 세 번째 영역에 있어서 세 번째 영역을 축소시켜서 두 번째 영역으로 편입시키는 것을 고려해 보아야 한다. 그리고 네 번째 영역에서 '자연·초월적 존재와의 관계'를 '자연과 문화적 존재'로 바꾸는 것을 조심스럽게 제안해 본다. 이렇게 본다면 문화적 존재로서의 인간의 영역에서는 종교 문제뿐만 아니라 최근에 우리 사회의 중요한 문제로 대두되고 있는 다문화의 문제를 다룰 수 있을 것이다.

---

4. 교육인적자원부(2007): 도덕과 교육과정 — 교육인적자원부 고시 제2007-79호[별책 6], 교육인적 자원부, p. 2.

영역＼내용	3학년	4학년	5학년	6학년	7학년	8학년	9학년	10학년
도덕적 주체로서의 나	·도덕 공부는 이렇게 해요 ·소중한 나의 삶	·정직한 삶 ·자신의 일을 스스로 하는 삶	·최선을 다하는 생활 ·감정의 올바른 관리 ·반성하는 삶	·자긍심과 자기계발 ·자기 행동에 대한 책임감 ·용기 있는 행동	·도덕의 의미 ·도덕적 탐구 ·도덕적 실천	·일과 놀이 ·공부와 진로 ·계획과 성취	·자아정체성 ·행복한 삶	·자유와 자율 ·도덕적 판단의 과정
우리·타인·사회와의 관계	·가족 사랑과 예절 ·감사하는 마음의 표현 ·친구 간 우정과 예절	·약속을 지키는 삶 ·공중도덕 ·인터넷 예절	·이웃 간의 도리와 예절 ·서로 돕는 생활 ·대화와 갈등 해결 ·게임 중독의 예방	·준법과 규칙 준수 ·공정한 행동 ·남을 배려하고 봉사하는 삶	·가정생활과 도덕 ·친구와 우정의 의미 ·이웃에 대한 관심과 배려 ·사이버 예절	·청소년기와 비인간화 문제 ·평화적 해결과 폭력 예방 ·이성교제와 성도덕	·인간 존엄성과 소수자 보호 ·양성평등의 도덕적 의미	·사회 제도와 정의 ·사회윤리의 제문제
나라·민족·지구공동체와의 관계	·나라의 상징과 나라 사랑 ·분단의 배경과 민족의 아픔	·우리나라·민족에 대한 긍지 ·통일의 필요성과 우리의 통일 노력	·북한 동포 및 새터민의 삶 이해 ·재외동포에 대한 관심	·편견 극복과 관용 ·우리가 추구하는 통일의 모습 ·평화로운 세상	·바람직한 국가의 모습 ·국가 발전과 나	·민족의 삶과 통일의 필요성 ·북한주민과 민족애 ·바람직한 통일의 모습	·타문화에 대한 편견 극복 ·세계 평화와 인류애의 실현	·국가와 윤리 ·민족과 윤리
자연·초월적 존재와의 관계	·생명의 소중함	·올바른 자연관과 환경보호	·참된 아름다움	·사랑과 자비	·환경과 인간의 삶 ·환경친화적 삶의 방식	·진정한 아름다움 ·예술과 도덕 ·과학과 도덕	·삶의 유한성 ·종교와 도덕	·평화로운 삶의 추구 ·이상적인 인간과 사회

〈표 1〉 도덕과 교육과정 조견표

3.2. 외국의 사례

독일의 경우 우리나라와의 학제와 구조의 차이로 인해 동일한 잣대에 의한 비교 자체가 어렵다. 그럼에도 불구하고 독일의 학교 교육과정에서 제시되는 교육과정의 구성을 통해 교과 지식의 구분 틀을 살펴볼 수는 있을 것이다.

우선 가장 일반적으로 눈에 띄는 것은 칸트가 철학의 중요 질문으로 제시한 것을 기초로 구성된다는 것이다. 즉, 무엇을 알 수 있는가의 영역, 무엇을 행해야 하는가의 영역, 무엇을 희망할 수 있는가의 영역, 끝으로 인간이란 무엇인가의 영역으로 구분하여 다양한 주제를 학교급별 수준에 맞추어 구성하고 있다. 작센(Sachen)이나 브레멘(Bremen)의 경우가 대표적이다. 단적으로 작센의 5/6학년의 윤리 수업에서 제시되고 있는 주제들을 살펴보면 〈표 2〉와 같다.[5]

함부르크의 경우는 교과 지식의 영역을 세 가지로, 즉 개인의 자기 이해 영역, 인간학적인 자기 이해 영역, 사회적인 자기 이해 영역으로 구분한다.[6] 자기 이해의 영역에서 도덕적인 사고의 핵심은 자기 생활 세계에서 판단과 행위의 문제를 도덕적으로 인식하고 자기가 지니고 있는 가치에 대한 확신과 행동의 모범을 결정하려는 노력이다. 인간학적인 자기 이해의 영역은 인간의 기본적인 조건과 기능의 측면에서 제기되는 문제들이 주로 여기에 속한다. 인간의 내적 본질이라고 할 수 있는 이성, 충동, 감정, 양심 등과 관련하여 도덕적인 판단과 행위의 가능성과 필연성이 다뤄진다. 끝으로 사회적인 자기 이해의 영역은 인간들 사이의 관계, 사회제도, 사회적인 태도와 삶

---

5. Sachsen Kultusministerim(2007): *Rahmenrichtlinie Gymnasium — Ethikunterricht Schuljahrgaenge 5-12*, Sachsen, 2007, p. 22 참조.
6. Hamburg Behoerde fuer Bildung und Sport, *Rahmenplan Ethik, Hauptschule und Realschule Sekundarstufe I*, Hamburg, 2003, pp. 8-9 참조.

제1주제 영역	제2주제 영역	제3주제 영역	제4주제 영역
무엇을 알 수 있는가?	무엇을 해야 하는가?	무엇을 바랄 수 있는가?	인간이란 무엇인가?
1.1. 자기와의 만남 — 인격으로서의 자기에 대해 얼마나 알고 있는가?	2.1. 타인과의 만남 — 신뢰	3.1. 종교 — 모세와 유대교	4.1. 결정하는 존재
1.2. 자기를 대할 줄 안다 — 내가 살기 위해 필요로 하는 것들	2.2. 싸움을 조정하기 — 비폭력으로	3.2. 평화 만들기 — 예수와 기독교도	4.2. 권리와 의무를 가진 존재
1.3. 스스로 무언가를 시작할 수 있다 — 나의 여가활동	2.3. 다른 사람을 진지하게 대하기 — 타인의 다름	3.3. 신에게로의 귀의	4.3. 자연의 파수꾼

〈표 2〉 작센 주 5/6학년 윤리 수업 주제

의 형태들이 탐구된다. 이런 구분을 근거로 해서 다시 주제 영역을 다섯 가지 하위 영역으로, 즉 개인과 의미, 문화와 삶의 형태, 사회와 정치, 인간과 자연, 그리고 근대성으로 구분하고 있다.

3.3. 비판적 대안을 위한 교과 지식 선정의 기준

우선 가장 시급한 것이 교과 지식을 선정하기 위한 기준이 제시되어야 한다. 예컨대 초등학교 교육과정에서 강조되는 18개의 덕목이 왜 선정되었는지 그 선정 기준이나 선정의 정당성에 대한 연구는 찾아보기 어려운 실정이다. 사실, 교과 지식 선정 기준이 무슨 특별한 것도 아닐 것이며, 이미 일반적인 수준에서 교과의 목표나 내용 설정에서 많이 논의되는 내용들이다. 그러나 이것을 체계화하고 정당화하는 작업이 반드시 선행되어야 한다. 이를테면 학생 지향성, 이론적 정당화 지향성, 문제 지향성, 가치 지향성, 행위 내지 실천 지향성을 선정 기준으로 제시할 수 있을 것이다([그림 6] 참조). 교

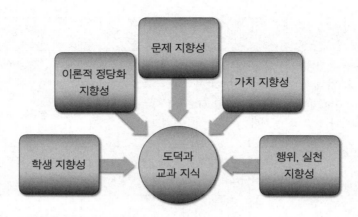

[그림 6] 도덕과 교과 지식의 선정 기준

과 지식은 우선 학생들의 독자적인 사고 능력과 판단 능력을 요구하기 위해서 학생들의 수준과 관심 그리고 판단 능력에 따라 선정되어야 한다. 둘째, 도덕과의 교과 지식을 통해 학생들이 자신의 판단과 행위를 도덕적으로, 보편적으로 정당화하는 데 기여해야 할 것이다. 윤리 사상가의 이름이나 이론을 잘 아는 것도 중요하겠지만, 윤리학적인 개념과 이론에 비추어 자신의 판단과 행위를 정당화하는 것이 중요하다. 이와 같은 맥락에서 문제 지향적이어야 한다. 동일한 사태에 대한 다양한 관점들을 제시하면서 추상적인 수준에서가 아니라 생활 세계의 구체적인 맥락에서 도덕적인 문제를 인식할 수 있는 능력을 학생들이 가질 수 있도록 해야 한다. 전통적인 가치와 현대적인 가치를 현재의 삶 속에서 균형 잡힌 판단과 행위를 할 수 있도록 탐구할 수 있는 교과 지식이 선정되어야 한다. 끝으로 수업에서 다뤄지는 것에서 끝나는 것이 아니라 실천으로 이끄는 지식이 선정되어야 한다.

교과 지식 선정에 있어서 이렇게 논의되는 다양한 기준들을 모두 충족시키는 교과 지식을 구성하기는 매우 어려운 작업일 것이며, 가능할지도 의문이다. 그래서 교과 지식을 선정할 때 어떤 기준들을 충족시키는지를 체크해 볼 수 있으며, 교과 지식의 자료은행을 만든다면, 이러한 기준들의 체크 리스트를 통해 선정하는 것도 유의미한 일이 될 것이다. 뿐만 아니라 선정되었던 교과 지식의 내용들을 위의 다섯 가지 기준(혹은 그 이상)에서 체크해 보는 것도 가능할 것이다.

4. 나오는 말

지금까지의 논의를 통해 윤리학의 학문 지식에 근거해서 도덕과의 교과 지식 선정에 대해 몇 가지 제언을 하고자 한다.

우선, 학문 지식을 체계화하고, 이를 바탕으로 교과 지식과 학문 지식 간의 관계 속에서 개인적 요구와 국가 사회적 요구를 반영하여 교과 지식의 체계를 구성하는 것이 바람직하다. 이 작업은 많은 시간과 전문가들의 노력을 필요로 하는 작업이며, 학계의 논의를 통한 합의를 기초로 해야 할 것이다. 그러기 위해서는 기존의 교과 지식 체계로부터 자유로워야 하며, 도덕과의 정체성과 특성에 기초하여 도덕과의 정당성을 입증할 수 있도록 교과 지식의 체계를 백지상태에서 재구성해 볼 필요가 있다.

둘째, 실천윤리 분야의 보강 및 내용의 구조화이다. 물론 현재 교육과정의 여러 단원에서 실천윤리의 여러 영역들이 제시되고 있지만, 실천윤리에 대한 내용이 보다 체계적으로, 계열성을 살리면서 교육과정에 제시되어야 할 것이다. 생태, 생명, 정보 윤리 분야 외에도 다양한 실천윤리 영역의 핵심 개념들을 선정하여 계열화하면서 구체적인 사례 중심으로 교육과정과 교과서가 구성되어야 할 것이다. 실천윤리 분야에 대한 다양한 사실 정보와 사례 중심의 문제들에 대한 도덕 판단의 문제들이 구조화되어야 하고, 교과서에 관련 내용을 모두 실을 수는 없다 하더라도 내용 선정에서 핵심적인 부분들이 앞으로 지속적으로 보완되어야 할 것으로 판단된다.

끝으로, 앞으로의 도덕 교과에서는 내용의 다변화를 시도해야 한다. 예컨대 문화철학과 문화 윤리, 과학 및 기술 윤리, 기후변화 윤리 등 새롭게 등장하는 다양한 윤리적 담론들을 제시해야 한다. 이제는 문화 윤리적인 내용으로도 음식 윤리나 주거 윤리 같은 분야들의 새로운 담론들을 도덕 교과에서도 다룰 수 있어야 하며, 다뤄야 한다. 예컨대 음식 윤리의 문제에는 생명 및 동물 윤리, 생태 윤리의 문제들도 포함해 다룰 수 있을 뿐만 아니라 주거 윤리나 집의 윤리적 문제들에 대한 새로운 시각들도 제시되어야 한다. 이를 통해 도덕 교과서의 내용이 풍부해지는 것이 도덕 교과의 미래를 위해서 바람직한 일이라고 판단된다.

참고 문헌

Hamburg Behoerde fuer Bildung und Sport(2003): *Rahmenplan Ethik, Haupt-schule und Realschule Sekundarstufe I*, Hamburg.

Gebauer(Hrsg.)(2002): *Philosophische Ethik*, Freising.

Pieper, A.(1991): *Einfuehrung in die Ethik*, Tuebingen.

Noerr, G.S.(2006): *Geschichte der Ethik*, Leibzig.

Sachsen Kultusministerim(2004/2009): *Lehrplan Gymanasium — Ethik*, Sachsen.

Sachsen Kultusministerim(2007): *Rahmenrichtlinie Gymnasium — Ethikunterricht Schuljahrgaenge 5-12*, Sachsen.

Schweppenhaeuser, G.(2003): *Grundbegriffe der Ethik*, Hamburg.

교육인적자원부(2007): 도덕과 교육과정 — 교육인적자원부 고시 제2007-79호[별책 6], 교육인적 자원부.

변순용(2009): 「먹을거리의 인간학적, 윤리적 의미에 대한 연구」, 『범한철학』 53호, pp. 339-61.

제13장

행위를 결정하는 윤리학적 메커니즘은 무엇인가?

도덕교육의 목표는 지적인 영역에서의 도덕적 사고력의 신장을, 정의적인 영역에서는 도덕적 감정(Gefuehl)이나 정서(Emotion)의 함양을, 행동적인 영역에서는 도덕적 판단과 정서에 근거한 의지의 실현, 즉 행동화를 목표로 삼아야 한다. 도덕 교과의 내용 영역에 해당하는 윤리학은 "'대부분의 경우에 있어서 그런 것'들에 대해 논의하고 '대부분의 경우에 있어서 그런 전제'들로부터 출발하는 것이기에, '대부분의 경우에 있어서 그런 것'들을 추론하는 데 만족해야 할 것이다." 따라서 우리가 행하는 행동의 근거와 결과에 대한 이성적인 숙고를 추구하지만, 이것은 어디까지나 그 한계를 가질 수밖에 없는 것이다. 윤리학은 내가 추구해야 할 최고선이 무엇인지, 그리고 내가 무엇을 해야 하는지, 그리고 어떻게 살아야 하는지에 대한 수많은 지성인들의 숙고의 결과이며, 이것은 현재를 살고 있는 우리들에게 매우 중요한 삶의 지침이 되는 것들이다. 이러한 내용들이 교과 교육에서 논의되고 가르쳐져야 한다.

그래서 이 장에서는 현대사회에서 행위의 도덕적 정당성을 확보하기 위해 활용될 수 있는 이론들로서 의무론, 가치론, 공리주의, 계약론, 담론 윤리, 책임 윤리, 덕 윤리적 정당화에 대한 분석을 하고, 이것이 갖는 도덕교육적 의의를 밝혀 보고자 한다. 행위의 도덕적 정당화를 위해 의무론적 접근은 자율성과 보편성에 근거한 정언명법으로, 가치론적 접근은 행위 속에서 나타나는 가치의 인식과 실현으로, 공리주의적 접근은 행위의 결과에서 나오는 개인적, 사회적 유용성에 따른 행복으로, 계약론적 접근은 사회정의의 실현을 위해 전제되는 계약의 존재로, 담론 윤리적 접근은 이성적인 담론을 통한 합의에 근거한 규범의 도출과 준수로, 책임 윤리적 접근은 무조건적이고 절대적인 책임의 인정으로, 덕 윤리적 접근은 유덕한 행위자의 제시로 행위의 정당화를 위한 주요 근거들을 주장하고 있다.

1. 들어가는 말

우리나라의 도덕 교과의 교육을 통틀어 지칭하는 것은 매우 위험한 일이지만, 윤리학자의 관점에서 볼 때 느꼈던 점들을 기술하기 위해 이러한 위험성을 감수하면서 논의를 시작하고자 한다. 우선 지적, 정의적, 행동적 영역의 구분과 통합의 문제인데, 도덕 교과의 교육목표는 분명히 지적인 영역에서의 도덕적 사고력의 신장을, 정의적인 영역에서는 도덕적인 감정(Gefuehl)이나 정서(Emotion)의 함양을, 행동적인 영역에서는 도덕적인 판단과 정서에 근거한 의지의 실현, 즉 행동화를 목표로 삼아야 한다는 데에는 이견이 없을 것이다. 그러나 학교교육의 교과목으로서의 도덕 교과가 이것을 목표로 삼는 것 자체는 좋지만 실제로 이것을 성취할 수 있다고 믿는 것이 우리의 과욕은 아닐지 생각해 보아야 할 것이다. 지적 영역, 정의적 영역, 행동적 영역을 이론적 분석의 차원에서 나누어 보는 것은 가능하지만, 이것을 현실적인 삶에서 구분해서 가르친다는 것은 또 다른 문제일 것이다. 또한 이를 나누어 놓고 어떻게 통합해야 하는지에 대한 논의들 역시 현실적인 차원에서 보면 더 어려운 작업일 것이다.

이와 함께, 도덕 교과의 실효성을 입증하기 위하여 도덕 교과가 구체적이고 직접적인 삶의 현장에서 학생들의 행동에 영향을 주어야 한다는 주장 역시 문제가 있다고 생각된다. 현대 윤리학자인 피퍼 역시 이러한 과신을 비판하고 있다. 그녀는 도덕 및 윤리학을 가르치는 교사의 과제는 행위가 도덕적 통찰을 따를지도 모른다는 희망을 가지고 선에 대한 통찰을 전달하는 데 한정되어야만 한다고 주장한다(Pieper, 1991: p. 131 참조). 너무 많은 것을 할 수 있다고 주장하기보다는 할 수 있는 것이 무엇인지를 먼저 분명하게 생각해 보는 지혜가 필요하다.

또한 도덕 교과의 내용들이 다변화되어야 할 필요성이 있다. 특히 실천윤리 영역의 새로운 내용들이 도덕 교과에 포함되어 교과 교육 내용의 다양화가 이뤄져야 할 것이다.[1] 이미 초·중등학교에서 도덕 교과의 교육과정상의 변화들을 보면 이러한 필요성이 어느 정도 실현되고 있음을 알 수 있다. 예를 들면, 고등학교 과목인 생활과 윤리의 '문화와 윤리' 영역에서 '의식주의 윤리적 문제'라든지 '다문화 사회의 윤리' 등의 도입은 이러한 필요성이 반영되고 있음을 보여 준다. 초등학교 및 중학교 교육과정에서도 이러한 새로운 영역의 개발과 도입이 지속적으로 필요하다.

윤리학은 "'대부분의 경우에 있어서 그런 것'들에 대해 논의하고 '대부분의 경우에 있어서 그런 전제'들로부터 출발하는 것이기에, '대부분의 경우에 있어서 그런 것'들을 추론하는 데 만족해야 할 것이다"(Aristoteles, *Nichomachian Ethics*, 1094b).[2] 여기에 수학적 엄밀성과 자연과학적 예측력이나 설명력을 요구하는 것 자체가 무리라고 생각된다. 따라서 우리가 행하는 행동의 근거와 결과에 대한 이성적인 숙고를 추구하지만, 이것은 어디까지나 그 한계를 가질 수밖에 없는 것이다. 윤리학은 내가 추구해야 할 최고선이 무엇인지, 그리고 내가 무엇을 해야 하는지, 그리고 어떻게 살아야 하는지에 대한 수많은 지성인들의 숙고의 결과이며, 이것은 현재를 살고 있는 우리들에게 매우 중요한 삶의 지침이 되는 것들이다. 이러한 내용들이 교과 교육에서 논의되고 가르쳐져야 한다고 생각한다. 그래서 이러한 도덕 교과의 논의들이 내용적으로 보다 치밀해지기 위해서 이 글에서는 앞 장에서 밝힌 바와 같이 현대사회에서 행위의 도덕적 정당성을 확보하기 위해 활용할 수 있는 이론들로서 의무론, 가치론, 공리주의, 계약론, 담론 윤리, 책임 윤

---

1. 이에 대한 보다 자세한 논의는 졸고(2010A), 「초등 도덕과 교과서 개발에서 실천윤리 반영 방안 연구」, 『한국초등교육』, 제21권 제1호 참조.
2. 이창우 외 역(2006), 이제이북스, p. 16 참조.

리, 덕 윤리적 정당화에 대한 분석을 하여, 이것이 도덕교육에서 도덕적 행위의 정당화 모델로 구체화되어 연구될 수 있는 계기를 제공하고자 한다.

2. 의무론적 접근

의무론적 윤리는 인간의 행위가 도덕법이나 도덕법에 대한 존중에 근거한 의무로부터 나올 때 도덕적이라고 간주한다. 행위의 감각적이고 충동적인 동기화를 지양하고 이성적인 동기화를 지향한다. 이성적인 동기화의 특징을 살펴보면, 우선 행위가 순수한 이성적 형식, 즉 도덕법에 의해 동기화되어야 한다. 달리 말하면, 어떤 행위가 그것이 주는 어떤 쾌락이나 불쾌함에 의해 좌우되는 것이 아니라, 그것이 의무이기 때문에 행하게 되는 것이다. 둘째, 칸트가 "공동의 법칙 하에 다양한 존재의 체계적인 결합"(Kant, 1786, [B] 75)이라고 지칭한 목적의 나라에서 "오로지 의지가 자기의 준칙에 의해 자기 자신을 동시에 보편적으로 법칙 수립하는 자로 볼 수 있는, 그런 준칙 이외의 것에 따라서는 행위하지 말라는 것이다"(Kant, 1786, [B] 76).[3] 따라서 이러한 목적의 나라에서 행위자의 이성적인 동기화는 객관적이다. 셋째, 이러한 동기화는 정언적(kategorisch)이다. 보편적으로 법칙을 수립하는 의지의 원리는 "보편적 법칙 수립의 이념 때문에, 어떤 이해 관심에도 기초하지 않고, 그러므로 모든 가능한 명령들 가운데서도 오로지 무조건적일 수 있는 것이다"(Kant, 1786, [B] 72). 이성적 동기화는 감각적이고 경험적인 것으로부터 독립되어 이뤄져야 한다. 끝으로 이성적 동기화는 자율적이어야 한다. 이러한 자율성이 바로 인간과 모든 이성적 존재자의 존엄성의 근

---

3. 이 부분에 대한 번역은 백종현(2009)의 번역을 인용하였음.

1단계	행위의 준칙을 밝혀라!
2단계	준칙을 보편화하라!
3단계	성공적으로 보편화된 준칙을 받아들여라(성공적이지 않은 준칙은 거부하라)!

〈표 1〉 의무론적 의사 결정

거가 된다. 이성적 동기화와 의지의 자율은 도덕성의 중요한 근거가 됨을 다음에서처럼 알 수 있다:

> 도덕성은 행위들의 의지의 자율과의 관계, 다시 말해 의지의 준칙들에 의해 가능한 보편적 법칙 수립과의 관계이다. 의지의 자율과 양립할 수 있는 행위는 허용되고, 그와 일치할 수 없는 행위는 허용되지 않는다(Kant, 1786, [B] 85-6).

칸트의 정언명법은 준칙에 대한 보편화 검사로 요약되는데, 이것은 다시 세 가지 정식으로 제시된다. 첫 번째가 바로 자연법칙의 정식인데, 이것은 "너의 행위의 준칙이 너의 의지를 통해 보편적인 자연법칙이 될 수 있도록 행하라!"이며, 두 번째는 자기 목적성의 정식인데, 이것은 "너는 인간을 너 자신뿐만 아니라 다른 모든 사람을 수단이 아니라 항상 동시에 목적으로 대우하도록 행위하라!"이고, 세 번째는 자율의 정식인데, 이것은 "너의 준칙이 항상 보편적인 목적의 나라에서 입법하는 주체로서 행위하라!"이다.

이성적인 동기화는 자율적인 자기 의무화로 표현된다. 구체적이고 실천적인 행위 결정을 위해 정언명법을 통해 개인의 준칙을 검사하여 일상적인 실천 규칙을 세우고 행하는 것을 말한다. 따라서 의무론적 의사 결정의 절차는 〈표 1〉과 같다(박찬구 외 역, 2010: p. 249).

3. 가치론적 접근

셸러는 칸트(I. Kant) 윤리학이 행위의 도덕성을 도덕성의 형식에 의존하는, 즉 행위의 도덕성을 행위에 의해 승인된 규칙이 무조건적으로 명령되는 법칙의 형식을 유지할 수 있을 정도로 보편 가능한 입법에 근거시켰다는 점에서 형식적 윤리학이라고 규정한다. 이와 반대로 실질적인 가치 윤리학에서는 형식이 아니라 행위의 질적 내용, 즉 행위를 통해 실현된 가치가 행위의 도덕성을 결정한다고 강조한다. 따라서 행위는 선을 산출할 때에만 도덕적이다. 셸러의 "실질적 가치들은 인간의 행위를 통해 실현되는, 즉 재화 세계(Güterwelt)와는 별도로 선험적으로 특별한 직관을 통해 가치질(Wertqualität) 안에서 이상적인 객체로 직관적으로 파악되거나 느껴질 수 있는 것이다"(Pieper, 1991: p. 209). 그래서 가치들은 "명백하면서도 느낄 수 있는 현상이다"(Scheler, 1960: p. 39).

가치는 독자적인 실존이며 경험적인 존재라는 의미에서가 아니라 이상적인 존재의, 즉 타당 존재라는 의미에서 즉자적 존재(ein Ansichsein)이다. 따라서 가치의 재료(materie)는 감각적, 대상적, 객관적 내용(Inhaltlichkeit)이 아니라 내적 직관을 통해 체험되는 비경험적, 정신적, 그럼에도 불구하고 객관적 성질(Qualität)이다. 즉, 가치의 담지자가 더 이상 존재하지 않아도 여전히 존재하는(타당한) 그런 성질이다. 이것은 가치가 사물이나 인간에 의해 실현되는 것과 상관없다는 것이며, 이러한 주장의 근저에는 가치의 선험성이 전제되고 있다. 셸러는 "가치를 느낀다"라는 가치 느낌(Wertfühlen)을 사유의 합리적 활동에 대립시킨다. 여기서 '느낀다'는 것을 셸러는 가치에만 관련되는 지향적인 활동으로 이해한다.

가치 느낌은 가치를 그 자체로 뿐만 아니라 다른 가치와의 관계 하에서도 파악한다. 즉, 가치들 간의 질적인 구분으로부터 개별적인 경우에 어떤 가

신성과 세속의 가치(종교적 감정의 가치)	
미추(美醜), 정사(正邪), 진위의 가치(정신적 감정의 가치)	높은 단계 ⇧ 낮은 단계
고귀와 비천의 가치(생명 감정의 가치)	
쾌 · 불쾌의 가치(감각적 감정의 가치)	

〈표 2〉 가치의 서열

치가 우선해야 하는지를 규정해 주는 가치의 서열이 생겨나게 된다. 셸러는
사물 가치나 재화 가치가 아니라 인격 가치에 무조건적인 우선성을 인정하
면서 가치의 세계를 그가 가치 양태라고 부르는, 〈표 2〉와 같은 가치 등급
으로 구분한다.

셸러의 주장에 의하면, 가치의 상향적인 서열은 직관적으로 통찰되는 것
이지 어떤 정초를 필요로 하는 것이 아니다. 그리고 가치를 실현하는 행위
는 도덕적으로 선한 행위이다. 즉, "행위가 의도하는 가치의 실질적 내용
(Wertmaterie)이 높은 가치(vorgezogen)와 일치하고 낮은 가치(nachgesetzt)
와는 갈등을 일으키는 행위가 도덕적으로 선하다"(위의 책, p. 47). 따라서 특
정 상황에서 문제시되는 가치들 가운데서 그 상황에서 가장 최고의 가치를
실현하는 행위가 바로 도덕적인 행위가 된다. 또한 이것은 모든 인간에게
도덕적인 직관 내지 도덕적인 가치감이 본성상 동등하다는 것을 전제로 하
고 있다. 이런 직관이 결여되어 있는 사람을 힐데브란트(v. Hildebrand)는 가
치맹(Wertblindheit)이라고 부른다(Pieper, 앞의 책, p. 211 참조).

셸러의 현상학적 가치윤리학의 기여는 윤리학이 도덕적인 것의 형식에 대
한 관심뿐만 아니라 도덕적인 것의 질적인, 내용적인 계기, 즉 도덕적인 것
의 실질에도 관심을 가지게 했다는 점이다. 도덕이 보편타당성을 가진 원
칙과 형식에만 관심을 갖는 이성과 관련되는 것이 아니라 전체로서의 인간
(이성적 존재로서의 인간뿐만 아니라 의욕, 감정까지 포함한 전체로서의 인간)과 관

련되며, 이것은 인간의 실천을 통해서, 스스로 실현되는 실질로서의 가치를 통해서 요구된다는 것을 보여 준다.

4. 행복주의적 내지 공리주의적 접근

행복(eudaimonia)을 모든 인간 행위에 관계되는 최고 목표로 규정하는 행복주의적 접근은 아리스토텔레스까지 거슬러 올라가며, 특히 쾌락주의 윤리학과 공리주의 윤리학에서 명확히 주장된다. 쾌락주의(Hedonismus) 윤리학은 행복을 쾌락, 기쁨으로 이해한다. 이로부터 인간은 자신에게서 기쁨을 가져다주는 것을 해야 한다는 원칙을 이끌어 낸다. 키레네의 아리스티포스(Aristipp von Kyrene, 기원전 435-365)는 쾌락에 지배되지 않으면서 쾌락을 향유하는 것을, 아리스토텔레스는 삶에 대한 지적인 관조를, 에피쿠로스(Epikur, 기원전 342-270)는 정적인 쾌락을 강조하면서 정신적이고 영적인 기쁨을, 스토아학파의 제논(Zenon, 기원전 350-262)은 자연적, 이성적 삶을, 공리주의는 개인적 내지 사회적 유용성을 행복과 연결시킨다.

행복주의적 접근의 가장 대표적인 예가 되는 공리주의 윤리는 최대 다수의 최대 행복을 최고 목표로 삼는다는 점에서 행복주의에 기초하고 있다. 유용성의 원리에 의하면, 어떤 행동이 관련된 모든 사람에게 유용한 결과를 가져온다면, 즉 어떤 행동의 결과가 쾌락을 극대화하고 고통을 극소화한다면 그 행동은 도덕적이라는 것이다. 벤담(Jeremy Bentham, 1748-1832)은 유용성을 이득, 이익, 쾌락, 행복 따위를 산출하는 경향이 있는 대상의 특성으로 이해한다. 어떤 행동이 행복을 증가시키는 경향이 행복을 감소시키는 경향보다 클 때, 우리는 그 행동이 유용성의 원리에 일치한다고 말할 수 있다. 오늘날의 공리주의는 유용성의 원리를 개별적인 행위(행위 공리주의)뿐만 아

원칙	물음	기준
행복주의	삶의 목적은 무엇인가?	행복
결과주의	행위나 규칙은 어떻게 판단되는가?	결과에 따라
유용성주의	결과는 어떻게 판단되는가?	선에 대한 유용성
쾌락주의	무엇을 선으로 보는가?	쾌락의 추구와 고통의 회피
비이기주의	누구의 쾌와 불쾌를 논하는가?	모든 관련자의 행복의 극대화
평등주의	모든 사람은 평등한가?	모든 사람의 가중치는 동등함

〈표 3〉 공리주의 윤리의 특징

1단계	대안 분석
2단계	대안들의 비용과 이익 평가
3단계	비용 대비 최대 이익을 산출하는 대안 결정

〈표 4〉 공리주의적 의사 결정의 예: 비용-수익 접근

니라 행위 규칙(규칙 공리주의)에까지 적용한다.

공리주의 윤리의 기본적인 특징은 〈표 3〉과 같이 분석된다.

공리주의 윤리에 근거한 의사 결정은 기본적으로 비용-수익(cost-benefit) 분석에 의거한다. 예컨대, 어느 화학 공장이 주택가 근처에 있다고 가정해 보자. 이 공장은 생산과정에서 유독성 가스를 방출하게 되는데, 이것이 공장 인근에 사는 사람들에게 일정한 건강상의 문제를 일으킬 소지가 있다고 해보자. 이 공장이 환경에 영향을 미치는 것을 허용할 수 있는 공해의 수위를 어떻게 결정하겠는가? 여기서 공장의 이전 안이나 공장에 공해 비용을 부담하게 하는 안 등이 논의될 것이고, 공장으로 인해 파생되는 비용과 이득의 측면이 계산될 것이다. 비용의 측면에서 본다면 오염 물질로 인한 오

염 비용, 건강 비용, 고통 감수 비용 등의 손해 비용 등이, 이득의 측면에서
는 공장이 제공하는 직장의 소득원, 지역사회의 세금원 등이 고려될 것이다.
결국 공해 제거의 비용과 이득이 산정된다면, 공해 제거의 비용이 이득을 능
가하는지의 여부를 결정해야 할 것이다(〈표 4〉 참조).

5. 계약론적 접근

　계약론적 접근은 인간의 도덕적 행위의 근거를 사회계약에서 찾는다. 따
라서 도덕적 의무는 인간들이 자신의 생존을 유지하고 더욱 만족스러운 삶
에 도달하기 위해 상호 간에 맺은 계약으로 생겨난다. 홉스에 따르면, "합리
적 이기주의자인 우리는 우리의 자유의 일부를 포기하고 사회계약 또는 서
약에 동의하게 된다. 이 합의를 통해 규칙과 통치력이 생겨난다. …(중략)…
도덕은 이 계약 안에서만 발생하며, 정의와 부정의도 이 계약과 더불어 비로
소 존재하게 된다"(박찬구 외 역, 앞의 책, pp. 138-9). 홉스는 평화를 추구하는
것, 다른 사람들이 보편적인 자연권을 포기함과 더불어 계약을 맺는 것, 그
리고 규약을 준수하는 것 등을 포함한 자연법의 내용을 주장하면서,[4] 도덕

---

4. 홉스는 자연법의 19개 규칙을 다음과 같이 제시하고 있다: (1) 모든 사람은 평화를 추구
하고 따르되, 평화를 획득할 수 없을 때에는 모든 수단을 동원해서 스스로를 보호하라. (2)
사람은 평화와 자기 보존을 위해 필요하다고 생각되면 다른 사람들과 함께 자신들의 자연
권을 포기해야 한다. (3) 사람들은 자신이 체결한 계약을 실행해야 한다. (4) 다른 사람으로
부터 은혜를 받은 사람은 그가 선행을 후회하지 않도록 노력해야 한다. (5) 모든 사람은 자
신 외의 나머지 사람에게 순응하도록 노력해야 한다. (6) 용서는 평화를 가져온다. (7) 복수
에 대하여 사람들은 과거의 큰 악을 보며 악을 악으로 갚지 말고 미래에 올 선을 보라. (8)
누구든지 표정, 언어, 행위, 행동으로 타인을 증오하거나 무시하는 것을 나타내지 말아야
한다. (9) 누가 더 나은 사람인가 하는 것은 단순히 자연 상태에서는 문제가 되지 않는다.
(10) 평화의 상태로 들어설 때 아무도 다른 사람이 가지고 있으면 만족스럽지 못할 그런 권
리를 자신이 가지겠다고 요구해서는 안 된다. (11) 만약 사람들 사이에서 판단하는 일이 맡

성의 개념을 다음과 같이 평화에 근거하여 선악의 개념으로 제시한다. "평화는 우리 모두에게 선이자 바라는 것으로 간주되며, 이로부터 평화로 이끄는 모든 것은 선으로 여겨진다. …(중략)… 이런 것들은 도덕적으로 선한 것이 되지만, 이와 반대되는 것들은 악한 것들이 된다"(Hobbes, 1651: pp. 141-2). 또한 이러한 계약의 의무를 성실히 수행하는 것이 바로 정의이고, 그렇지 않은 경우가 바로 정의롭지 못한 것이 된다(위의 책, p. 129). 또한 인간의 사회적 결합 속에서 선과 악을 파악하는 도덕학은 바로 앞에서 제시한 자연법을 연구하는 것이며, 도덕은 "생존과 만족을 위해 무엇이 필요한가에 대한 이성적인 탐구"(김성호 역, 2003: p. 274)이다.

계약적 의무의 전제는 공동체적 삶의 필수성이고, 개인의 이익과 사회의 이익이 상충될 경우 사회의 이익에 근거하여 개인의 이익에 대한 계약에 적절한(합법적인) 제한이 정당화된다. 따라서 도덕적 선은 사회계약에의 일치 여부에 달려 있게 되며, "의무는 자발적인 계약을 통해서 만들어낸 일종의 구속"(위의 책, p. 256)이 된다. 홉스 이외에도 루소나 로크 혹은 현대의 롤스에 이르기까지 계약론자들은 다양한 인간관과 사회관, 자연관을 가지고 있기 때문에 이들의 이론을 여기서 구체적으로 살펴볼 필요까지는 없을 것이다.

그러나 이러한 계약론적 접근의 약점은 허구적인 계약 상황의 설정과 도

겼다면 그 사람들은 그들을 동등하게 취급해야 한다. (12) 나눌 수 없는 물건은 가능한 공동으로 향유하고 나누어지는 경우에는 권리를 가진 사람의 수에 비례하여 나눠라. (13) 나눌 수 없고 공동으로 향유할 수도 없는 것들은 전체 권리로 하거나 혹은 추첨을 통하여 첫 번째 소유권을 결정하라. (14) 추첨에는 임의적인 것과 자연적인 것이 있는데, 임의적인 추첨은 경쟁자들 간에 합의된 것이고, 자연적인 추첨은 상속권이나 혹의 최초의 점유가 있다. (15) 자연법은 평화를 중재하는 모든 사람에게 안전한 행동을 보장해야 한다. (16) 분쟁 가운데 있는 사람들은 자신들의 권리를 중재자의 판결에 맡겨야 한다. (17) 모든 사람은 자신들의 이익을 위해 모든 일을 할 것으로 추정되므로 누구도 자신의 문제에 대하여 중재자가 될 수 없다. (18) 한쪽의 승리로 인하여 큰 이익이나 명예, 기쁨을 얻을 편파성이 있는 사람은 중재자가 되어선 안 된다. (19) 자연법은 사실의 분쟁에서 재판관으로 당사자가 아니라 제3자나 그것을 넘어서 있는 사람을 신뢰해야 한다(Hobbes, 1651: pp. 118-42 참조).

덕적 영웅(moral hero)의 딜레마이다. 계약론자들은 사회적 합의의 산출 과정에 대한 사고실험을 통해 계약의 정당성을 찾고자 하는데, 이러한 계약의 정당성에 대한 설득력이 약화될 수 있는 문제점이 있다. 그리고 계약론적 접근은 기본적으로 현상 유지를 옹호하게 될 위험성 또한 내포하고 있다. 그럼에도 불구하고 도덕의 근거를 구성원들의 합의에 근거한 계약에서 찾으려는 시도가 구체적인 삶의 현장에서 도덕의 정당화를 위한 중요한 역할을 할 수 있다는 점은 분명하다.

6. 담론 윤리적 접근

담론 윤리의 대표자인 하버마스(J. Habermas)는 사회 내에서 그리고 인간들 사이에서 개인의 손상 가능성에 대한 보호 조치로서의 도덕을 고려하였다. 그래서 도덕은 행위 능력이 있는 주체들 사이의 상호작용을 위한 것이며, 상호작용은 규범의 지배를 받는데, 이 규범은 논증적으로 합의 가능한 정당화를 통해 입증되어야 한다. 그가 제시한 보편화 원칙(das Prinzip der Universalisierbarkeit)은 "개개인의 이해 관심을 충족시키기 위해, 논란이 되는 규범을 일반적으로 준수할 때 생길 수 있는 결과와 부작용을 모든 구성원들이 강요가 없는 상태에서 받아들일 수 있는 경우에만"(Habermas, 1983: p. 103) 그 규범은 타당하다는 것이다. 그는 이 원칙을 논증 규칙이라고도 하였으며, 이 원칙에 근거하여 도덕적 담론이 이뤄져야 하고 이를 통해 도덕적 당위성의 타당성이 확보된다고 보았다(김동규 외 역, 2009: p. 79 참조). 이러한 주장은 모든 사람의 동등한 권리와 개개인에 대한 존중이라는 의미에서의 정의(Gerechtigkeit)와 타인의 행복에 대한 감정이입과 배려로서의 연대성(Solidaritaet)을 요청한다.

담론 윤리적 접근은 칸트적 정언명법을 "의사소통 이론의 입장에서 새롭게 해석한 것으로, 의사소통에 참여하려는 주체는 동등하게 대우받아야 하며, 이해 갈등의 상황에서 이성적 존재로서의 이해 관심 및 배려의 동등성 그리고 상호성 등을 전제로 하고 있다"(변순용, 2007B: p. 85).

아펠(Karl-Otto Apel)은 하버마스의 보편화 원칙을 유지 원칙(Bewahrungs-prinzip)과 해방 내지 변경 원칙(Emanzipations- oder Veraenderungsprinzip)이라는 하위 원칙으로 보완한다. "전자는 현실적인 의사소통 공동체의 생물적이며 사회문화적인 기초의 유지에 협력할 의무와 관련되고, 후자는 이상적인 의사소통 공동체의 사회문화적인 조건을 개선하는 데 협력할 의무와 관련된다"(위의 논문, p. 86; Apel, 1988: pp. 142, 145ff., 465ff. 참조).

담론 윤리적 접근에 의하면, 규범의 도덕적 타당성은 "어떤 사람이 혼자서 결정하는 것이 아니라, 모든 사람이 수용할 수 있는 행위 규칙을 발견하기 위해서 서로 대화를 통해 의사소통하는 행위 공동체가 결정"(Pieper, 1991: p. 176)해야 한다는 것이다. 그리고 담론적 방법은 다음 세 가지의 기본적인 윤리적 전제를 가지고 있다. "첫째, 갈등은 폭력에 의해 해결되어서는 안 되며, 모든 관련 당사자나 그들의 대변인 간의 공동의 협의에 의해서 해결되어야 하며, 둘째, 이러한 협의 참가자들은 자신의 이익을 방해받지 않고 주장할 권리가 보장되어야 하고, 셋째, 협의 참여자들은 초주관성의 원리에 따라 자신의 이익을 수정할 수 있어야 한다"(위의 책, p. 177).

이상적인 실천적 담론들은 다음의 조건들을 갖출 때 도덕적이다:

첫째, 이성적이어야 하며,

둘째, 편파적이지 않아야 하며,

셋째, 간섭을 받지 않아야 하며,

넷째, 일반적으로 승인되는 의사소통의 규칙에 근거해야 하며,

다섯째, 정의와 연대성의 측면에서 고려되어야 하고,

끝으로, 상호 이해를 위한 약속과 실천의 목표를 가져야 한다(Koeck, 2002: p. 76).

담론 윤리적 접근에서 강조되어야 할 것은 "이성적인 합의를 도출해야 할 의무, 즉 실제적인 문제에 있어서 합의를 이루는 해결책을 추구해야 할 의무"(Kuhlman, 1994: p. 286)이다. 그리고 이러한 의무에 근거해서 행위의 실행이 요청되는 것이다.

7. 책임 윤리적 접근

책임 개념의 역사는 윤리학의 역사와 같이 시작하지만, 이 개념은 19세기 후반에 들어와서야 비로소 윤리적인 담론의 전면에 등장하게 되었다. 책임 개념은 현대의 윤리적 담론들 속에서 특히 베버(M. Weber), 바이셰델(W. Weischedel), 요나스(H. Jonas), 레비나스(E. Lévinas) 그리고 렝크(H. Lenk) 등에 의해 중심적인 위치를 갖게 되었다(변순용, 2007A: pp. 17-24 참조). 책임 개념이 현대 윤리학의 담론에서 중요해지는 이유를 다음과 같이 분석해 볼 수 있다. 우선, "현대사회의 구조들이 점점 복잡해짐에 따라 행위의 복잡한 인과관계 속에서 행위의 원인을 찾거나 또는 책임을 규정하는 것이 점점 더 어려워지고 있다"(위의 책, p. 23). 그리고 "기술을 통해 증대되는 인간의 힘은, 이미 역사 속에서 드러난 바와 같이, 한편으로는 꿈의 실현이라는 의미를 갖지만 다른 한편으로는 늘어나는 위험을 의미하기도 한다. 근대 계몽주의 시대에서 인간의 이성과 그의 산물인 과학기술에 대한 신뢰가 보편적이었다면, 이러한 믿음은 양차 세계대전, 원자폭탄의 사용, 생태계의 위기 등을 통해 약화되었다고 할 수 있을 것이다. 이 모든 것이 인간의 자기 성찰의 계기가 되었으며, 이성에 대한 회의와 과학기술에 대한 불신은 힘의 사용에

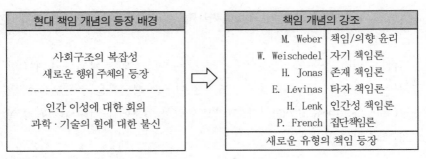

[그림 1] 책임 윤리의 등장 배경

대한 책임의 강조를 가져왔다"(위의 책, p. 23). 이것을 정리하면 [그림 1]과 같다(위의 책, p. 4).

현대 책임 윤리에서 강조되는 책임의 특징은 바로 전통적인 의미의 책임을 확장하고 있다는 것이다. 이러한 확장은 세 가지 방향으로 뚜렷이 나타난다(위의 책, pp. 36-44 참조). 우선 자유에 근거한 책임을 넘어서서 자유의 문제를 전제하지 않고서도 책임을 묻고 물어져야 한다는 것이고, 둘째는 현대사회에서 동등한 주체들 간의 상호성을 뛰어넘어 '일방적인' 책임이 강조된다. 셋째, 전통적인 책임은 "발생한 어떤 사건이나 행위에 대해 행위자가 대안적 가능성의 통제력을 가졌는지의 여부를 묻고 이에 따라 행위자에게 책임을 귀속"(위의 책, p. 42)시키는 과거지향적인데 반해, 현대적인 책임 윤리에서는 행위의 발생 이전에 당위적(내지 규범적) 귀속의 성격을 가지는 책임을 주장한다.[5]

_____

5. 이러한 구분의 한 예로, "짐머만은 '책임 있는 사람이 되는 것'과 '어떤 것에 대한 책임이 있는 것을 구별하고 전자를 미래지향적 책임과 관련시킨다. 그에 따르면, 책임 있는 사람은 미래지향적 책임을 정당히 평가하고 이에 의해 행위를 위한 과거지향적 책임을 걸머지는 능력을 가지고 미래지향적 책임을 진지하게 받아들이고 그것을 완수하고자 노력하는 사람이다"(변순용, 2007A: pp. 43-4). 요나스는 과거지향적인 책임과 미래지향적인 당위적 책임을 구분하고 있다.

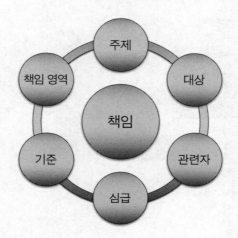

[그림 2] 책임의 구성 요소

　책임의 유형에 대해서 우선 바이셰델은 책임의 영역에 따라 사회적 책임, 종교적 책임 그리고 자기 책임으로 구분하였고, 하트(H. Hart)는 행위 자체의 관점에 따라 순수한 인과 책임, 역할 책임, 능력 책임, 배상 책임으로, 요나스는 책임의 본질과 성격에 따라 자연적 책임과 계약적 책임으로, 렝크는 행위 종류에 따라 역할 내지 과제 책임, 행위(결과) 책임, 도덕적 책임, 법적 책임으로 구분하고 있다.[6] 책임의 구성 요소에 대해서 피히트(G. Picht)는 책임의 주체, 심급, 대상으로, 홀(J. Hall)은 '누가, 무엇에 근거하여, 누구에 대하여, 무엇에 관해' 책임을 진다고 주장하였고, 렝크는 이를 가장 세분화하고 있는데, 이는 [그림 2]와 같다.

　책임 윤리의 모델로는 슈바이처의 생명 의지에 대한 책임, 요나스의 존재론적 책임 모델 등을 그 예로 들 수 있다. 슈바이처는 동등성, 차등성, 사랑으로 생명 의지에 대한 책임을 강조하였고, 요나스의 존재론적 책임 모델

---

6. 이에 대한 자세한 논의는 졸고, 2007A, pp. 28-32 참조.

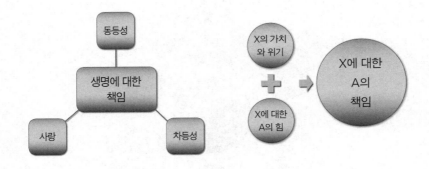

[그림 3] 슈바이처와 요나스의 책임 모델

은 어떤 존재자의 가치와 위기, 그 존재자에 대한 힘을 가진 주체로부터 위기에 빠진 존재자에 대한 주체의 책임이 정초된다고 보는 것이다([그림 3] 참조).

책임 윤리 담론은 개인적 차원과 사회적 차원으로 구분해 볼 수 있는데, 후자의 대표적인 예가 바로 공동체의 책임(Group Responsibility) 문제이다. 현대사회에서 개개인이 가지는 행위의 힘에 비해 여러 유형의 공동체의 행위가 가지는 힘이 점차 증가되어 가고 있으며, 이런 맥락에서 요나스는 현대사회의 두드러진 특징으로 거대 주체(Supersubjekt)의 등장을 들고 있다(변순용, 2007B: p. 10 참조). 구성원의 책임으로 환원될 수 없는 공동체의 책임이 있는가라는 물음은 공동체가 그런 책임을 어떻게 실현하느냐 하는 물음과 직결되어 있다. 프렌치는 기업의 책임 문제를 논하면서 기업의 내적 결정 구조, 의도, 이성을 강조하고, 렝크는 공동체가 비록 숙고의 구조와 자기 목적성이 결여되어 있다 하더라도 내적 결정 구조와 행위 능력을 가지고 있다는 점에서 공동체의 도덕적 책임에 대한 논의가 가능하다고 본다(위의 논문, p. 12 참조). "공동체의 책임을 주장하는 대부분의 논의들은 우선, 공동체의 의도의 존재를 인정하고(mens rea의 전제), 둘째, 공동체의 행위는 구성원의 개별적인 행위로 환원될 수 없다는 것(actus reus의 전제)을 기본적인 전제로 가지고 있다. 그러나 첫 번째 전제는 공동체의 내적 결정 구조를 통해 해결될 수 있다고 보지만, 두 번째 전제는 문제가 있다. 우선 공동체의 행위는 물리적으로 보더라도 결국 그 공동체 구성원들의 행위로 환원될 수밖에 없다. 그래서 공동체의 책임에 대한 논의에서 중요한 것은 결국 공동체의 행위가 개인의 개별적인 행위를 통해 이뤄진다는 것이 부정되어서는 안 되지만, 그렇다고 해서 공동체 자체의 책임이 개별적인 행위자에게로 환원될 수 있는 것이 아님을 강조하는 것이다"(위의 논문, pp. 16-7).

8. 덕 윤리적 접근

덕 윤리는 공리주의적 윤리와 의무론적 윤리가 '법칙적인 윤리 개념'[7]에 근거하고 있으며,[8] 공평하고 비개인주의적인 도덕성에 근거할 뿐만 아니라, 감정을 도덕적 동기로 인정하지 않는다는 비판을 하면서 현대 윤리 담론의

---

7. 칸트의 정언명법의 원칙이나 벤담과 밀의 유용성의 원칙 모두 덕 윤리자들에게는 원칙 수립적인 내지 원칙에 근거한 윤리로 간주된다.
8. 덕 윤리와 원칙 윤리를 비교하면 다음과 같다. 그러나 프랑케나(W. Frankena)는 이 두 윤리에 대해 선택해야 할 상반된 성격의 것이 아니라 도덕의 상보적인 두 측면으로 간주할 것을 제안한다(황경식 외 역, 1984: p. 116 참조).

	덕 윤리(Tugendethik)	원칙 윤리(Regel- od. Prinzipienethik)
도덕은?	성향이나 성품을 함양하는 것	원칙에 따르는 것
중점 사항	행위자 자신과 행위자의 동기에 대한 판단	행위에 대한 판단과 정당화
행위 판단의 근거	유덕한 행위자	보편적으로 타당한 규칙과 척도
핵심 질문	행복해지기 위해서 어떻게 살아야 하는가?: 행복주의적 접근	도덕적인 의무가 무엇이고 이것을 어떻게 행해야 하는가?: 공리주의적 내지 의무론적 접근

무대에 등장하였다(노영란, 2009: pp. 17-29 참조). 덕 윤리의 근본적인 질문은 '무엇을 해야만 하는가?'가 아니라 '어떻게 살아야 하는가?'이며, 이를 통해 덕 윤리가 행위 자체보다는 행위자에 초점을 맞추고 있음을 알 수 있다. 그래서 행위에 대한 의무 판단(deontic judgment)보다는 행위자의 덕성 판단(aretaic judgment)을 중시한다. 그래서 "어떻게 행위해야 하는지의 질문에 대한 덕 윤리의 대답은 대체로 유덕한 행위자의 판단에 근거한다. 예컨대 대표적인 덕 윤리적 대답은 특정 상황에서 유덕한 행위자가 할 법한 것을 행하라는 것이다"(위의 책, p. 52). 이러한 덕 윤리적 해답의 전제들을 오클리(J. Oakley)는 다음과 같이 제시하고 있다(변순용 외 역, 2005: pp. 196-203 참조):

(a) 어떤 행위가 옳은 경우는 그 행위가 유덕한 성품을 갖춘 행위자가 그 상황에서 할 행위와 같을 때이다.

(b) 좋음(goodness)은 옳음(rightness)보다 우위에 있다.

(c) 덕은 환원 불가능하게 다원적인 본래적 선이다.

(d) 덕은 객관적으로 좋다.

(e) 일부 본래적 선들은 행위자에 대해 상대적(agent-relative)[9]이다.

(f) 옳게 행위한다는 것이 반드시 선을 극대화시켜야 함을 요구 받지는 않는다.

덕 윤리적 접근의 구체적 사례를 허스트하우스에게서 찾아볼 수 있다. 낙태의 문제를 다룬 허스트하우스는 낙태를 하려는 여성이 지닌 권리의 도덕성은 그녀가 자신의 특수한 상황에서 낙태를 하겠다는 결심을 하면서 보여준 성품에 의존한다고 주장한다. 예를 들어 해외에서 즐거운 휴가를 보내기

---

9. 덕 윤리에서는 원칙주의적인 윤리가 모두 행위자 중립적(agent-neutral)이라고 비판한다.

위해 7개월 된 임신 상태를 중단하겠다고 결심하는 경우와 어머니가 될 준
비가 되어 있지 않는다는 이유로 낙태를 결심한 10대 소녀의 경우를 비교하
면서, 후자의 경우에 대해 허스트하우스는 도덕적 승인 가능성을 주장한다
(Hursthoust, 1991: p. 237 참조).

9. 나오는 말

지금까지 살펴본 현대 윤리학의 주요 담론들 외에도 진화론적 윤리나 정
신분석적 윤리 등도 있고, 이들이 제공하는 도덕적 정당성도 있을 것이다.
그렇지만 여기서는 현대 윤리학의 이론들 중에서 의무론적 접근, 가치론적
접근, 공리주의적 접근, 계약론적 접근, 담론 윤리적 접근, 책임 윤리적 접
근, 덕 윤리적 접근을 주로 살펴보면서, 이러한 접근들이 실제 삶에서 그리
고 도덕교육의 현장에서 행위의 도덕적 정당성을 확보하기 위해 사용될 수
있다고 생각된다. 행위의 도덕적 정당화를 위해 의무론적 접근은 자율성과
보편성에 근거한 정언명법으로, 가치론적 접근은 행위 속에서 나타나는 가
치의 인식과 실현으로, 공리주의적 접근은 행위의 결과에서 나오는 개인적,
사회적 유용성에 따른 행복으로, 계약론적 접근은 사회정의의 실현을 위해
전제되는 계약의 존재로, 담론 윤리적 접근은 이성적인 담론을 통한 합의
에 근거한 규범의 도출과 준수로, 책임 윤리적 접근은 무조건적이고 절대적
인 책임의 인정으로, 덕 윤리적 접근은 유덕한 행위자의 제시로 행위의 정당
화를 위한 주요한 근거들을 주장하고 있다. 이러한 접근들에 대한 구체적인
사례들을 보다 체계적으로 분석, 정리하는 작업은 이 글의 후속 작업이 될
것이다.

참고 문헌

Anzenbacher, A.(1992): *Einfuehrung in die Ethik*, Duesseldorf.

Apel, K.-O.(1988): *Diskurs und Verantwortung*, Frankfurt a.M.

Habermas, J.(1983): *Moralbewusstsein und kommunikatives Handeln*, Frankfurt a.M.

T. Hobbes(1651; J. P. Mayer trans. 2007): *Leviathan*, Stuttgart.

Hursthouse, R.(1991): "Virtue theory and abortion," *Philosophy and Public Affairs*, 20, pp. 223-246.

Kant, I.(1786): *Grundlegung zur Metaphysik der Sitten*.

Koeck, P.(2002): *Handbuch des Ethikunterrichts*, Donauwoerth.

Kuhlmann, W.(1994): "Prinzip Verantwortung versus Diskursethik," in: Boehler, D.: *Ethik fuer die Zukunft – Im Diskurs mit Hans Jonas*, Muenchen, pp. 277-302.

Pieper, A.(1991): *Einfuehrung in die Ethik*, Tuebingen.

Scheler, M.([5]1960): *Der Formalismus in der Ethik und die materiale Wertethik*, Bern.

김성호 역(2003), R. Arrington, 『서양윤리학사』, 서광사.

노영란(2009), 『덕 윤리의 비판적 조명』, 철학과현실사.

박찬구 외 역(2010), L.P. Pojman & J. Fieser, 『윤리학』, 울력.

변순용(2010A), 「초등 도덕과 교과서 개발에서 실천윤리 반영 방안 연구」, 『한국초등교육』, Vol. 21, No. 1, pp. 1-12.

변순용(2010B), 「윤리학의 관점에서 도덕과 교과 지식의 현황과 발전 방안」, 『윤리교육연구』, 22집, pp. 73-86.

변순용(2007A), 『책임의 윤리학』, 철학과현실사.

변순용(2007B), 「현대사회의 도덕적 책임에 대한 연구」, 『윤리연구』, 제65호, pp. 75-97.

변순용 외 역(2005), P. Singer & H. Kuhse, 『생명 윤리학 I』, 인간사랑.

김동규 외 역(2003), A. Wellmer, 『대화 윤리를 향하여』, 한울.

황경식 외 역(1989), W. Frankena, 『윤리학』, 종로서적.

제14장

철학적 멘토링의 도덕교육적 의미는 무엇인가?

이 장에서 다룰 철학적 멘토링은 철학의 내용과 방법을 토대로 하여 삶의 다양한 문제들에 대한 멘토링을 통해 학생들의 삶에서 부딪히게 되는 문제 상황에서 좋은 해결책을 모색해 보는 것이다. 이는 우리 자신의 삶에 대한 성찰을 통해 스스로를 반성해 보고, 현재의 삶에 대한 숙고를 통해 보다 나은 삶을 살기 위한 것이다. 이런 의미에서 이 장에서는 도덕교육에서 철학적 멘토링이 필요한 이유가 설명될 것이다. 또한 자기 숙고와 치유, 그리고 변증법적 소통으로서의 의미와 윤리적 의미를 철학적 멘토링이 가지는 것으로 제시될 것이다. 이를 통해 철학적 멘토링의 본질과 의미가 도덕교육에서 효과적으로 드러날 수 있을 것이다.

1. 들어가는 말: 멘토링의 본질과 의미

멘토(mentor)라는 말은 고대 그리스의 신화에서 유래된 말이다. 이타이카 왕국의 왕인 오디세우스가 트로이 전쟁을 떠나면서 자신의 아들 델레마코스를 잘 보살펴 달라며 자신의 친구에게 맡겼는데, 그 친구의 이름이 바로 멘토르(Mentor)였다. 이러한 유래를 가진 멘토는 '경험이 풍부하며 신뢰받는 상담자,' '현명하고 충성스러운 조언자' 등 매우 다양하게 정의되며, 이러한 멘토의 후원과 지원을 받는 사람을 멘티(mentee)라고 한다.

멘토링은 멘토와 멘티의 관계에서 시작된다. 이러한 관계는 일방적이거나 위계적인 것이 아니라 상호성에 근거한다. 멘토링이 일방적인 흐름으로 이어진다면, 그것은 멘토링이 아니라 일방적인 교육이 되어 버린다. 여기서의 상호성은 동등한 두 주체의 상호성이 아니라 도움을 주는 주체와 도움을 줄 수 있게 하는 주체이다. 도움을 주고받는 것이 상하적 일방성으로 해석되어서는 안 된다. 도움을 줄 수 있음과 도움을 줄 수 있도록 해줌은 상호적 쌍방성으로 이해되어야 한다.

물론, 멘토링의 대상이 되는 멘토링의 내용이 있어야 하며, 이 내용의 형식은 대화(Dialektik)이다. 대화는 서로 다르기 때문에 이루어진다. 철학적 대화가 강단에서가 아니라 시장에서부터 시작되었다는 것은 결코 우연한 일이 아니다. 신참과 고참은 서로 다르고 다를 수밖에 없다. 멘토는 멘티에게 그리고 멘티는 멘토에게 도움을 주고 받는 것이다. 멘토에게 익숙하고 능숙한 것들이 멘티에게는 어렵고 힘들게 여겨질 것이고, 멘티에게 당연한 것들이 멘토에게는 과거의 잊혀진 기억과 익숙해진 현상에 대한 새로움을 던져준다.

따라서 멘토링은 멘토, 멘티, 멘토링의 내용이라는 3요소가 있어야 가능해진다. 이 글에서 다룰 철학적 멘토링은 철학의 내용과 방법을 토대로 하여 삶의 다양한 문제들에 대한 이해를 통해서 보편적이고 좋은 해결책을 모색해 보는 것이다. 우리가 수많은 철학자들이 이루어 낸 철학의 결과들을 살펴보는 이유는 단순히 지적 유희나 허영을 위한 것이 아니다. 우리 자신의 삶에 대한 성찰을 통해 스스로를 반성해 보고, 현재의 삶에 대한 숙고를 통해 보다 나은 삶을 살기 위한 것이다. 이것은 도덕교육에서 철학적 멘토링이 필요한 이유를 설명해 준다. 그리고 이런 맥락에서 철학적 멘토링의 본질과 의미가 도덕교육에서 효과적으로 드러날 수 있을 것이다.

2. 자기 숙고로서의 의미

철학은 자신의 삶에 대한 숙고이다. 따라서 소크라테스의 철학은 소크라테스 자신의 삶에 대한 철저한 반성이자 숙고의 과정이면서 동시에 그 과정의 결과일 것이다.

> 철학은 반성이다. 반성이 곧 철학이다. 다시 말해 철학은 실재를 철저하게 반성하며 사색하는 학문이다. 그런가 하면 자신을 냉철하게 반성적으로 성찰하는 학문이 곧 철학이다. 이렇듯 철학과 반성은 별개가 아니다. 철학하는 것은 반성하는 것이고 반성하는 것이 곧 철학하는 것이다.[1]

그러나 철학이 이러한 자신의 본분을 망각하고 철학에 대해 집착하면서

---

1. 이광래 외, 『마음, 철학으로 치료한다』, 지와사랑, 2011, p. 15.

철학이 '철학학'이 되어 버리는 문제점을 드러내게 되었고, 이로 인해 철학
은 자신의 터전, 즉 구체적인 삶의 현장에서 밀려나기 시작하였다. 현대 한
국 사회에서 인문학의 위기도 이러한 맥락에서 이해해 볼 수 있으며, 이에
대한 학문 공동체 내에서의 반성이 필요하다. 그렇다고 해서 철학학 자체가
문제라는 것은 아니다. 철학학은 철학적 멘토링에서 매우 필요하다. 다만
철학학에만 집착하는 것이 문제라는 것이다. 철학한다고 하면서 철학학에
만 머물러서도 안 되고, 철학학 없이 철학하겠다는 태도 또한 문제라는 것
이다. 철학함에 있어서 기존 철학자들의 사유에 대한 무조건적인 숭배도 문
제겠지만, 그 반대로 무조건적인 배척 역시 문제라는 점이다. "자기 사유의
오류 가능성을 철저히 배제해 버리는 경우들을 종종 보게 된다. 자기에게
분명하고 자명한 것처럼 보이는 것도 시간이 흐르면서 또는 다양한 경험을
하면서 오류로 판명된 경우들이 허다하지 않은가? 객관성이 검증되기 어렵
다면 철학함에는 항상 독단적이지 않으려는 자체의 노력이 더불어 있어야
한다."[2]

　철학적 멘토링은 "아무런 사전지식이 없이 어느 도시를 여행할 때 참조하
게 되는 지도 내지 여행 안내자와 같은 역할"[3]을 한다. 미지의 삶에 대한 숙
고, 즉 "반성적 사색과 철학적 반성은 실패나 상실로 생기는 우울함이나 슬
픔, 나아가 좌절감이나 절망감에서 빠져나오는 출구이자 마음 치유와 마음
성형의 입구이다."[4] 인류의 철학적 멘토였던 소크라테스를 여기서 다시 생
각해 보아야 한다. 대화편 『프로타고라스』에서 소크라테스가 프로타고라
스에게 배우고자 하는 마음에 조급해 하는 히포크라테스에게 던진 질문이
바로 "자네 자신은 어떤 사람이 되려고 그러는 건가?"(Protagoras, 311b)이
다. 이 질문과 관련하여 소크라테스는 "일반인이자 자유인인 사람에게 적합

---

2. 변순용, 「철학, 철학학 그리고 철학함」, 『철학과 현실』, 67권, 2005, pp. 100-1.
3. 위의 논문, p. 101.
4. 이광래 외, 앞의 책, pp. 20-1.

한 교양을 위해서 배우는 것"(Protagoras, 312b)이라고 히포크라테스의 대답을 유도한 후에 그의 조급함을 다음과 같이 경계하고 있다:

> 자네는 자네 영혼을 걸고 어떤 종류의 모험을 하려고 하고 있는지 알고 있나? 자네 몸이 쓸모 있게 될지 형편없게 될지를 걸고 모험을 하면서 자네 몸을 누군가에게 맡겨야 한다면, 자네는 맡겨야 할지 말아야 할지 이리저리 살펴보고서는, 친구들과 친척들을 불러서 조언도 구하면서 몇 날 며칠을 검토했을 거야. 그런데 자네가 몸보다 훨씬 더 중하게 여기고 있는 영혼을, 그게 쓸모 있게 되는지 형편없게 되는지에 따라 자네의 모든 일이 잘될지 못 될지가 달려 있는 데도, 갓 여기 온 이 외지 사람에게 자네의 영혼을 맡겨야 할지 말아야 할지, 그것에 관해서 아버지와 형과도 우리 동료들 가운데 누구와도 상의하지 않고서는…(Protagoras, 313a-b).

여기서 우리는 소크라테스적 멘토와 프로타고라스적 멘토를 구분해 볼 수 있을 것이다. 예를 들면, 전자는 삶의 목적이 무엇이라고 결코 직접 말해 주지는 않을 것이고, 삶의 목적을 생각하는 사람들이 실제로 가지고 있는 그것의 문제점들을 분석하고 비판할 것이다. 그리고 후자는 사적인 영역과 공적인 영역에서 잘 살기 위한 방법을 구체적으로 제안해 줄 것이다. 그러나 현실적으로 멘토의 두 이념형 중에서 우리는 어느 한쪽을 고집할 수는 없을 것이며, 아마도 두 유형이 혼합되어 있는 멘토를 지향해야 할 것이다.

우리가 도덕교육의 중요성을 역설하지만, 결국 도덕교육의 핵심적 목표는 "좋은 인간이 되는 것"이다. 도덕교육의 형성에서 가장 중요한 역할을 하는 것이 바로 철학이고, 철학적 멘토링이 도덕교육에서 중요한 이유도 바로 여기에 있다.

3. 치유로서의 의미

인간은 본질적으로 아픈, 그래서 병든 존재(homo patiens)이다. 신체적 고(苦)와 정신적 통(痛)을 이분법적으로 보지 않더라도, 인간의 삶은 늘 고통과 함께하기 마련이다. 그래서 치료(cure)와 치유(care)를 구분하는 이유도 여기에 있다. '신체적 고'에 대한 치료에는 현대 의학의 발전으로 상당한 진전을 보이고 있지만, '정신적 통'에 대해서는 현대 의학에서 해결하기 어려운 과제들이 쌓여 있다. 다시 말해, 치유의 대상을 치료의 대상으로 전환해서 획일화된 기준을 가지고 보이지 않는 병인 정신적 통의 문제를 해결하고자 하는 데서 부작용이 발생한 것이다. "1950년대 이래 조울증이나 우울증을 비롯한 정신(마음)의 병기들에 대한 치료를 독점해 온 화학 약물치료는 대증(對症)치료의 전형이다. 그것은 고뇌에 시달리는 마음의 상태들을 일정한 진단 매뉴얼에 따라 병기로 규정하고 고분자화학 약물치료를 시도하기 때문이다."[5] 따라서 신체적 고와 정신적 통을 일원화하여 화학 약물치료를 시도함으로써 약물 만능주의를 가져오고, 이로 인해 약물중독화를 초래하고, 이것은 결국 약물 공포(pharmacophobia)를 가져오게 되었다. 결코 프로작(Prozac)이 우울증에 대한 만능 치료제가 되지는 않을 것이다.

하이데거는 보살핌(schonen, care)의 본래적 의미를 다음과 같이 말하고 있다.

보살핌 자체는 우리가 보살핌을 받는 것에 대해 아무런 해악도 가하지 않는다는 사실에서만 존립하는 것이 아니다. 본래적인 보살핌이란 적극적인 어떤 것이며, 우리가 어떤 것을 처음부터 그것의 본질 안에 그대로 놓아둘 때, 즉 우리가 어떤

---

5. 위의 책, p. 27.

것을 오로지 그것의 본질 안으로 되돌려 놓아 간직할 때, 즉 우리가 자유롭게 함
이라는 말에 상응해서 그것을 울타리로 둘러쌀(보호막으로 감쌀) 때, 일어난다.[6]

철학은 "근본적이고 적극적인 사고의 치유(therapy of thinking)"[7]를 지향한
다. 이것은 "자기 파괴적 반성과 철학적 대화로 절망감에 굳게 닫힌 마음의
문을 열어 공감과 감동에 이르게 하는 소통치료"[8]이기도 하다. 이런 맥락을
보다 확장하면 인문 치료의 개념이 될 것이다. 인문 치료는 "인문학적 정신
과 방법으로 마음의 건강과 행복한 삶을 위해 인문학 각 분야 및 연계 학문
들의 치료적 내용과 기능을 학제적으로 새롭게 통합하여 사람들의 정신적,
정서적, 신체적 문제들을 예방하고 치유하는 이론적이며 실천적 활동"[9]으
로 정의되고 있는데, 한마디로 말하면 "인문학적 가치와 방법을 통해 현대
인들의 마음의 병을 치유하는 행위"[10]이다. 그렇다면 치유로서의 철학적 멘
토링은 철학적 가치와 방법을 통해 학생들이 겪고 있는 정신적 고통을 정면
으로 대응하면서 이를 극복할 수 있는 마음의 힘을 갖도록 해주는 것이다.
예를 들면, 김선희가 제시한 관점 치료(Perspective-Therapy)는 철학적 멘토
링의 중요한 실제적 유형이 무엇인지를 구체적으로 제시해 주고 있다.[11] 인
간은 살아가면서 끊임없이 문제 사태를 인식하게 되는데, 이러한 문제는 세
계와 나의 관계, 주관과 객관의 관계라는 좌표 위의 한 지점을 차지하게 된
다. 결국, 문제 인식은 관계 인식을 내포하고 있다. 그렇다면 사태, 문제, 관
계 인식은 결국 고정된 하나의 시점(a point of view)을 '관점에 대한 코페르
니쿠스적 전환'을 통해 다양한 시점(a multiple-point of view, a meta-point of

---

6. 이기상 외 역, M. Heidegger, 『강연과 논문』, 이학사, p. 190.
7. 이광래, 앞의 책, p. 29.
8. 위의 책, p. 29.
9. 강원대 인문과학연구소 편, 『인문 치료의 이론과 원리』, 산책, 2011, p. 20.
10. 위의 책, p. 20.
11. 위의 책, pp. 81-102 참조.

view)으로 변환시킬 것이고, 이는 새로운 시각과 문제 해결 방향을 제시해 줄 수 있을 것이다.[12] 김선희는 니체의 관점주의에 근거하여 관점의 성찰, 이 해, 공감, 조형(Reflection, Understanding, Sympathy, Molding)의 단계들을 제 시한다. 성찰은 사로잡혀 있는 관점, 즉 인생관, 가치관, 세계관 등과 같은 특정 관점들을 통해 핵심 문제를 살펴보는 것이고, 이해는 관점소(elements of perspective)들이 발생하게 된 유래를 이해하는 단계로서 특정 관점이 문 제시된 내적, 외적 맥락 그리고 이들의 관계를 파악하는 단계이며, 공감 단 계는 관점에 수반되는 심리적, 정서적 고통을 이해하고 공감함으로써 마음 의 평정을 시도하는 단계이며, 끝으로 조형 단계는 자신의 관점에 심화, 확 장, 변형의 경계를 설정함으로써 자신의 관점을 새롭게 정립하여 실천하는 단계를 의미한다.[13] 이처럼 관점의 성찰에서 조형 과정을 통해 관점의 전환 에 이르게 되며, 이것은 직면한 문제 사태에 대한 새로운 해결 방향을 제시 해 줄 것이다.

철학적 멘토링은 새로운 관점의 제시뿐만 아니라 자신의 삶에 대한 새로 운 해석의 가능성, 자신이 처한 인식론적, 존재론적, 윤리학적 문제들을 찾 아내고 이에 대한 숙고의 가능성을 제공하며, 자신의 해결책을 찾아 나설 수 있도록 해줄 것이다. 결론적으로, 철학적 멘토링은 자가 및 협동적인 치 유의 과정이라는 성격을 갖는다.

4. 변증법적/통합적 소통으로서의 의미

요즘 우리 사회에서는 소통의 부재에 대한 문제가 심각하게 제기되고 있

---

12. 위의 책, pp. 84-5 참조.
13. 위의 책, p. 94 참조.

다. 소통은 말을 통해 이뤄진다. 원래 '수집하다'라는 뜻을 가진 'légein'에서 비롯된 단어가 'logos'이다.[14] 우리는 말을 통해 말해진 것을 밝히고, 말해진 것을 통해 말하려는 것을 이해한다. 말은 말하는 자로 하여금 또는 서로 대화하는 자들로 하여금 숨겨져 있던 것을 골라내어 '함께 앞에 놓는 것'이며, 이를 통해 보이게 하는 것이라고 하이데거는 말한다.

말을 한다는 것은 사유한다는 것이고, 그래서 이성이라는 뜻이 로고스에 붙여진 이유가 바로 이것이다. 그렇다면 우리가 말을 하는 이유는 과연 무엇일까? 그 이유는 다름에서 찾아야 할 것 같다. 왜냐하면 같다면 굳이 말할 필요가 없을 테니 말이다. 나와 생각이 다르고, 느낌이 다르고, 행동이 다르니까 말하고 싶어진다. 왜 다른지에 대해서 묻고 싶어진다. 이것은 테제에 대한 안티테제의 물음이다. 다름과의 의사소통을 통해 처음의 다름과 다른 또 하나의 다름이 생겨난다. 이 다름은 테제와 안티테제와는 또 다른 것이다. 끊임없는 다름의 변증법이 바로 우리가 말을 하고, 말을 해야만 하는 이유일 것이다. 대화를 통해 우리는 더 나은 앎으로 나아갈 수 있으며 보다 나은 삶을 추구할 수 있게 된다.

피퍼(A. Pieper)는 철학의 변증법적 방법에 대한 논의에서 "대화는 매개의 기능을 한다. 대화는 규범적 요구와 사실적 요구의 지속적인 논증을 통해 양자를 매개한다. 이때 사실적인 것은 규범의 요구를 충족시킬 수 있도록 변해야 하고, 규범적인 것은 사실적인 것 안에서 행위 규칙으로 작용할 수 있도록 구체화되어야 한다"[15]라고 말하고 있다. 칸트는 플라톤의 동굴의 비유에 나오는 동굴 안 인간들의 사슬에 의한 속박을 "스스로 생각하고 행동하지 않고, 나태함과 안락함 때문에 오히려 타인에게 의존하는, 자기에게

---

14. 원래 'légein'은 '수를 세다'라는 뜻을 가지고 있었는데, 이 단어가 한편으로는 '열거하다' 내지 '이야기하다'의 의미로 전개되고, 다른 한편으로는 '셈하다,' '계산하다'로부터 '논증하다' 등의 의미로 전개되었다: 이재영 역, C. J. Vamvacas, 『철학의 탄생』, 알마, 2006, pp. 235-6 참조.

15. A. Pieper, *Einfuehrung in die Ethik*, Tuebingen, Francke, 1991, p. 189.

책임이 있는 인간의 미성숙을 의미하는 비유적 표현"[16]이라고 본다. 소크라테스적인 대화가 대체로 아포리아(aporia)에서 끝난다고 한다면, 그래서 "소크라테스적 대화는 개념 정의나 행위 지침 그 어느 것을 통해서도 행위자에게 그가 가야만 하는 길을 제시하지 않는다"[17]고 한다면, 그래서 우리에게 소크라테스가 야속해 보이기도 한다면, 플라톤은 이 야속함을 해결해 나가기 위한 방법으로서 변증법을 제시한 것이고, 플라톤에게 있어서 철학이 변증법(Dialektik)인 이유도 바로 여기에 있다.

말하는 것도 싫고 말을 듣는 것도 싫다는 것은 타자와의 소통을 거부하는 것이고, 이것은 자만이거나 고집을 나타낸다. 그런데 우리는 심지어 나와 다름을 싫어하고 미워하기까지 한다. 그럴 필요가 없는데도 말이다. 우리는 다를 수밖에 없다. 이러한 다름에서 같음을 찾아 나가는 과정이 내가 다른 사람과 더불어 살아가야 하는 삶의 연대성의 표현이기도 하며, 이성적인 숙고의 과정이기도 하다. 이것이 바로 집단적 이성의 효과이면서 동시에 인간의 불완전함이 보완될 수 있는 원동력이다. 그래서 말하기와 말 듣기가 제대로 되지 않는 집단은, 즉 불통(不通)이 되어 버린 집단은 결국 동맥경화로 터져버리는 혈관처럼 사단이 나게 마련이다. 나와 달라서 말을 해야 하고 또 나와 다르기 때문에 말을 들어야 한다. 사자가 인간처럼 말을 할 수 있는 존재라면 우리는 결코 사자를 이해할 수 없을 것이라는 비트겐슈타인(L. Wittgenstein)의 말처럼 언어적 왜곡으로부터 벗어나려는 노력을 해야 할 것이다. 이처럼 철학적 멘토링은 소통의 기술과 소통에서 발생할 수밖에 없는 언어적 왜곡으로부터 벗어나려는 노력에 초점을 맞추어야 한다.

이와 함께 철학적 멘토링은 사람들 사이에서 발생하는 관계의 문제들에 대한 해결 방법을 모색해 나가는 데 매우 중요한 역할을 할 것이다. 사람과 사람 그리고 사람과 세계 사이의 관계에서 발생하는 이러한 관계적 갈등은

---

16. Ibid, p. 185.
17. Ibid, p. 189.

인간 삶의 특정 부분에 집중한 해결책으로는 해결되기 어렵다. 인간에 대한
총체적인 이해와 통합적인 관점이 중시되어야 하는 이유가 여기에 있다. 셸
러(M. Scheler)의 말처럼, 오늘날 인간에 대한 앎이 과거 그 어느 때보다 많
아졌지만 여전히 우리에게는 인간이란 무엇인가라는 물음이 중요하게 제기
되고 있는 것을 보면, 분과화되고 전문화되어 버린 학문의 부분적인 시야에
서 인간을 조명해서는 그 전체적인 모습을 파악하는 데 실패할 수밖에 없을
것이다.

> 모든 개별과학들은 그 방법론에 있어서 한계가 주어지기 때문에, 그것들은 인간
> 존재의 어떤 부분을 해명해 주는데 불과하며, 인간 전체의 이해를 하기 위해서는
> 하나의 전체로 통일되지 않으면 안 된다. 개별과학들은 인간의 전체를 파악하고
> 정초하는 것을 과제로 삼는 철학적 인간학을 대치할 수는 없다.
>
> 그러면 철학적 인간학의 과제는 인간에 관한 개별과학들의 탐구 결과를 어떤
> 인간상의 종합으로 통일하는 데서 성립하는가? 그렇다면 그와 같은 인간에 관한
> 개별과학들의 결과들의 종합은 어떻게 가능하며, 또 이것은 어떻게 과학적으로
> 신빙성을 부여받을 수 있는가? 개별과학의 탐구의 결과들은 실제로 총망라될 수
> 없지 않은가? 그렇다면 개별과학의 연구 결과들을 종합하는데 있어서 자의적인
> 선택이 문제가 되지 않겠는가?
>
> 수많은 개별적인 것들을 하나로 통합하는 데 있어서 이것의 가능조건으로 먼저
> 전체라는 하나치가 무엇인지 전제되어야 한다. 이 전제된 전체를 테마로 삼는 것
> 이 바로 철학의 과제이다.[18]

철학적 멘토링은 이러한 철학적 인간학의 인간에 대한 총체적인 관점에
서부터 시작해야 할 것이다. 고통이나 슬픔, 우울 등과 같은 인간의 실존적

---

18. 진교훈, 『철학적 인간학』, 경문사, 1982, pp. 12-3.

불안의 다양한 모습들을 인간의 본래적인 모습으로 이해해야 하는 것이다. 예를 들어 히키코모리 위험군(은둔형 외톨이 위험군) 등을 살펴보면, 이러한 위험 증후군들은 대학생들에게서도 찾아볼 수 있을 것이다. 한국청소년상담원이 2006년 말 전국의 청소년 3,000명을 대상으로 실시한 위기 청소년의 실태 조사 결과를 보면, "초등학생 2.1%, 중학생 3.3%, 인문계 고등학생 6.0%, 실업계 고등학생 8.7%, 학교 밖 청소년 12.9%가 은둔형 외톨이 성향인 것으로 파악"[19]되고 있다. 이러한 청소년들의 실태는 대학생들의 경우에도 얼마든지 찾아볼 수 있을 것이고, 이에 대한 적극적 대응 방안들도 모색되어야 한다. 대학생들의 경우에도 은둔형 외톨이 증후군뿐만 아니라, 대학생들의 취업 스트레스와 진로 스트레스를 나타내 주는 이태백(이십대 태반이 백수; 요즘은 이십대 90%가 백수라는 의미로 이구백이라고도 함)과 같은 자조 섞인 신조어들을 통해 대학생들의 정신 건강에 적신호들이 나타나고 있다는 것을 알 수 있다. 철학적 멘토링이 필요한 이유가 바로 여기에 있다.

5. 윤리적 의미

윤리 혹은 도덕이라고 할 때 제일 먼저 연상되는 것은 우리가 즐겨하지 않지만 지켜야 할 어떤 행위 코드들일 것이다. 플라톤과 글라우콘의 좋음에 대한 범주, 즉 '그 자체만으로도 좋은 것,' '그 자체만으로도 좋으며 또한 그 결과도 좋은 것,' '그 자체로는 부담스럽고 성가시지만 그 결과가 좋은 것' (김성호 역, 2003: p. 77 참조)에서 아마도 글라우콘의 주장처럼 대부분의 사람들은 세 번째를 떠올릴 것이다.[20] 그렇지만 플라톤은 정의로 대표되는 윤리

---

19. 이광래 외, 앞의 책, p. 280.
20. 김성호 역, R. Arrington, 『서양윤리학사』, 서광사, 2003, pp. 77 참조.

혹은 도덕이 두 번째 것임을 강조하였다.

여기서 말하는 윤리, 도덕은 좁은 의미의 윤리 내지 도덕, 즉 행위 코드들을 포함하고 있지만, 이러한 행위 코드들을 산출해 내는 사유까지 확장하여 포함하는 것으로 이해되어야 한다. 좋은 것은 선한 것이고 그렇기에 우리에게 유익한 것이라는 식의 소크라테스적인 논리에서처럼 철학적 멘토링은 윤리적이어야 한다. 비윤리적인 멘토링은 멘토링의 정의에서 벗어난다. 철학적 멘토링은 구체적인 행위 코드들을 제공해 주는 것이 아니라 관점의 전환을 통한 새로운 인식, 정신 건강의 회복 등을 지향하는 보다 포괄적인 의미의 삶의 철학함에 그 본질이 있다.

그렇다면 구체적으로 무엇 때문에 철학적 멘토링이 윤리적인가에 대해서 살펴보기 위해서는, 우선 소크라테스의 "캐묻지 않는 삶(ho anexetastos bios)은 사람에게는 살 가치가 없는 것"(apologia 38a)임을 생각해 보아야 한다. 삶에 대한 캐물음을 통해 철학은 "원리학으로 나타나는, 그리고 자기 직관이나 세계관 속에서 완성되는 보편학"[21]이 된다. 철학적 멘토링은 자기 삶에 대한 캐물음을 통해 좋은 삶을 살기 위해 삶의 맥락에서 지켜야 할 보편적 원리들을 추출하는 작업을 수행하는 것이다.

다음으로, 공동체와 개인의 관계에서 논의해야 한다. 우리는 개인적 인격체로서 그리고 우리가 속한 공동체적 인격체로 살아가고 있다. "후설(E. Husserl)이 말하는 인격주의적 태도는 서로 함께 살며 서로 말하며, 인사할 때 손을 내밀며 사랑하고 미워하는 데서, 생각하고 행동하며 주장하고 반대하는 데서 서로 관계되어 있는 그러한 태도를 말한다."[22]

다수의 인격체들로 이루어진 공동체 역시 하나의 거대한 인격체이다. 이러한 인격체로부터 소외될 경우 정신적 문제를 야기하지 않을 수 없다. 정신질환은 바로 이

21. 이강조 역, J. Hessein, 『철학교과서 I』, 서광사, 2009, p. 39.
22. 김영필 외, 『정신치료의 철학적 지평』, 철학과현실사, 2008, pp. 35쪽.

공동체로부터의 일탈에서 비롯되는 것이다. 즉 의사소통적 환경세계로부터의 일탈이다. 의사소통적 환경세계 속에서 인격체들은 서로를 이해하고 인정해 주면서 사회를 형성하여 살아간다. 인격적 주체들이 집단의 사회구성원으로 살아간다. 이러한 사회성으로부터의 일탈이 정신적인 문제들로 나타난다. 자아가 이 환경세계로부터 분리될 경우 정신적 질환이 표출된다.[23]

따라서 인간은 공동체를 포함한 환경 세계로부터 분리되어서는 안 되는 존재이다. 이처럼 인간의 사회성을 벗어난 철학적 멘토링은 존재할 수 없을 것이다.

6. 나오는 말

다음은 인문학 교육의 실태에 대한 분석을 담고 있는 보고서의 한 부분이다:

최근 각 대학에서는 학생들의 기초학업능력 내지 기본소양을 함양하기 위한 교양교육을 강화하고 있다. 특히 의사소통능력이나 외국어 능력의 향상을 위하여 글쓰기 내지 영어교과목을 필수로 이수하도록 하고 있다. 그러나 정작 대학생들에게 인간의 본질에 대하여 깊이 있게 성찰하고 바람직한 삶의 길을 모색하게 하는 인문학 교과를 필수로 이수하도록 하는 대학은 찾아보기 힘들다. 단편적인 지식이나 실용적인 기술을 익히는 도구 과목들에 대해서는 강조하면서도 인문학 교육의 본령에 대해서는 소홀히 여겨 온 것이 대학교육의 현실이다.[24]

---

23. 위의 책, p. 35.
24. 홍병선 외, 『인문학 교육 실태 분석 및 진흥 방안 연구』, 한국교총 한국교육정책연구소,

이러한 현실 속에서 인문학의 위기에 대한 언급들을 보면서 인문 교양교육으로서의 철학적 멘토링이 가지는 의미를 자기 숙고, 정신적 치유, 변증법적/통합적인 소통, 윤리성으로 나누어 살펴보았다. 이러한 의미들이 도덕교육에서의 철학적 멘토링의 중요성을 보장해 주는 근거로서 작용될 수 있을 것이다.

끝으로, 예전에는 꿈 많았던 중학교 2학년 학생들이 요즘에는 '중2병'이라 불리는 괴로운 그래서 무서운 학생들로 변해 버리고, 은둔형 외톨이 증후군이나 주의력 결핍 과잉행동장애(ADHA)로 치료받고 있는 청소년들의 수가 증가하고 있고, 세계 최고의 자살률을 가지고 있는 한국이 되어 버렸다. 이것이 소수의 일이라거나 성인이 되면 치유된다고 본다면 걱정이다. 이들이 이런 고통스러운 환경에서 비교적 잘 성장하였다 하더라도, 기성세대들은 그들이 청소년기와 청년기를 거치면서 받게 될 고통과 상처를 치유할 수 있는 계기와 여건을 제공해 주어야 한다. 이들이 정신적 불안과 고통을 이해하고 보다 나은 삶의 여건들을 위해 노력할 수 있도록 힘을 주어야 한다. 우리나라의 교육에서 이러한 정신적 힘을 주기 위해서는 도구적인 성격의 교양보다는 인간과 세계를 이해할 수 있는 틀을 제공해 주는 교양교육이 강조되어야 할 것이다. 철학적 멘토링은 이러한 의미의 교양교육과 도덕교육에서 핵심적인 역할을 수행해야 하며, 이를 통해 철학은 원래의 고향이었던 인간의 구체적인 삶의 현장으로 들어가야 한다.

2011, p. 107.

참고문헌

강원대 인문과학연구소(2011), 『인문 치료의 이론과 원리』, 산책.

김성호 역(2003), R. Arrington, 『서양 윤리학사』, 서광사.

김영필 외(2008), 『정신치료의 철학적 지평』, 철학과현실사.

변순용(2005), 「철학, 철학학 그리고 철학함」, 『철학과 현실』, 67권, pp. 98~104.

이강조 역(2009), 『철학교과서 I ─ 학문론』, 서광사.

이광래 외(2011), 『마음, 철학으로 치료한다』, 지와사랑.

이기상 외 역(2008), M. Heidegger, 『강연과 논문』, 이학사.

이재영 역(2006), C. J. Vamvacas, 『철학의 탄생』, 알마.

진교훈(1982), 『철학적 인간학』, 경문사.

홍병선 외(2011), 『인문학 교육 실태 분석 및 진흥 방안 연구』, 한국교총 한국교육정책
　연구소.

Pieper, A.(1991), *Einfuehrung in die Ethik*, Tuebingen, Francke.

울력의 책들

인문-사회과학 분야

현대 사회 윤리 연구 문화관광부 선정 우수학술도서
진교훈 지음

히틀러의 뜻대로
귀도 크놉 지음 | 신철식 옮김

교육 분야

MIPS 환경 교육
카롤린 데커 외 지음 | 남유선 외 옮김

구술 면접의 길잡이
황인표 지음

논리와 가치 교육
김재식 지음

도덕 교육의 이론과 쟁점
정창우 지음

도덕 교육과 통일 교육
황인표 지음

도덕 · 가치 교육을 위한 100가지 방법
하워드 커센바움 지음 | 정창우 외 옮김

배려 윤리와 도덕 교육
박병춘 지음

상상력을 활용하는 교수법
키런 이건 지음 | 송영민 옮김

윤리와 논술 I
정창우 지음

정보 윤리 교육론 문화관광부 선정 교양도서
추병완 지음

초등 도덕과 교육의 이론과 실제
김재식 지음

초등 도덕과 교육의 이해
김재식 지음

초등 도덕과 수업의 이해와 표현
송영민 지음